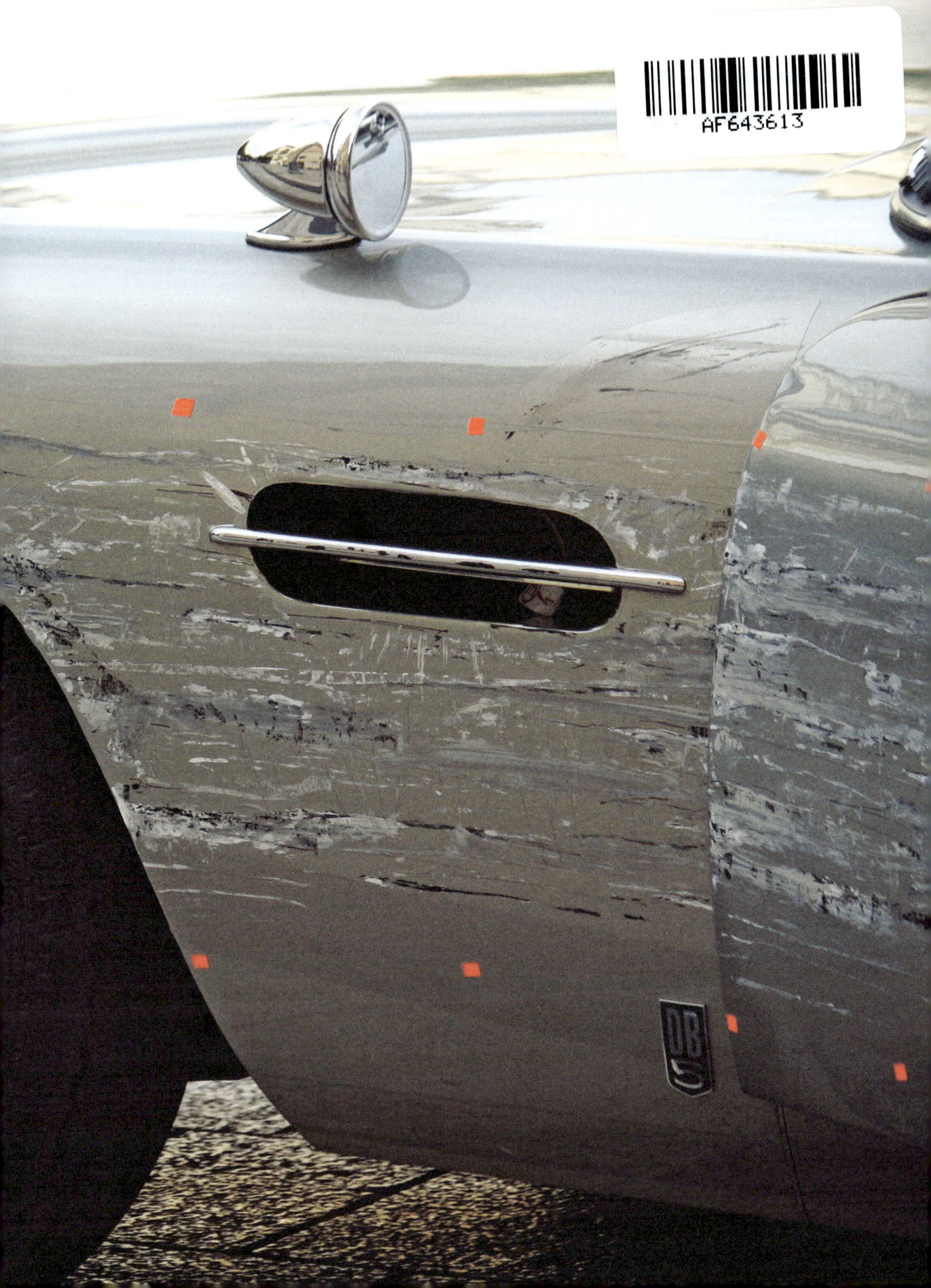
DB5

MOTOR LEGENDEN

JAMES BOND

Motor buch Verlag

SIEGFRIED TESCHE

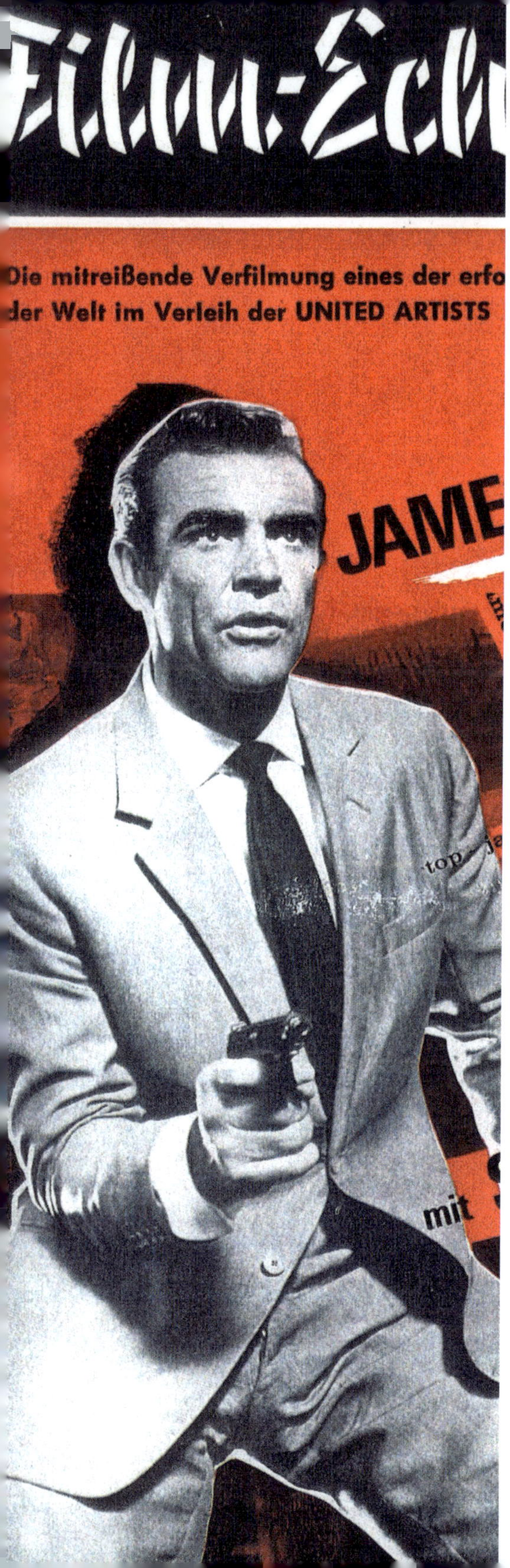

Einbandgestaltung: Sven Rauert

Bildnachweise auf Seite 239

ISBN: 978-3-613-04261-2

2. Auflage 2020

Sie finden uns im Internet unter
www.motorbuch-verlag.de

Lektorat: Sebastian Quillmann
Innengestaltung: Patrick Drach, tebitron GmbH, Gerlingen
Druck und Bindung: Graspo CZ, 763 02 Zlín
Printed in Czech Republic

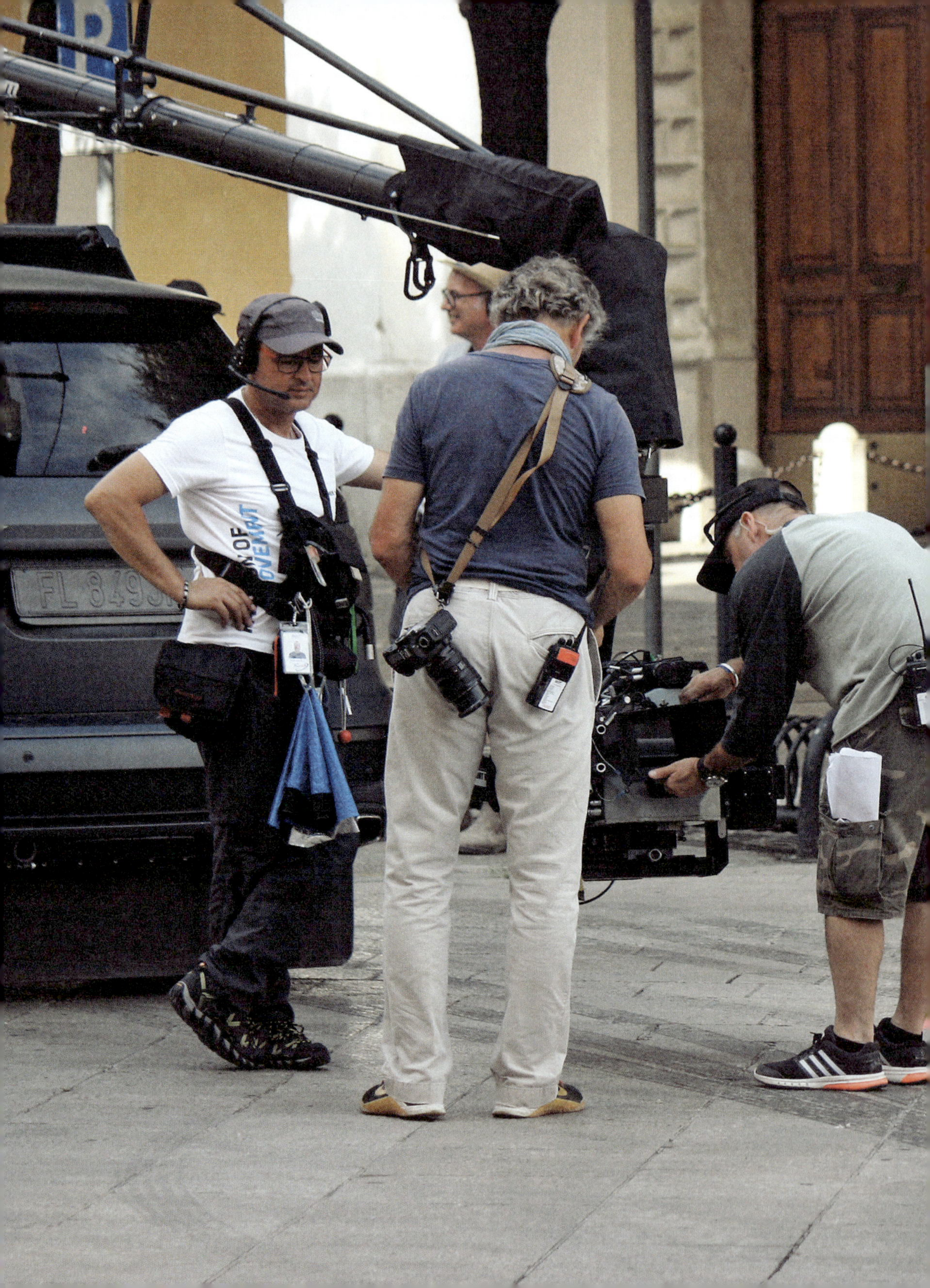

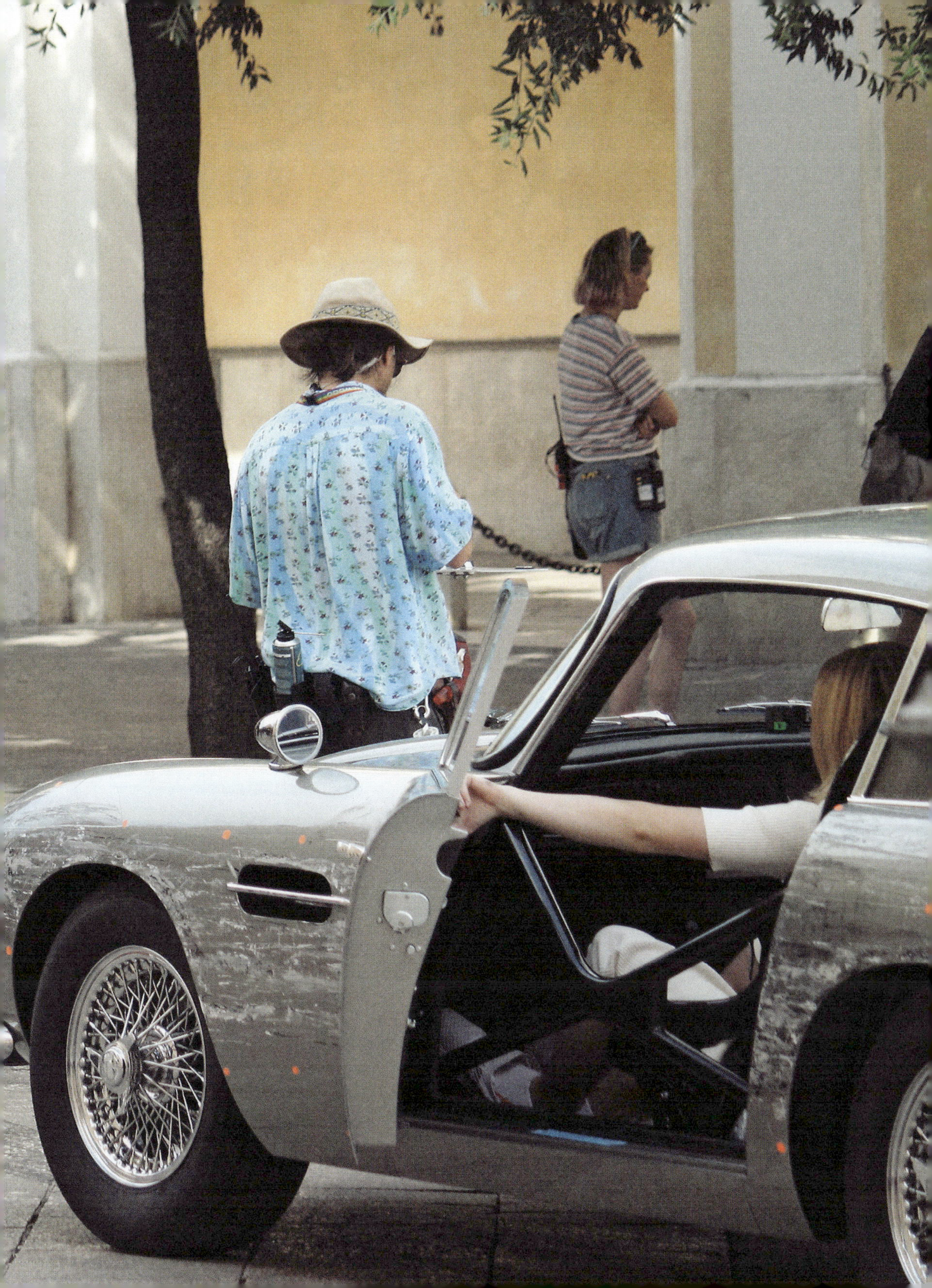

VORWORT

Sie wurden produziert, umgebaut, beschädigt oder ganz zerstört, ausgestellt, geklaut, tourten durch die ganze Welt, erzielten Millionen bei Versteigerungen und wurden zum Teil sogar wieder zurückgebaut. Sie fuhren auf Straßen und Schienen, unter Wasser, hoben ab, vollführten dabei aberwitzige Sprünge oder sogar eine Rolle in der Luft. Sie schossen um sich, warfen Beifahrer raus, machten sich unsichtbar und zerstörten sich selbst.
Die Geschichte der Fahrzeuge aus den James Bond Filmen ist so spannend wie alle 007 Filme. Dabei sind viele von ihnen nur wenige Minuten auf der Leinwand zu sehen. Aber sie stecken voller Tricks und technischer Neuerungen. Sie waren mit den unter dem Blech versteckten Erfindungen häufig ihrer Zeit voraus. Man kann sie im Format 1:43, 1:36, 1:18 oder 1:8 mit nach Hause nehmen, auf Rennbahnen mit ihnen fahren, sie an nachfolgende Generationen weiterreichen und mit originalverpackten Spielzeugmodellen viel Geld verdienen. Einige Originalfahrzeuge erzielten sogar Millionensummen.
In diesem weltweit bislang einzigartigen Buch wird, passend zum Filmstart von »Keine Zeit zu sterben«, erstmals, und zwar so detailliert wie möglich, die wechselvolle Geschichte der berühmtesten James-Bond-Fahrzeuge erzählt. Sie beginnt mit der Passion für schnelle Autos des Erfinders von 007: Ian Fleming, der zwölf Romane und neun Kurzgeschichten über den bekanntesten Geheimagenten der Welt verfasste, war ein Autonarr. Bonds »Spielzeuge« führten diese Geschichte auf der Leinwand fort, allen voran der Aston Martin DB 5, seit »Goldfinger« und bis heute das Bond-Auto schlechthin, und der weiße Lotus

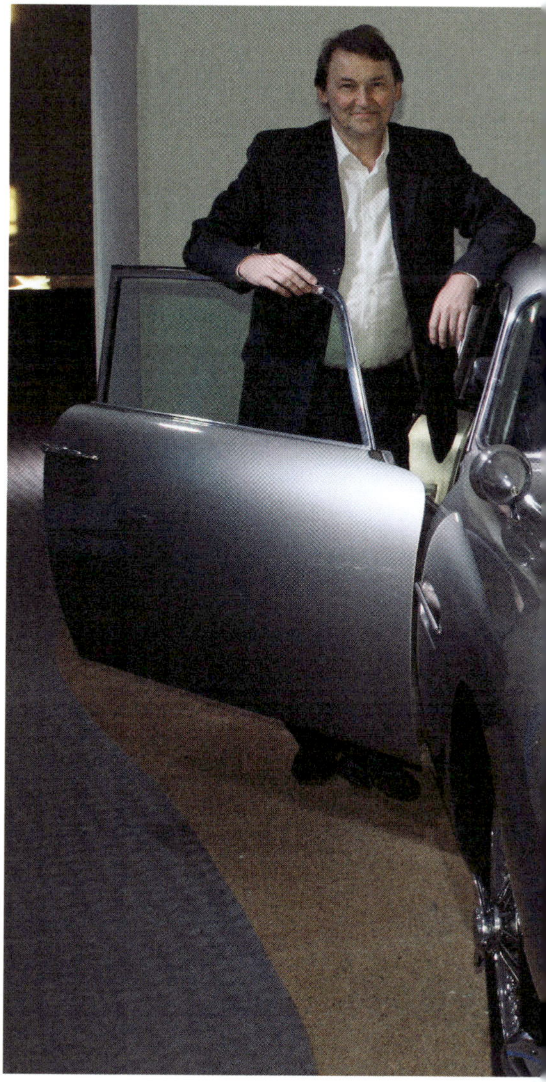

Esprit, der in »Der Spion, der mich liebte« auch unter Wasser seinen ikonischen Auftritt hatte. Aber auch die gelbe Ente aus »In tödlicher Mission«, der Sunbeam Alpine aus dem ersten Spielfilm »Dr. No« und viele mehr wurden weltbekannt. Diese Wagen und die Stuntmen hinter dem Steuer machten James Bond und seine Darsteller von Sean Connery bis Daniel Craig zu »MOTORLEGENDEN«. Und wer jetzt einige Fahrzeuge vermisst, dem sei gesagt: Nicht nur »James Bond will Return«.

Siegfried Tesche im Frühjahr 2020

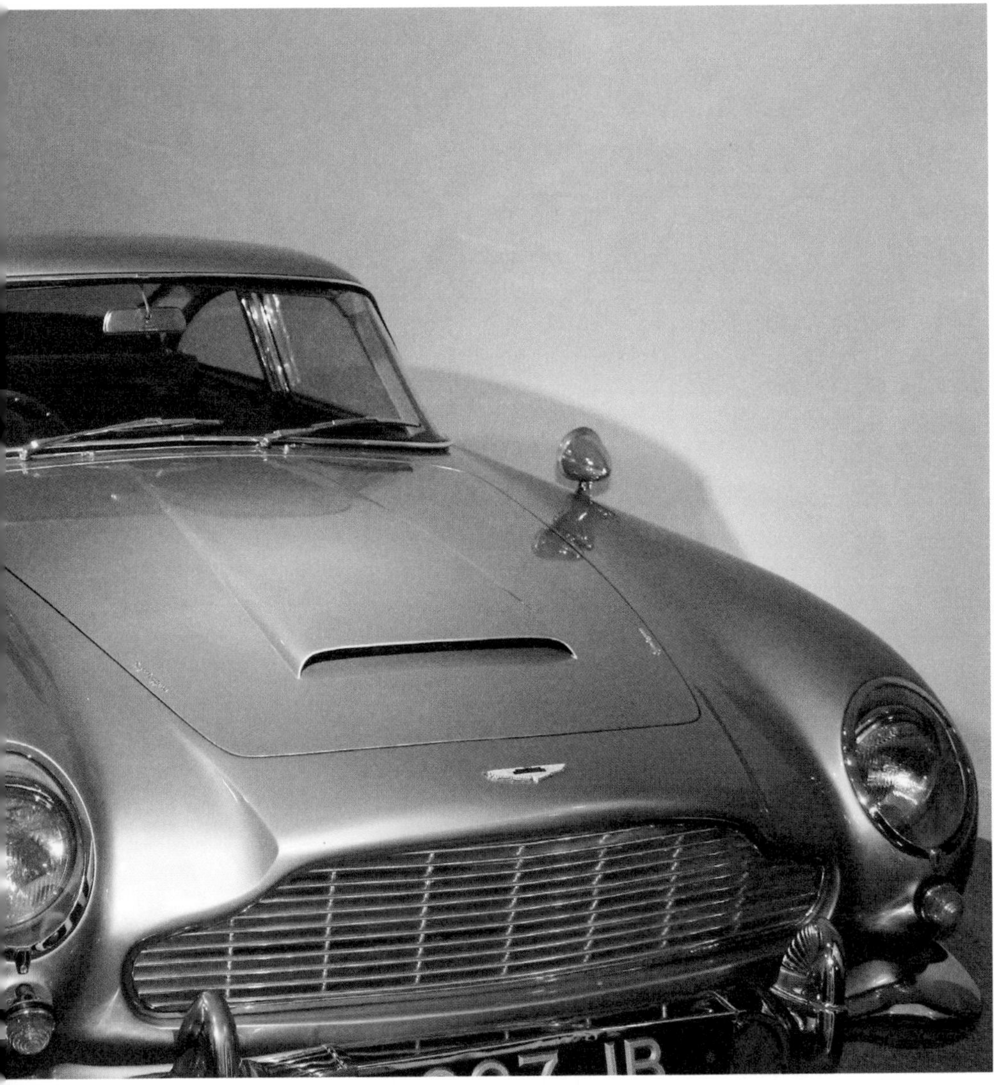

KAPITEL 1

DIE ZEHN BESTEN BOND-AUTOS

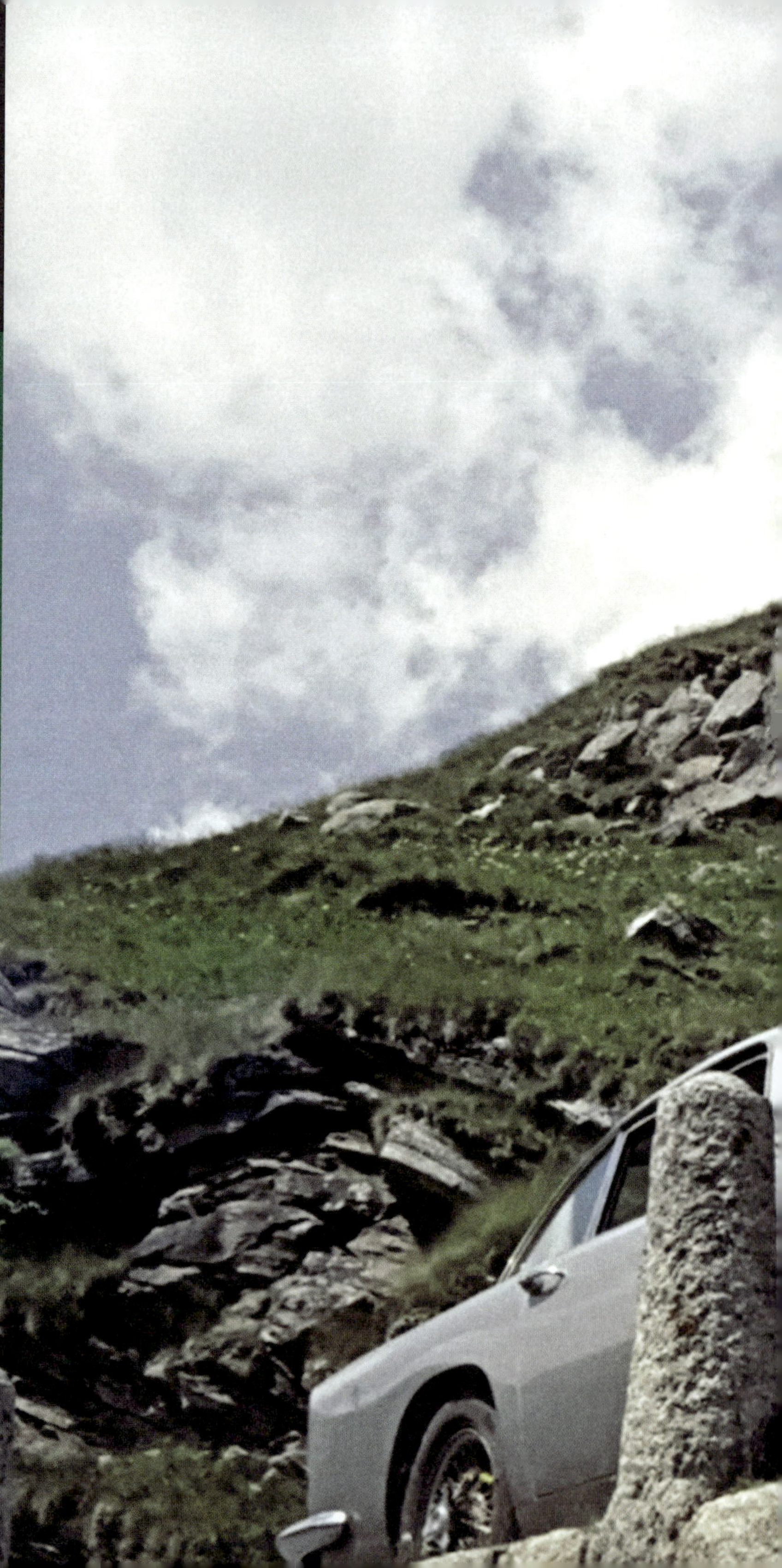

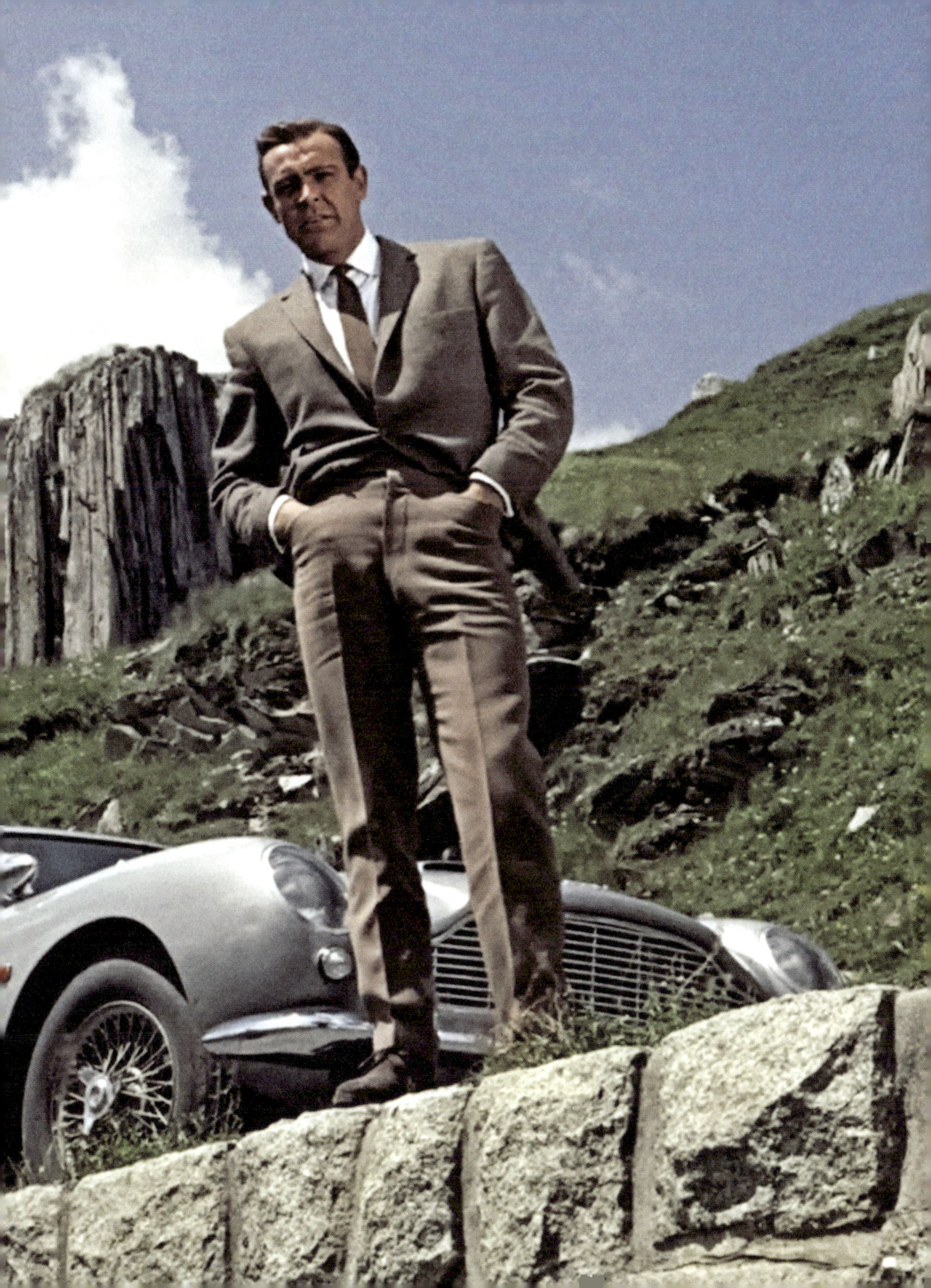

DER ASTON MARTIN DB 5 IN »GOLDFINGER« (1964) UND »FEUERBALL« (1965)

Mit vielen technischen Erfindungen waren die James-Bond-Geschichten in den Romanen und auf der Leinwand ihrer Zeit voraus. Ian Fleming hatte so prominente Leser wie Allen Dulles, der 1953 Leiter der CIA wurde, und Präsident Kennedy. Häufig fragten Geheimdienste bei Fleming an, ob er ihnen die im Buch beschriebenen Spezialwaffen nicht einmal vorführen könne. In einem Nachruf in der Zeitschrift »Life« auf Fleming schrieb Dulles, dass ihn besonders ein Funkgerät interessierte, das Bond in die Wagen seiner Gegner einbaute, um sie in gebührendem Abstand zu verfolgen. Dulles beauftragte seine Mitarbeiter, ein solches Gerät zu entwickeln, aber es machte in großen Städten stets Probleme. Dennoch räumte Dulles ein, dass ihn Flemings Ideen immer zum Denken anregten.

Auch die Filmproduzenten Harry Saltzman und Albert R. Broccoli setzten auf Innovation: Sie garantierten den Erfindern tollkühner Auto-Eskapaden oder bahnbrechender Stunts immense Honorare – vorausgesetzt, sie würden die Stunts erst zwei Jahre nach der Filmpremiere wieder vorführen. Was Fleming nicht mehr erlebte und die CIA nicht zu realisieren vermochte, wurde 1964 in »Goldfinger« Filmwirklichkeit. Das Ortungsgerät war eine der technischen Sensationen des Films – in dem modifizierten Aston Martin DB 5, der inzwischen als »das James Bond Auto« in die Film- und Autogeschichte eingegangen ist. Fleming hatte den Wagen im Roman so beschrieben:

»Man hatte ihm den Aston Martin DB III oder einen Jaguar 3,4 angetragen. Beide hätten zu seiner Rolle als wohlhabender, abenteuerlustiger junger Mann gepasst, aber der DB III hatte gewisse Extras, die von Nutzen sein konnten: Schalter, um bei nächtlicher Verfolgung Form und Farbe der Front- und Decklichter zu ändern, verstärkte Stoßstangen zum Rammen, einen Colt 45 mit langem Lauf unterm Führersitz, ein Empfangsgerät, abgestimmt auf einen Sender namens Homer, und eine Menge Hohlraum, den kein Zollbeamter entdecken würde.«

Co-Produzent Harry Saltzman nahm die Romanvorlage zum Anlass, im Herbst 1963 die Aston-Martin-Werke in Newport Pagnell zu besuchen, um über eine Kooperation zu sprechen. Die verantwortlichen Mitarbeiter hatten jedoch weder »James Bond – 007 jagt Dr. No« noch »Liebesgrüße aus Moskau« gesehen. Sie wollten ihm ein Auto zum vollen Preis von 4.500 Pfund verkaufen. Saltzman überlegte daraufhin, ob eher andere Fahrzeuge in Betracht kämen. In der engeren Auswahl waren der Jaguar E-Type, der Jensen C-V8 und Chevrolet Camaro. Doch er und die für die Spezialeffekte des Filmes zuständigen Mitarbeiter Ken Adam und John

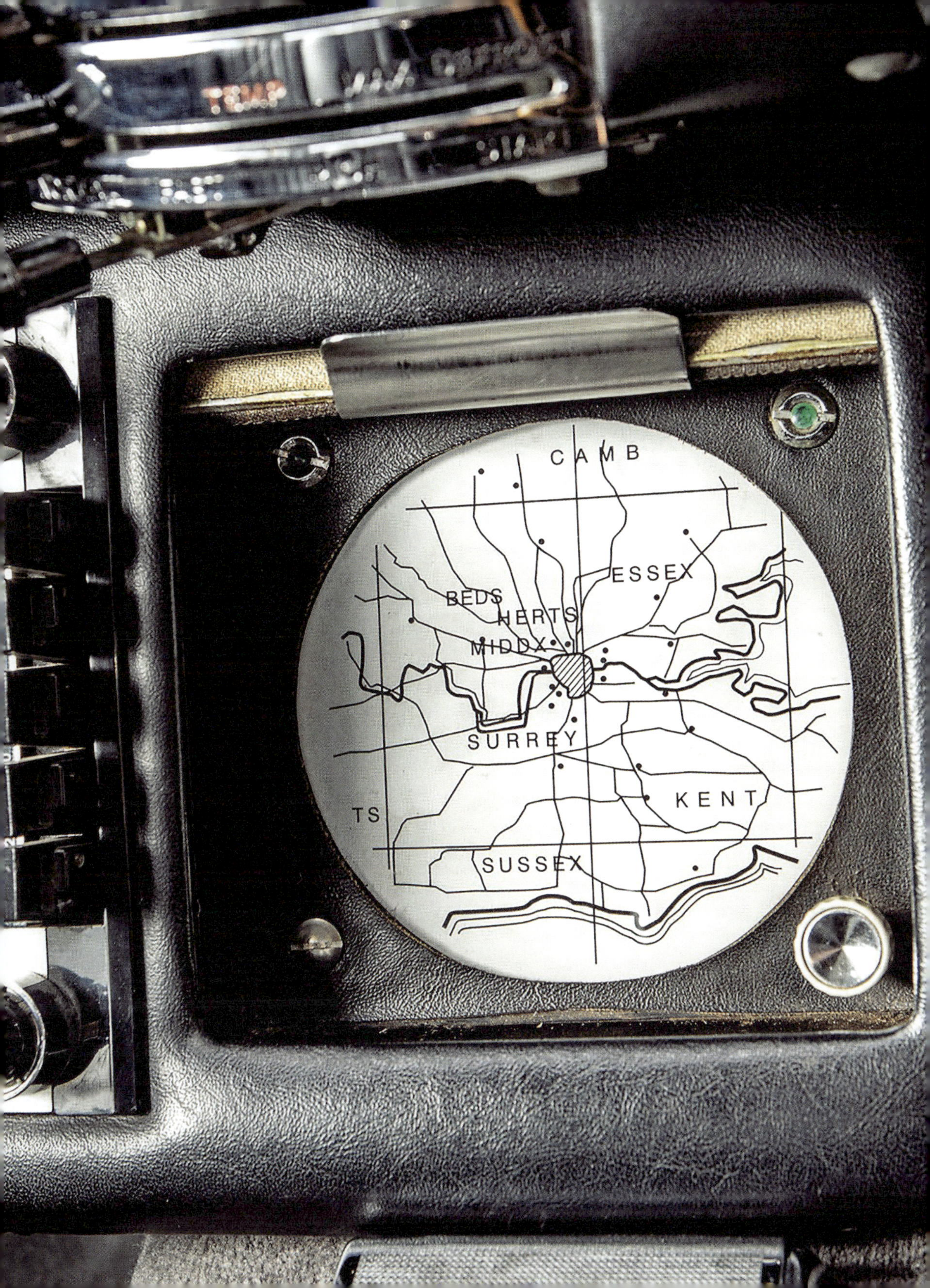
TEMP
CAMB
ESSEX
BEDS
HERTS
MIDDX
SURREY
KENT
TS
SUSSEX

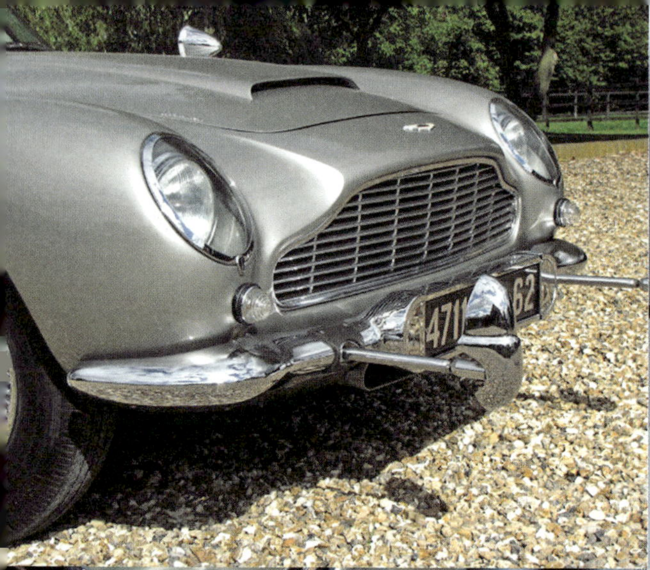
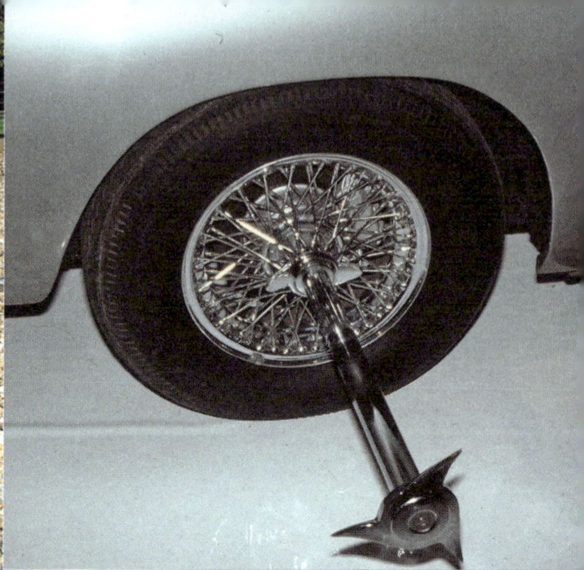
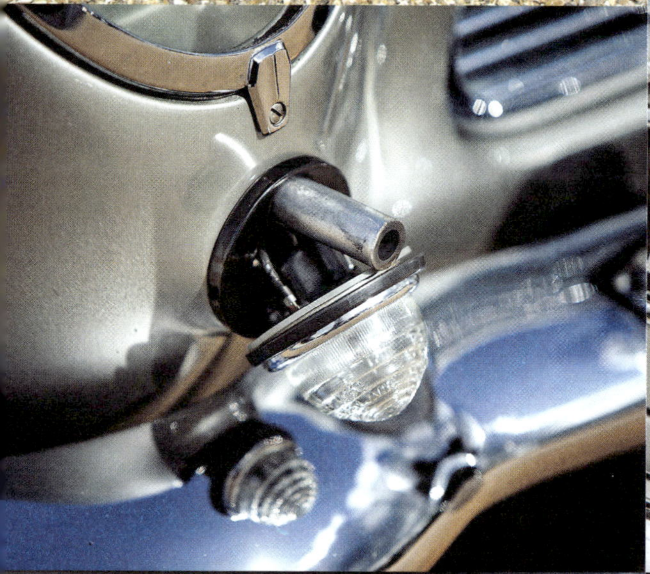
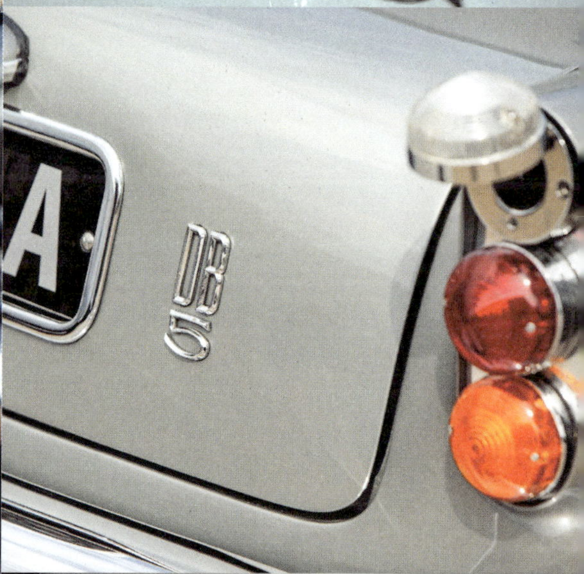
DB
5
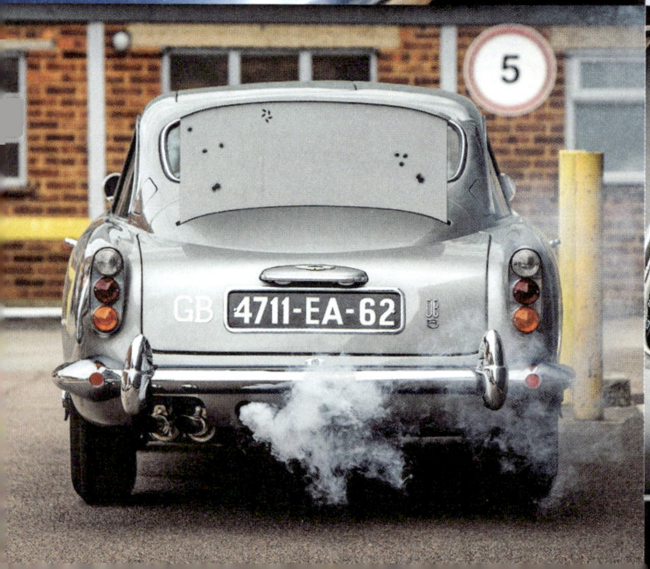
5
GB
4711-EA-62
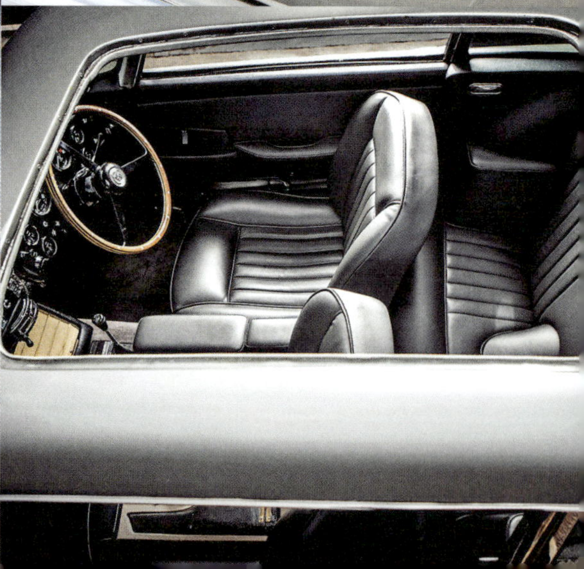

Stears wollten sich mit dem ersten Angebot nicht abfinden. Sie konnten den Hersteller zu einem weiteren Gespräch überreden. Dudley Gershon, damaliger Engineering Director von Aston Martin, war zunächst von der Idee, ein Spezialfahrzeug zu bauen, aufgrund des zusätzlichen Zeitaufwands wenig begeistert. Nach weiteren Gesprächen glaubte er jedoch Adam, dass ein Erfolg des Wagens eine enorm publicity-trächtige Sache sei und ließ sich umstimmen. Auch Steve Heggie, damals Executive Director, befürwortete das Projekt und hoffte auf einen kräftigen Werbeeffekt. Man sollte sich nicht täuschen. Die Filmleute überzeugten die Ingenieure davon, dass der Wagen aussehen sollte wie jedes andere Serienfahrzeug, allerdings mit einem Innenleben voller Raffinessen. Daraufhin gab Aston Martin dem Filmteam den zweiten Versuchswagen mit, der damals noch rot lackiert war (Dubonnet Red, Chassis DP 216/1). Auf Wunsch der Produktion wurde er umlackiert und erhielt die Farbe silbermetallic (Silver Birch).

Laut Drehbuch sollte Bond mit dem Auto flüchten und sich dann mit ihm verteidigen. Dazu wurden einige Extras in das Fahrzeug mit dem Nummernschild »BMT 216 A« eingebaut. Zwei Maschinengewehre fahren hinter den vorderen Blinkern aus. Die Schüsse wurden simuliert: Ein Elektromotor entlud und zündete kleine Stöße von Acetylen-Gas in den Läufen der MGs. Rauchkanister der Armee, angeschlossen an die Auspuffanlage, sorgten für eine Vernebelung nach hinten. In den 90er Jahren enthüllte Regisseur Guy Hamilton folgende Anekdote: »Der Rauch aus dem Wagen war wirklich low-tech. Ein kleiner Mann aus dem ›Prop Department‹ lag mit einem Kanister im Heck. Aber da der Kanister Löcher hatte, lag der arme Mann drinnen auch im Nebel.« Außerdem fuhr bei Bedarf eine Stahlplatte aus dem Heck des DB 5 herauf und schützte die Insassen als Kugelfang vor herannahenden Geschossen. Tatsächlich hatte die Platte einem echten Kugelhagel nichts entgegenzusetzen. Ein elektrisch drehbares Nummernschild hatte die Kennzeichen von Großbritannien, Frankreich und der Schweiz parat. Im Film heißt es sogar »für alle Länder«, aber nur drei waren möglich.

Zudem gab es elektrisch ausfahrbare Reifenaufschlitzer, die jedoch der Trick- und Schnitt-Technik zuzuschreiben sind. Sie ähneln dem Streitwagen aus »Ben Hur«, wurden auf die Radnabe aufgeschweißt und drehten entgegengesetzt zur Fahrtrichtung. Ausfahrbar waren sie jedoch nicht. Die Szene entstand im Studio und der Reifenaufschlitzer fraß sich durch eine Ford-Mustang-Attrappe aus Fiberglas.

Laut Regisseur Guy Hamilton kam die Idee mit den Rammstoßstangen von Ken Adam, weil der sich darüber geärgert hatte, zugeparkt worden zu sein. Das drehbare Nummernschild kam von Hamilton, weil er so viele Parktickets bekommen hatte. Bei Treffen im Büro der Produktionsfirma wurden »die Gadgets immer mehr«, so der Regisseur. Die Schleudersitzidee war ein Vorschlag seines Stiefsohns. Der Schleudersitz, der einen unliebsamen Gegner aus dem Dach katapultierte, stammte aus einem Kampfflugzeug und wurde nur für die entsprechende Szene montiert, da er wesentlich größer war als ein normaler Sitz. Er wurde durch Druckluftzylinder aktiviert und schmiss eine Puppe in die Luft. Für Flemings Peilvorrichtung, den »Radarschirm«, behalf man sich mit einem erleuchteten Ausschnitt aus einer Landkarte und einem Punktstrahler unter einer Radioattrappe. Ein Ölsprüher befand sich hinter den hinteren linken Rücklichtern. Eine weitere Kammer auf der anderen Seite diente dazu, Dreizack-Nägel per Druckluft auf die Straße zu pusten. Aus Angst, dass Kinder diese Idee übernehmen könnten, verzichtete man auf den Einsatz dieser Waffe im Film. Nur kurz angedeutet wurden die vorderen »Ramm-Stoßstangen«, die elektrisch angetrieben etwa 18 Inches (ca. 46 cm) aus der Stoßstange herausgefahren werden konnten.

Dudley Gershon erwähnte in seinem Buch »Aston Martin 1963 – 1972« noch weitere Spielereien, etwa ein Kästchen mit Handfeuerwaffen, Messern und Granaten, doch dieses Kästchen war im fertigen Film nicht zu sehen. Insgesamt wog das Auto aufgrund der zahlreichen Installationen etwa 300 Pfund mehr. Der Kofferraum war so gut wie voll. Die angegebene Leistung von 330 PS hätte zu einer Höchstgeschwindigkeit von 232 km/h gereicht, die natürlich unter dem zusätzlichen Gewicht litt, aber auch nicht benötigt wurde.

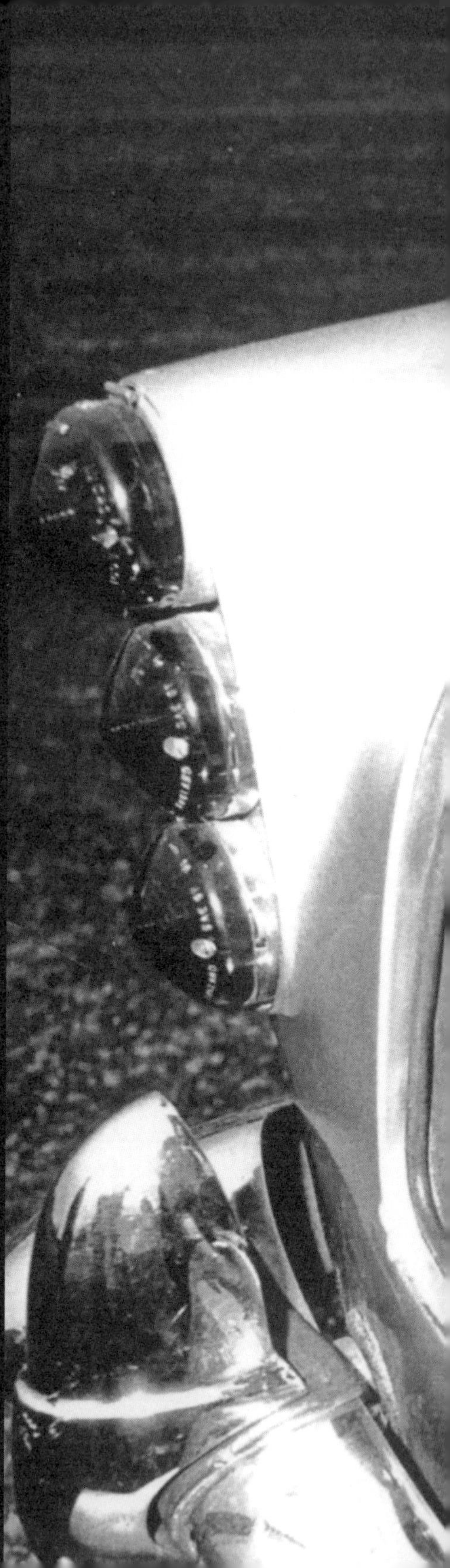

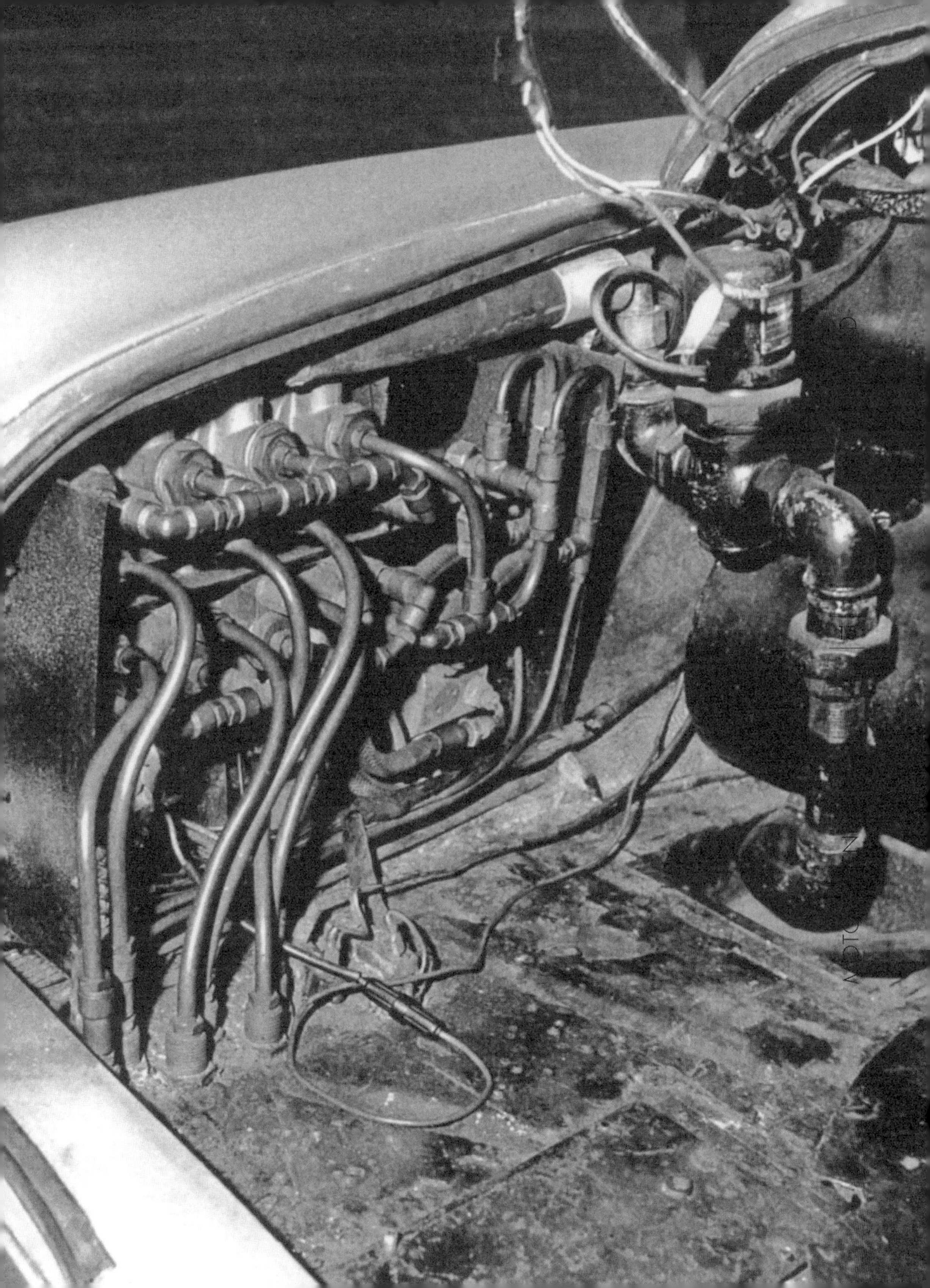

Am 29. Januar 1964 lag eine Zeichnung des DB 5 mit allen Extras vor. Anhand der Produktionszeichnung mit der Nr. 88 wurde der Wagen umgebaut und wie geplant im April 1964 fertig, sodass die Dreharbeiten mit dem automobilen Hauptdarsteller ohne Verzögerung beginnen konnten. Der Umbau kostete 25.000 Pfund – mehr als fünf Mal so viel wie einer der Wagen ab Werk. Der wurde für 4.500 Pfund angeboten.

»1964 WAR ICH MIT DEM WAGEN IN ZÜRICH. ALS DIE PRESSEFOTOGRAFEN HINTER MIR HER WAREN, HABE ICH DIE NEBELKANONE EINGESCHALTET.« —ASTON-MARTIN-MANAGER MIKE ASHLEY (INTERVIEW, 2010)

In Andermatt in der Schweiz und am nahegelegenen Furkapass war der DB 5 ab 6. Juli 1964 im Einsatz. Hier entstanden die Szenen, in denen Bond Goldfingers Rolls Royce verfolgt und den Reifenaufschlitzer verwendet, um die Besitzerin eines weißen Ford Mustang Cabriolets kennenzulernen – übrigens das erste Auto dieses Typs, das je nach Europa kam. Die Verfolgungsjagd, bei der asiatische Häscher 007 in einem schwarzen 190er Mercedes jagen, war bereits zuvor in England in der Gegend von Black Park (Wexham, Buckinghamshire) und in den Pinewood Studios, die als Goldfingers Firma »Auric Enterprises« herhielten, in Szene gesetzt worden. In den engen Gassen zwischen den Studios wurden die Action-Sequenzen ohne Sean Connery mit einer Hochgeschwindigkeitskamera gefilmt. Der Hauptdarsteller erschien erst am 19. Mai für die Nahaufnahmen zu den Dreharbeiten. Nicht alles verlief reibungslos. Während der Jagd stotterte der DB 5 und lief nicht auf allen Zylindern. Für den Unfall am Ende der Jagd wurde vor die Mauer einer Halle eine weitere künstliche Mauer gebaut, doch Stuntfahrer George Leech bremste zu spät und demolierte die Front des Wagens. Harold Sakata, der Darsteller von Goldfingers stummem Diener Oddjob, konnte so aber nicht mehr die Tür des Wagens öffnen. Also musste die Szene wiederholt werden. Ein zweiter Wagen musste her (Chassis Nr. 1486/R) und wurde auch geliefert. Wer genau hinschaut, bemerkt die kleinen Unterschiede der beiden Wagen. Der DB 5 in der Schweiz hat an der Seite ein kleines orangefarbenes Katzenauge. Zuvor am Flughafen ist es nicht zu sehen. Außerdem hat der Wagen

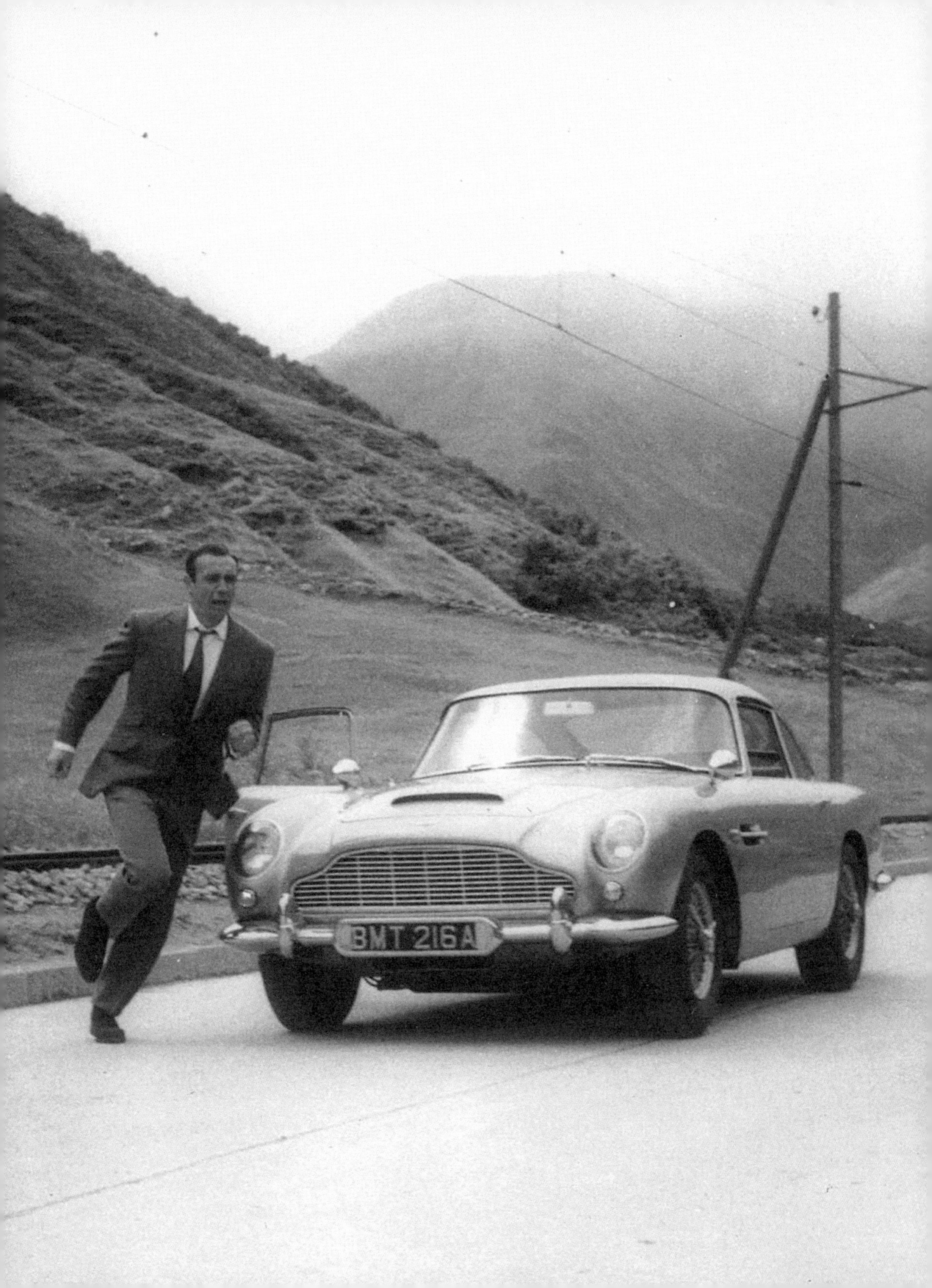
BMT 216A

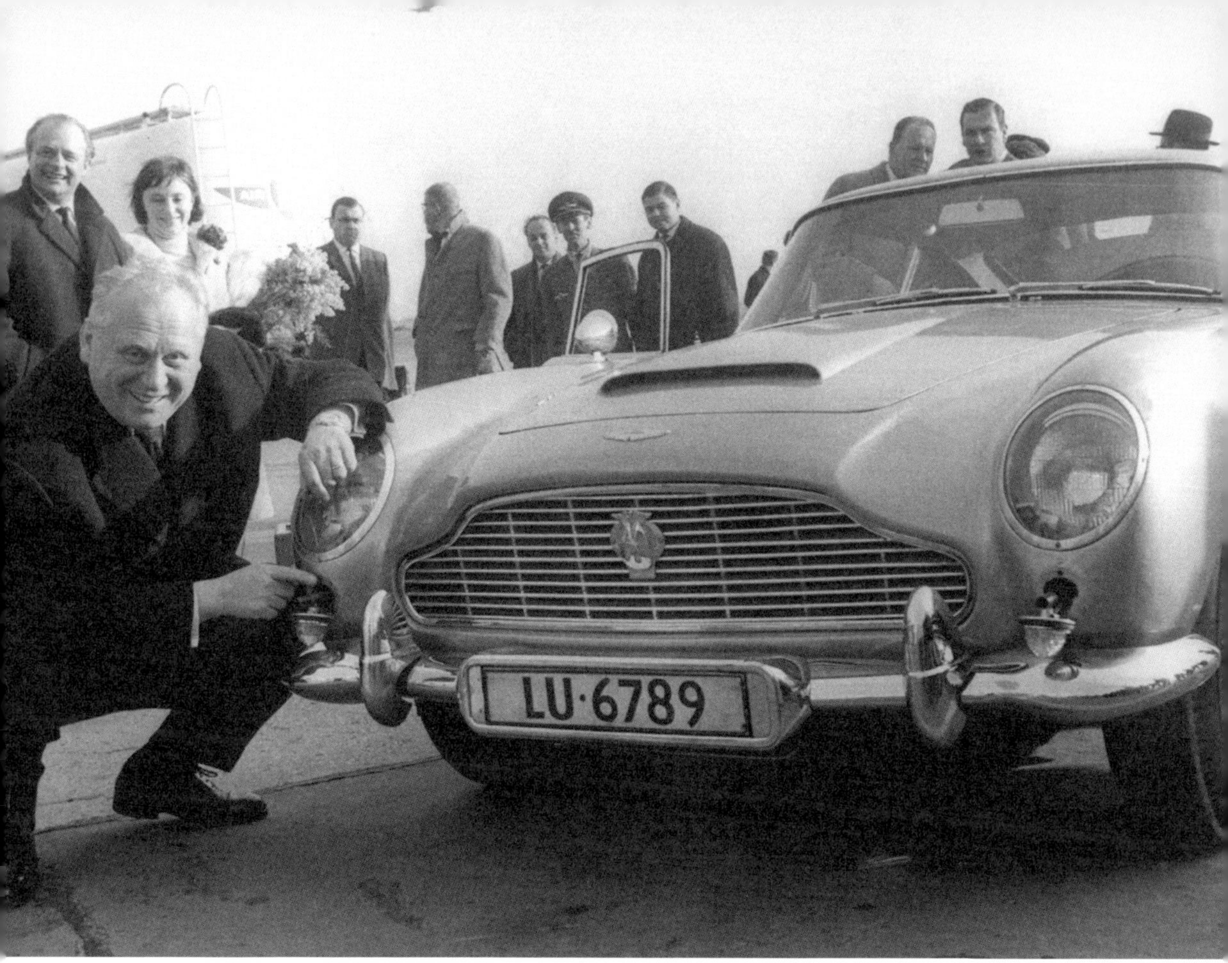
LU·6789

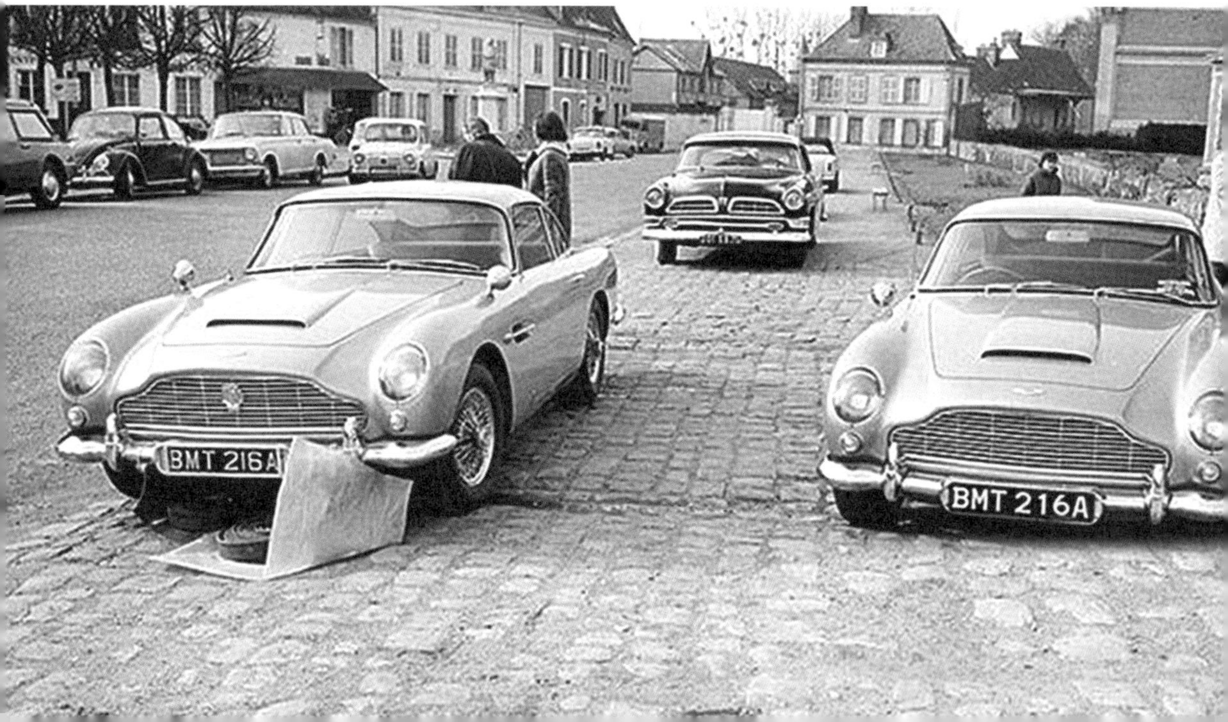
BMT 216A
BMT 216A

in der Schweiz an der linken Seite einen langen Kratzer und eine Beule am rechten Kotflügel. Wenn Bond am Furkapass beschossen wird, ist wieder der Wagen mit dem Katzenauge zu sehen.

Bei der Welturaufführung des Films am 17. September 1964 im Londoner Odeon Kino am Leicester Square stand kein Aston Martin vor der Tür. Dafür waren ein silberner und ein dunkler Wagen am 22. Dezember 1964 bei der »American Gala Premier« in New York zu sehen. Nachdem sich herausstellte, dass »Goldfinger« ein immenser finanzieller Erfolg werden würde und man eine Flut von Anfragen bekam, den DB 5 auszustellen, baute man für Werbezwecke noch zwei Replikas (Chassis Nr. 2008/R und Nr. 2017/R), die zum Teil über andere Ausstattungsdetails verfügten. Einer besaß ein Telefon in der Fahrertür, einen besonderen Reservetank und eine luxuriöse Innenverkleidung aus Antilopenfell. Alle vier Fahrzeuge wurden auf zahlreichen Auto-Shows und Wohltätigkeitsveranstaltungen ausgestellt und entpuppten sich als die besten Werbeträger, die der Aston Martin je hatte. Im Rahmen einer großen PR-Tournee kam der Wagen im Januar 1965 sowohl nach Frankfurt als auch nach Stuttgart und Köln. In Frankfurt wurde er, vom AvD eskortiert, von Gert Fröbe nach Höchst gefahren. Auf dem Porsche-Werksgelände in Stuttgart demonstrierte Bond-Double und Fahrer Mike Ashley die Waffen des Wagens an einem Autowrack und wurde dabei vom Südfunk TV gefilmt.

Dudley Gershon erinnert sich, dass nie mehr als elf Wagen pro Woche die Fertigungshalle verließen, aber man aufgrund des Kundeninteresses mühelos etwa 50 Stück hätte verkaufen können. »Plötzlich kannte bereits jeder zehnjährige Junge den Namen Aston Martin. Sogar noch 1970, also sechs Jahre nach Herstellung von ›Goldfinger‹, sorgte einer der drei DB 5 für kostenlose Werbung.« Gershon bezieht sich auf ein Erlebnis am Rande einer Sportwagenausstellung in Atlantic City. Zu dieser Zeit waren die drei Fahrzeuge bereits an Sammler verkauft worden, da man der Meinung war, dass die vormals werbewirksamen Touren der Autos nicht mehr viel einbrachten. Gershon wohnte zufällig in dem Hotel, in dem die Ausstellung stattfand, und entdeckte eines der Fahrzeuge wieder, das ein Jahr zuvor verkauft worden war. »Nach einem kurzen Gespräch mit dem Manager der Präsentation stellte der einen Kontakt zu NBC Television her, die mich zu einem etwa zehnminütigen Live-Interview über die Geschichte des Autos einluden«, erinnert sich Dudley Gershon. »Hätten wir damals einen Werbespot geschaltet, hätten wir etwa 30.000 Pfund (1970 ca. 262.000 Mark) dafür bezahlt.« Ab dem 16. Februar 1965 stand eines der Fahrzeuge (Chassis Nr. 1486/R) für die Dreharbeiten zu »Feuerball« wieder vor der Kamera. Für die so genannte »Pre-Title-Sequenz«, den kurzen Film vor der eigentlichen Handlung, durfte er außerhalb des Schlosses Château d´Anet nahe Paris seinen Gegnern noch mal zeigen, was in ihm steckt: Auf der Flucht vor schießenden Verfolgern fuhr wieder der Kugelfang herauf und aus zwei Röhren unterhalb der Stoßstange ergossen sich starke Wasserstrahlen über die drei herannahenden Gangster. Zuvor war der DB 5 für die Dreharbeiten zu »Feuerball« optisch überarbeitet worden. Das war auch notwendig, da der Wagen auf zahlreichen Promotion-Touren stark gelitten hatte.

Allein der Name »James Bond« führte seinerzeit zu einem Enthusiasmus, der heute kaum vorstellbar erscheint. Als Sean Connery in dem Wagen am 19. Februar 1965, am Abend der »Goldfinger«-Premiere, begleitet von einer Motorradeskorte, die aus 60 nur mit Goldfarbe bekleideten Damen bestand, zum Pariser Marignan Kino fuhr, glich die Fahrt dorthin über die Champs-Élysées einem Triumphzug. Die Menge schrie und applaudierte auf der ganzen Strecke. Connery konnte zunächst gar nicht aussteigen, weil eine Frau durch das Seitenfenster in den Wagen sprang. Vom kreischenden Publikum wurde er fast erdrückt. Der Aston Martin, der zuvor im Pariser Automobilsalon und im Kaufhaus Galeries Lafayette ausgestellt worden war, bekam erste Kratzer. Als er während einer triumphalen Tournee in ganz Italien ausgestellt wurde, mussten die Betreuer in Mailand mit dem guten Stück sogar flüchten. Besessene Fans hatten damit begonnen, Zubehörteile und Griffe mit bloßen Händen abzureißen.

Ein auf der Durchreise befindlicher Scheich wollte den Wagen sofort kaufen und bot 60 Millionen Lire, obwohl er umgerechnet doch nur 28 Millionen Lire gekostet hatte. Ein indischer Maharadscha bot 100.000 Dollar, und auch Sammy Davis jr. meldete Interesse an. Als die Anfrage abschlägig beschieden wurde, kaufte er sich eine Serienausführung. In San Francisco nutzte eine Stripteasetänzerin mit dem Namen »Miss Exotica« den Wagen, um auf und neben ihm ihre Blößen zu präsentieren.

Nach dem Kurzauftritt in »Feuerball« – sicherlich ein Dankeschön an die Firma Aston Martin, die sich so spontan entschlossen hatte, das von den Filmleuten initiierte Projekt zu verwirklichen – waren keine weiteren Filmeinsätze des DB 5 geplant. Erst Anfang der achtziger Jahre sorgten die zehn Jahre zuvor an Sammler verkauften Fahrzeuge wieder für Aufsehen. Ein Streit unter gleich vier Eigentümern des »Original Aston Martin DB 5« aus dem Film beschäftigte Filmjournalisten und Autosammler gleichermaßen. Was war geschehen? Zunächst muss dazu angemerkt werden, dass nur ein Wagen jemals über das offizielle Nummernschild BMT 216 A verfügte und zwar ein am 1. Mai 1963 von der Firma Aston Martin zugelassenes Exemplar (Chassis DP 216/1), das später auch in dem Film zu sehen war. Aufgrund der Beschädigung kam ein zweiter Filmwagen hinzu (Chassis Nr. 1486/R). Über den Verbleib dieser beiden Fahrzeuge und der beiden Werbe-Replikas ist bis heute folgendes bekannt: Gavin H.N. Keyzar, Mitglied des Aston Martin Owners Club in England, kaufte den BMT 216 A, ließ allerdings die

DOMENICA DEL CORRIERE

Anno 67 - N. 6 - L. 70 Settimanale del CORRIERE DELLA SERA 7 febbraio 1965

L'agente 007 arriva alla 'Domenica'

→

James Bond, l'agento del controspionaggio inventato da Ian Fleming, è arrivato alla « Domenica del Corriere » che da questa settimana, alle pagine 36 e 37, inizia la pubblicazione del romanzo inedito « L'uomo dalla pistola d'oro ». James Bond che in una fortunata serie di film è interpretato dall'attore Sean Connery, nel corso di pochissimo tempo è diventato tanto famoso da oscurare la fama dei suoi più illustri predecessori nel campo della letteratura poliziesca. Egli incarna l'immagine di un personaggio che si adatta alla perfezione al nostro tempo, spregiudicato e ribelle e nello stesso tempo impegnato nella lotta contro il male. Ciò tuttavia non ha impedito che la sua favolosa vettura, munita di rostri, mitragliatrici, sedili catapultabili, corazze d'acciaio e radar, esposta in piazza del Duomo a Milano a scopo pubblicitario, non fosse presa di mira da una schiera di giovanotti e da ragazzetti che volevano « provarla », tanto da costringere il suo autista a battere in ritirata per metterla al sicuro.

(Disegno di Walter Molino)

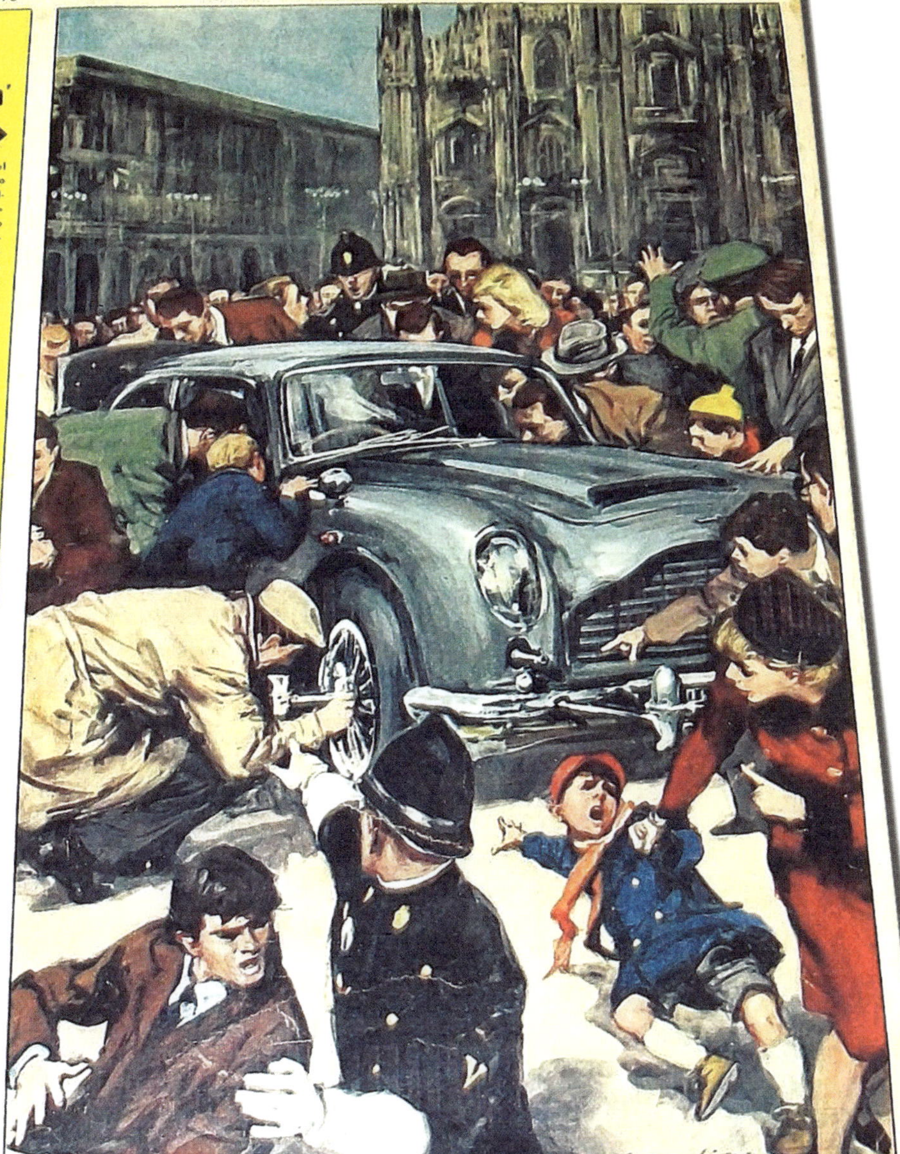

Arrestato il 'pirata' che uccise Cesare Cuverà il padre di 5 figli

Servizio a pagina 6

I pro e i contro della riforma della scuola

Una nostra inchiesta sul «piano Gui» alle pagine 8-9-10

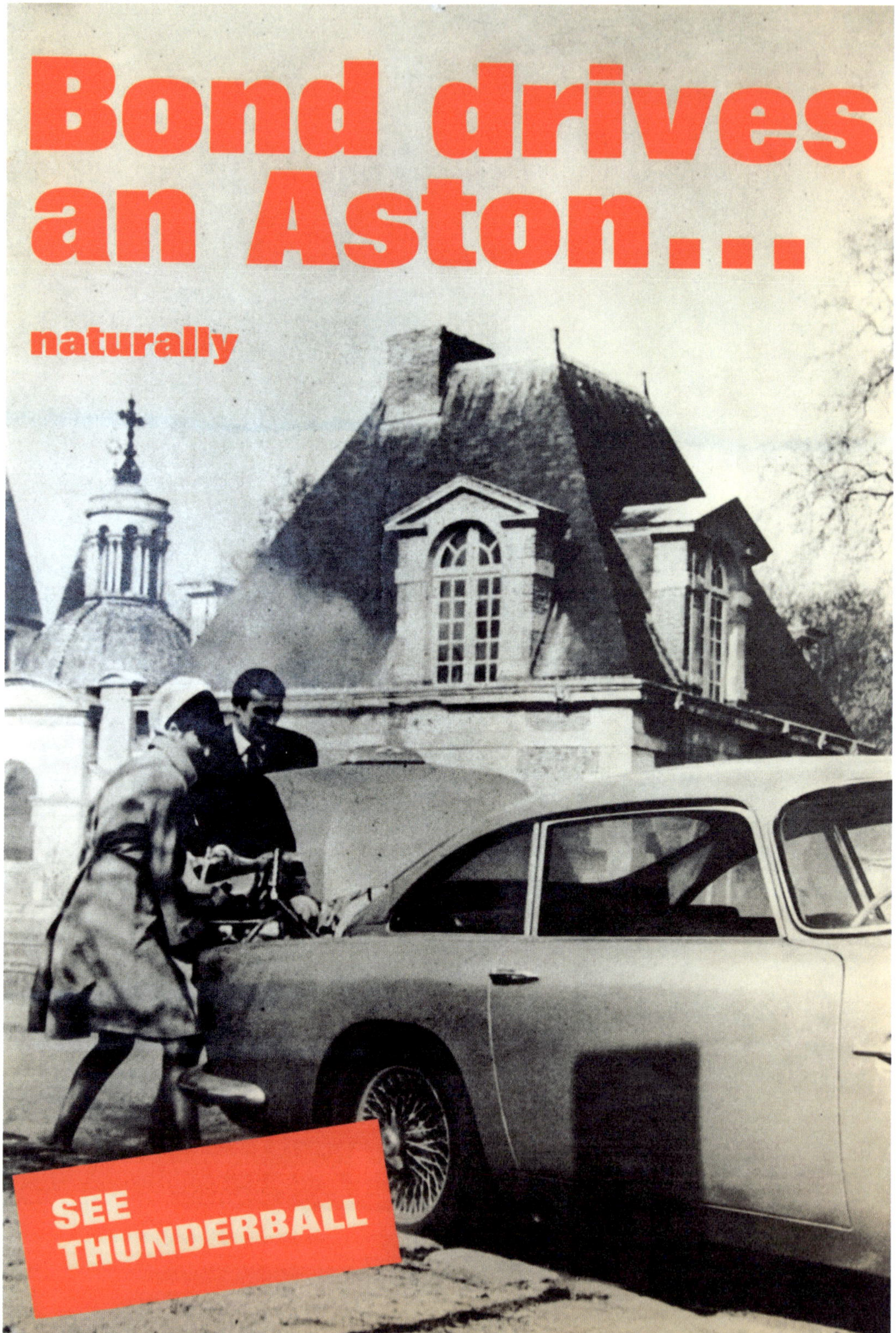
Bond drives an Aston...
naturally
SEE THUNDERBALL

zusätzliche Bond-Ausrüstung – unvorstellbar, aber wahr – entfernen. Die Arbeiten begannen am 25. April 1968. Am 16. August übernahm er den Wagen, der mit dem neuen Kennzeichen 6633 PP geliefert wurde. Nachdem auch die Replikas veräußert worden waren und bei Weiterverkäufen hohe Summen erzielten, ließ Keyzar Ende 1970 – unvorstellbar, aber ebenfalls wahr – von einem Bekannten die Bond-Ausstattung wieder installieren, auch wenn diese nicht hundertprozentig dem Original entsprach, und annoncierte den Wagen im Dezember für 8.000 Pfund (fast 70.000 Mark). Gekauft wurde er im Januar von dem amerikanischen Juwelier und Auto-Sammler Richard Losee aus Utah. 1974 erwarb er auch Goldfingers von Oddjob gesteuertes Auto, den Rolls Royce Phantom III Sedance de Ville. Beide Wagen standen die meiste Zeit oder wurden gelegentlich ausgestellt, nur der DB 5 erhielt in der Komödie »Auf dem Highway ist die Hölle los« (»Cannonball Run«, 1981) eine weitere Filmrolle. Darin karikiert Roger Moore sein Bond- und Playboy-Image. Im Gegensatz zu seinen sieben 007-Abenteuern durfte der Brite, hier in der Rolle des Seymour Goldfarb, sogar den durch Connery weltbekannt gewordenen Wagen fahren. Für die Wiederholung der berühmten Szene mit dem Schleudersitz behalf man sich jedoch eines Tricks und verwendete einen Aston Martin vom Typ DB 4 GT.

Zwölf Jahre später war Losee der Schätze überdrüssig und bot beide Fahrzeuge an. Bei einer Auktion der New Yorker Filiale von Sotheby's am 28. Juni 1986 fanden sie neue Besitzer. Anthony Z. Pugliese III, Präsident der »Filmtrek Pictures« aus Boca Raton in Florida, ersteigerte das Fahrzeug mit der Zulassung 6633 PP für 250.000 US Dollar (275.000 Dollar mit Zuschlägen). Es stellte sich heraus, dass dieser Wagen der erste gebaute DB 5 ist und noch über einen Prototyp des Motors verfügt. Er trägt die Motornummer 400 P/4. Mr. Pugliese versprach, den Wagen in einem weiteren Film als Hauptdarsteller einzusetzen, woraus jedoch nie etwas wurde. Für den Rolls zahlte Steven Greenberg, Miteigentümer der New Yorker Disco »Palladium«, 110.000 US Dollar (mit Zuschlägen 121.000). Greenberg besitzt den Rolls immer noch, aber Puglieses DB 5 wurde in der Nacht vom 23. auf den 24. Juni 1997 aus einem Hangar in Florida gestohlen und ist seitdem verschwunden. Was aus dem Wagen geworden ist, weiß derzeit niemand. Es gab Gerüchte, dass er entweder auf dem Grund des Meeres verschwand, per Flugzeug abtransportiert wurde oder sogar im arabischen Raum gesichtet worden sein soll. Der Kunstdetektiv Christopher A. Marinello von der Firma »Art Recorvery International« ist im Auftrag der Versicherung aktiv, die Pugliese den Schaden ersetzt hat. Er behauptet zu wissen, wo der Wagen ist, sich mit dem Dieb/ Sammler aber noch nicht geeinigt zu haben.

Im September 1969 kaufte Jerry Lee aus Philadelphia, Besitzer einer lokalen Radiostation, den noch im Werk verbliebenen Wagen, der für die Straßenszenen in »Goldfinger« und »Feuerball« eingesetzt worden war (Chassis Nr. 1486/R). Er trug nun das Nummernschild BMT 216 A, wurde für Fahrten jedoch mit dem Kennzeichen FMP 7 B ausgerüstet. Der Wagen war in einem erbarmungswürdigen Zustand, stand total verschmutzt in einer Ecke der Werkshallen und zwei Ersatzräder waren einfach auf die Rücksitze gestellt. Auch Lee sah in dem Auto mehr eine geschäftliche Investition als ein Sammlerobjekt und stellte es mehrfach aus, zuletzt auf der New York Auto Show 1981. Danach hielt Lee den Wagen in seinem Haus in Philadelphia unter Verschluss. Am 27. Oktober 2010 bot er den Wagen durch RM Auctions/ Sotheby's in London an. Der amerikanische Geschäftsmann Harry Yeagy zahlte 4,6 Millionen Dollar für Lot 197, den seltenen Wagen mit dem Kennzeichen FMP 7 B.

Über die beiden Replikas ist Folgendes bekannt: Im Januar 1969 erwarb der Engländer Anthony Bamford sowohl den Wagen mit der Chassis-Nr. 2017/R als auch den mit der 2008/R für lächerliche 1.500 Pfund (knapp 14.100 Mark) direkt von Eon Productions, da man damals keine Verwendung dafür sah. Nur drei Monate später tauschte Bamford den 2017/R mit dem Londoner Financier Kenneth Luscombe-Whyte gegen einen 1964er Ferrari GTO, was Bamford zu einem schwerreichen Mann machte. Schon im September gab Luscombe-Whyte seinen DB 5 wieder ab, da ihm ein unglaublich attraktives Angebot unterbreitet wurde. Der Interessent, der kanadische Restaurantbesitzer Frank Baker aus Vancouver, zahlte nicht nur den geforderten Preis (über den man Stillschweigen bewahrte),

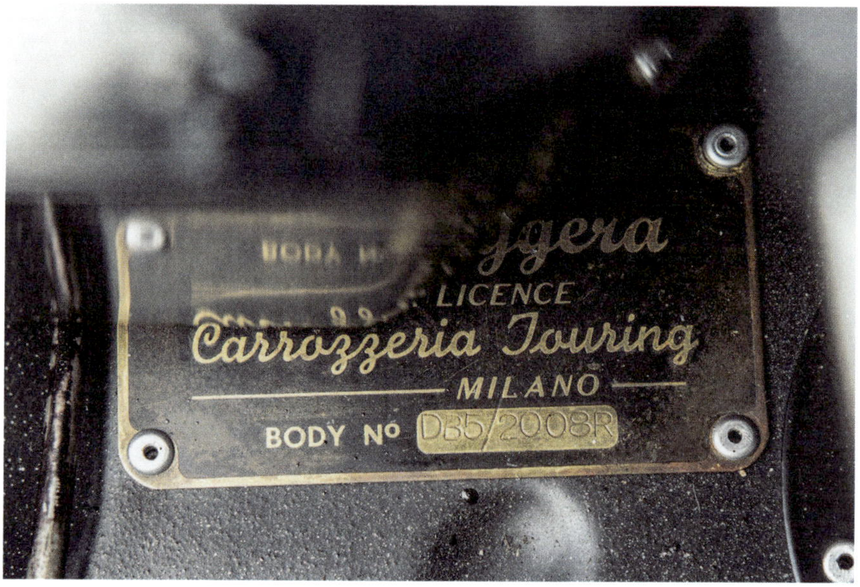

sondern auch noch eine Überfahrt des Ehepaares nebst Aston Martin mit der »QE2« genannten »Queen Elizabeth«. Baker stellte den Wagen 13 Jahre lang in einer Glasbox vor seinem Restaurant »The Attic« aus. Dieser Wagen wurde am 8. Juli 1984 auf einer Auktion in Newport Beach in den USA verkauft und brachte es auf die stolze Summe von 80.000 US Dollar. Der neue Besitzer, Dick Barbour, sammelt Autos und historische Rennwagen und stammt aus San Diego. Als langjähriger Porsche-Pilot hat er Autorennen in Sebring, Daytona und Le Mans gewonnen. Der DB 5 wechselte noch zweimal den Besitzer, am 22. August 1985 erzielte er stolze 150.000 Dollar. Im März 1986 wurde er erneut auf einer Auktion angeboten, aber nicht verkauft. Letztendlich erwarb das Holländische Automobilmuseum in Raamsdonksveer die Replika mit der Chassisnummer 2017/R. Das Fahrzeug ist eine der Attraktionen des Hauses, hat nur 16.600 Meilen auf dem Tacho und wurde für eine aufwendige Story des englischen Magazins »Supercar Classics«, Ausgabe 8/1990, wieder bewegt.

Die zweite Replika für Werbezwecke (2008/R) wurde vom Smoky-Mountain-Automuseum in Tennessee erworben, stand dort ab 1971 in einem Drahtkäfig und wurde am 20. Januar 2006 in den USA versteigert. Ein Schweizer Sammler erwarb den Wagen für 1,9 Millionen Dollar. Dieser Wagen wurde von dem Schweizer Aston-Martin-Spezialisten Beat Roos drei Jahre lang restauriert, wobei eine 250 Seiten umfassende Dokumentation entstand. Das Auto wurde Mitte August 2019 im Rahmen einer Fahrzeug-Auktion von RM in Monterey angeboten und erzielte dort 6,385 Millionen Dollar (5,7 Millionen Euro). Der Käufer blieb anonym.

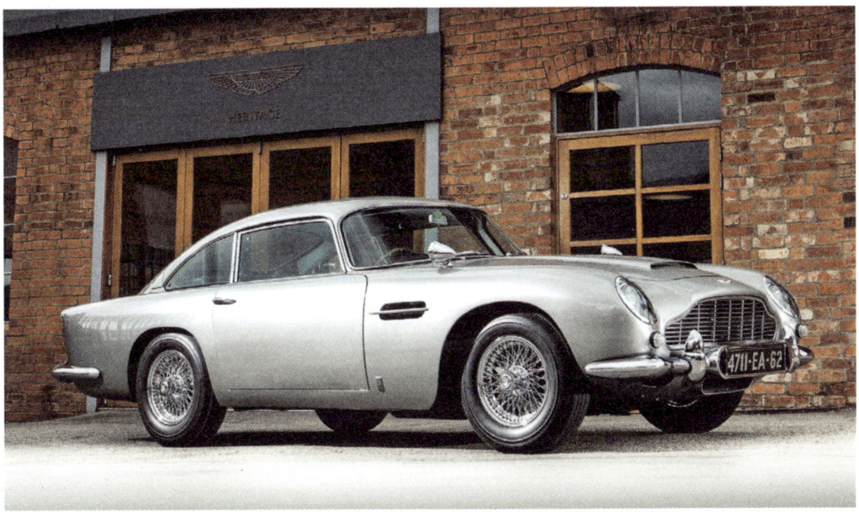

BONDS DB 5 IM KINDERZIMMER

Auch die jüngsten Zuschauer liebten den DB 5 – und Kinder schauen bekanntlich genau hin. Nachdem »Goldfinger« in die Kinos kam, bekam Regisseur Guy Hamilton Post von einem englischen Jungen, der fragte, warum der Wagen in England auf Pirelli-Reifen lief, aber auf Dunlop in der Schweiz. Hamilton musste eingestehen, dass der Junge Recht hatte. Und so wäre die verzwickte Geschichte des berühmten Aston Martin DB 5 nicht komplett, ließe man die vielfältigen Spielzeugautos außer Acht, wovon eines sogar in königlichem Besitz ist. Im Herbst 1965 wurde das Werk in Newport Pagnell davon unterrichtet, dass Königin Elisabeth und der Duke von Edinburgh beabsichtigten, sich im April des folgenden Jahres die Firma Aston Martin einmal persönlich anzusehen. Man fühlte sich geehrt und beschloss, dem Spross der Familie, dem damals sechsjährigen Prinzen Andrew, ein besonderes Präsent zukommen zu lassen. Was lag da näher als eine Spezialausgabe des James-Bond-Wagens? Erste Überlegungen von David Brown und Motorenbauer Tadek Marek von Aston Martin drehten sich noch um ein Tretauto, doch letztendlich wurde daraus ein batteriebetriebenes Cabrio im Maßstab 1:3. Als Farbe wählte man das Silbermetallic des schießenden Vorbilds und ahmte zudem viele Details des großen Bruders nach. Sogar die Bond-typischen Extras wären möglich gewesen, doch aus Rücksicht auf die Flure des Buckingham Palace verzichtete man auf Maschinengewehre und Ölspritzer.

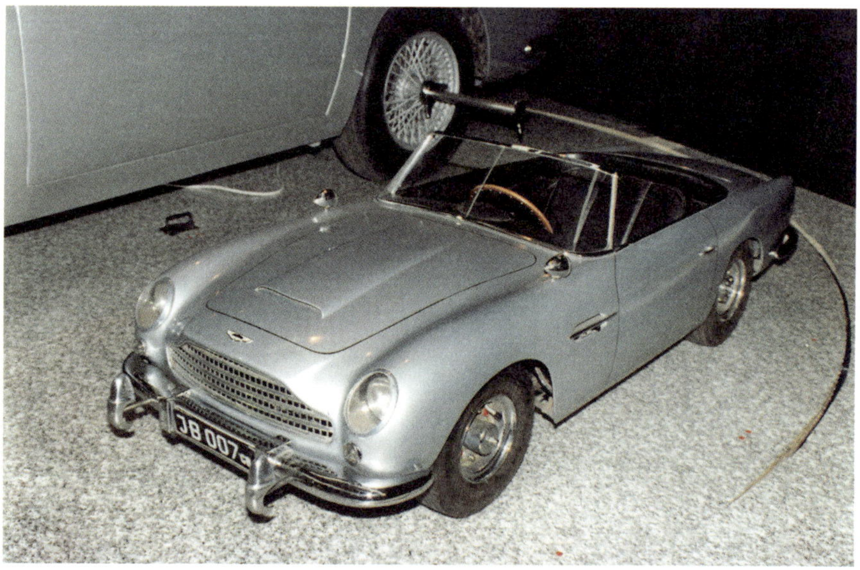

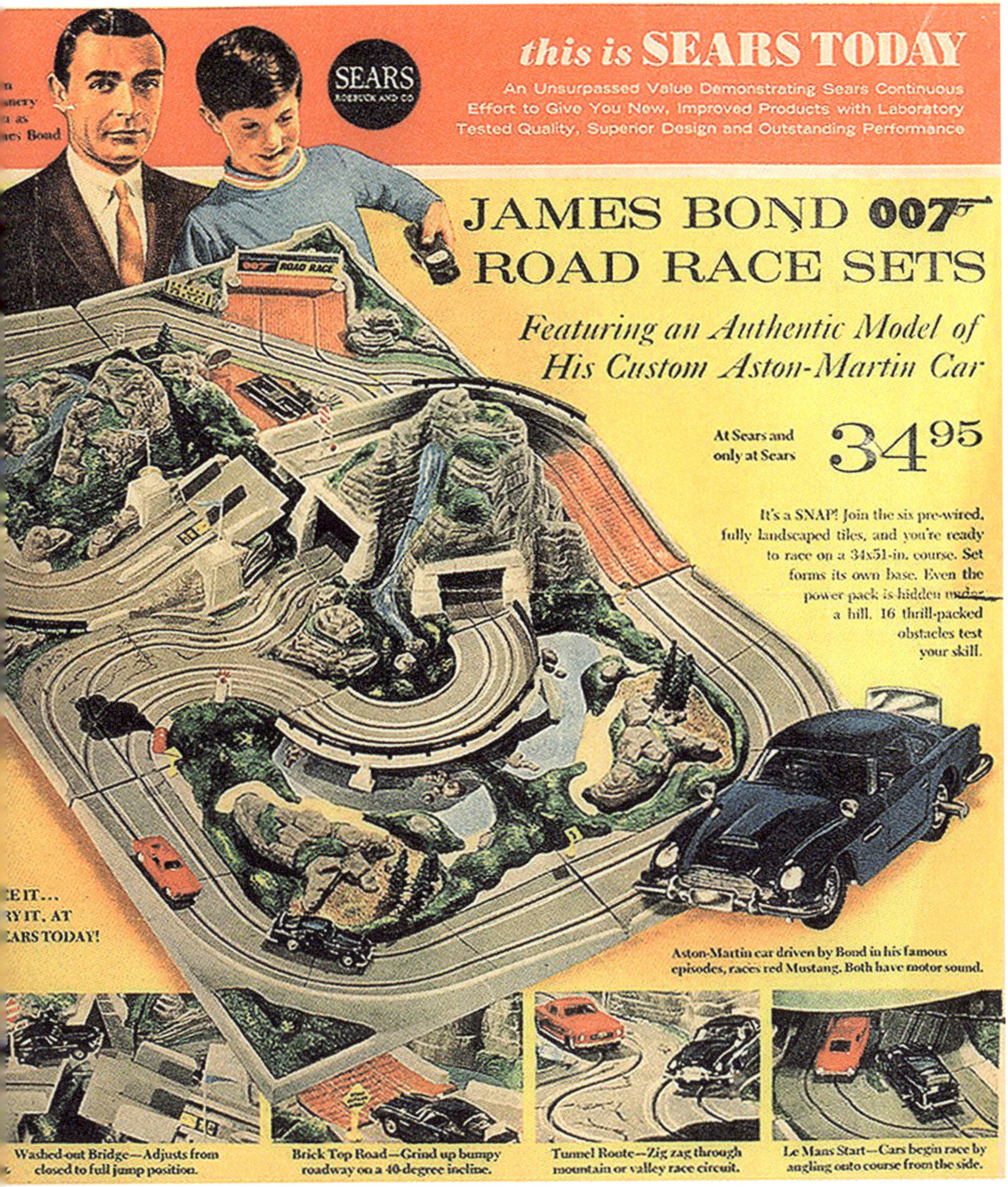

SEARS ROEBUCK AND CO
this is SEARS TODAY
An Unsurpassed Value Demonstrating Sears Continuous Effort to Give You New, Improved Products with Laboratory Tested Quality, Superior Design and Outstanding Performance
JAMES BOND 007
ROAD RACE SETS
Featuring an Authentic Model of His Custom Aston-Martin Car
At Sears and only at Sears
34.95
It's a SNAP! Join the six pre-wired, fully landscaped tiles, and you're ready to race on a 34x51-in. course. Set forms its own base. Even the power pack is hidden under a hill. 16 thrill-packed obstacles test your skill.
007 ROAD RACE
Aston-Martin car driven by Bond in his famous episodes, races red Mustang. Both have motor sound.
Washed-out Bridge—Adjusts from closed to full jump position.
Brick Top Road—Grind up bumpy roadway on a 40-degree incline.
Tunnel Route—Zig zag through mountain or valley race circuit.
Le Mans Start—Cars begin race by angling onto course from the side.

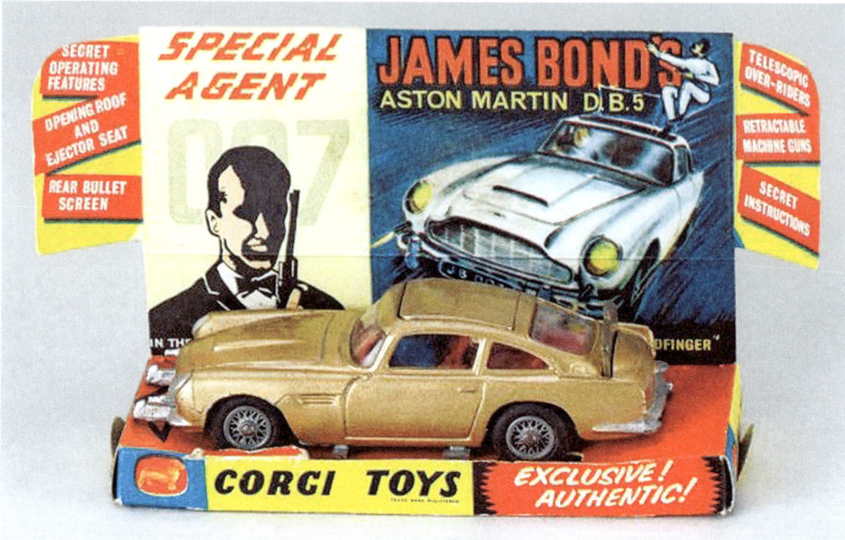

Nur Wasser konnte der kleine Aston von sich geben. Zwei Elektromotoren und eine Batterie sorgten für einen markenuntypisch langsamen Vortrieb von fünf Meilen pro Stunde. Bewundernswert an dem ganzen Projekt ist vor allem, dass es der Autoschmiede gelang, alle Instrumente, Knöpfe und Details maßstabsgerecht zu verkleinern und ein voll funktionstüchtiges Fahrzeug auf die Räder zu stellen, das nicht nur in den Augen eines Sechsjährigen für Begeisterung sorgen sollte. Der Aufwand lohnte sich in jeder Hinsicht. Her Majesty und His Royal Highness waren mehr als angetan von dem ungewöhnlichen Geschenk und Klein-Andrew zeigte für nichts anderes im Werk mehr Interesse. Jetzt steht das Auto im königlichen Schloss Sandringham. Bis zum heutigen Tag scheint die Beziehung zwischen dem Königshaus und Aston Martin Früchte zu tragen. Andrews großer Bruder Prinz Charles hat einen Aston Martin DB 6 Volante in seiner Garage.

Nach Aussagen des »Aston Martin Owners Club« wurde ein weiteres Modell im Maßstab 1:3 für Prinz Reza, Sohn des Shahs von Persien, gebaut. Beide Autos werden in den Unterlagen als so genannte »007 Specials« geführt und wurden mit eigens angefertigten Bedienungsanleitungen ausgeliefert.

Nach seinem Leinwand-Erfolg startete der DB 5 aber auch auf dem kommerziellen Spielzeugmarkt durch. Das beliebteste Weihnachtsgeschenk des Jahres 1965 ging allein in Deutschland eine Million Mal über die Ladentische. Weltweit verkaufte die Firma »Corgi Toys« über sieben Millionen Stück des Modells im Maßstab 1:43, das bis auf einen Punkt authentisch war: als Farbe wählte man Gold anstatt des bekannten Silbermetallic, obwohl der Karton etwas anderes suggerierte. Die Ausstattung: auf Knopfdruck öffnete sich das Dach, und der Beifahrer flog heraus, bei einem weiteren Knopfdruck, traten die Maschinengewehre zum Vorschein, bei einem Druck auf den Auspuff sprang der Kugelfang aus dem Heck. Corgi setzte große Stücke auf die Beweglichkeit und investierte 4500 Pfund an Entwicklungskosten. Mit insgesamt 29 Teilen im Gegensatz zu den sonst üblichen 14 Teilen wurde es das bis dato aufwendigste Modell der Firma. Zusätzliches Bonmot war ein aufwendiger Karton, der außer einem »007« Aufkleber noch ein Tütchen mit »Secret Instructions« barg, die die Bedienung erklärten. Der immense Erfolg des Corgi-Modells mit der laufenden Nummer 261 beschäftigte umgehend mehrere englische Boulevardzeitungen wie »The Sun« und den »Daily Mirror«, die herausfanden, dass in einem Geschäft bis zu 1.000 Autos pro Tag verkauft wurden und andere aufgrund der Nachfrage erst nach dreieinhalb Monaten liefern konnten, sodass Corgi die Produktion verdoppelte. Im Frühjahr 1968 kam dann eine überarbeitete Version in Silber auf den Markt, die zudem über herausziehbare rote Reifenschlitzer verfügte. Zusätzlich gab es drehbare Nummernschilder. Dieses Modell mit der Nummer 270 (später 271) wurde im Laufe der Jahre immer wieder überarbeitet – eines hatte sogar Kotflügelverbreiterungen – und wird immer mal wieder in verschiedenen Maßstäben neu aufgelegt. Für Modellbaufreunde bot die Firma »Airfix« zwei verschiedene Autos im Maßstab 1:24 zum Zusammenbau an, und »Aurora« eines in 1:25. Der besondere Clou auf dem Spielzeugmarkt war jedoch eine »James Bond Car Race«- Autorennbahn von »Scalextric« und eine große, aus sechs zusammensteckbaren Teilen bestehende »Road Race«-Autorennbahn von »Gilbert Toys« – mit jeweils einem Aston Martin.

»GOLDENEYE« (1995) UND »DER MORGEN STIRBT NIE« (1997)

Für Pierce Brosnans ersten Bond-Einsatz kamen im Februar 1995 drei Aston Martin DB 5 zum Einsatz (Kennzeichen AJU 519B, JBZ 6007, FBH 281 C). Zwei wurden für Stuntszenen eingesetzt und ein Wagen, der die Nummer BMT 214 A bekam, die im Film zu sehen ist, für die Fahraufnahmen mit dem Hauptdarsteller.

Dieser Wagen war in so perfektem Zustand, dass er schon bei mehreren Autoausstellungen in England Preise gewonnen hatte. Die Versicherungssumme betrug 100.000 Pfund (etwa 250.000 Mark). Er wurde von dem Film-Ausstatter Peter Lamont gemietet. Den ersten Auftritt hatte das perfekt restaurierte Auto übrigens bei einer groß angelegten Pressekonferenz und einem Set-Besuch am 22. Januar 1995, bei der die Weltpresse in den Studios in Leavesden eingeladen war, um die neue Besetzung kennen zu lernen. Die anderen beiden Autos, die damals nicht zu sehen waren, stammten aus dem Bestand eines Sammlers, der seine Wagen beim Aston Martin Händler Roger Bennington von der Stratton Motor Company in Long Stratton, Norwich untergestellt hatte. Da die Entscheidung, einen klassischen DB 5 statt eines neuen DB 7 zu verwenden, erst sehr spät getroffen wurde, hatten die Mechaniker nur zehn Tage Zeit, die Autos so herzurichten, dass sie wie ein Ei dem anderen glichen. In der Auftakt-Sequenz des Films wird Bond von einer Psychologin begleitet, die ihn beurteilen soll. Als unterwegs plötzlich eine junge Frau in einem Ferrari auftaucht, lässt er sich auf ein kleines Rennen ein. Seine Beifahrerin reagiert entsetzt: »Bleib jetzt auf der Stelle stehen!«

Am Set in Gréolières in Südfrankreich und in Monaco hatten die Mitarbeiter einen Transporter der Firma Aston Martin dabei, der Ersatzteile im Wert von 35.000 Pfund (knapp 88.000 Mark) für eventuelle Schäden mit sich führte. Das war auch nötig, da einer der Stuntmen mit seinem Wagen auf den vor ihm kreuzenden Ferrari 355 GTS auffuhr und eine Tunnelwand streifte. Der Ferrari war so stark beschädigt, dass die Reparatur immerhin 80.000 Dollar kostete. Die Arbeiten dauerten die ganze Nacht. Nach der Reparatur konnten die Schäden vor Ort behoben werden, sodass die Aufnahmen nach fünf Tagen pünktlich abgeschlossen werden konnten. Brosnan hatte mit dem Handling des Aston Martin Probleme. Zunächst fuhr er mit angezogener Handbremse los und bald kamen »riesige Rauchwolken« aus dem Heck, wie Regisseur Martin Campbell bei einem Gespräch in München enthüllte. »Dann brach er das Lenkrad ab, der Besitzer kollabierte, und nach dem achten Take waren wir dann endlich soweit. Es war wie in einem Laurel-und-Hardy-Film.« Campbell war es auch, der den DB 7 ablehnte, weil er der Meinung war,

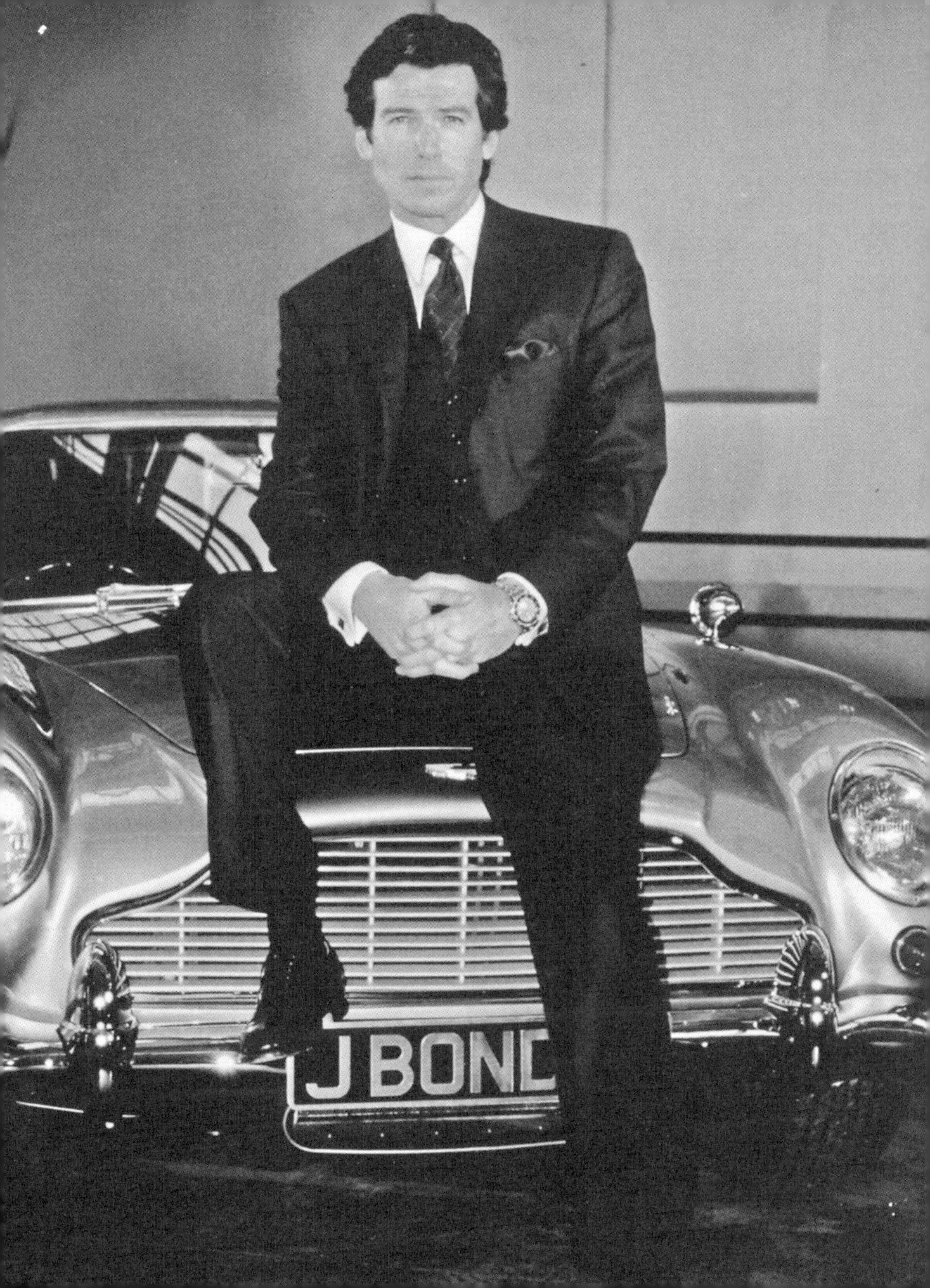
J BOND

dass »eine Hinwendung zu den alten Klassikern besser wäre, weil jeder sich an diesen Aston Martin erinnert.« Daher fährt Bond auch noch vor dem Casino von Monte Carlo vor und genießt im Wagen ein ganz besonderes Extra: Er empfängt ein farbiges Fax von Miss Moneypenny.

Da Pierce Brosnan sich vor den Dreharbeiten zu »GoldenEye« in seinem Haus in Malibu an der Hand verletzte, doubelte sein damals 22-jähriger Sohn Christopher ihn bei Nahaufnahmen. Er arbeitete bei der 2nd Unit mit. Seine Hand ist in den Szenen zu sehen, wenn die Handbremse betätigt und die Box mit der Flasche Bollinger Champagner geöffnet wird.

Nach Aussagen der Schauspielerin Famke Janssen in Jay Lenos »Tonight Show«, führte sie einige der Stunts in ihrer Rolle als Xenia Onatopp selbst aus. Doch das darf bezweifelt werden. Die Sequenz wurde von dem bekannten französischen Stuntman Rémy Julienne und seiner Truppe inszeniert. Stuntmen saßen am Steuer. Als der Wagen sich im Kiesbett drehte, saß Janssen zwar in dem Ferrari, doch der befand sich auf einem Gestell. Der Wagen wurde übrigens auf spezielle Art präpariert: Um ihn bei der Verfolgungsjagd ins Driften zu bekommen, versah man die Reifen des 355 GTS mit kleinen Nägeln, damit er besser rutschte. Der Aston Martin mit dem Kennzeichen BMT 214 A war viele Jahre im Besitz des »Cars of the Stars Museum« in Nordengland, wechselte aber inzwischen mehrfach den Besitzer. Die beiden anderen Wagen sind in englischem Privatbesitz.

Einen Kurzauftritt des DB 5 in »Der Morgen stirbt nie« kündigte Co-Produzent Michael Wilson kurz vor Beginn der Dreharbeiten in Hamburg an, machte allerdings deutlich, dass aufgrund von Verträgen mit BMW eher Fahrzeuge der weißblauen Marke im Vordergrund stehen würden. Dafür wurde am 22. April 1997 eine kurze Szene mit dem Aston Martin in Oxford gedreht. Der DB 5 parkt auf dem Gelände des »News College« und fährt später auf Londons Straßen. Nach offizieller Sprachregelung ist das Bonds »Privatwagen«, während die BMWs als »Dienstwagen« fungieren.

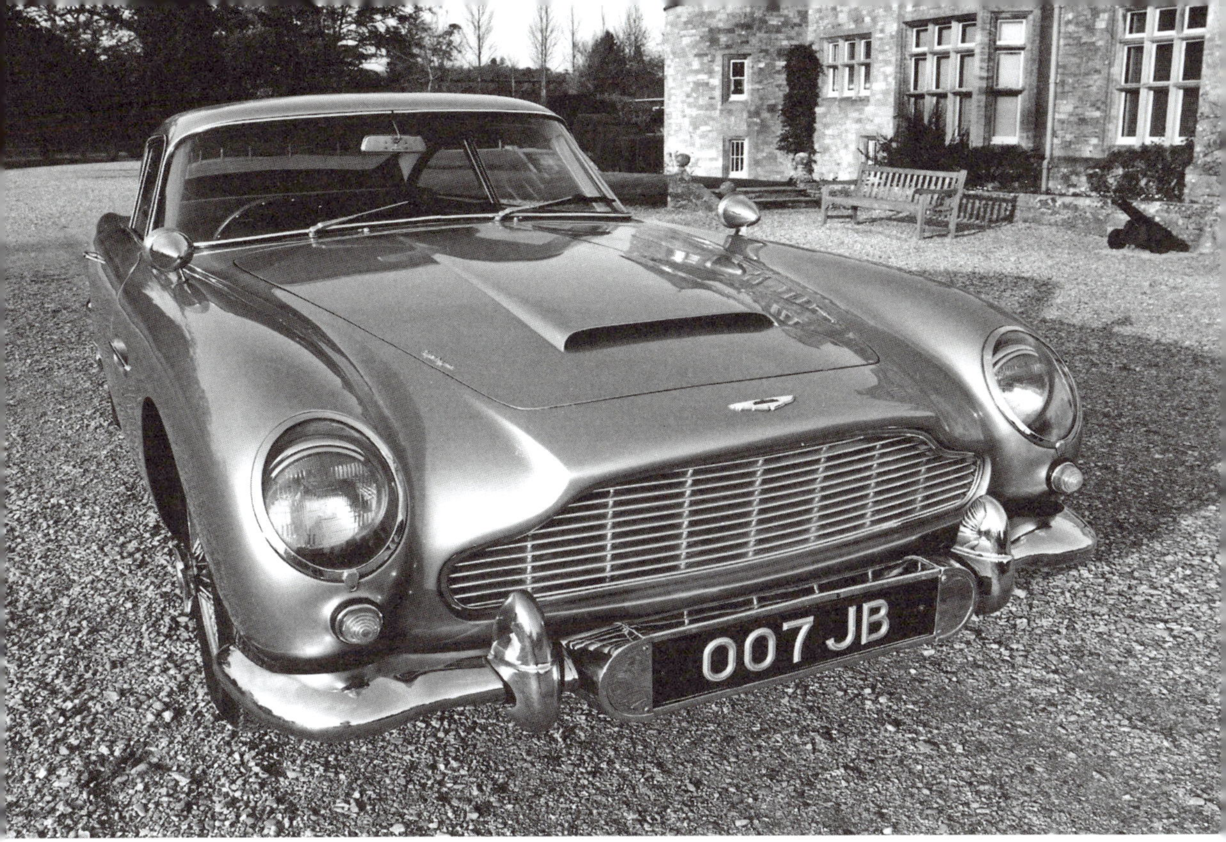
007 JB

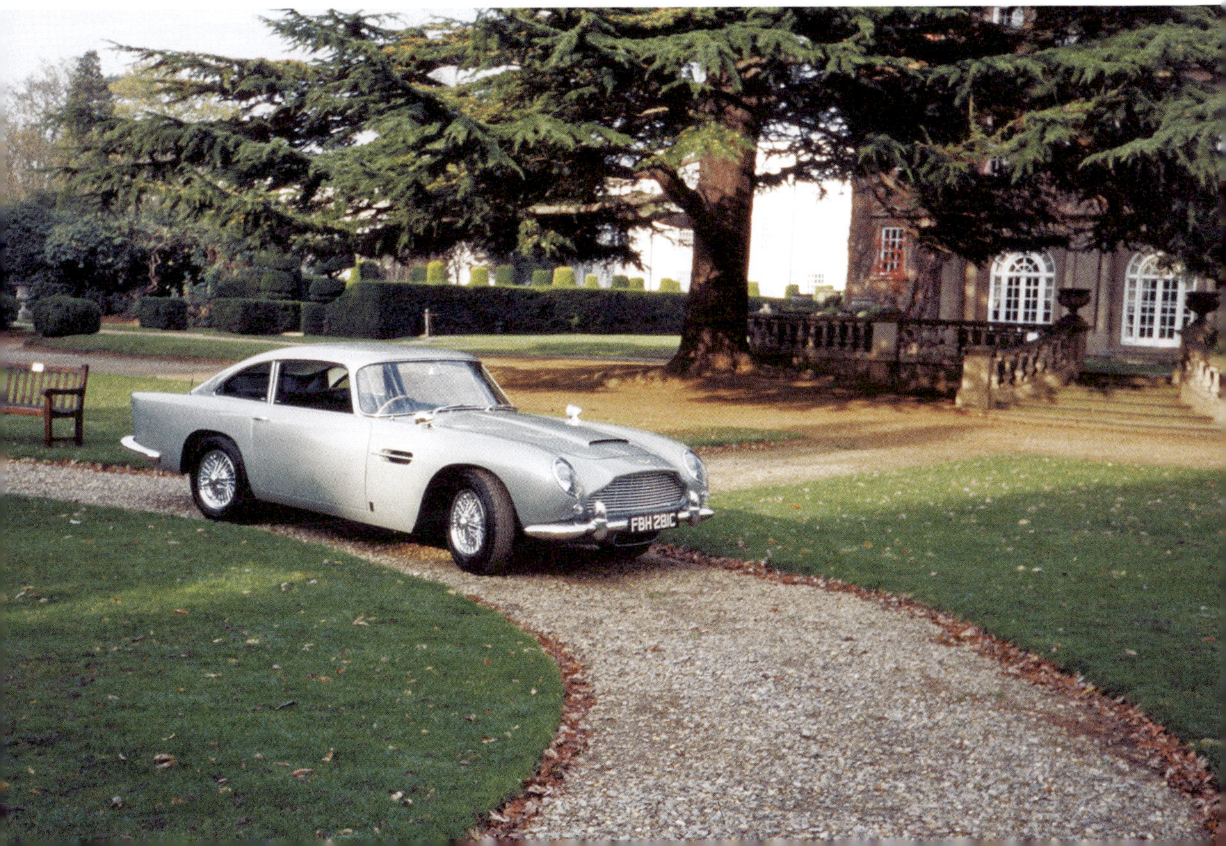
FBH 281C

DANIEL CRAIG UND DER DB 5 – »CASINO ROYALE« (2006) UND »SKYFALL« (2012)

In den beiden Folgefilmen spielte der DB 5 keine Rolle, da BMW im Fokus stand. »Casino Royale« erzählt die Vorgeschichte von James Bond. Da erstmals Daniel Craig die Hauptrolle übernahm, baute man einige Szenen in die Story ein, in denen 007 einen silbernen DB 5 bei einem Pokerspiel auf den Bahamas gewinnt. Um die Niederlage des Widersachers Dimitrios komplett zu machen, sagt Bond abschließend noch hämisch »Oh, und den Parkschein«. Danach dreht er mit Dimitrios' Geliebter Solange eine Runde im silbernen Klassiker und verführt sie. An Flemings Original Story orientierte man sich allerdings nicht. In der Romanvorlage fährt Bond Bentley. Der für den Film verwendete Wagen mit der Chassis Nummer DB5/1399/L ist silbermetallic, links gelenkt, und verfügt über das Kennzeichen 56526 aus Nassau. Gedreht wurden die wenigen Szenen Anfang März 2006 vor dem »One & Only Ocean Club« auf Paradise Island.

»ICH BEKOMME BEI DEN STUNTSZENEN IMMER ETWAS AB, ABER DAS IST EIN TEIL DES VERTRAGES.«
—DANIEL CRAIG

Bei der Uraufführung von »Skyfall« in London ging ein Raunen durch den Saal, als Bond auf einmal eine schmucklose Garage öffnet und darin plötzlich ein schöner alter DB 5 erscheint. Seine Chefin »M« ist genauso erstaunt und kommentiert seine Idee, damit heimlich London zu verlassen, zu Recht mit den Worten »Und der hier ist ja auch wirklich unauffällig«. Das ist er sicher nicht, und mit dem Wagen aus »Casino Royale« kann er auch nichts gemein haben, denn er trägt das Kennzeichen BMT 216 A und ist rechtsgelenkt – also eine Reminiszenz an den Klassiker aus den Filmen »Goldfinger« und »Feuerball«. Logisch ist das Ganze jedoch nicht, nachdem Bond 2006 auf den Bahamas den linksgelenkten Wagen gewonnen hat. Oder steht der auch noch in irgendeiner Garage?

Neben den Szenen im nächtlichen London entstanden am 9. Februar 2012 weitere Aufnahmen im schottischen Glencoe und von Mitte Februar bis zum 10. März im englischen Hankley Common in der Grafschaft Surrey. Dort hatte das Filmteam die Kulisse des Anwesens »Skyfall« aufgebaut, schoss der Wagen aus den vorderen MGs und flog effektvoll in die Luft.

Allerdings wollte man keines der wertvollen Fahrzeuge zur Explosion bringen. Man behalf sich mit einem Modell im Maßstab 1:3. Drei Stück wurden von der deutschen Firma »Voxeljet« im 3D-Druck-Verfahren hergestellt. Jedes bestand aus 18 Teilen. Die englische Firma »The Propshop Modelmakers Ltd.« sorgte für das Finish. Eines der drei Modelle wurde bei der Christie's Auktion »50 Years of James Bond« am 5. Oktober 2012 versteigert und erzielte 61.250 Pfund. Die anderen beiden Modelle verblieben bei der Filmproduktionsfirma.

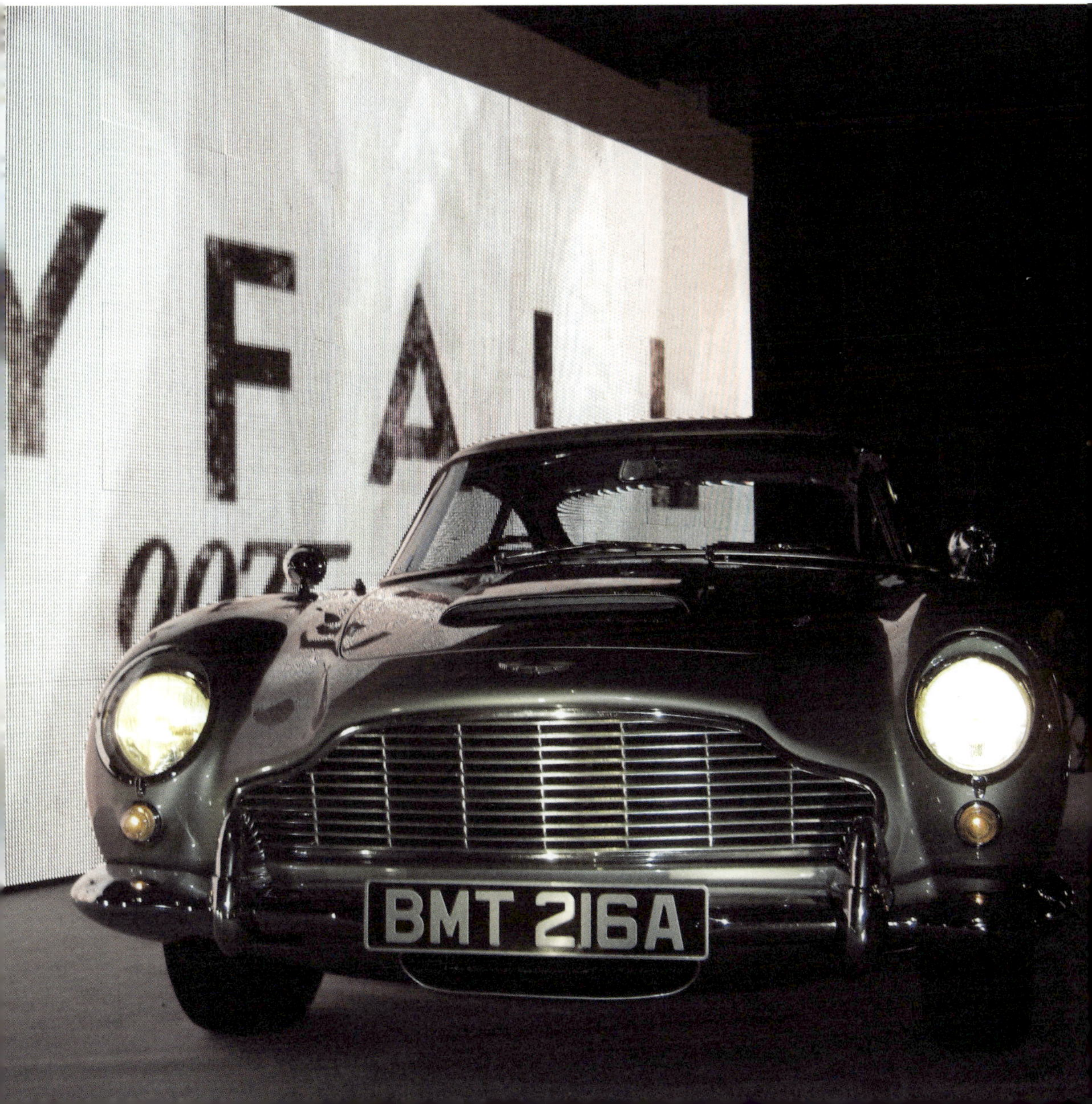

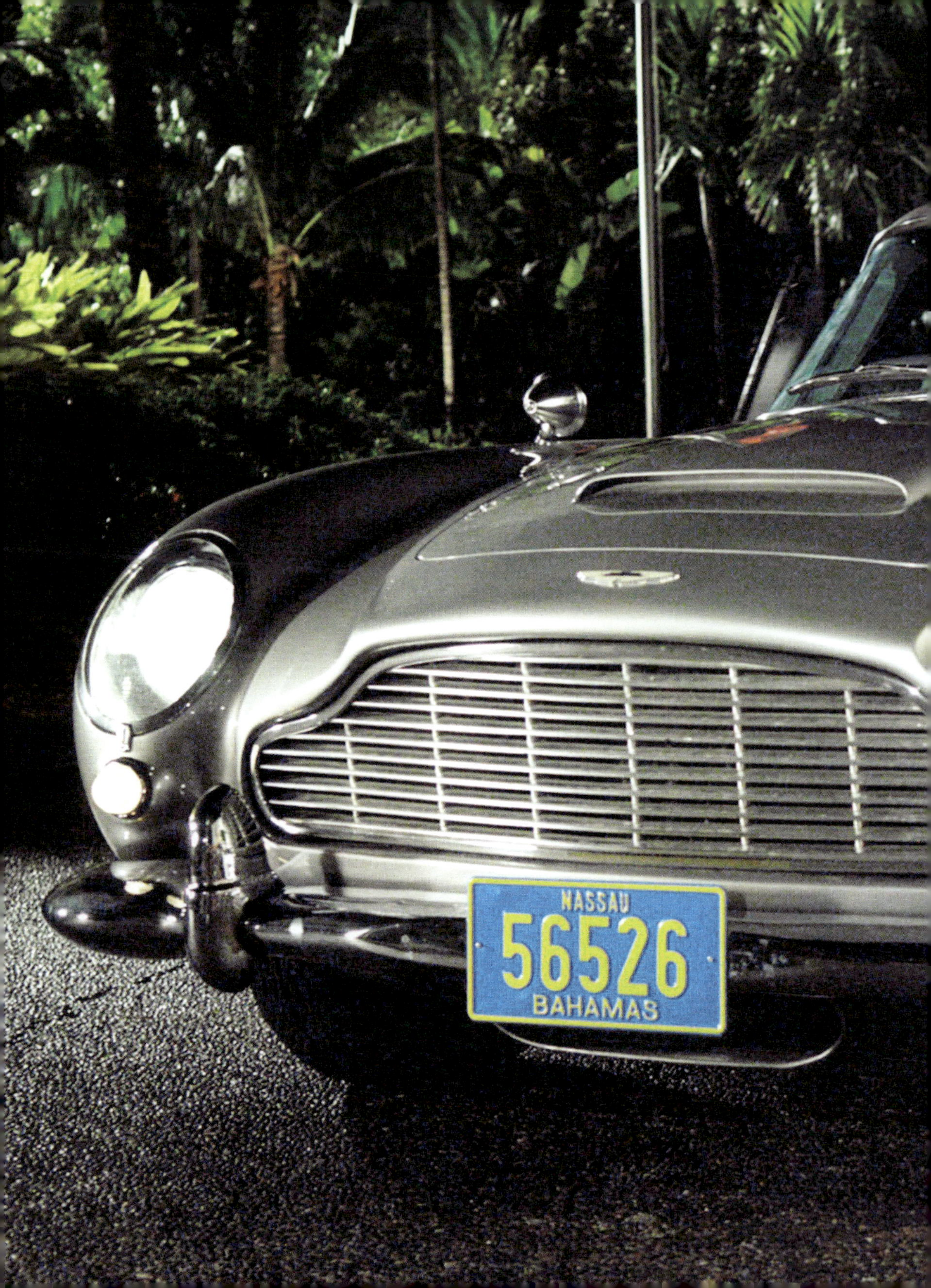
NASSAU
56526
BAHAMAS

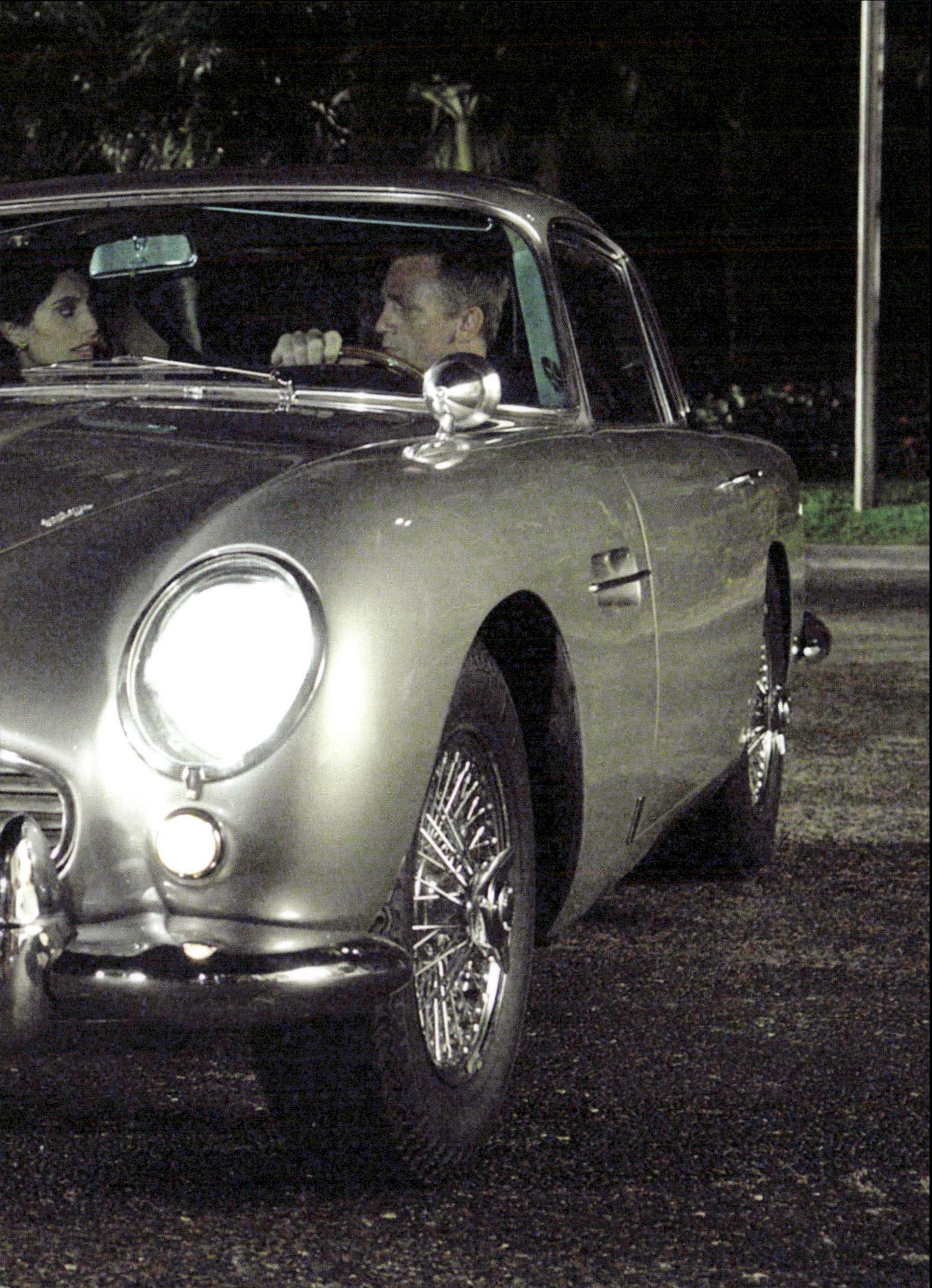

»SPECTRE« (2015) UND »KEINE ZEIT ZU STERBEN« (2020)

Gerade mal 31 Sekunden, von denen 25 Sekunden lang nur ein Teil der Karosse zu sehen ist, dauert der Auftritt des DB 5 im vierten Film mit Daniel Craig. Die in Arbeit befindliche Karosse ist neben Motorrädern und dem DB 10 in Qs Labor zu sehen. Der Tüftler spottet sogar über 007, weil er den Wagen komplett neu aufbauen muss. Verständnis zeigt er dann aber doch für den geschundenen Agenten, als der eines Morgens ganz plötzlich bei ihm auftaucht. »Ich brauche nur noch eine Kleinigkeit«, heißt es da aus Bonds Mund, was Q mit einem Lächeln quittiert. Nachdem er dann mit der von Léa Seydoux gespielten Madeleine Swann an Bord London verlässt, taucht er mit ihr im italienischen Matera wieder auf und wird schon bald in eine aufwändige Verfolgungsjagd verwickelt.

Vom 25. August bis 18. September 2019 drehte eine Crew von über 300 Personen in der Weltkulturerbe-Stadt für »Keine Zeit zu sterben«. Bei einem Pressetermin in den Londoner Pinewood Studios mit Prince Charles verriet Craig, dass in Polen fünf Replikas des DB 5 angefertigt wurden. Am Set in Matera waren sogar 10 Fahrzeuge in unterschiedlichem Zustand zu sehen – solche mit aufgeklebten Folien, die wie Beschädigungen aussahen, mit roten Punkten, auf die später im Studio etwas projiziert wird, sowie Fahrzeuge, die entweder das bekannte Kennzeichen BMT 216 A, aber auch A 4269 00 trugen. Alle waren rechtsgelenkt. Einblicke in das Interieur verrieten, dass es sich um Autos mit BMW-Motoren, Automatikgetriebe und Überrollkäfig handelte. Mark Higgins doubelte erneut für Craig – und fuhr immer in einem beigen Sakko und kurzen beigen Hosen. An der Verfolgungsjagd waren sowohl Jaguar- und Ford-Fahrzeuge beteiligt als auch Motorräder. Ein Mercedes ML mit einem Scorpio-Kran sowie ein Motorrad dienten als Kamerafahrzeug.

Weitere Aufnahmen mit einem der DB 5 entstanden übrigens in Maratea auf der SS 18 Tirrenica Inferiore, am Hafen Porto di Sapri sowie am Strand Spiaggia di Mezzanotte, dem sogenannten »Midnight Beach«. In »Keine Zeit zu sterben« werden also wesentlich mehr als 31 Sekunden mit dem DB 5 zu sehen sein, auch wenn es nur Replikas sind. Im ersten Trailer, der am 4. Dezember 2019 veröffentlicht wurde, sind bereits ein paar Szenen zu sehen, die in Matera entstanden sind. Nach Aussagen des Special-Effects- und Action-Vehicle-Verantwortlichen Chris Corbould, begannen die Gespräche über die Zusammenarbeit mit Aston Martin und Jaguar Land Rover im Oktober 2018. Er behauptet, dass »acht maßgeschneiderte« DB 5 entstanden, die zum Teil über Rollkäfige, Sicherheitszellen, Feuerlöscher, hydraulische Handbremsen, Batterie-Trennschalter, Rallye-Sitze und Fünf-Punkt-Gurte verfügten. Tatsächlich waren in Matera aber zehn DB 5 zu sehen.

Als besondere Bewaffnung können einige der Wagen auf bewegliche M134-Miniguns zurückgreifen, die hinter den Frontscheinwerfern versteckt sind, sowie auf eine Vernebelungsanlage, Minen, die aus der hinteren Stoßstange herausfallen, und ein LED-Nummernschild – eine zeitgemäße Version des Wechsel-Kennzeichens aus »Goldfinger«.

Im August 2018 kündigten Aston Martin und Eon Productions an, dass man 28 Replikas des Aston Martin DB 5 bauen wolle und sie, dank Special-Effects-Experte Chris Corbould, auch mit Extras wie einem drehbaren Nummernschild ausrüsten werde. In jedem Fahrzeug stecken circa 4.500 Arbeitsstunden. Der Preis beträgt 2.75 Millionen Pfund (rund drei Millionen Euro) pro Stück plus Steuern. Die Fahrzeuge werden am früheren Aston-Martin-Stammsitz in Newport Pagnell gebaut. Laut Hersteller gibt es ein »signifikantes weltweites Interesse«. Ausgeliefert wird die Kleinserie an betuchte 007-Liebhaber im Jahr 2020. Laut Mike Duff, »European Editor« von »Car and Driver«, hätte Aston Martin »ohne ›Goldfinger‹ wohl nicht überlebt.«

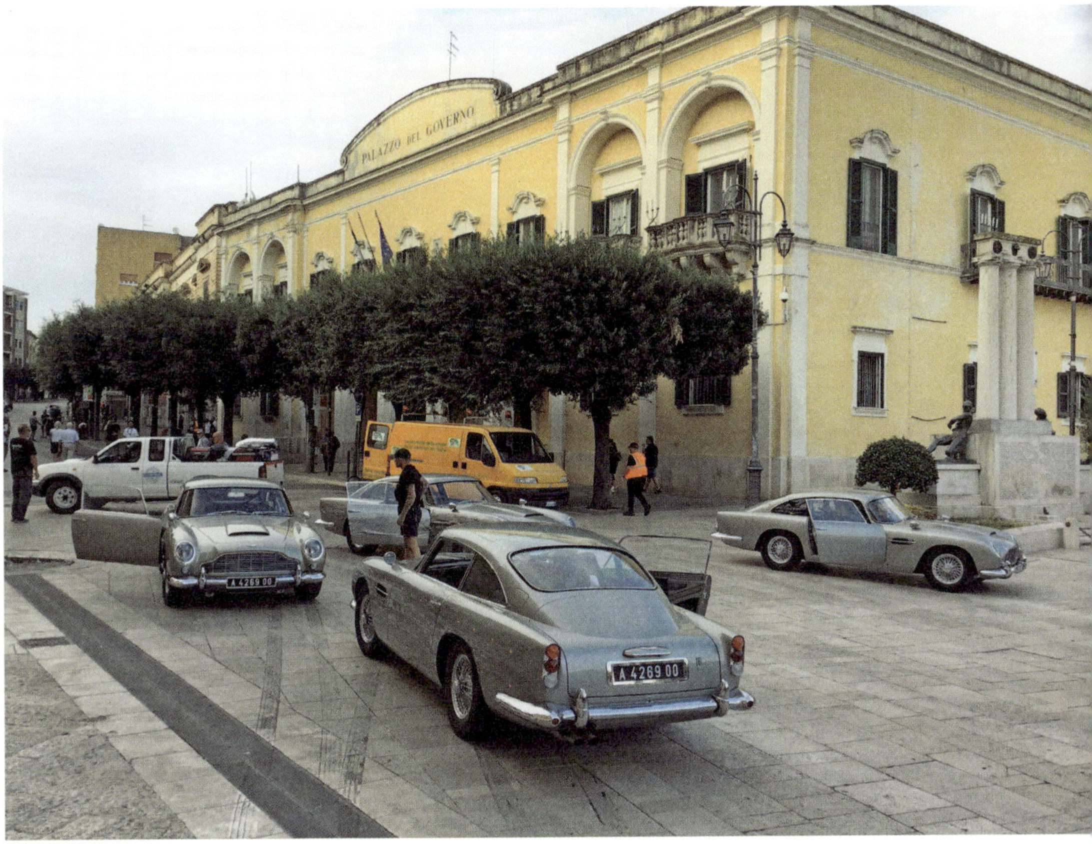

DATEN UND FAKTEN

Modell: Aston Martin DB 5, rechts gelenkt
Farbe: Silbermetallic
Bauzeit: 1963 - 1965
Stückzahl: 1.059
Motor: 4 Liter Reihen-Sechszylinder
Leistung: 286 PS/ Vantage 330 PS
Höchstgeschwindigkeit: ca. 230 km/h
Kennzeichen:
BMT 216 A
BMT 214 A (»GoldenEye«)
BMT 216 A und
A 4269 00 (»Keine Zeit zu sterben«)
56526, Nassau Bahamas (»Casino Royale«), links gelenkt
Screen Time: 20.18 min (in Summe)
»Goldfinger«: 10.46 min
»Feuerball«: 1.29 min
»GoldenEye«: 3.48 min
»Der Morgen stirbt nie«: 15 Sekunden
»Casino Royale«: 1.03 min
»Skyfall«: 2.26 min
»Spectre«: 31 Sekunden, davon 25 Sekunden nur die leere Karosse
»Keine Zeit zu sterben«: noch unbekannt

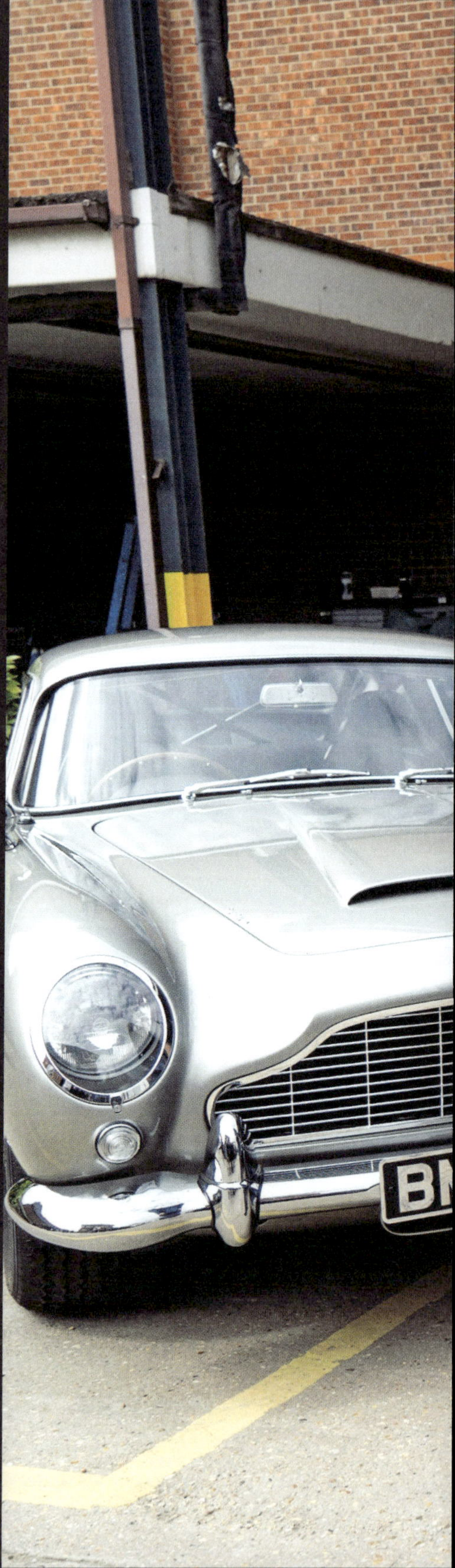

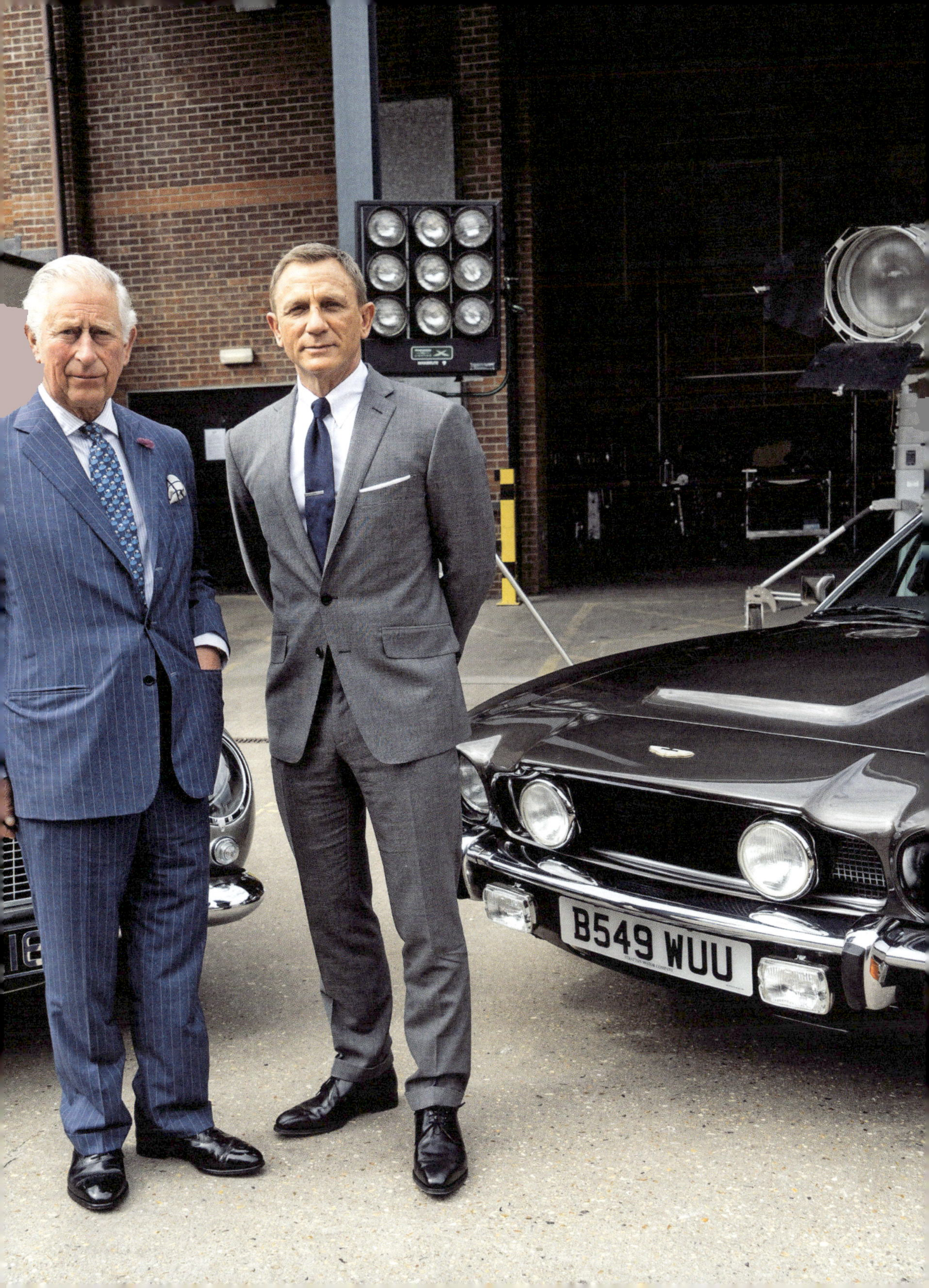
B549 WUU

DER LOTUS ESPRIT AUS »DER SPION, DER MICH LIEBTE« (1977)

Im Oktober 1975 wurde auf der Earls Court London International Motor Show der neueste Lotus vorgestellt – der von dem Italiener Giorgio Giugiaro gezeichnete »Esprit«. Nicht nur die Fachwelt war beeindruckt, sondern auch Filmproduzent Broccoli, der ein Vorserienmodell direkt vor den Londoner Pinewood Studios vorfand. Donovan McLauchlan, PR-Mann von Lotus, hatte es dort geparkt. Ihm war zu Ohren kommen, dass die Vorbereitungen für ein neues 007-Abenteuer angelaufen waren, für das er zu gern den neuen Wagen zur

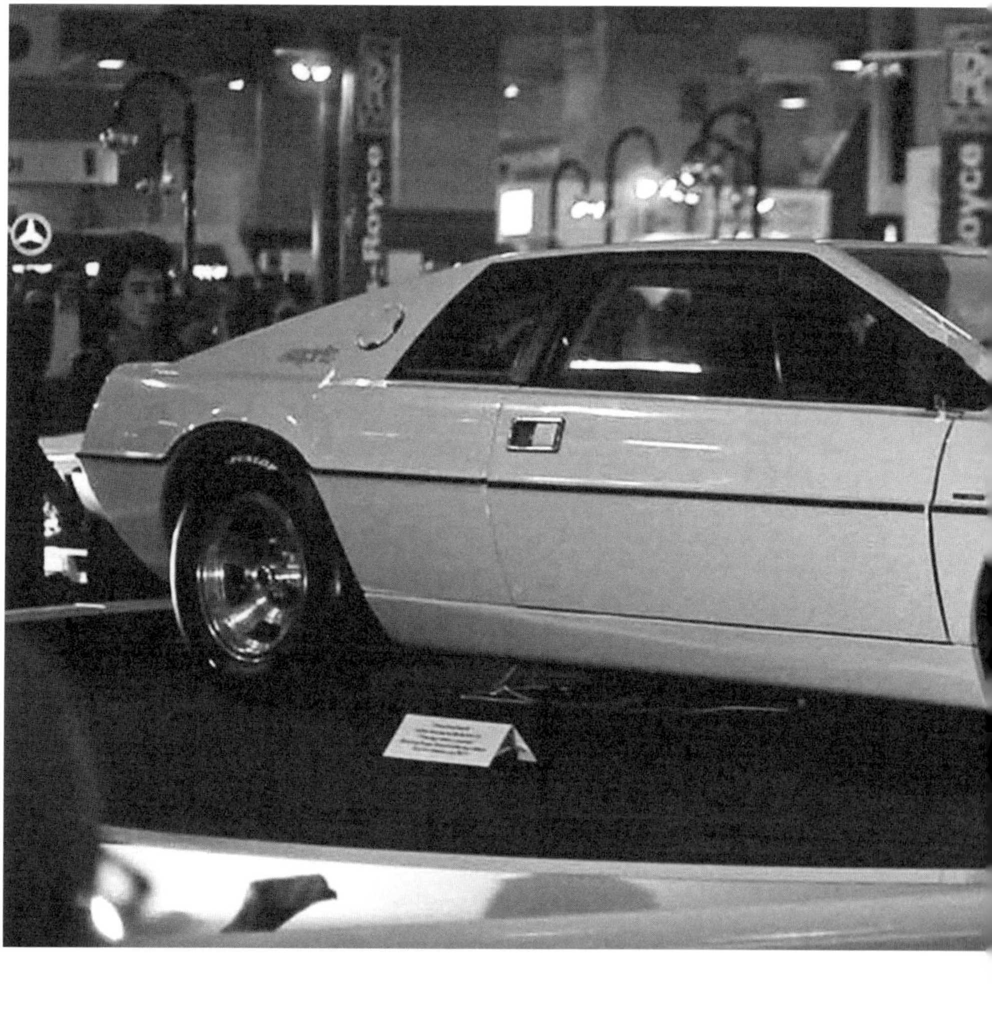

Verfügung stellen wollte. Also nahm er einen weißen Lotus Esprit und gab an der Schranke vor, einen Freund für ein geschäftliches Treffen zu besuchen. Er parkte den Wagen außerhalb des Hauptgebäudes und zwar kurz vor der Mittagspause, denn dort war auch das Restaurant. Die Logos und die Schriftzüge von Drehzahlmesser, Lenkrad, Tacho und Schaltknauf des Wagens hatte er vorher entfernt, um die Neugier noch zu steigern. Er fuhr wieder weg, ohne Fragen zu beantworten. Der clevere Auftritt hatte Folgen. Broccoli ließ recherchieren, was das für ein Auto ist. Die Erfahrungen mit anderen Fahrzeugen in früheren Filmen hatten gezeigt, dass der Publicity-Effekt für einen Hersteller enorm war. Das war er auch in diesem Fall. »Wenn man die ganze Sache mal zusammenrechnet, so

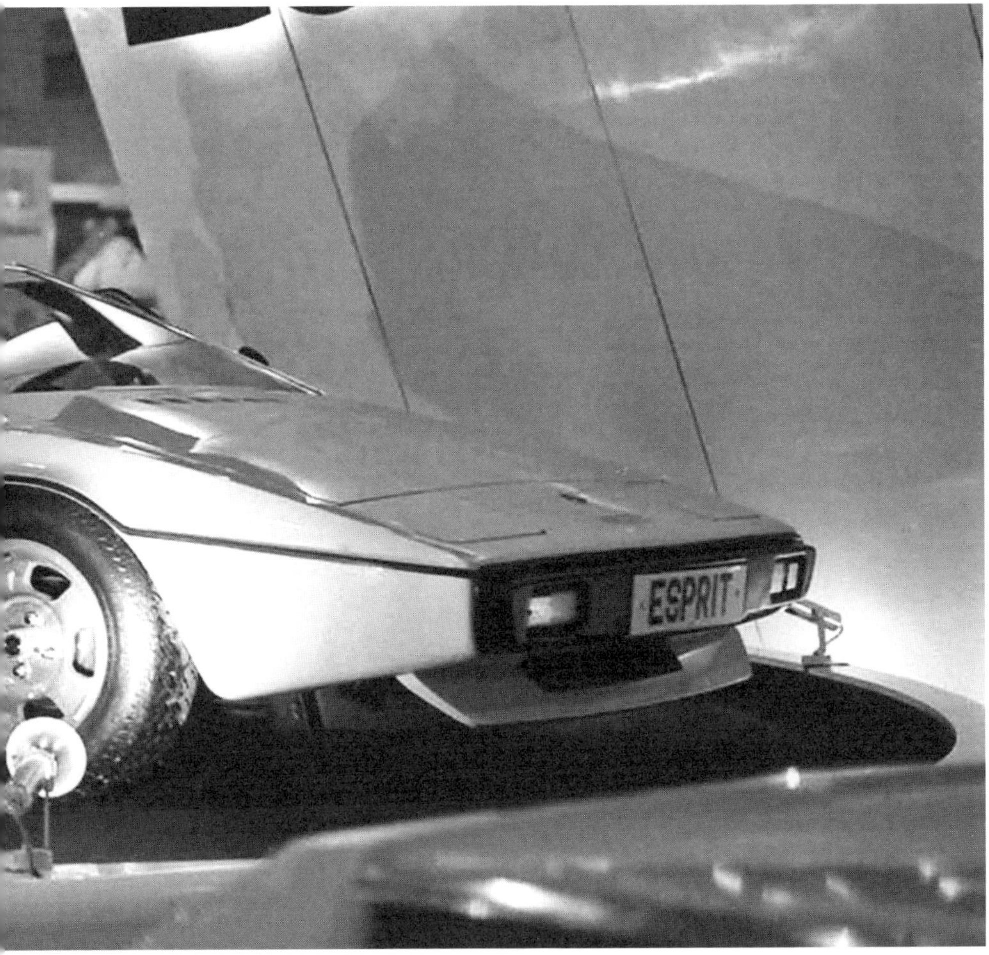

hat uns die Mitarbeit an dem Film etwa 14.000 Pfund (etwa 28.000 Euro) gekostet, und das entsprach damals etwa einer farbigen Anzeigenseite in der ›Sunday Times‹«, erinnerte sich McLauchlan. Ein lächerlicher Betrag!

Für den Film plante man eine aufwendige Verfolgungsjagd, bei der sich der Wagen in ein U-Boot verwandelt. Die erste Idee dafür hatte der New Yorker Comic-Buch-Autor Cary Bates, der Broccoli einen Drehbuchentwurf präsentierte und das Auto »Esther Williams« taufte – nach der gleichnamigen Schwimmerin. Das Buch wurde verworfen, aber das Auto integriert. Im Drehbuch der Kostümdesignerin Rosemary Burrows ist noch von einem »Lotus Spezial« die Rede. Zuständig für die Ausführung der Drehbuchidee, die dann von Autor Christopher Wood weitergesponnen wurde, waren der deutschstämmige Produktionsdesigner Ken Adam und der Trickexperte Derek Meddings. Intern erhielt das Projekt den Namen »Wet Nellie«, eine Anspielung auf den waffenstrotzenden Hubschrauber »Little Nellie« aus »Man lebt nur zweimal« von 1967. Laut Roger Moore entstand der Name aber auch deswegen, weil bei den Unterwasser-Aufnahmen des Wagens ein Taucher in voller Montur darin saß und ein bisschen nass wurde.

Ende August 1976 wurde der Wagen gemeinsam mit Roger Moore und Barbara Bach in den Pinewood Studios erstmals der Öffentlichkeit vorgestellt – wieder in der Nähe des Hauptgebäudes, aber im Garten auf der anderen Seite. Im Gegensatz zu Aston Martin, wo man sich 1964 erst sträubte, ein Fahrzeug zu stellen, ging man mit Lotus von Anfang an gemeinsam an die Arbeit. Das Werk lieferte zunächst nur ein straßentaugliches Serienmodell, lediglich mit einem zusätzlichem Blech unter dem Kühler ausgestattet, um den Wagen vor den rauen Straßen der Costa Smeralda in Sardinien zu schützen. Während der Aufnahmen wurde jedoch schnell klar, dass man einen zweiten fahrtüchtigen Wagen benötigte. Das war nicht so einfach, weil die Produktion des Modells gerade erst anlief. Also wandte man sich an Lotus-Chef Colin Chapman. Als er davon hörte, stellte er seinen eigenen Wagen zur Verfügung. Zusätzlich wurden mehrere weitere Karossen angeliefert, wovon eine für Unterwasserszenen abgedichtet wurde. Die genaue Anzahl

»DIE SACHE MIT DEM TAUCHEN HAT JEDER SEIT DEM JAMES-BOND-FILM IM KOPF.« —FRANK M. RINDERKNECHT, CHEF DES SCHWEIZER AUTOBAUERS RINSPEED

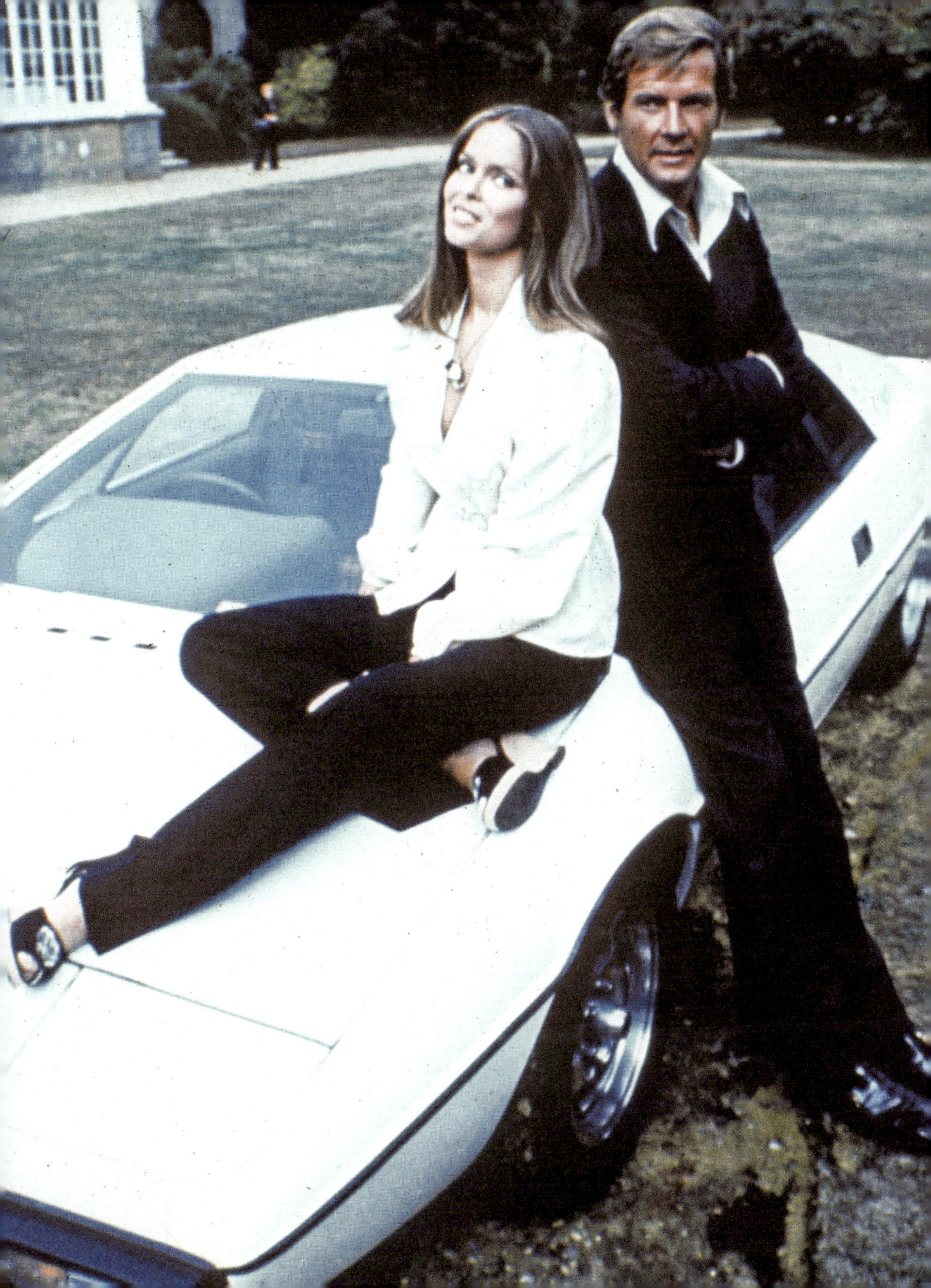

variiert je nach Quelle. Nach drei Monaten Vorbereitungszeit reiste man mit 70 Technikern nach Sardinien.

Don McLauchlan wurde von Lotus nach Sardinien entsandt, um sich um die Fahrzeuge zu kümmern. Die Filmproduktion engagierte einen Stunt-Fahrer, um Roger Moore in den Fahrszenen zu doubeln, doch der kam mit dem Wagen nicht zurecht und verschwand sogar. Also brauchte man Ersatz und fragte den Chef der Testfahrer und späteren »Director of Vehicle Engineering«, Roger Becker, ob er den Job übernehmen könne. Dass der erste Stunt-Fahrer überfordert war, erklärte Becker sich später so: »Um den Wagen ins Rutschen zu bringen, muss man ihn sehr schnell fahren und den Wagen am Limit bewegen.« Am Set sollte Becker einen Berg hinauf rasen und danach schnell um eine scharfe Kurve fahren, um so den ihn verfolgenden Helikopter zu narren. Roger Becker tat wie geheißen, machte sogar eine 180 Grad Wendung und hielt danach an. Das Team war begeistert, bat ihn das Ganze zu wiederholen, verbunden mit dem wichtigen Hinweis: »Jetzt lassen wir auch die Kameras laufen«. Von da an saß Roger Becker am Steuer des flachen weißen Flitzers und nicht Roger Moore.

In der Filmhandlung kommt der Lotus zuerst an einem Anleger auf einer Fähre an und wird dort von Q an Bond und dessen Kollegin Anya übergeben. Gedreht wurde dafür am Anleger Palau, an dem die Fähren von der Insel Maddalena anlegen. Er liegt im Nordosten der Insel in der Region Olbia-Tempio. Später fahren

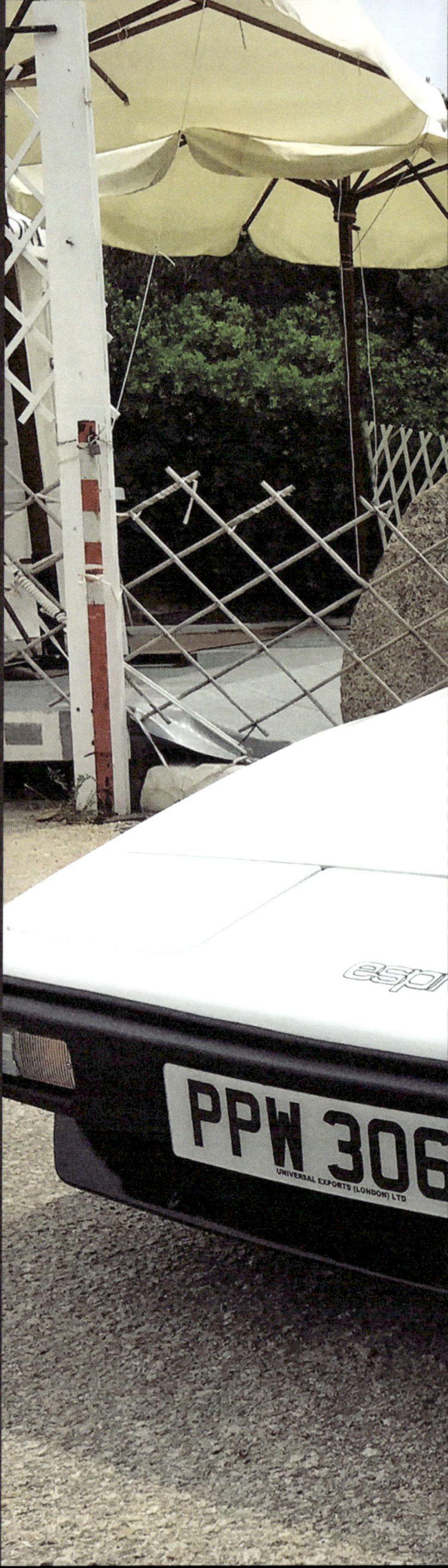

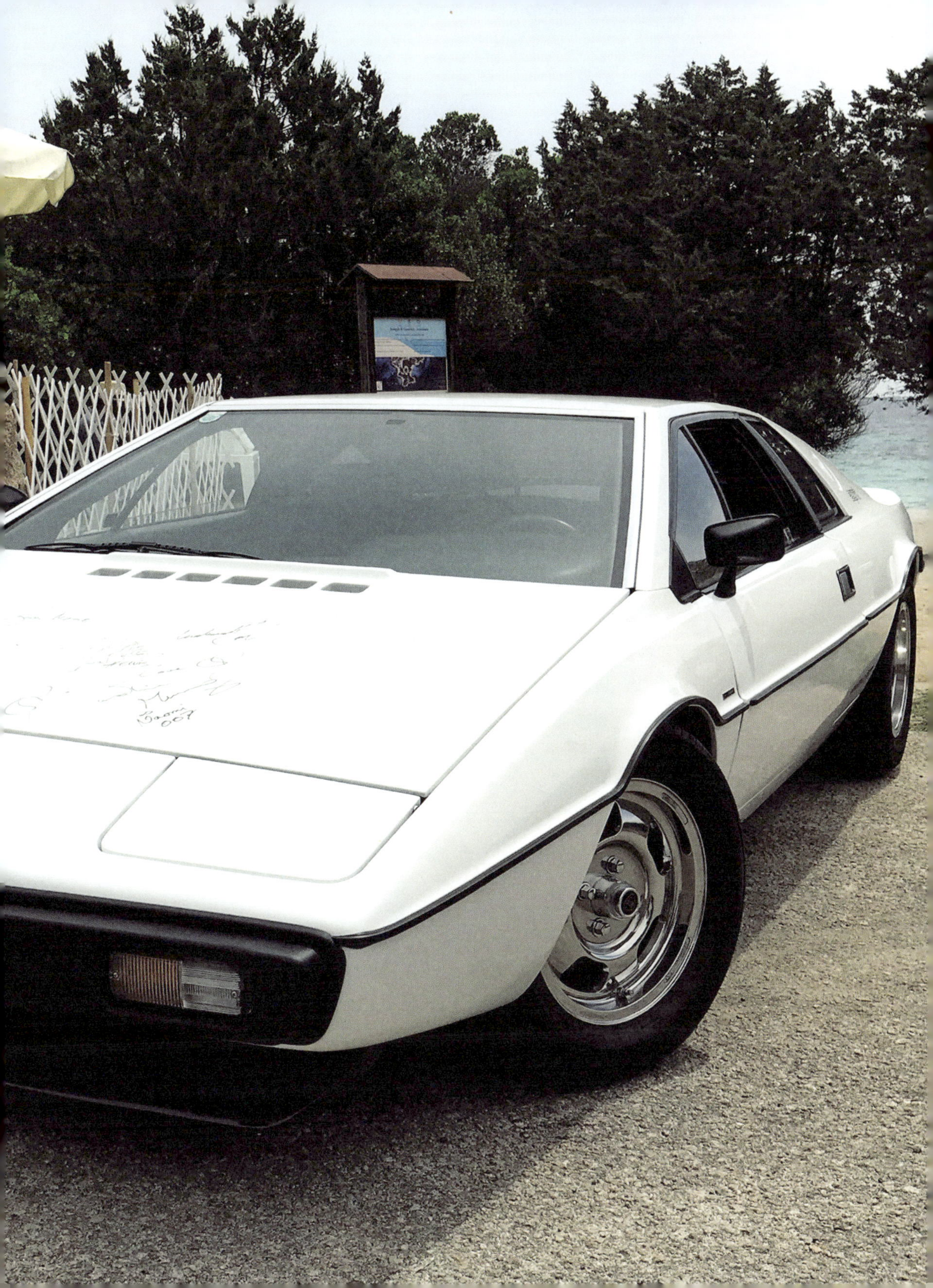

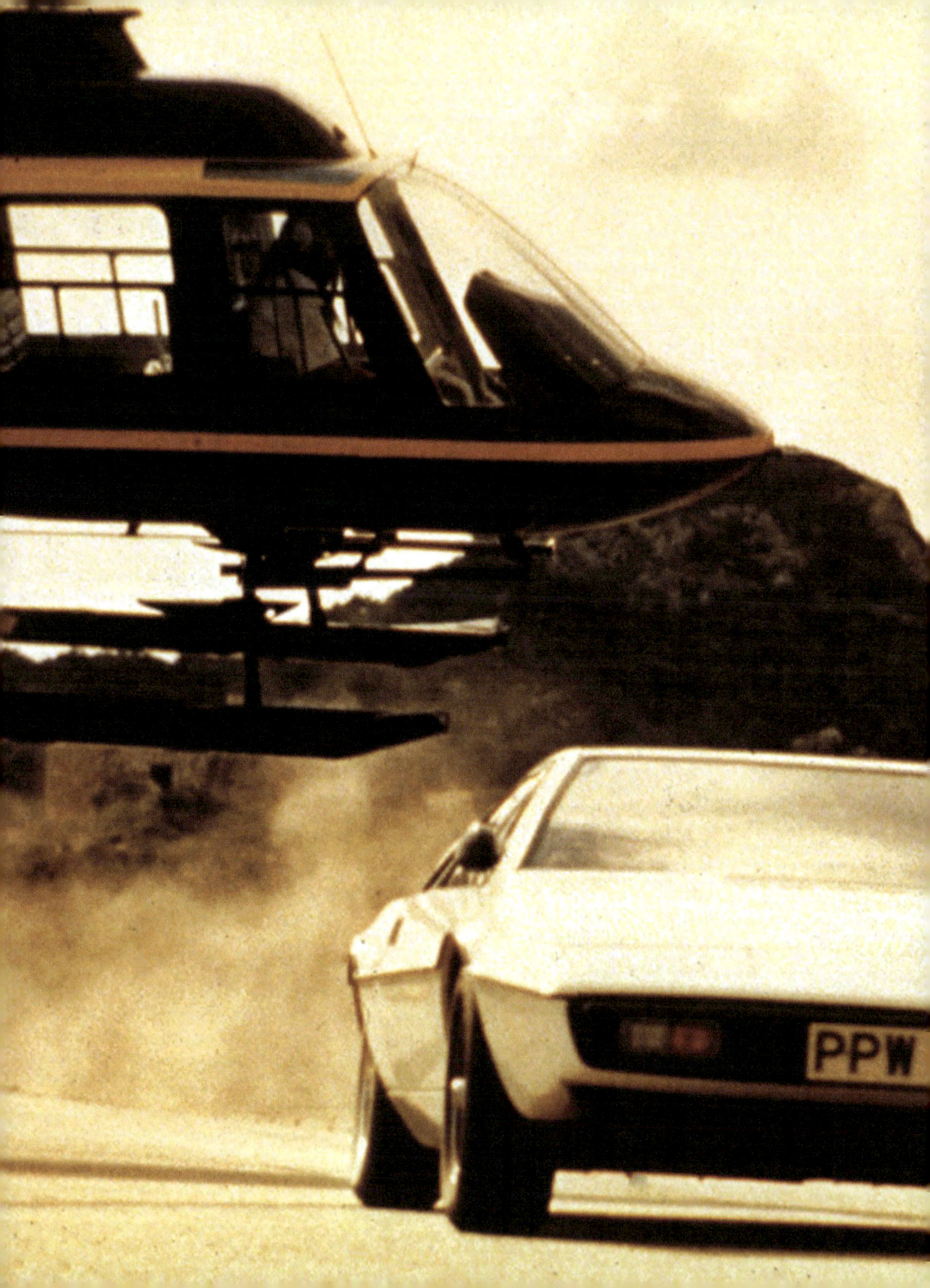
PPW

die beiden Hauptdarsteller vom Hotel Cala di Volpe weg und werden von den Widersachern gejagt. An der kurvenreichen Costa Smeralda, nahe San Pataleo, drehte das zweite Aufnahmeteam unter der Leitung des Regisseurs Ernest Day die Verfolgungsjagd zu Lande. Laut Drehbuch war vorgegeben, dass der Lotus von einem schwarzen Ford Taunus verfolgt wird und aus zwei Düsen hinter dem Nummernschild Zement versprüht, um dem Taunusfahrer die Sicht zu nehmen. Der »Zement« war übrigens nichts weiter als grauer Hafermehlbrei, der von einem Laster aus mit einer Schlauchvorrichtung verspritzt wurde. Der Taunus flog dann, für die Kamera unsichtbar an einem Kran befestigt, die Böschung hinunter und landete direkt im Dach eines Hauses. Special-Effects-Mann Derek Meddings kam auf die Idee, den Wagen an einen eigens installierten Kran zu hängen. Von dort wurde er abgekoppelt und stürzte in ein von Ken Adam zu diesem Zweck gebautes Haus in einem Steinbruch in der Nähe des Vista Point im Nordosten der Insel. Verschiedene Straßen mussten gesperrt werden. Um die Aufnahmen reibungslos und möglichst unkompliziert in den Kasten zu bekommen, organisierte die Filmcrew einen Transportservice für die Ortsansässigen und Urlauber, die sich gerade in Sardinien aufhielten. So kam jeder zum Strand, mancher erhielt sogar eine Statistentrolle.

Kompliziert wurde es an dem Drehort Vista Point, der sich auf der Straße Strada Provinziale (SP) 94 nahe Arzachena befindet. In den 70er Jahren gab es dort noch keine Straßenbegrenzung, und es soll vorgekommen sein, dass dort Fahrer die Kontrolle verloren und in den Abgrund stürzten. Roger Becker löste das Problem jedoch meisterhaft und driftete um den mittig postierten Stein. Inzwischen ist übrigens die Gefahr behoben, denn es gibt eine Bordsteinkante. Allerdings kann man dort jetzt gegen einen Baum fahren. Den gab es in den 70er Jahren noch nicht. Nur die Verfolgung mit dem Hubschrauber machte Becker ein wenig Kopfzerbrechen: »Er war sehr nah, und ich war auch unter dem Helikopter. Überall um mich herum gab es Explosionen, während ich etwa 70, 80 Meilen pro Stunde fuhr.«

Die Verwandlung des Lotus in ein U-Boot erwies sich als wesentlich komplizierter. Da das Drehbuch vorsah, dass Bonds Auto universell einsetzbar sein musste, entschloss man sich zur Ausstattung mehrerer Fahrzeuge mit jeweils verschiedenen Funktionen. Federführend war Ken Adam. Er beauftragte die in Riviera Beach in Florida beheimatete Firma »Perry Oceanographic Inc.«, die Fahrzeuge entsprechend abzudichten. Vier Karossen wurden nach Florida geliefert. Der Umbau dauerte sechs Wochen und kostete immerhin 65.000 Pfund (100.000 Dollar). Nur ein Fahrzeug fuhr auch tatsächlich unter Wasser – mit etwa 7,2 Knoten (13,3 km/h). Darin saß ein Taucher, der ehemalige Navy SEAL Don Griffin. Er steuerte es mittels Propellern und verstellbaren Hebeln. Drei weitere wasserdichte Karossen wurden hergestellt, um die einzelnen Szenen des Tauchvorgangs filmen zu können. Die komplette Sequenz erforderte also mehrere verschiedene Autos. Zum besseren Verständnis sollte man den Auftritt des Wagens in einzelne Bilder unterteilen.

1. Der Wagen rast auf den Pier und fliegt ins Wasser: Eine nicht fahrfähige Karosse wird mit Stahlseilen geleitet und mittels Kompressor-Luftrakete auf 70 km/h beschleunigt. Derek Meddings nutzte eine Vorrichtung unter der hinteren Stoßstange, gegen die Luft gepresst wurde und den Wagen so nach vorne katapultierte. Das Lenkrad wurde so fixiert, dass es sich nicht bewegen konnte. Im Fahrzeug saßen Dummys, oder wie Roger Moore es später leicht ironisch ausdrückte: »Es ist gut zu wissen, dass keine Schauspieler verletzt wurden.« Gedreht wurde auf dem Pier am Liscia di Vacca nahe dem Hotel Pitrizza im Nordosten der Insel.

2. Der Wagen ist erstmals im Wasser zu sehen: Bei der wundersamen Verwandlung zum U-Boot wurde ein ca. 1,30 Meter großes Modell eingesetzt.

3. Die Räder klappen nach innen: Karosse 1 vollzieht auf den Bahamas bei Coral Harbour vor New Providence Island die Verwandlung. Innen sitzt ein Mitarbeiter, der die Reifen mit Seilen hineinzieht.

4. Die Hüllen senken sich über die Radkästen: Hier verwandelt sich Karosse 2, ebenfalls auf den Bahamas bei Coral Harbour.

5. Die Flossen und das Periskop kommen heraus: Hier nun kommt am gleichen Drehort Karosse 3 ins Spiel.

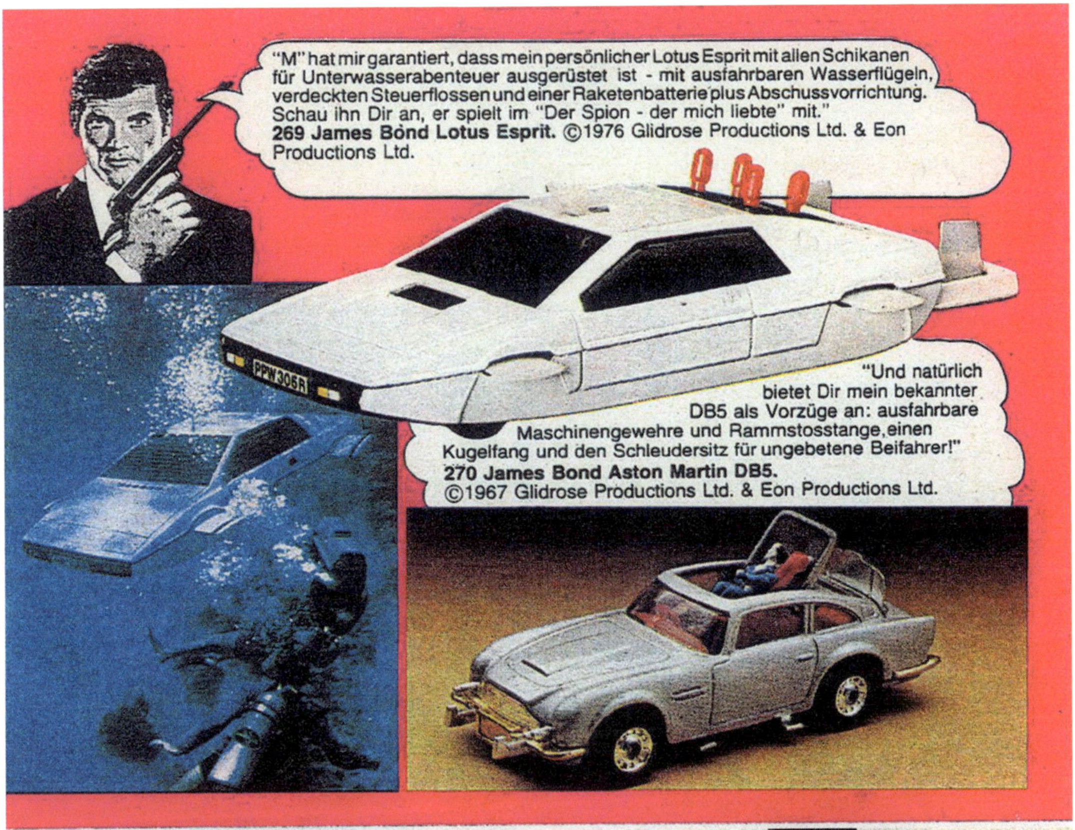
"M" hat mir garantiert, dass mein persönlicher Lotus Esprit mit allen Schikanen für Unterwasserabenteuer ausgerüstet ist - mit ausfahrbaren Wasserflügeln, verdeckten Steuerflossen und einer Raketenbatterie plus Abschussvorrichtung. Schau ihn Dir an, er spielt im "Der Spion - der mich liebte" mit."
269 James Bond Lotus Esprit. ©1976 Glidrose Productions Ltd. & Eon Productions Ltd.
PPW 306R
"Und natürlich bietet Dir mein bekannter DB5 als Vorzüge an: ausfahrbare Maschinengewehre und Rammstosstange, einen Kugelfang und den Schleudersitz für ungebetene Beifahrer!"
270 James Bond Aston Martin DB5.
©1967 Glidrose Productions Ltd. & Eon Productions Ltd.

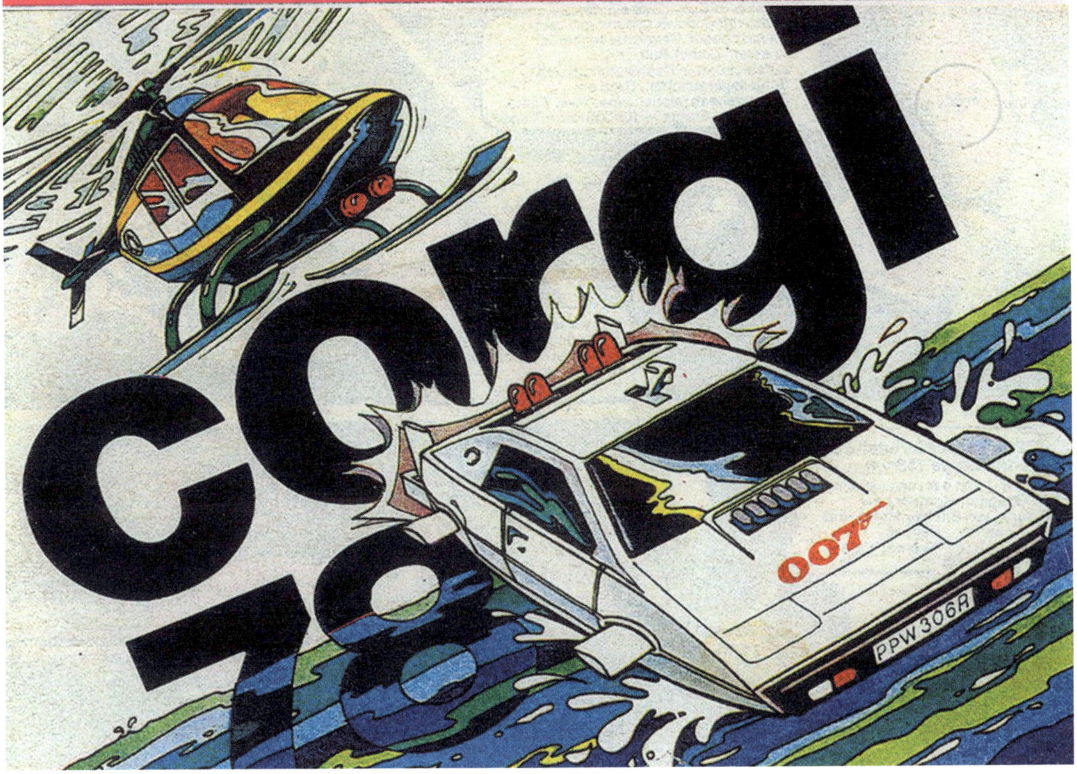
corgi
78
007
PPW 306R

6. Über dem getauchten Lotus kreist der Hubschrauber und wird abgeschossen: Stunt-Pilot Marc Wolff fliegt den Hubschrauber. Wenn die Rakete aus dem tauchfähigen Lotus in Originalgröße abgeschossen wird, handelt es sich bei dem explodierenden Hubschrauber tatsächlich ein etwa 1,50 Meter großes, ferngesteuertes Modell. Doch in der Aufnahme, als er auf dem Monitor des Autos zu sehen ist, hängt ein echter Helikopter an einem Kran am Pier in Sardinien.

7. Der Lotus taucht unter Wasser: Die Bewegungen des Lotus vollführte der

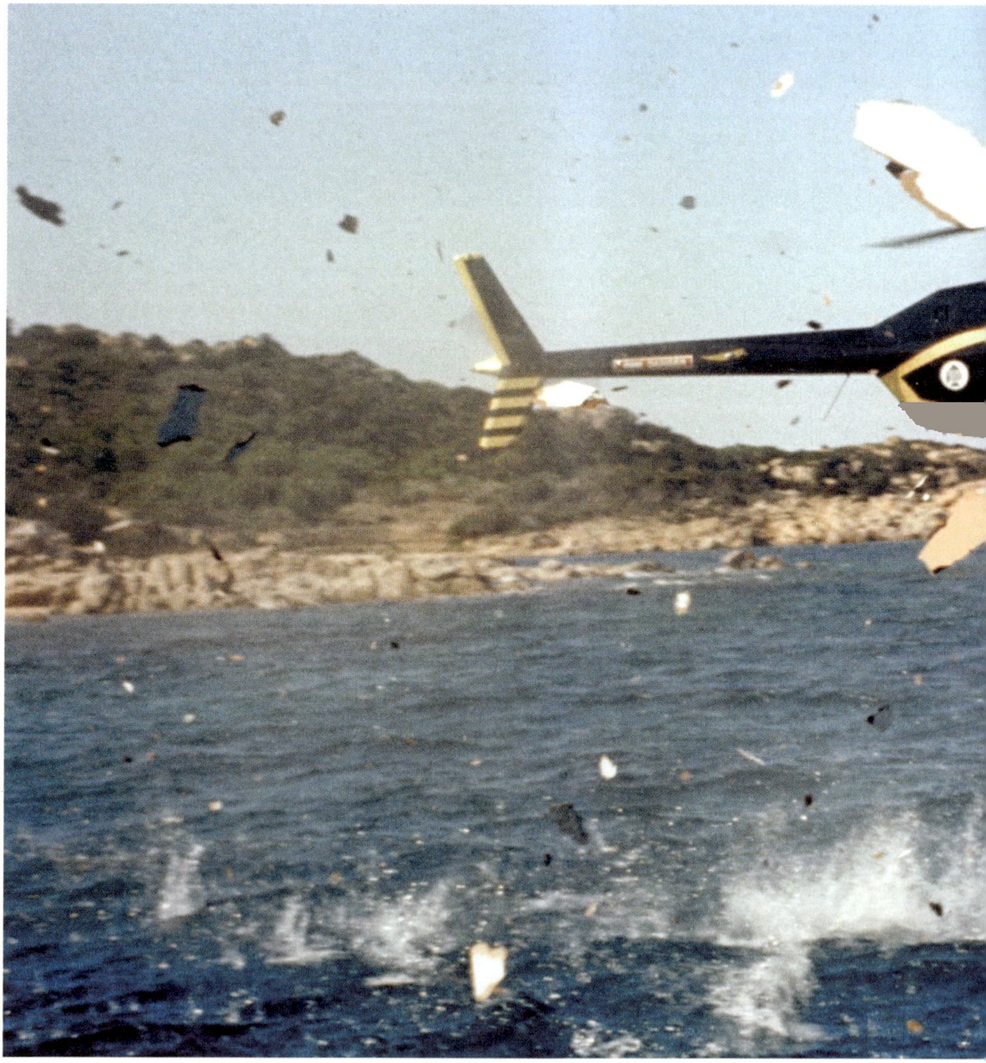

tauchfähige Wagen in Originalgröße. Im Auto bediente der Taucher Don Griffin die vier batteriegetriebenen Motoren. Das Filmteam wollte die Aufnahmen ohne austretende Luftblasen haben und machte verschiedene Versuche mit so genannten »Rebreathern«, kleinen Geräten, mit denen man für kurze Zeit blasenfrei unter Wasser atmen konnte. Aus Sicherheitsgründen verwarf man dies jedoch; der »Fahrer« trug wieder seine normale Tauchausrüstung und saß im Wagen im Wasser. Die Verteidigung des Lotus gegen Angriffe erfolgte durch

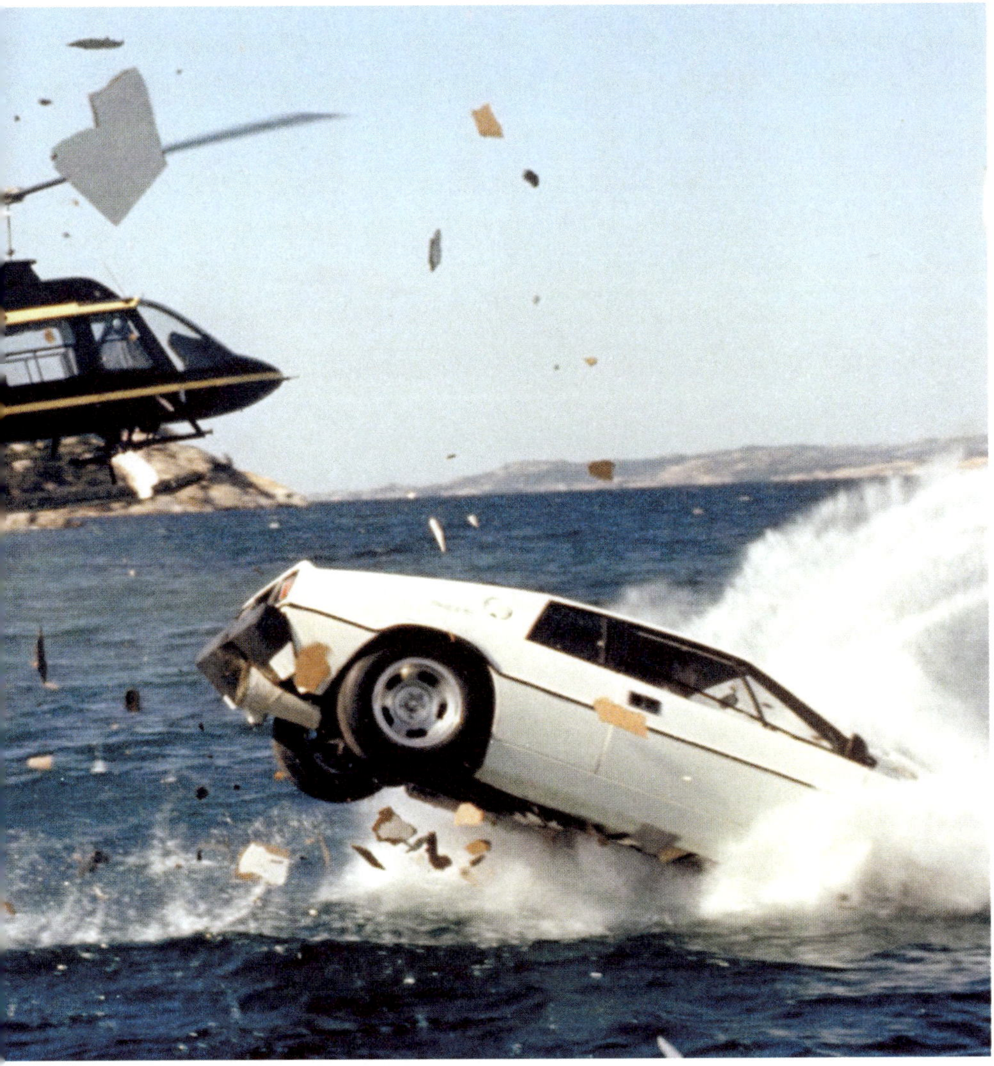

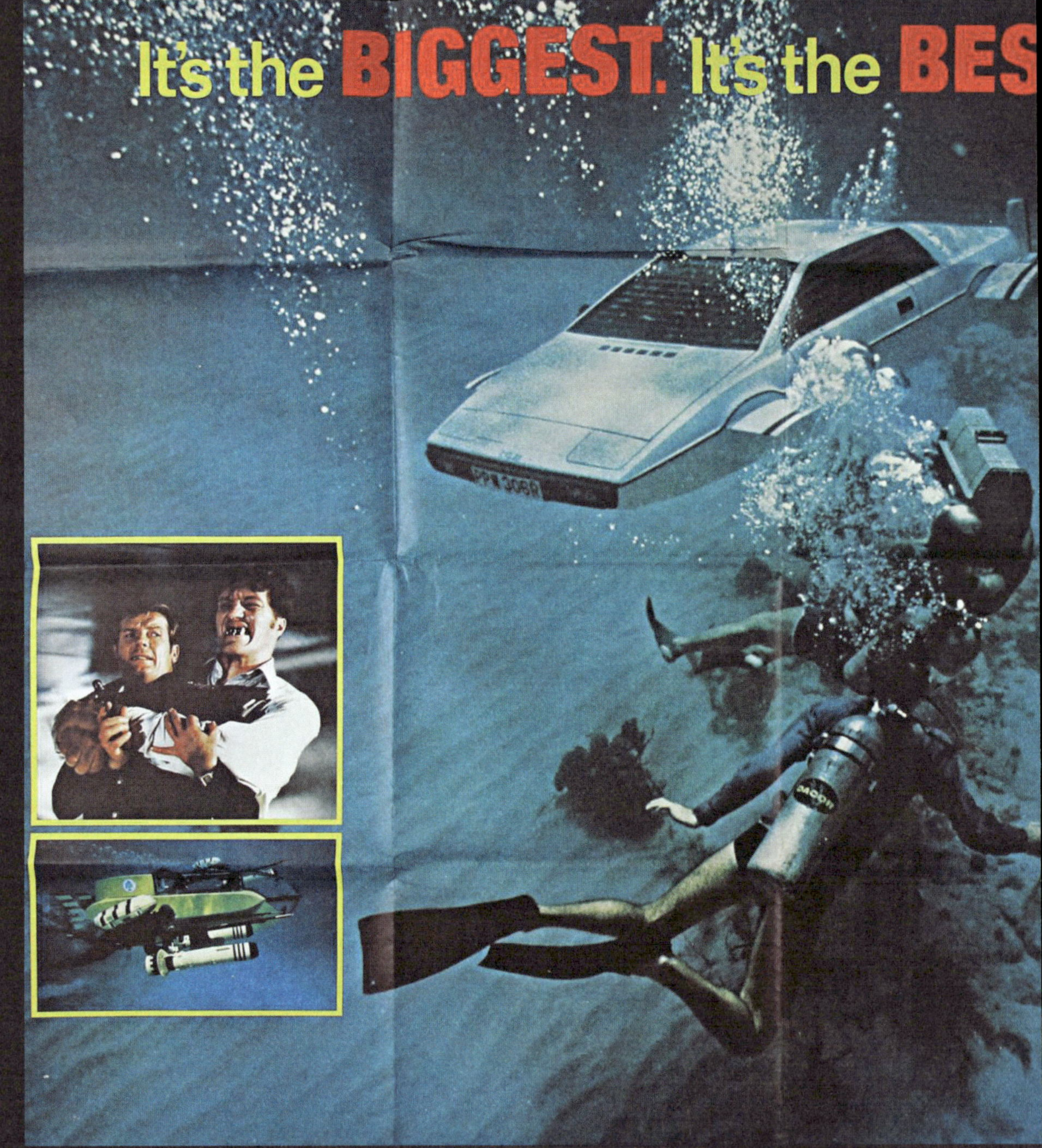
It's the BIGGEST. It's the BES

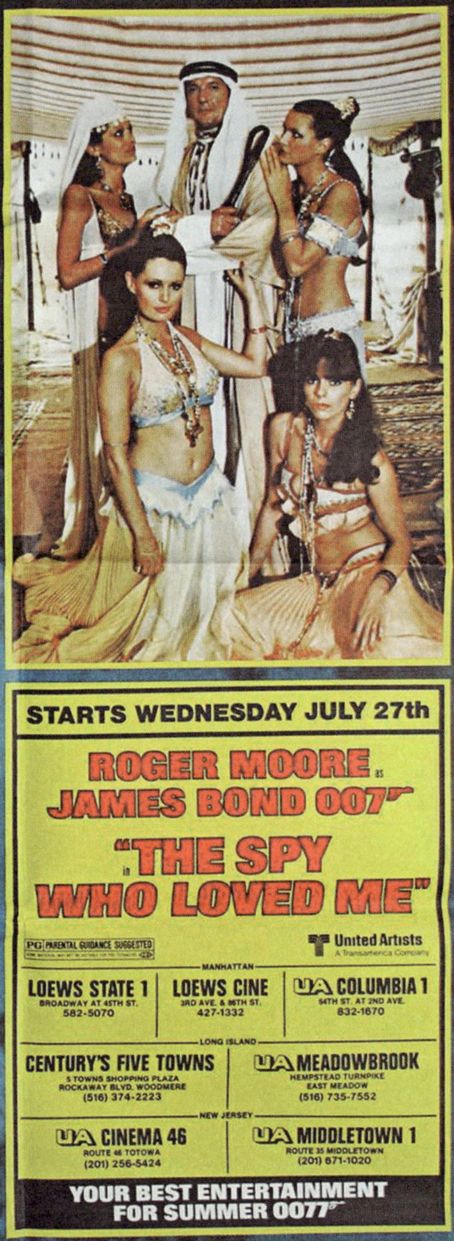

Raketen, Farbvernebelungsanlage und Minen. Auch die Auslöser bediente der Taucher von innen.

8. Der Lotus taucht zum Unterwasserlabor »Atlantis«: Hier kommt erneut das Modell im Maßstab 1:4 (1,30 Meter Länge) zum Einsatz. Teilweise wurde es ferngesteuert, streckenweise auf am Meeresgrund verlegten Gleisen bewegt. Für die Luftblasen in der Umgebung des Modells sorgen Alka-Seltzer-Tabletten.

9. Der Lotus taucht aus dem Wasser auf: Ein mit einer Schiffsschraube versehenes Fahrzeug wird auf versteckten Gleisen aus dem Meer gezogen. Insgesamt wurden rund 20 Meter Gleise unter Wasser verlegt. Im Auto sitzen Dummies. Wenn der Lotus aus dem Wasser an den Strand fährt, sieht man kurz einen kleinen Jungen, der mit seinem Finger auf den Wagen zeigt. Das ist kein Zufall, sondern wurde von Regisseur Lewis Gilbert so arrangiert, denn es ist Richard George, der Sohn von Richard Kiel, dem Darsteller des Beißers in dem Film.

10. Der Lotus fährt an den Strand: Der straßentaugliche Wagen wird von Stuntfahrer Roger Becker vom Strand weggefahren. Diese beiden Szenen entstanden am 5. und 6. Oktober 1976 an einem Strand in Capricciolo, östlich vom Hotel Cala di Volpe, wo das Filmteam wohnte. Laut Produktionsdesigner Ken Adam war es sehr windig, was die Aufnahmen erschwerte.

Währenddessen wirft Roger Moore einen Fisch aus dem Fenster und setzt sein typisches Grinsen auf. Der kleine Gag führte vorab zu Diskussionen mit Produzent

Albert R. (Cubby) Broccoli, denn er stand nicht im Drehbuch. Er fragte seinen Star: »Wo kommt der Fisch denn her?« Moore antwortete: »Das ist doch vollkommen egal. Es ist ein witziger Einfall.« Als man sich die sogenannten »Rushes«, also die täglich gedrehten Aufnahmen ansah, bekam der Gag so viele Lacher, dass er drinblieb. Broccoli gestand Moore, dass es »eine meiner besseren Ideen« war, so der Schauspieler. Nur Drehbuchautor Christopher Wood war nicht zufrieden: »Der Gag beschädigte die Glaubwürdigkeit des Wagens.«

Aber nicht alles ging so glatt wie erhofft. »Die Wagen waren bei den extremen Wetterverhältnissen problematisch«, so Roger Moore. Während der Dreharbeiten, wurden die Motoren zu heiß und die Batterien machten schnell schlapp. »Es war ein bisschen nervenaufreibend.« Die niedrige Fahrposition machte zudem den eleganten Ein- und Ausstieg nicht einfach. In dem Buch »Bond on Bond« berichtet Moore folgende Anekdote: »Als wir später hörten, dass der Pressesprecher John Willis den Wagen von London aus zu den Filmfestspielen in Cannes fuhr, gaben wir Gebote ob, ob er das tatsächlich schafft. Er kam ohne Probleme bis nach Lyon, aber dann musste er abgeschleppt und auf einem Laster zu einer örtlichen Werkstatt gebracht werden. Dann erreichte er gerade so eben das Carlton Hotel in Cannes, wo der Wagen am 20. Mai 1977 präsentiert werden sollte. Er weigerte sich, ihn weiterhin zu bewegen, denn die Batterie versagte. Wenn die Weltpresse doch nur das Team

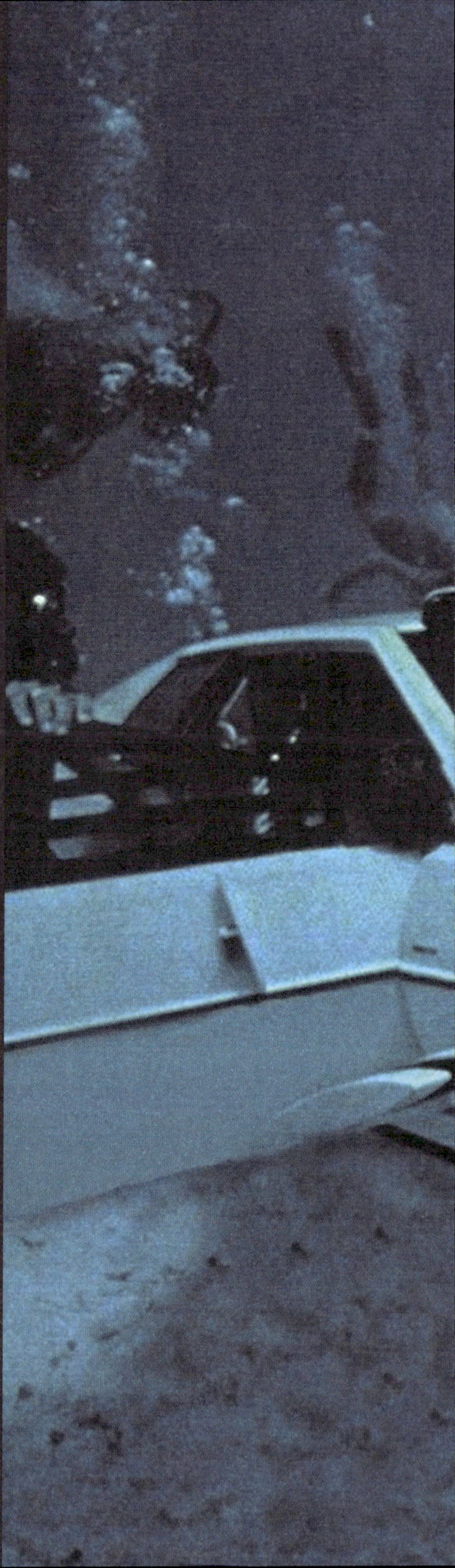

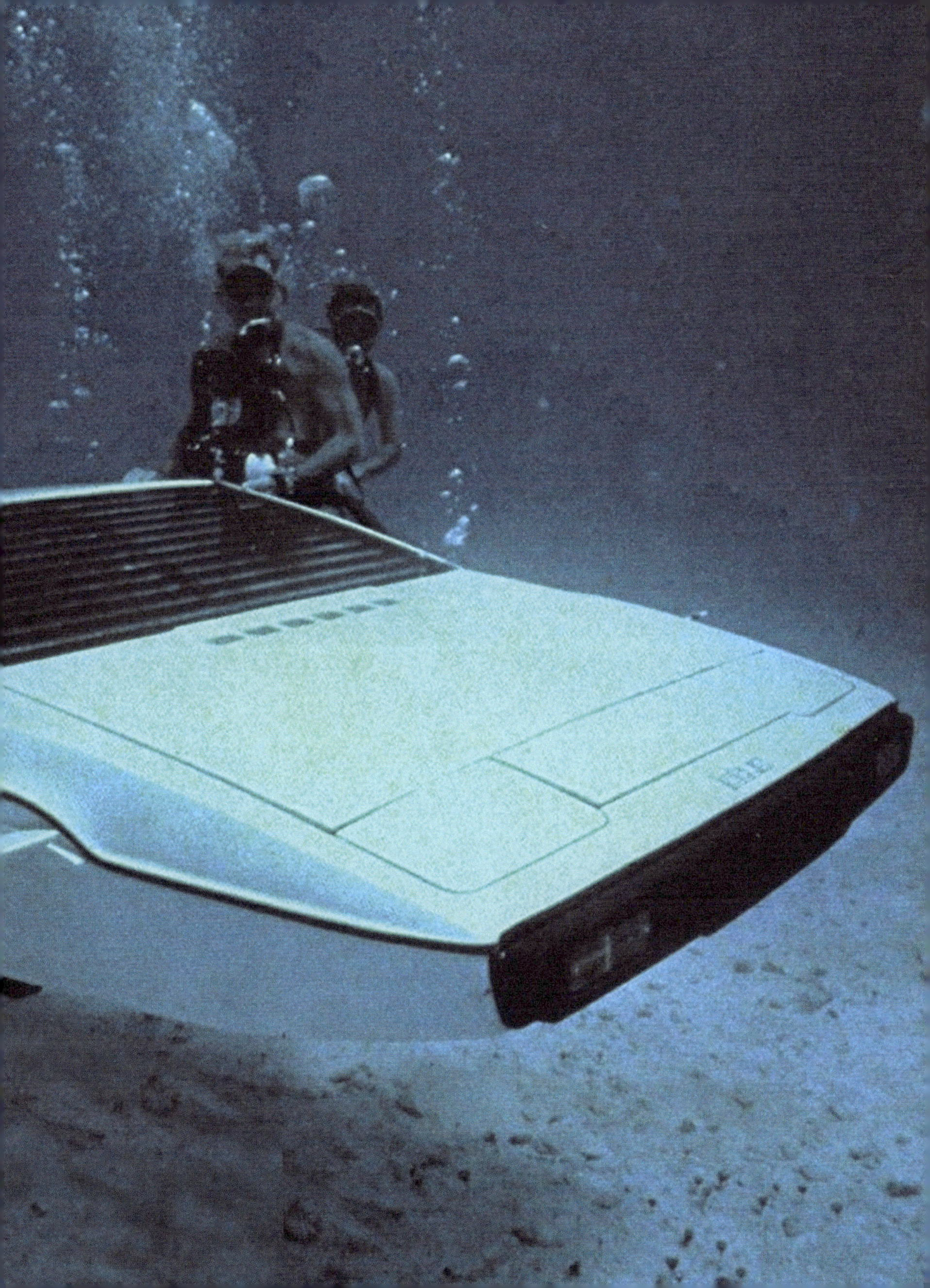

von Mechanikern gesehen hätte, das bis spät in die Nacht an dem Wagen arbeitete. Das hätte grandiose Schlagzeilen gegeben wie ›James Bonds Auto kaputt‹«. Mechaniker, Techniker, Stuckateure und Zimmerleute arbeiteten mit Gips und Holz etwa vier Monate an der aufwändigen Sardinien-Sequenz. Zwei Kamerateams unter der Leitung des Unterwasser-Spezialisten Lamar Boren waren mit Tauchern und Marine-Experten sogar fünf Monate lang auf den Bahamas im Einsatz. Eine Kommunikation unter Wasser mit technischen Geräten war damals nicht möglich, also verständigten sich Taucher und Kameraleute nur per Handzeichen. Das Team baute sogar Modell-Felsen, an denen das Lotus-Tauchmodell vorbeiglitt. Probleme gab es mit den Fischen, denn sie waren relativ neugierig und man wusste zunächst nicht, wie man sie von den Dreharbeiten fernhalten konnte. Letztendlich beschäftigten ein paar geöffnete Seeigel die Fische – guten Appetit!

Nach Aussagen des damaligen und heutigen Co-Produzenten Michael G. Wilson, hatte die Crew mit einer Reihe von Stürmen zu kämpfen, sodass das Wasser ziemlich aufgewühlt war. Die Stars, Barbara Bach und Roger Moore, haben die Bahamas allerdings nie besucht. Sie kämpften im abgedichteten Auto im Tauchbecken auf dem Gelände der Pinewood Studios in London. Angeblich wurde sogar eine Karosse auseinandergeschnitten, um Bilder der beiden Stars innerhalb des Wagens besser filmen zu können, doch die Quelle ist unsicher, zumal es nur vier sehr kurze Einstellungen während der Verfolgungsjagd auf der Straße gibt, in denen die Akteure einzeln zu sehen sind.

Es ist nicht ganz klar, wie viele Fahrzeuge tatsächlich für die aufwändigen Aufnahmen verwendet worden sind. Es gibt Quellen, wonach sechs Esprits und ein Tauchmodell im Film zu sehen sind. Andere behaupten, dass allein in Florida fünf Karossen umgebaut wurden. Mit den beiden Straßenwagen in Sardinien und denen, die von dem Pier geschossen wurden oder zumindest dafür zur Verfügung standen, denn es gibt Fotos von zwei Karossen, wären es dann neun Fahrzeuge.

Die Zusammenarbeit mit Lotus währte ein Jahr. Ken Adam, Peter Lamont und Hugh Scaife wurden für den Oscar in der Kategorie »Best Art Direction - Set Decoration« nominiert, verloren jedoch gegen die starke Konkurrenz von »Krieg der Sterne«. Ken Adam bekam zusätzlich eine BAFTA-Nominierung für das beste »Production Design/Art Direction«. Derek Meddings erhielt den 1. Preis der »International Union of Cinema Technical Association« für seine Modelle und die mechanischen Raffinessen des Films.

Der Auftritt des Wagens rief so ein großes Interesse an dem Fahrzeug hervor, dass die Wartezeit für die Kunden auf der Liste schnell auf drei Jahre anstieg. Das Werk begann im Sommer 1976 mit der Produktion und konnte nur fünf bis sechs Fahrzeuge pro Woche bauen. Lotus

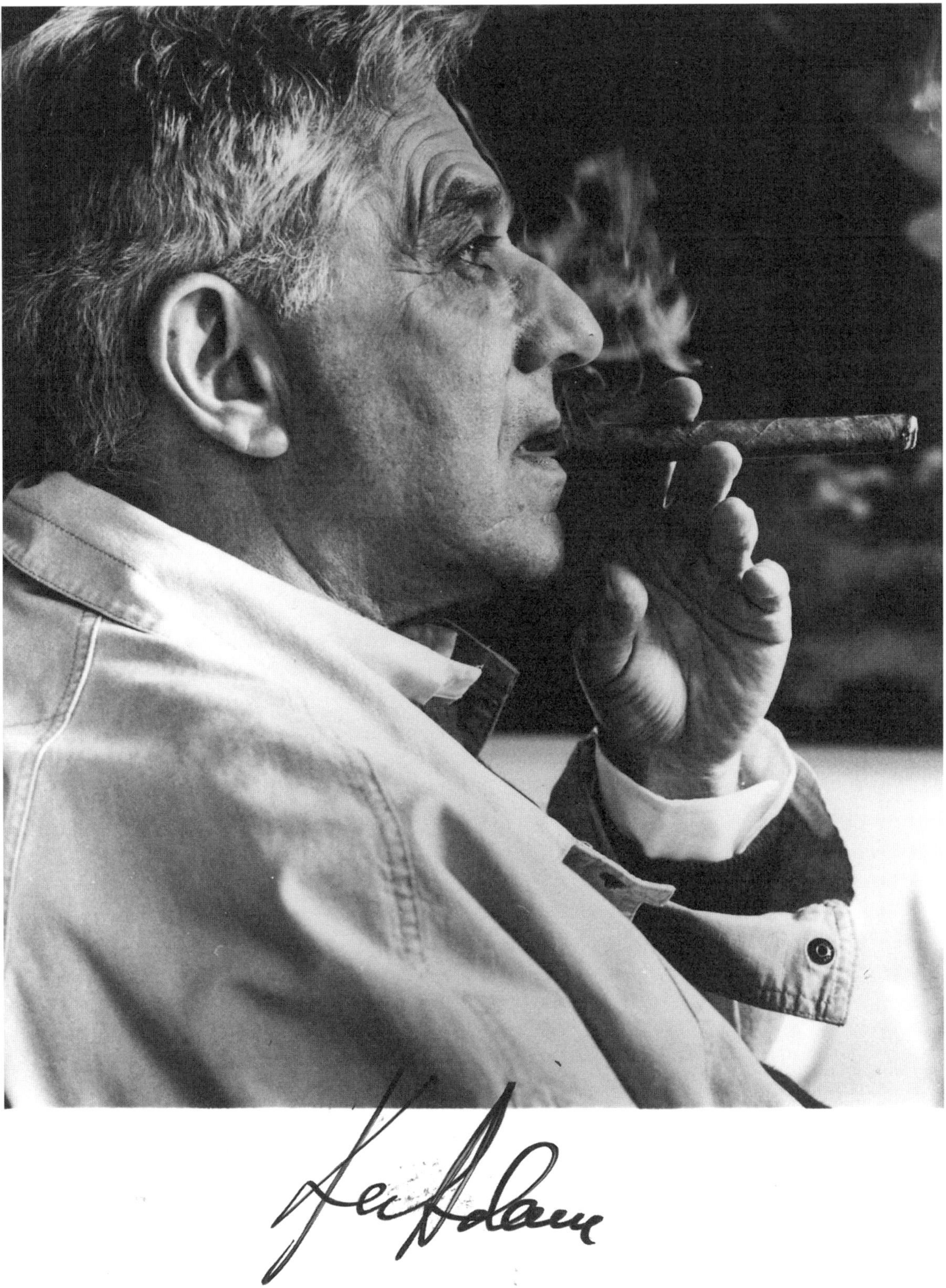

nannte den Prozess der Herstellung der Fiberglas-Karosse »top-secret and positively unique«. Roger Moore bekam das Angebot, ohne lange Wartezeit einen Wagen mit einem Nachlass von 10 Prozent zu erwerben. Das lehnte er dankend mit den Worten ab: »Es ist wohl nicht nötig zu sagen, dass ihre überwältigende Großzügigkeit etwas war, was mich nicht besonders ansprach.«

Das »Original-James-Bond-Auto« – auch wenn es ein solches gar nicht gab – verschönerte den Eingang zum Londoner Odeon-Kino, wo am 7. Juli 1977 die Welturaufführung stattfand. Eines der beiden straßentauglichen Autos wurde später anonym verkauft. Das andere war noch lange im Einsatz, denn Lotus PR-Mann Don McLauchlan benutzte den Wagen mit dem Kennzeichen PPW 306 R jahrelang als Dienstwagen, ehe das Werk diesen aus finanziellen Gründen am 25. Juli 1998 durch das Auktionshaus Coys of Kensington versteigern ließ. Der Wagen erzielte damals 28.000 Pfund plus 15 Prozent Aufpreis. Das entsprach 96.600 DM.

Nach den Filmaufnahmen wurde das tauchfähige Fahrzeug, das einzige fahrende U-Boot, nach New York verschifft. Dort wurde es zunächst ausgestellt und dann in einem Lagerhaus auf Long Island verwahrt. Die Miete für den Lagerraum war für zehn Jahre im Voraus bezahlt. Als 1989 nach Auslaufen des Mietvertrages der Inhalt des Lagerraumes blind versteigert wurde, staunten die Meistbietenden nicht schlecht. Ein Ehepaar hatte für eine »bescheidene Summe«, so das Auktionshaus RM Auctions, per Zufall das Lotus-Esprit-U-Boot ersteigert. Die Summe belief sich übrigens auf fünf

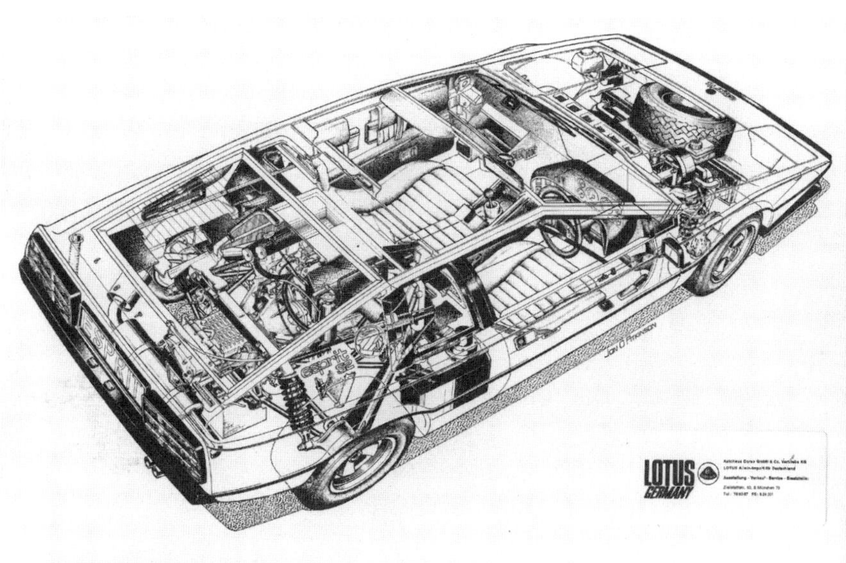

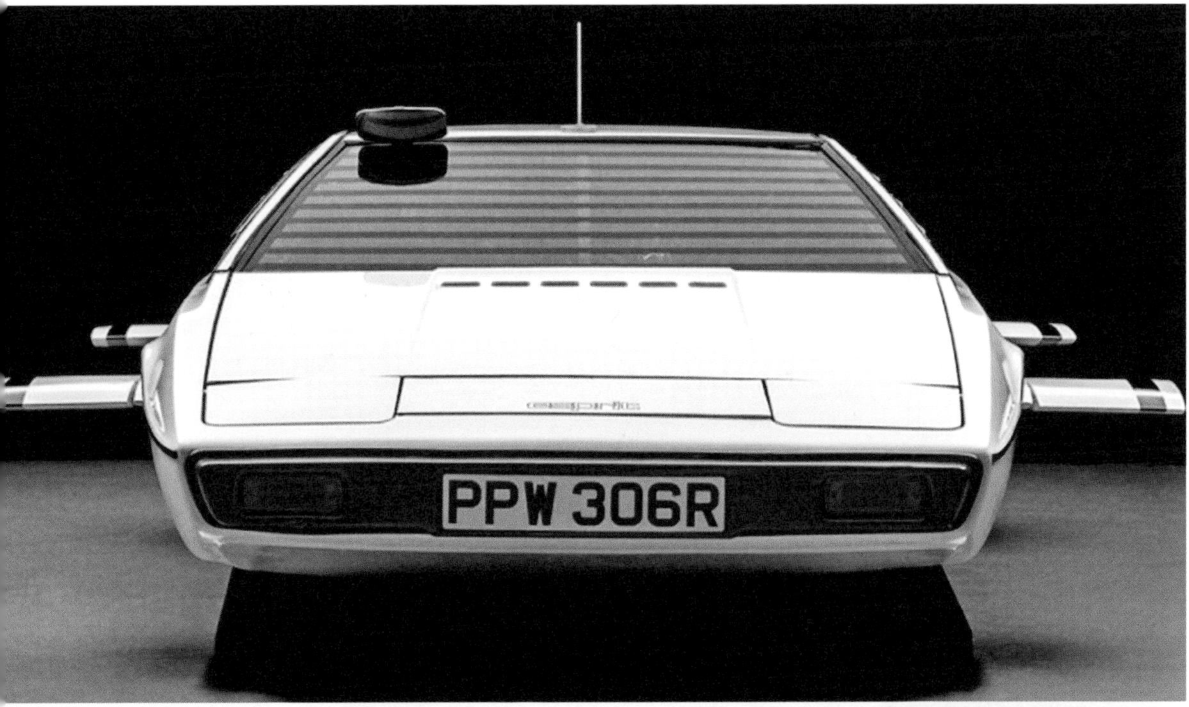
PPW 306R

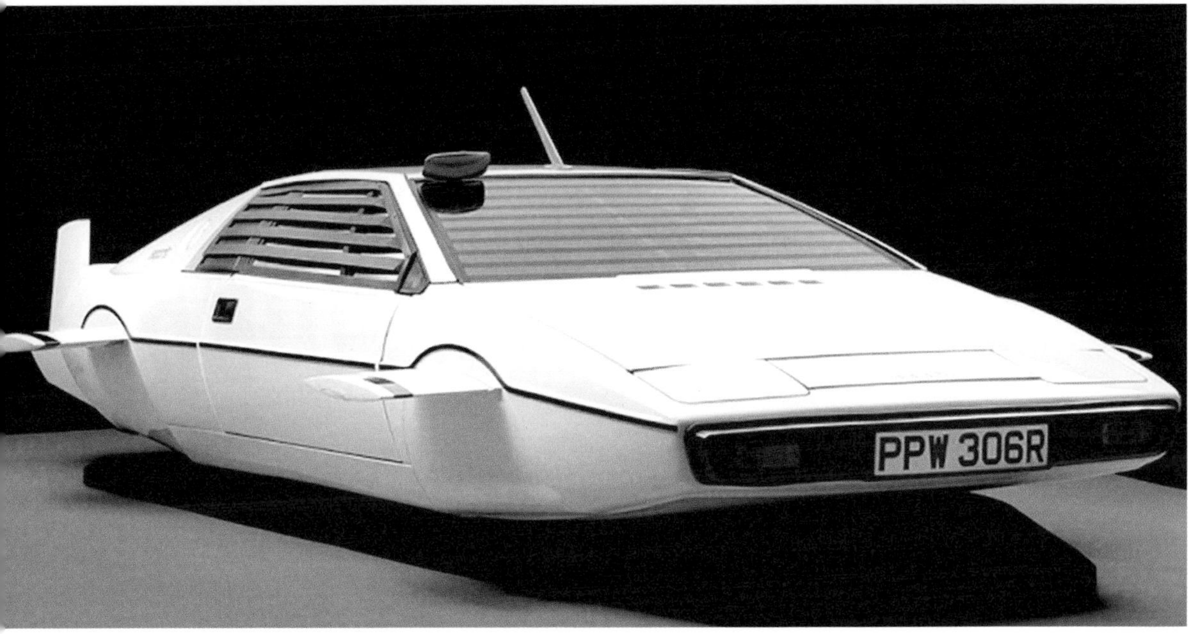
PPW 306R

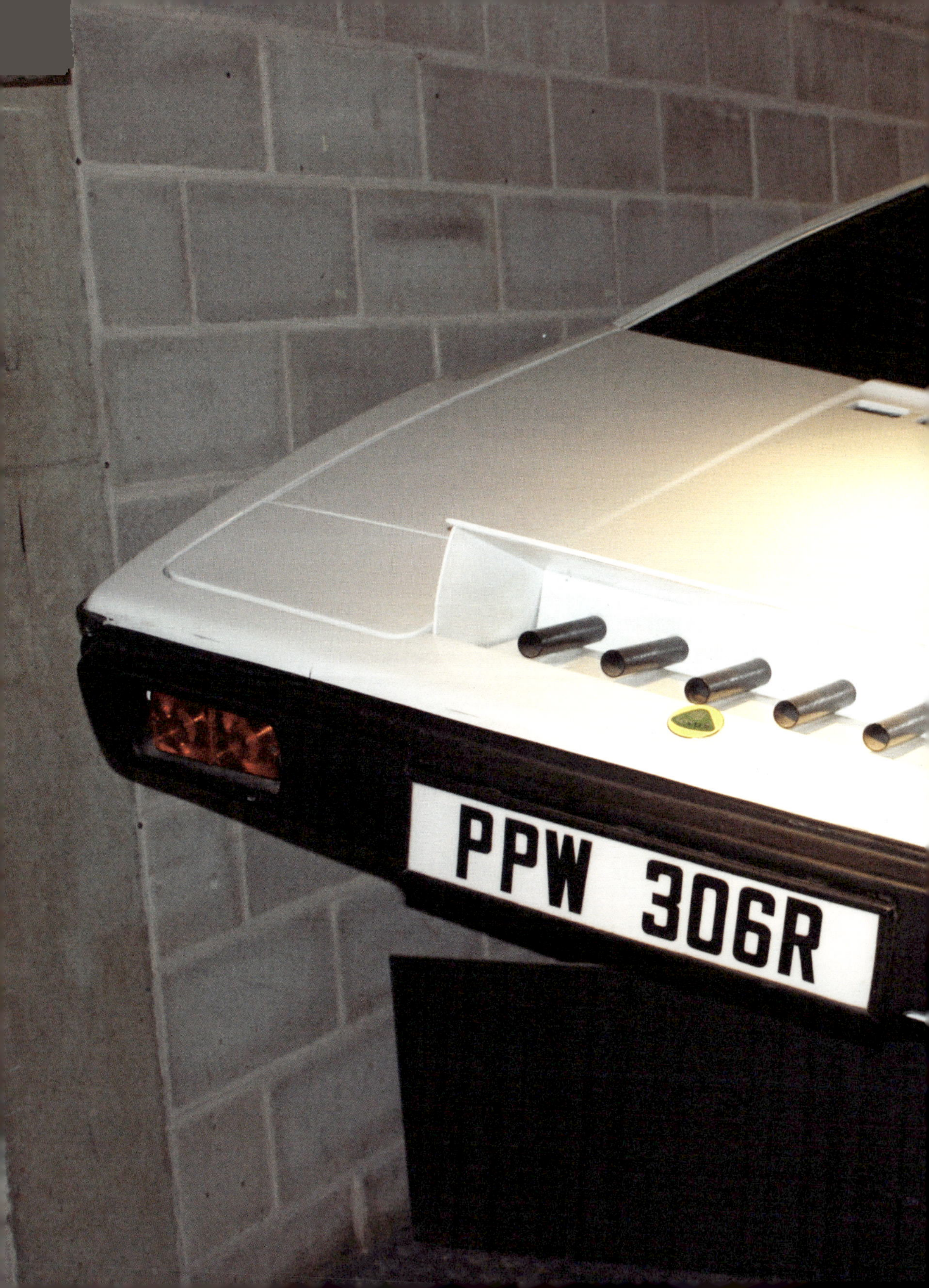
PPW 306R

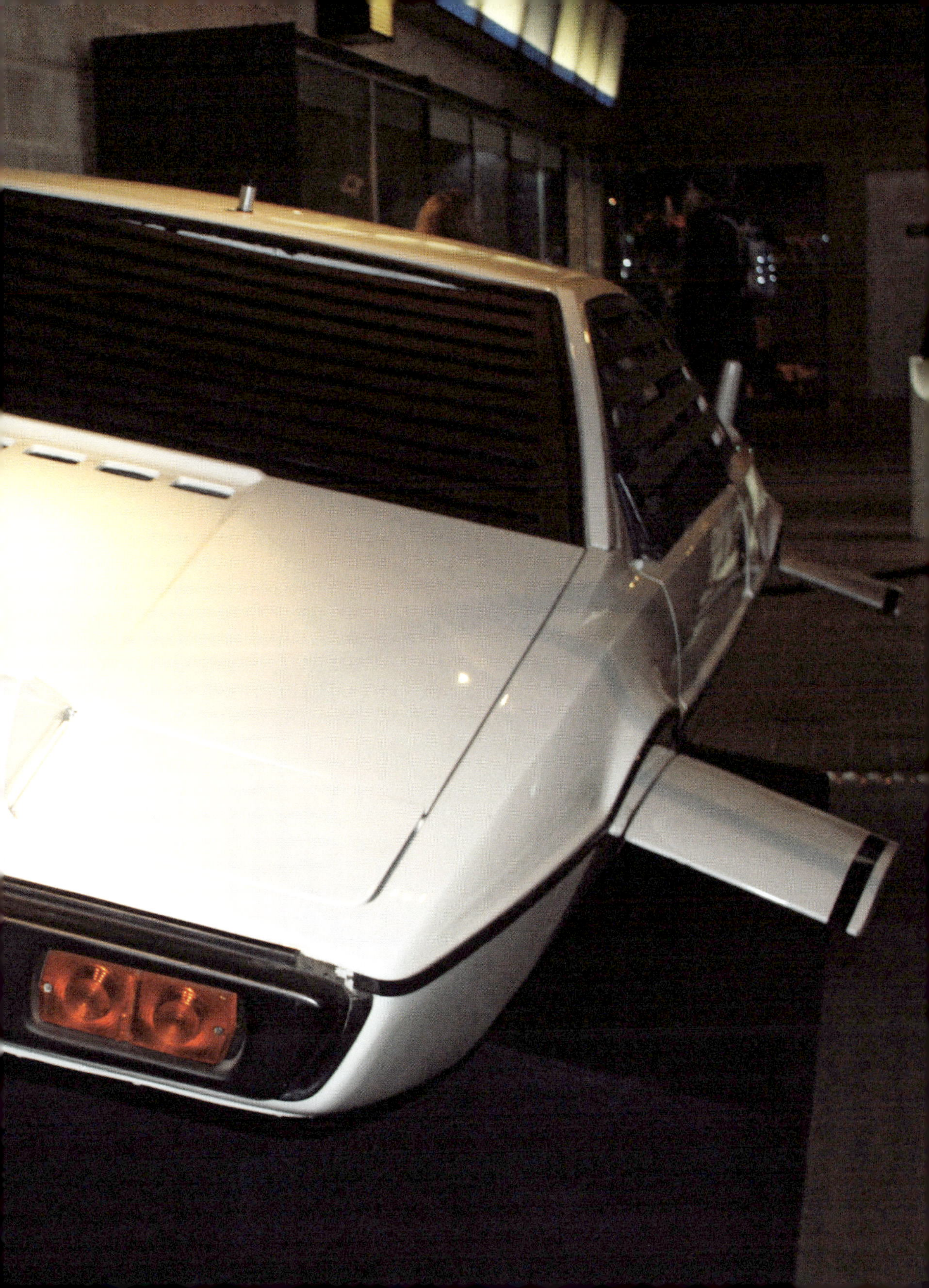

Dollar und Ehemann Ron Fischer staunte nicht schlecht, als er den Wagen unter Planen entdeckte. Es kam hinzu, dass er den Film nie gesehen hatte und den Lotus gar nicht zuordnen konnte. Der Lotus war in keinem guten Zustand und wurde mit vielen Seilen zusammengehalten. Er transportierte ihn auf einem Hänger und stellte ihn in seinen Garten, damit die Kinder damit spielen konnten. Ein Interessent bot ihm 100 Dollar. Er lehnte ab, recherchierte, fand heraus, was er besaß, und investierte 30.000 Dollar in die Restaurierung. Von 1989 bis 2013 stellte das Paar die Neuerwerbung immer mal wieder aus.

Dann boten sie das seltene Stück an. Der Wagen wurde am 9. September 2013 bei einer Versteigerung von RM Auctions in Battersea, London, offeriert. Man rechnete mit Geboten zwischen 650.000 und 950.000 Pfund für Lot 243. Ein Sprecher nannte das Fahrzeug sicher nicht unberechtigt »one of the most iconic cars in movie history«. Letztendlich erzielte es die Summe von 550.000 Pfund (damals ca. 651.000 Euro), bzw. 616.000 Pfund inklusive Aufschlag. Käufer war der Tesla-Eigentümer Elon Musk, der bekanntgab, er werde das Fahrzeug mit einem Elektroantrieb ausrüsten und so umbauen lassen, dass es tatsächlich sowohl zu Lande als auch unter Wasser fahren könne. »Just a side project. Limited market potential :)«, schrieb Musk auf Twitter. Der Umbau ist allerdings nie geschehen. Es wäre auch ein Frevel, das Original so zu entstellen. Das sah Musk später wohl ein und verkündete, der Wagen bleibe »as-is«.

Der amerikanische James-Bond-Sammler Doug Redenius folgte in den 90er Jahren einem Tipp eines Informanten, dass sich ein Wagen auf den Bahamas befinden sollte. Rob Keith von den Bahamas hatte sich an das britische Magazin »Thoroughbred & Classic Cars« gewandt und sein Fundstück gemeldet. Die druckten in der Ausgabe Februar 1991 ein ganz spezielles Bild. Redenius ging der Quelle nach und fand die abgebildete rot lackierte Karosse mit den ausgefahrenen Seitenflossen, die seit Jahren auf mehreren Böcken in einem Vorgarten gestanden hatte. Selbst das Originalkennzeichen PPW 306R war noch dran. Die damaligen Eigentümer hatten zur Verzierung eine bunte Lichterkette um die Überreste des Wagens gezogen, um ihn so »zu verschönern«. Es stellte sich heraus, dass der Eigentümer an den Dreharbeiten beteiligt war. Er besaß einen großen Kran, hievte die Karossen ins Wasser und holte sie wieder heraus. Als Dank schenkte man ihm zwei davon. Die eine endete im Vorgarten, die andere wurde auf einen alten Milchlaster geschraubt, durch den ein Baum hindurchgewachsen war. Redenius kaufte den roten Wagen, ließ ihn nach Florida bringen und von der Firma Perry Oceanographic restaurieren, die die Fahrzeuge seinerzeit für die Dreharbeiten präpariert hatte.

Ein weiterer nicht tauchfähiger Wagen ohne Innenausstattung wurde in den 90er Jahren auf einem Müllberg auf den Bahamas gefunden und gelangte

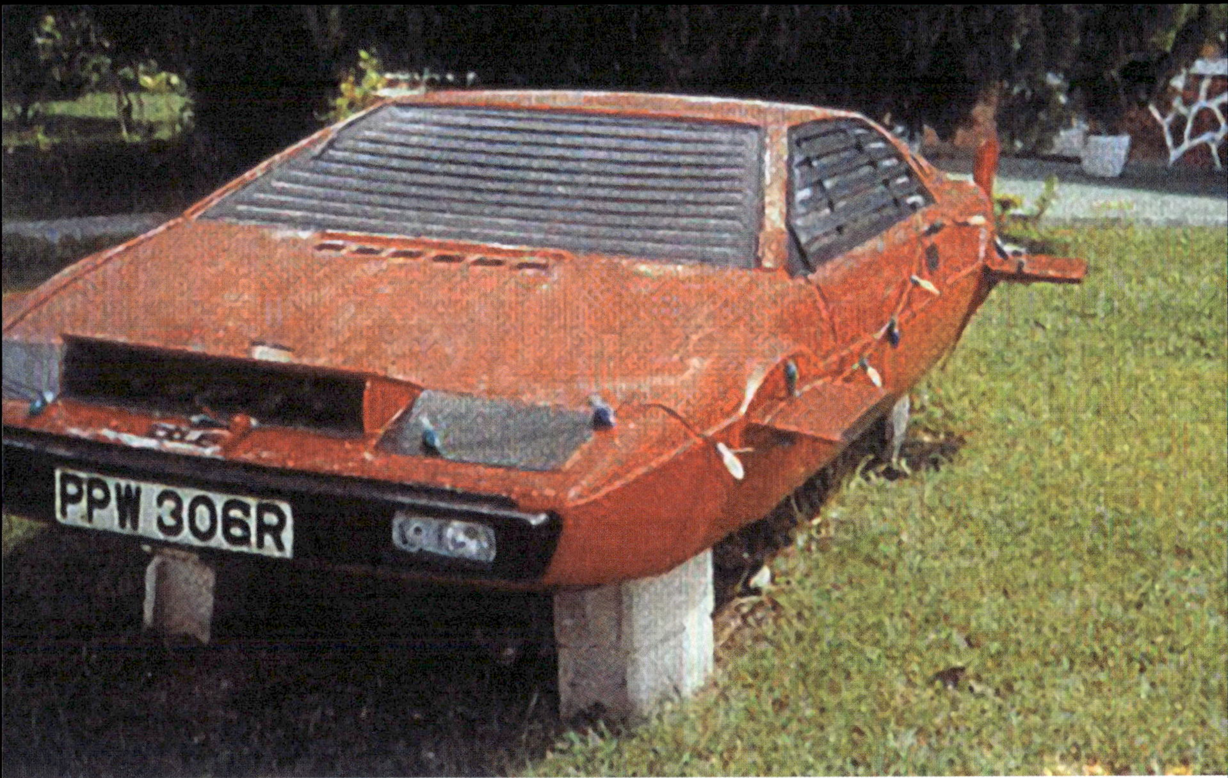

in die Hände des Multimillionärs und Autosammlers Mike Dezer. Es war einer von vier Wagen, die dazu genutzt wurden, den Übergang vom Straßen- zum Tauchfahrzeug zu schaffen. Bei diesem Exemplar klappten die Reifen ein. Dezer vermarktete die Restaurierung und ließ sie mit Hilfe der US TV-Serie »American Restoration« des »History Channel« ausführen. Restaurator Rick Dale von »Rick's Restoration« in Las Vegas, übernahm den Job. In der Folge 117 mit dem Titel »Bond Ambition«, die am 19. Juni 2014 ausgestrahlt wurde, sind die Lotus-Überreste zu sehen, die eine Frischzellenkur erhalten. Die Karosse hatte keinen Motor, kein Getriebe, keine Innenausstattung und keine Fenster, aber die seitlichen Lamellen, die nicht mehr schwarz sondern weiß waren. Dezer wollte, dass der Wagen hinterher so aussah wie im Film, und bezahlte 50.000 Dollar dafür. Zunächst wurde die arg mitgenommene Fiberglas-Karosse repariert. Es wurden rechts zwei neue Seitenflossen aus Aluminium angebracht, vorne eine Abschussvorrichtung eingebaut, hinten Ruder und Antrieb aus Fiberglas ergänzt und eine Rakete, ein Periskop sowie die Lamellen aus Aluminium nachgefertigt. Laut Dale dauerte allein die Arbeit an der Karosserie 259 Stunden. Letztendlich bestand der Wagen aus einer Melange aller Dinge, die ihn ausmachen: rechts sind die Schwimmflossen zu sehen, vorne links ein Reifen auf einer Wolfrace-Felge und hinten links ein Reifen, der gerade einklappt. Das fertiggestellte Stück tauchte im Oktober 2014 bei Ebay in den USA auf

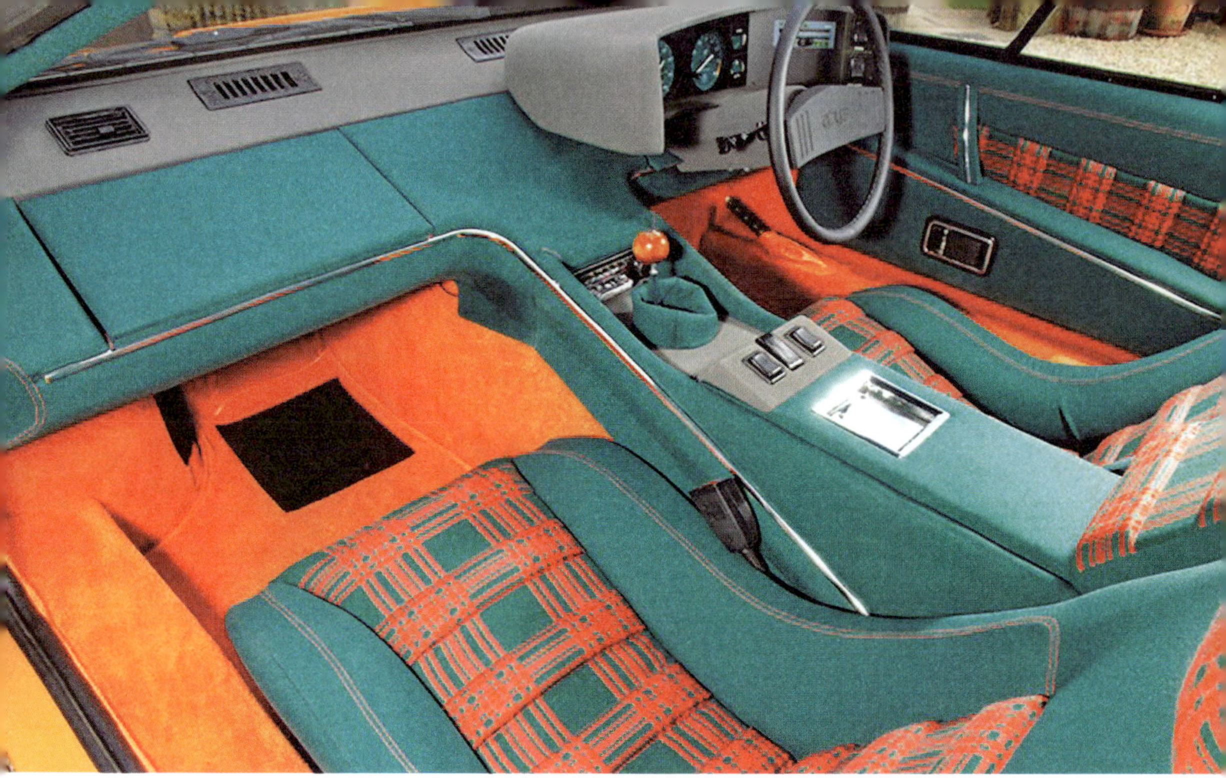

und wurde für die (sehr übertriebene) Summe von einer Million Dollar angeboten. Ein Käufer fand sich zu Recht nicht. Das restaurierte Objekt ist seit dem in der Dezer Kollektion in Miami zu sehen. Die Karosse, die vom Steg katapultiert wurde und ins Wasser krachte, war nicht mehr zu retten und wurde vermutlich nach den Dreharbeiten zerstört. Der Wagen, der für die Straßenszenen an der Costa Smeralda genutzt und von Roger Becker gefahren wurde, gelangte später in die Hände des Engländers Nick Fulcher in Norwich. Der ehemalige Lotus-Mitarbeiter, der dort als Sattler für die Innenausstattung zuständig war, bekam den Wagen 2008 in einem bedauernswerten Zustand: »Das Interieur sah absolut furchtbar aus. Die ganzen Chromleisten fehlten. Es war wie eine Folter. Wie konnte das jemand tun? Das ist doch der reinste Frevel.« Fulcher führte außerdem aus, dass der Wagen – im Gegensatz zu den anderen Fahrzeugen mit der als »Tartan« bezeichneten, rot-grün-karierten Innenausstattung – über grüne Kopfstützen verfügte. Offensichtlich hatte dem Filmteam das Karomuster hinter den Köpfen von Roger Moore und Barbara Bach nicht gefallen. Glücklicherweise besaß Fulcher, der Lotus 1977 verlassen hatte, noch viele der alten Originalstoffe der Innenausstattung und konnte die verschlissenen Bezüge authentisch erneuern. Während seiner Zeit bei Lotus arbeitete er auch eine Zeitlang mit Giorgio Giugiaro, dem Designer des Lotus Esprit, und dessen Firma Italdesign Turin zusammen und half bei der Innenausstattung der

Fahrzeuge der ersten Serie. Für den Filmwagen wurden ihm einmal 250.000 Pfund geboten, doch er lehnte ab. Fulcher starb am 20. April 2012. Sein Sohn Stephen führt die Firma seines Vaters seit 1997 bis heute fort. Die Wagen, die in Weiß und Tartan ausgeliefert wurden, sind übrigens extrem selten. 1976 waren es gerade mal zehn Stück.

Im Jahr 2008 tauchte angeblich ein weiterer der Wagen auf, mit denen in Sardinien gedreht wurde. Das britische Auktionshaus Bonhams bot ihn als den »verlorenen« Lotus Esprit an und erzielte einen Preis von 162.000 Dollar. Ein Sammler aus Atlanta hatte die Summe telefonisch geboten. Da er aber Zweifel hatte, flog er nach England, um sich die Neuerwerbung anzusehen. Bei der Inspektion stellte sich heraus, dass es ein Fahrzeug aus dem Jahr 1977 war, also keiner der Filmwagen sein konnte. Der Kauf wurde annulliert.

Bei einer Londoner »Film & Entertainment Auktion« am 24. November 2009, kamen drei Original-Zeichnungen des Special Effects Experten Derek Meddings unter den Hammer, die den Lotus Esprit zeigen. Sie erzielten 3.500 Pfund. Der englische Konstrukteur Nigel Vaughn erwarb im Oktober 2004 zwei Esprit-Karossen, fügte sie zu einer zusammen und baute diese so um, dass sie tatsächlich schwimmen, aber nicht tauchen konnte. 18 Monate später und 15.000 Pfund ärmer, war er fertig. Sein »Aquatic Lotus Esprit« wird von einem 3,5 PS Außenborder angetrieben, der sich hinter den Sitzen befindet. Das Motorboot kann zwei Personen transportieren und

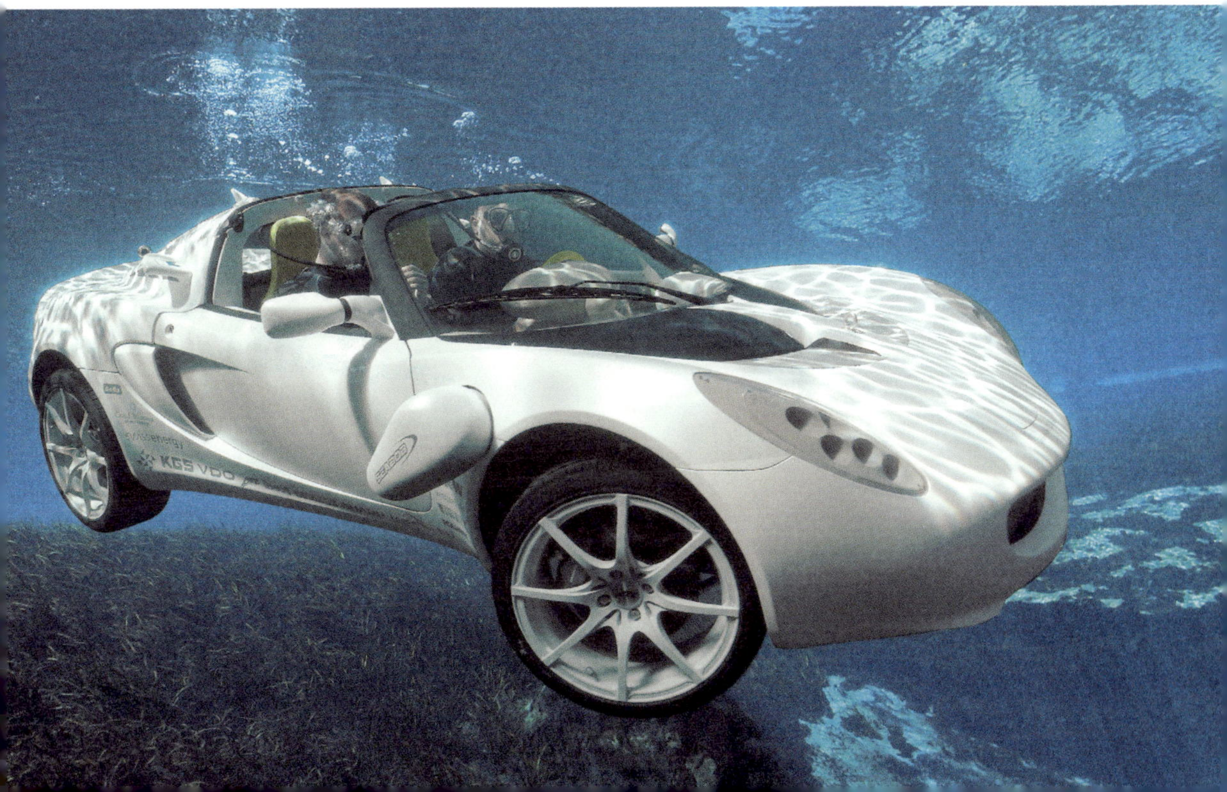

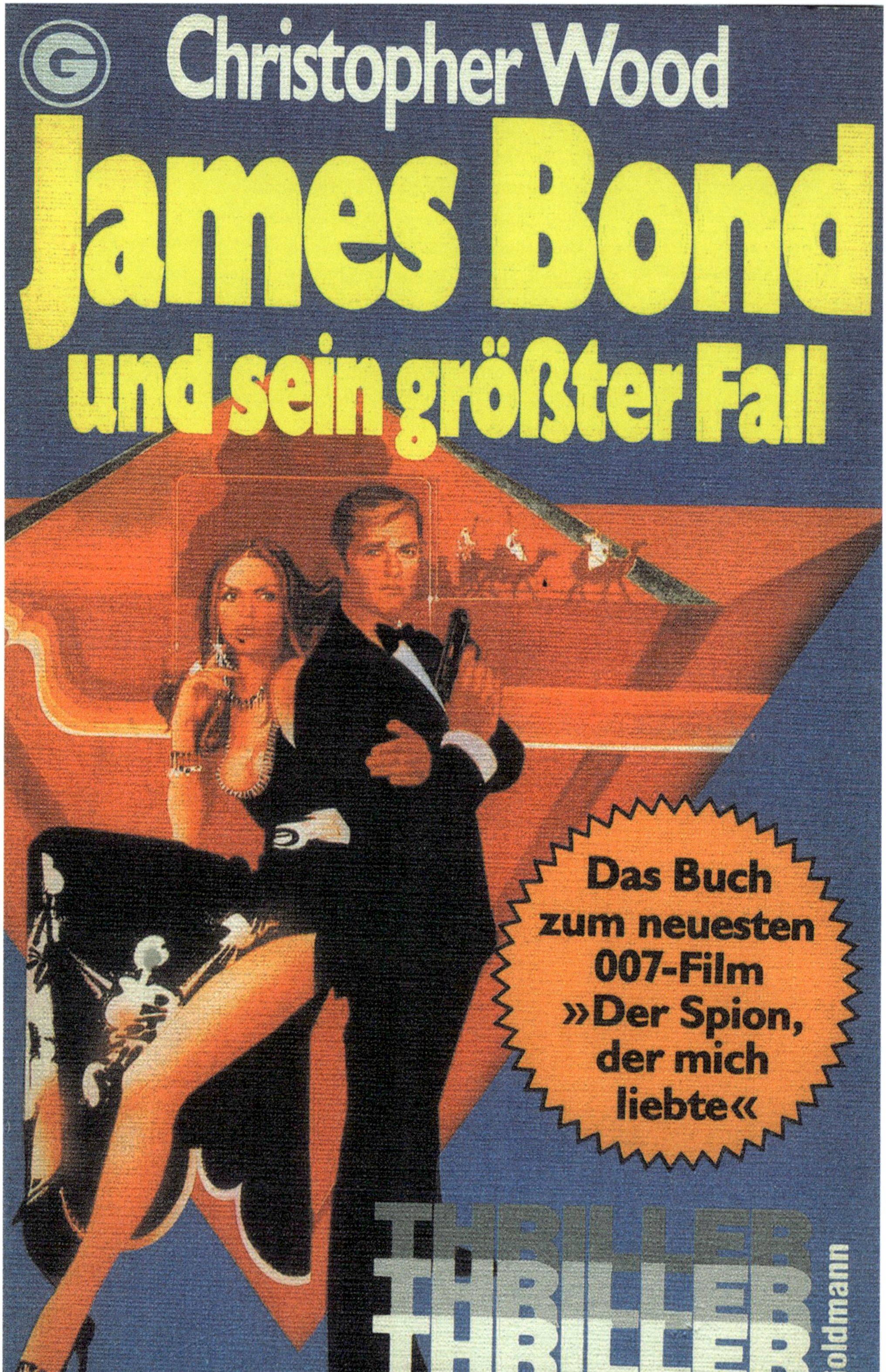
Christopher Wood
James Bond
und sein größter Fall
Das Buch zum neuesten 007-Film »Der Spion, der mich liebte«
THRILLER
THRILLER
THRILLER
Goldmann

verfügt über seitliche Flossen, ein sich drehendes Nummernschild und sogar ein Periskop. Im März 2008 stellte das Schweizer Unternehmen Rinspeed um dessen Chef Frank M. Rinderknecht auf dem Genfer Autosalon den »sQuba« vor, einen umgebauten amphibischen Zweisitzer, der sich dank zweier elektrischer Jet-Turbinen unter Wasser bis zu einer Tiefe von zehn Metern fortbewegen kann. »Die einen wollen fliegen, die anderen tauchen«, so Rinderknecht. »Die Sache mit dem Tauchen hat jeder seit dem James-Bond-Film im Kopf.« Der Schweizer benutzte eine Lotus Elise als Basis. So wie der Wagen von Vaughn blieb auch dieser ein Einzelstück.

Vom 28. September bis zum 8. Oktober 2012 gab es eine Online-Auktion zum Thema »50 Years of James Bond« des Auktionshauses Christie's in London. Lot 11 umfasste eines der weißen vorderen Nummernschilder des Lotus Esprit (PPW 306 R) sowie einen gelben Unterwasserrucksack, der von einem der Taucher getragen, die den Wagen angreifen. Die beiden Stücke erzielten 9.375 Pfund. Das Auktionshaus hatte den Wert auf 1.500 bis 2.500 Pfund geschätzt.

In dem Roman zum Film, den Drehbuchautor Christopher Wood verfasste, und der in Deutschland den merkwürdigen Titel »James Bond und sein größter Fall« trägt, wird der Lotus als »klein, stromlinienförmig und hellrot« beschrieben und anders eingeführt als im Film. Dort heißt es:

»›Ich hab's geschafft ein Transportmittel für uns zu finden‹, sagte Bond fröhlich. ›Einen Lotus Esprit – mit ein paar Veränderungen. Kann ich Sie für eine Versuchsfahrt interessieren, Madam? Exzellente Ausstattung, fünf Gänge, ausgezeichnete Federung.‹ ›Ich komme runter‹, sagte Anya entschlossen. In ein paar Sekunden war sie unten und war sich sofort bewusst, dass das Auto bereits die bewundernde Aufmerksamkeit der Gäste und des Hotelpersonals auf sich zog. ›Wir brauchen doch nicht so einen Wagen. Wo kommt er denn her?‹«

Später heißt es dann noch aus ihrem Mund, dass der Wagen »zu auffallend« ist, was der Realität entspricht. Es schließt sich eine Verfolgungsjagd mit einem Fiat und einem Hubschrauber an, die auch in einem Tunnel spielt. Das Motorrad mit Beiwagen ist identisch, allerdings schießt Anya aus dem Lotus. In der englischen Version gibt es ein Kapitel mit dem schönen Titel »Esprit de Mort«, was man den deutschen Lesern allerdings vorenthalten hat. Dort heißt es schlicht: »Die Falle schließt sich.«

Auf dem Pevero Golf Club, etwa 1,5 Kilometer nordöstlich des Hotels Cala di Volpe gibt es übrigens einen Stein mit einer grünen Plakette, deren Inschrift an die Dreharbeiten erinnert. Darauf steht: »This viewpoint is dedicated to me. My name is Bond, James Bond. I have been here in the summer of '76 for ›The spy who loved me‹.« Nur gedreht wurde dort nicht.

DATEN UND FAKTEN

Modell: Lotus Esprit, rechtsgelenkt
Farbe: weiß / Monaco White
Bauzeit: 1976 - 1978
Stückzahl: 714 - 718
Hier widersprechen sich die Quellen. Es ist am wahrscheinlichsten, dass zwischen 714 und 718 Fahrzeuge entstanden. 580 Autos kamen in die USA. Nur 268 Autos waren rechtsgelenkt.
Motor: Lotus 907, 1973 ccm, 4 Zylinder
Leistung: 150 PS, europäische Version mit Dellorto-Vergaser: 160 PS
Kennzeichen: PPW 306 R
Höchstgeschwindigkeit: 216 km/h
Preis: £ 7883 / USA: $ 15.990 (Westküste: $ 16.844)
Screen-Time: 9.51 min

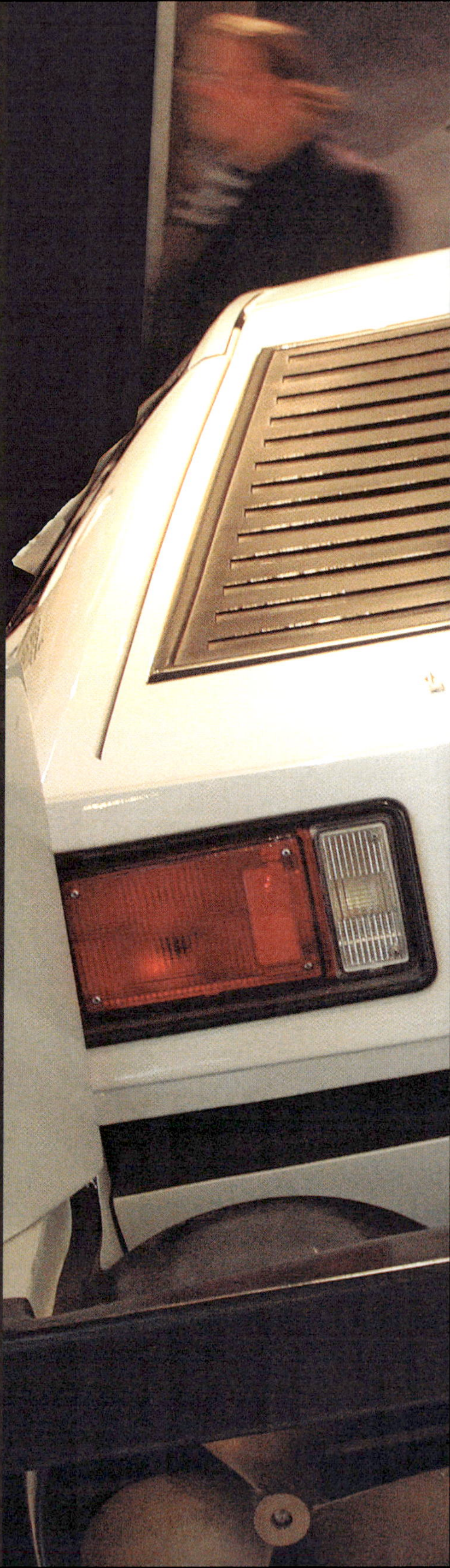

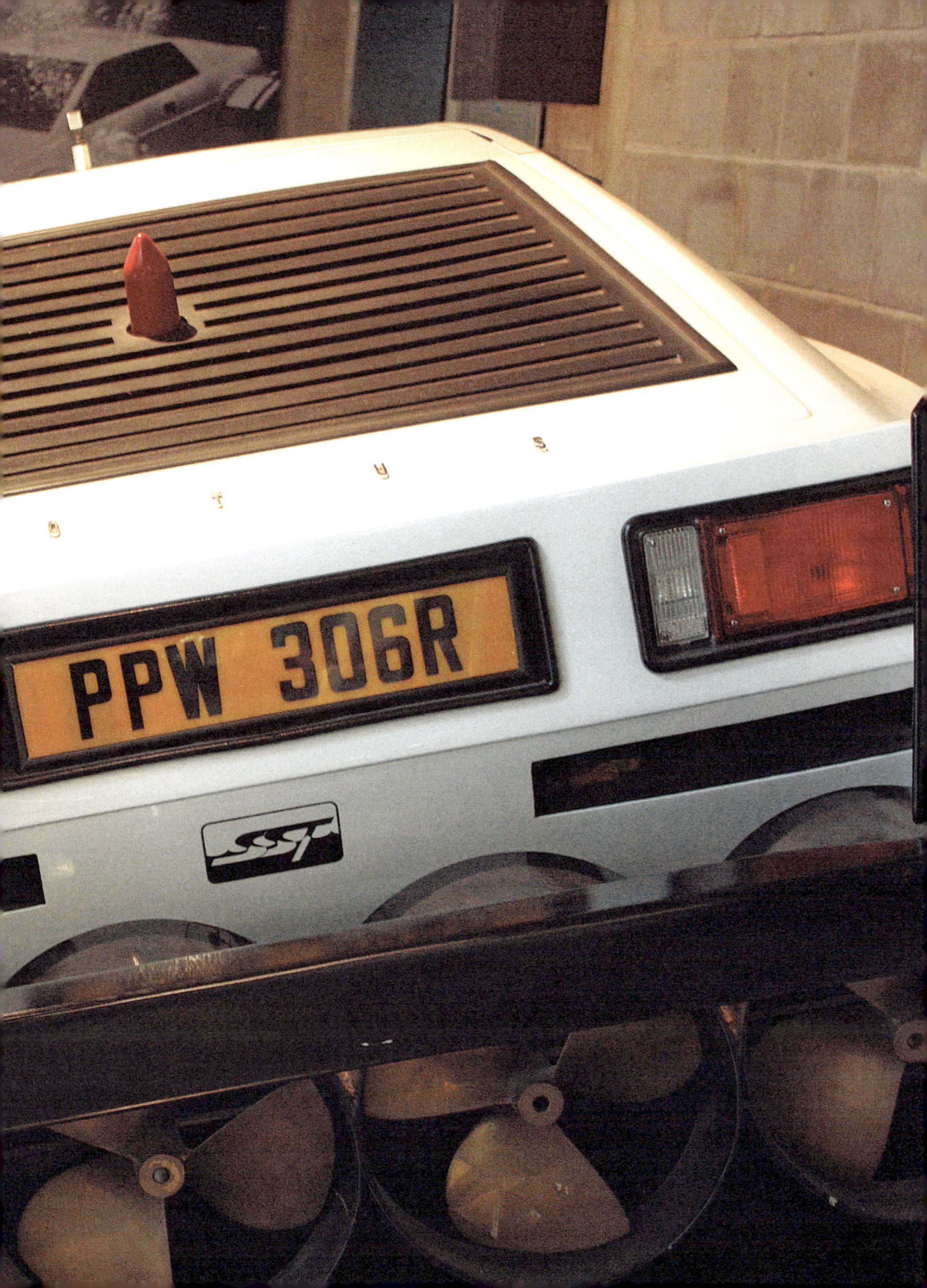

PPW 306R

DER CITROËN 2 CV AUS »IN TÖDLICHER MISSION« (1981)

Nach Roger Moores Ausflug ins All mit dem überdrehten und heute zum Teil albern wirkenden James-Bond-Film »Moonraker – Streng geheim« aus dem Jahr 1979 beschloss Produzent Albert R. Broccoli dem teuren Spektakel einen bodenständigen, realistischeren 007-Film folgen zu lassen. Regisseur Lewis Gilbert und Drehbuchautor Christopher Wood verließen die Serie. Der Grund kann auf keinen Fall fehlender Erfolg gewesen sein, denn ihr Film spielte bei einem Budget zwischen 28 und 32 Millionen Dollar immerhin 210 ein – das Siebenfache des Investments. Dennoch engagierte man den früheren Cutter und Regisseur des zweiten Aufnahmeteams (2nd Unit), John Glen, um den Film zu inszenieren. Außerdem kam der Drehbuchveteran Richard Maibaum zurück, der zuvor bereits acht Bond-Drehbücher verfasst hatte und sich gemeinsam mit Broccolis Stiefsohn Michael G. Wilson an eine Story setzte.

Eine von den beiden Autoren erdachte Autojagd war ursprünglich für Bonds Lotus Esprit geschrieben worden, da der in dem Film »Der Spion, der mich liebte« für weltweite Aufmerksamkeit gesorgt hatte. Doch dann suchte man nach Drehorten für »For Your Eyes Only«, so der Originaltitel, und fand die kurvigen Straßen der griechischen Insel Korfu. Die Idee, dem Lotus wieder eine größere Rolle zuzugestehen, wurde verworfen. Er wurde zum Nebendarsteller degradiert. Stattdessen gab man Bonds Partnerin Melina, gespielt von Carole Bouquet, ein ganz besonderes Auto mit. Als ein Gangster Bonds weißen Lotus Esprit (dieses Mal ein Turbo) aufbrechen will und dabei samt Wagen in die Luft fliegt, können die zwei nur auf Melinas Wagen zurückgreifen – eine knallgelbe Ente, korrekte Typenbezeichnung Citroën 2 CV.

Äußerlich wirkte das Vehikel wie jedes andere der millionenfach gebauten Kultgefährte. Nur innerlich war für den Sondereinsatz einiges verändert worden. So verfügte es über ein Citroën GS-Triebwerk, einen Vierzylinder-Boxermotor mit 1015 cm³ und 54 anstatt der sonst üblichen 29 PS. Dafür musste das Chassis etwas nach vorne verlängert werden. Getriebe- und Kupplungsgehäuse wurden modifiziert, ein spezieller Träger trug dazu bei, das nach vorne versetzte Kupplungsausrücklager zu halten. »164 km/h Höchstgeschwindigkeit haben wir gemessen«, verriet Konstrukteur Ken Sheppard der Zeitschrift »auto motor und sport«. Zudem gab es weitere innere Veränderungen, die dafür sorgten, dass der Studentenrenner gerade an der 007-Front zu erstaunlichen Kapriolen fähig war. So wurden wie beim Modell 2 CV Cross Spezial-Stoßdämpfer installiert, extra starke Stabilisatoren begrenzten das sonst übliche Schaukeln und

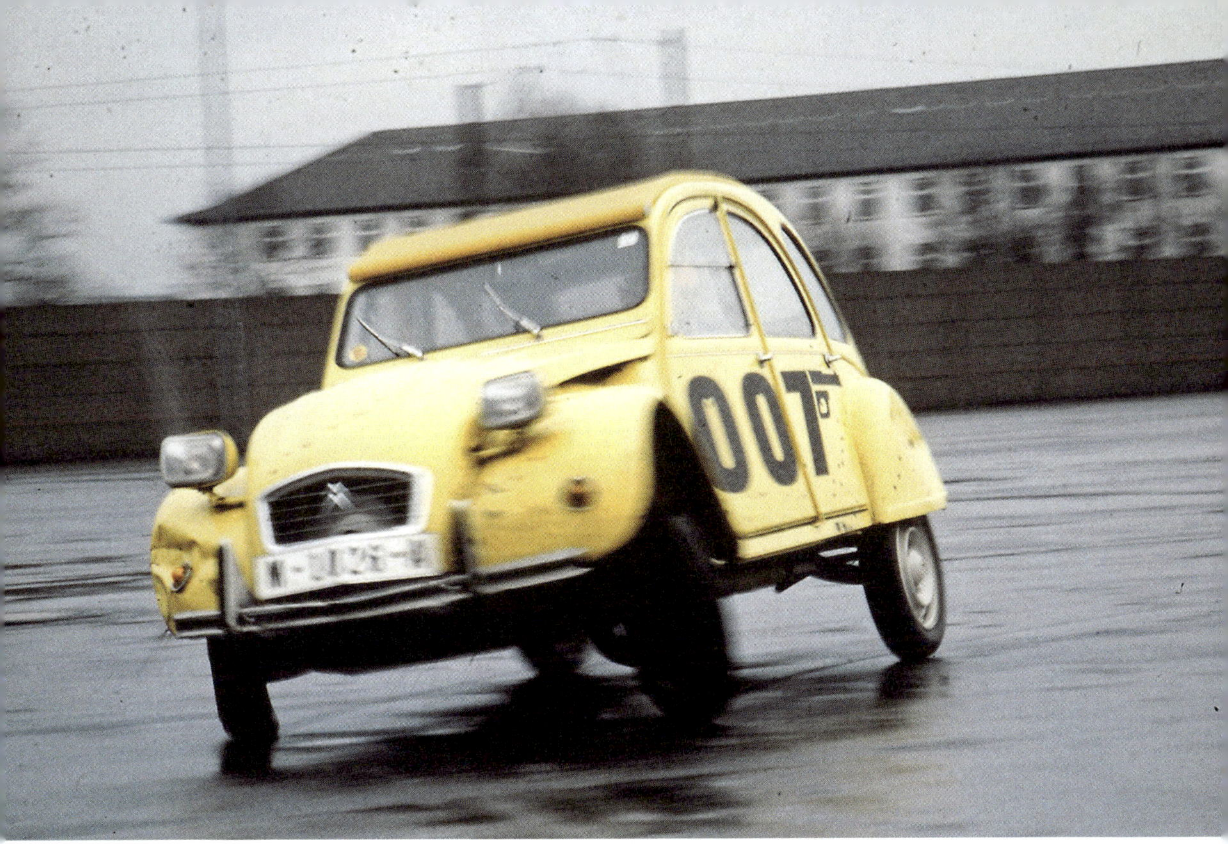
007

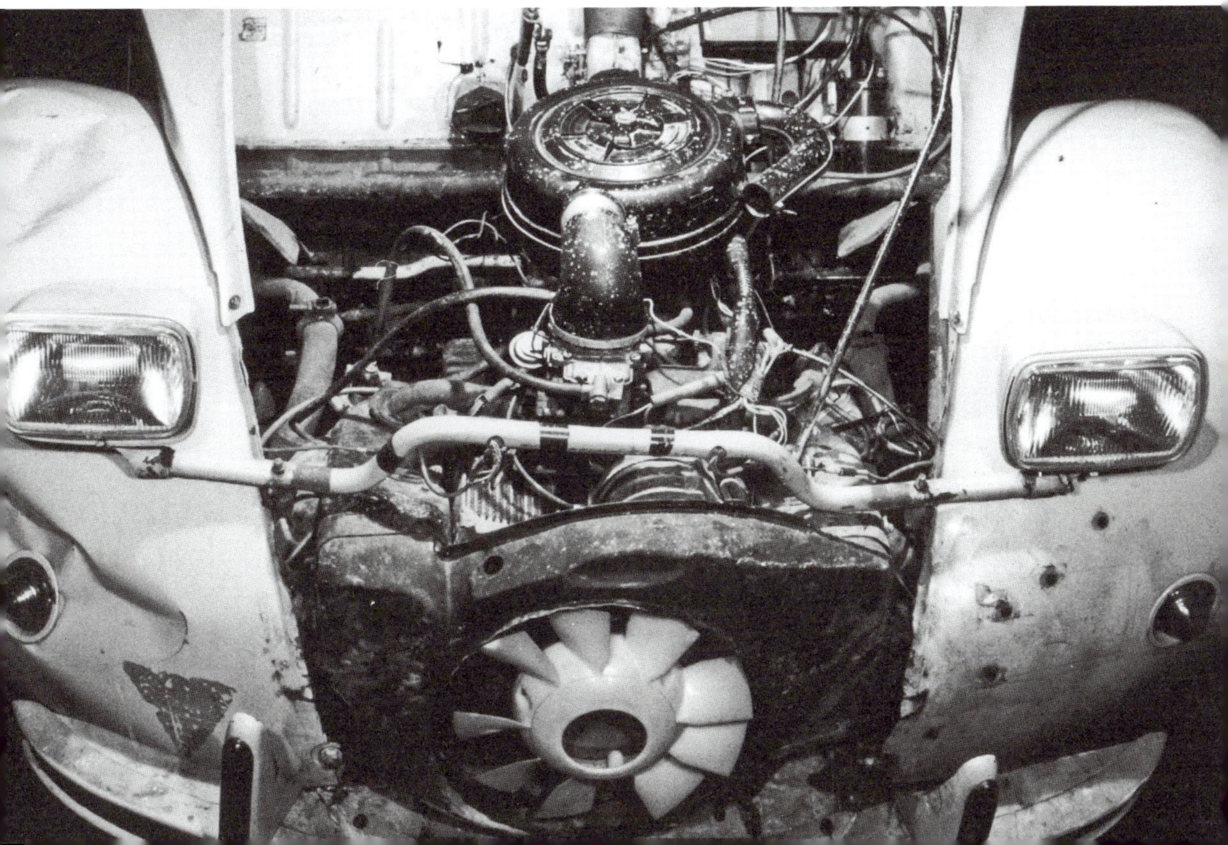

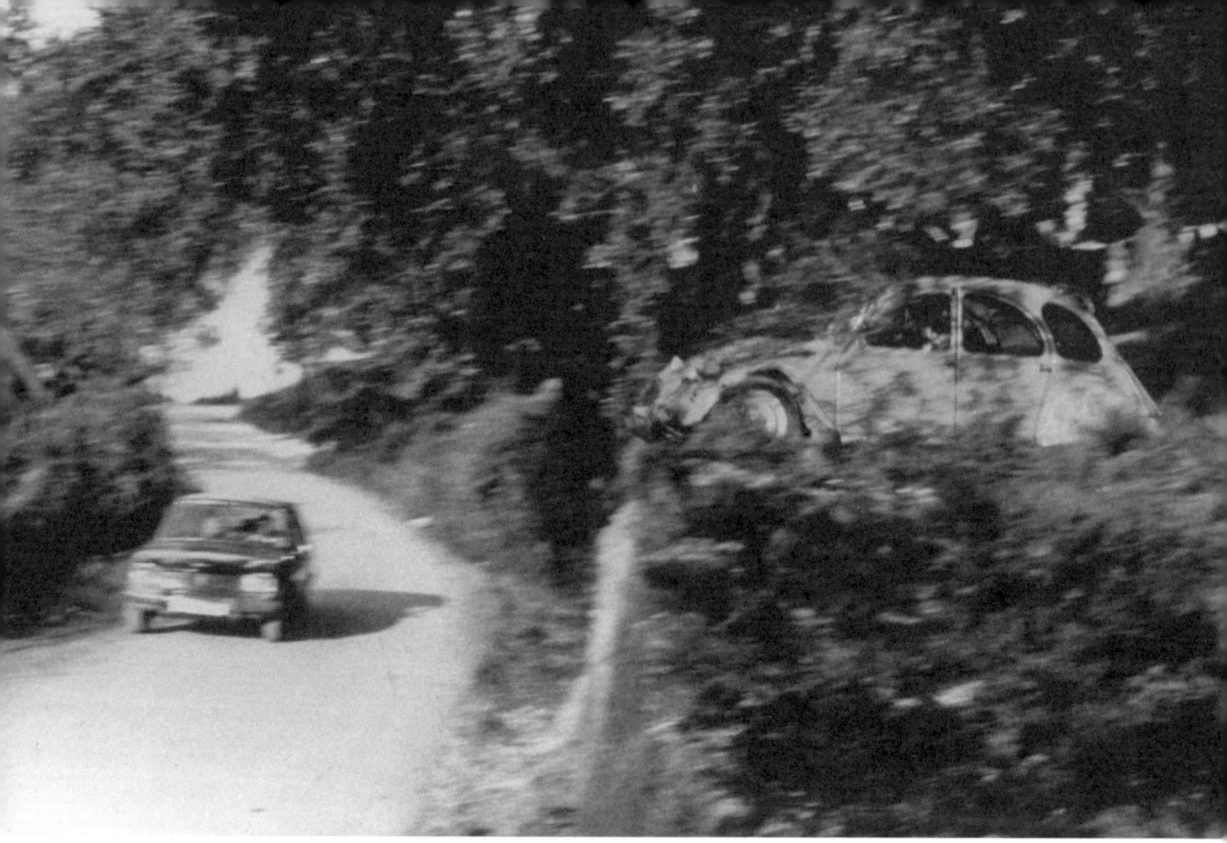

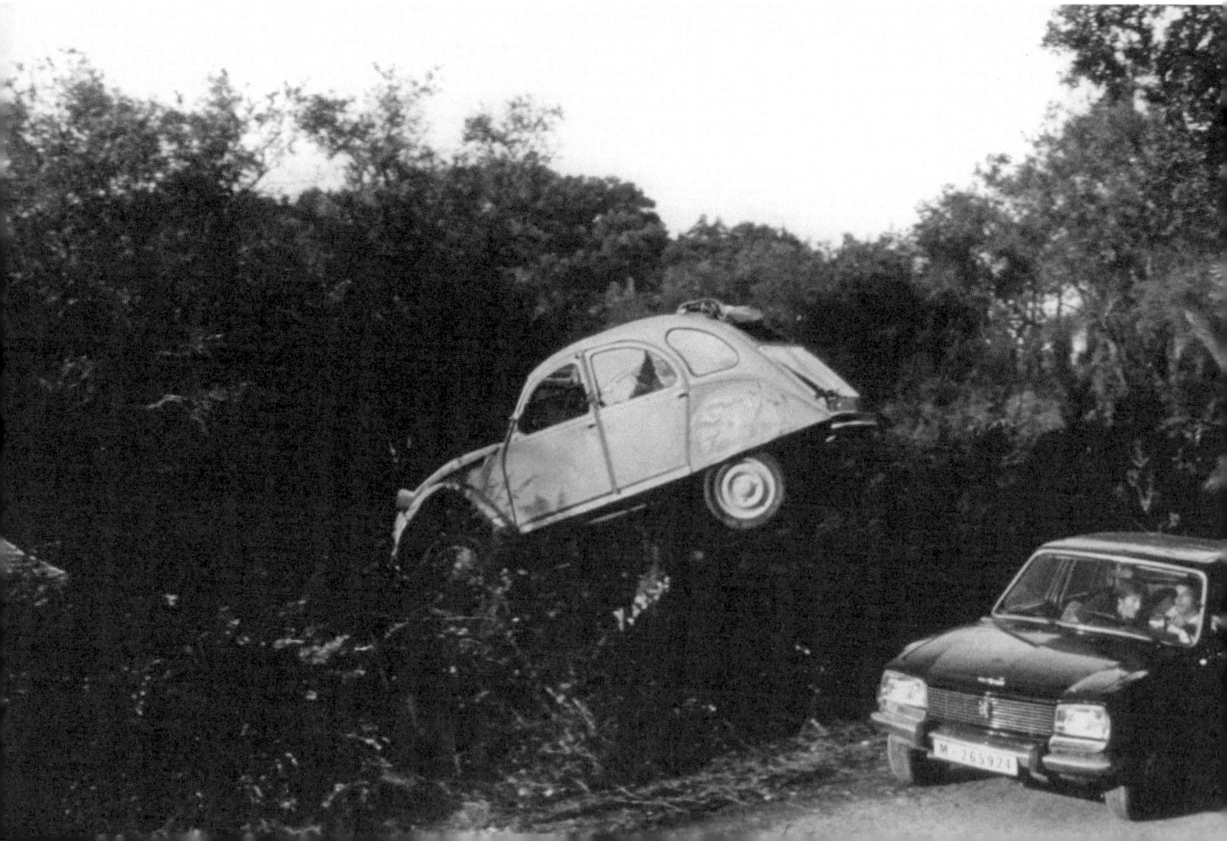

verhinderten die starke Neigung zur Seite. Ein Überrollbügel schützte die Stuntmen. Da aufgrund der besonderen Motorisierung auch der Klang plötzlich ein anderer war, kam eine speziell abgestimmte Auspuffanlage hinzu, die sich anhörte wie bei einem Serienfahrzeug. Die Sitze hatten Kunststoffbezüge; sie und die Federung wurden verstärkt. Auch Statik-Gurte wurden eingebaut. Auto-Tester Klaus Westrup, der eine der Bond-Enten am 25. November 1981 durch Köln bewegen durfte, machte sogar noch mehr Besonderheiten aus. In seinem Artikel heißt es: »Wo ist der Anlasser? Nach zwei Minuten werde ich fündig: Die Zündung lässt sich mit einem links unter dem Armaturenbrett postierten Zugschalter anknipsen, der Anlasser setzt sich nach zufälligem Drücken jenes Knopfes in Bewegung, mit dem üblicherweise die Bremsflüssigkeit überwacht wird. Über einen Durchbruch in Höhe der Armaturenbrett-Ablage, durch den das Geröhre nach vorn in Richtung Plattformrahmen verschwindet, sieht man ins Freie.«

»ICH MOCHTE DEN 2 CV, WEIL ES IHM NICHTS AUSMACHTE, WENN ER ETWAS ABBEKAM UND GETROFFEN WURDE.« —ROGER MOORE AUF DIE FRAGE NACH SEINEM LIEBSTEN BOND-AUTO IM INTERVIEW MIT DER TV-SHOW »TOP GEAR«

Der französische Stuntman Rémy Julienne realisierte die gesamte Sequenz. Er schlug die Ente vor, erwarb fünf Fahrzeuge, aber nur vier identische Modelle kamen zum Filmeinsatz. Sie wurden von der britischen Citroën-Niederlassung in Slough hergerichtet. Gedreht wurde ausschließlich auf der griechischen Insel Korfu, auch wenn dieser Teil der Handlung nahe Madrid in Spanien spielt. Ein der Ente entgegenkommender Bus trägt ein entsprechendes Schild als Ziel. Die Sprünge wurden dank eigens angebrachter Rampen auf den kurvigen Straßen der Insel gedreht, der Überschlag in dem kleinen Ort Pagi. Das Stuntteam begann am 24. September 1980 mit den Aufnahmen und benötigte zwölf Tage. Für den Film steuerten Rémy Julienne und sein Sohn Michel selbst die Enten. In der Sequenz werden Bond und Melina in einer spannenden und zugleich komischen Verfolgungsjagd von zwei schwarzen Peugeot 504 gejagt. »Unsere Pferde sind nicht stark genug, fürchte ich«, ächzt Roger Moores Bond, als die Verfolger

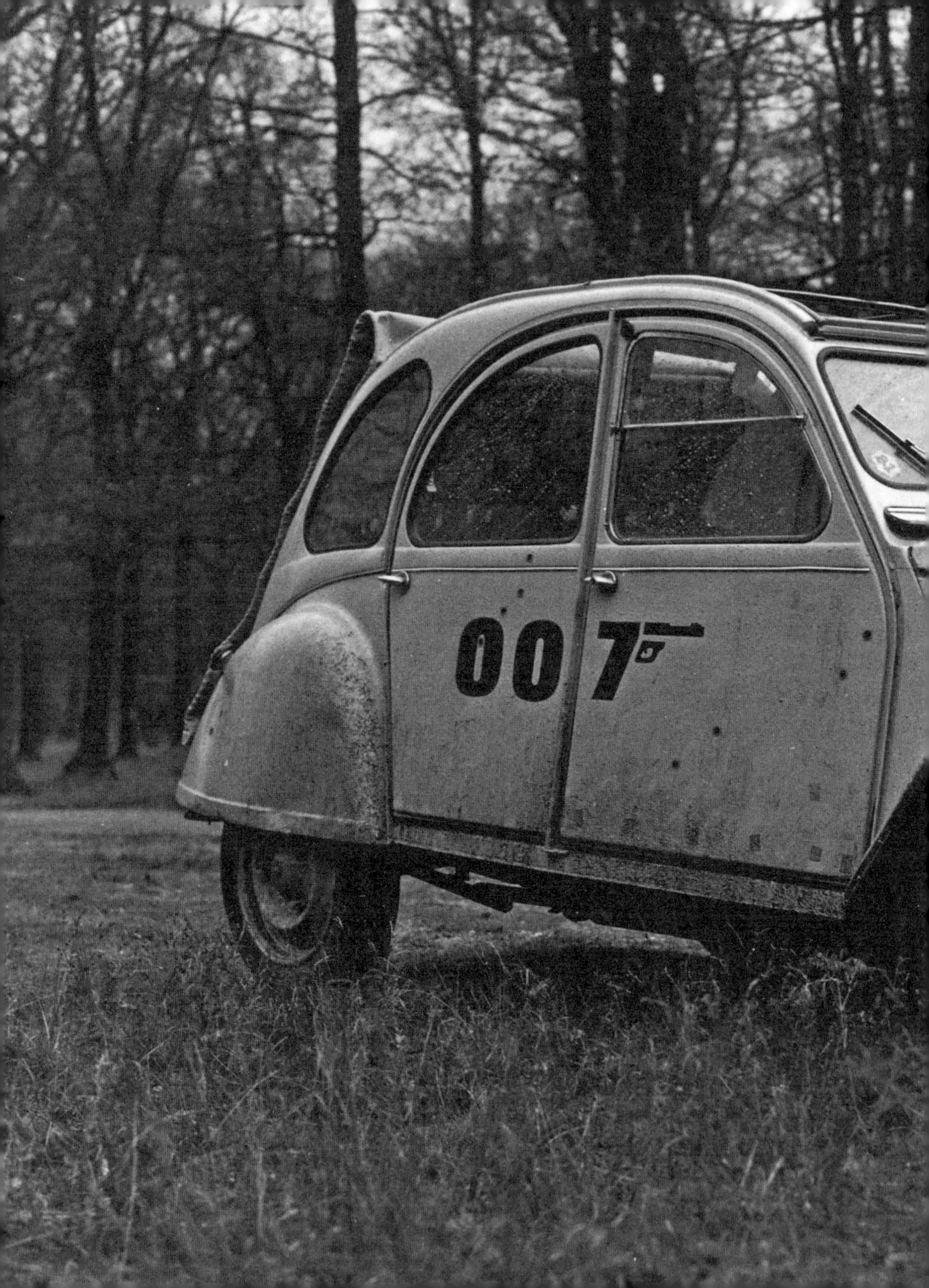
007

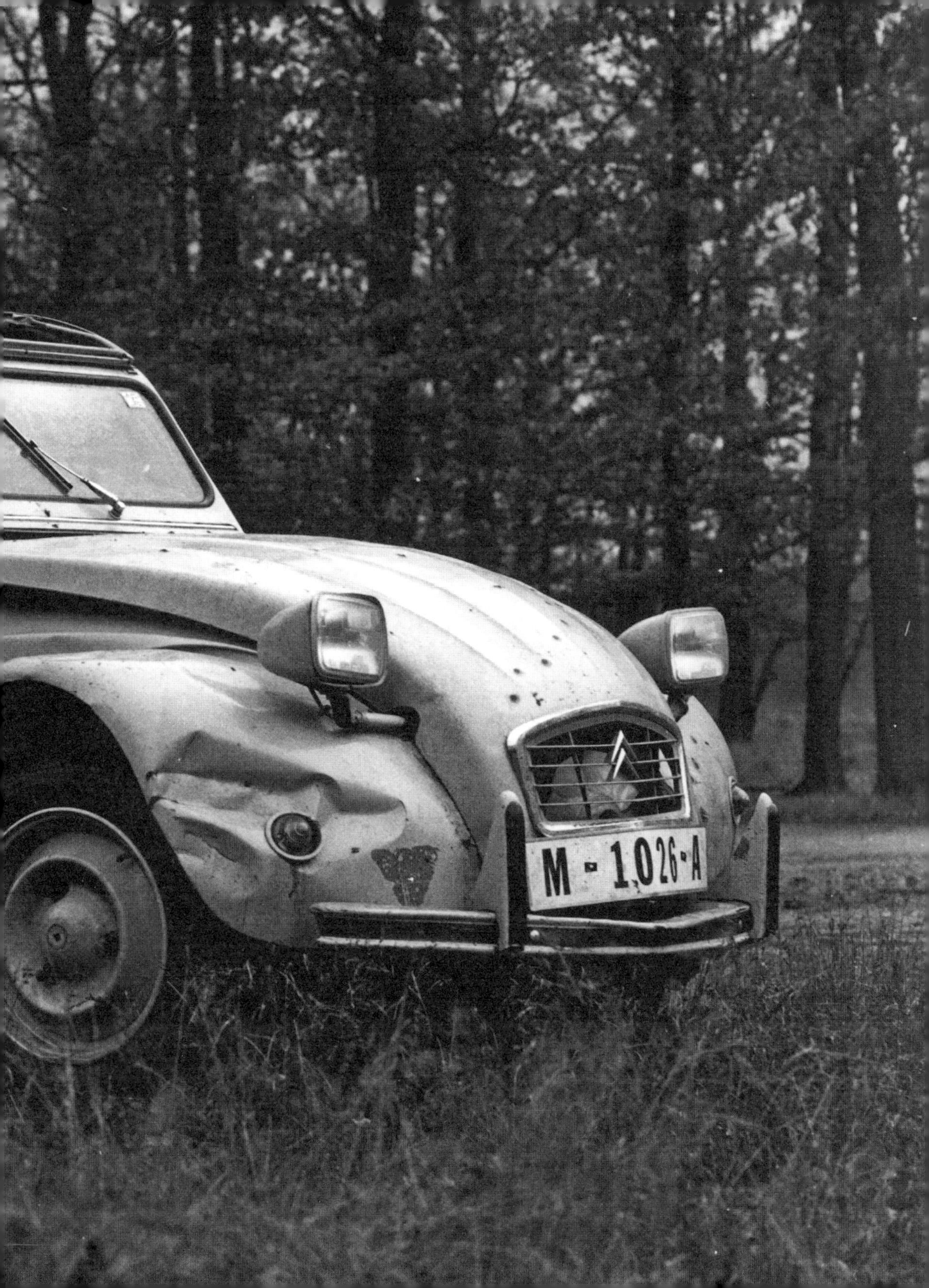
M - 1026 - A

das Paar beschießen und bedrängen. Doch die Cleverness der beiden sorgt schließlich für eine mehr oder weniger entspannte Fahrt »durch das Land«, wie eine weitere Dialogzeile lautet. »Normalerweise haben wir für diese Art von Stunts etwa drei Autos«, so 2nd Unit Regisseur Arthur Wooster, »aber von den Enten hatten wir ein paar mehr, weil sie billig waren.« Eine Szene schaffte es übrigens leider nicht in den Film. Die Ente prallte fast frontal auf einen LKW, was 007 aber kurz vor der Kollision verhinderte. Der Aufnahmewinkel war laut Julienne zu schlecht. Der Franzose wurde für seine Leistungen in dem Film geehrt und bekam den Preis der »Motion Picture Hall of Fame« für die »Best Stunt Coordination« des Jahres.

Nach dem actionreichen Einsatz in »freundlicher Mission«, wie es in einem Artikel hieß, wurden die Wagen, die alle das identische Kennzeichen M 1026 A trugen, nach Slough zurückgebracht. Zwei wurden repariert, wieder aufgebaut und anonym verkauft. Ein Wagen blieb in England und ist inzwischen Teil der Sammlung des englischen Architekten Nigel Wild, der seine Citroën-Fahrzeuge in einer Kirche im nordenglischen Yorkshire aufbewahrt. Dieses Fahrzeug verfügt über ein gelbes Dach und eine rote Innenausstattung und über vier Einschusslöcher im Heck. Einer der Wagen ging an das Mutterhaus in Frankreich (Conservatoire Citroën) und steht inzwischen im hauseigenen Museum auf dem alten Werksgelände bei Paris. Er verfügt auch über ein gelbes Dach und einen verstärkten Rahmen mit Überrollkäfig. Im Rahmen der TV-Sendung »Grip – Das Motormagazin« fuhr der Moderator in Folge 320, die am 1. Juli 2018 erstmals ausgestrahlt wurde, diesen 2 CV. Ihm fiel schnell auf, dass die Ente über mehr Leistung verfügt, eben dank des Vierzylinder-Motors aus dem Modell GS. Interessanterweise hat der Wagen eine Reihe nachträglich angebrachter Aufkleber: Vorne sind Einschusslöcher zu sehen, rechts auf der Tür ein kleiner und auf der Fahrertür ein großer 007-Schriftzug.

Angeblich hat ein weiterer Wagen seine neue Heimat in den Niederlanden gefunden. Ein unvollständiges Vehikel, das lediglich aus einer Fahrgastzelle und einer Vorderachse bestand und bei den Fahraufnahmen mit den Hauptakteuren sowie für Studioaufnahmen verwendet wurde, stellte Citroën später der Ian Fleming Foundation für Ausstellungszwecke zur Verfügung. Die machte auch Gebrauch davon und lieh es z. B. dem National Motor Museum im englischen Beaulieu und dem London Film Museum aus.

Dass bei aufwendigen Dreharbeiten mal etwas durcheinandergehen kann, und schließlich immer mehrere Fahrzeuge genutzt werden, um eines darzustellen, ist nicht ungewöhnlich. Ein paar Ungereimtheiten sind allerdings doch sehr offensichtlich. So bekommt die Ente gleich zu Anfang vier Einschüsse ins Heck, was dem Wagen übrigens nicht viel ausmacht, denn der Motor sitzt vorne. Allerdings erhöht sich diese Zahl im

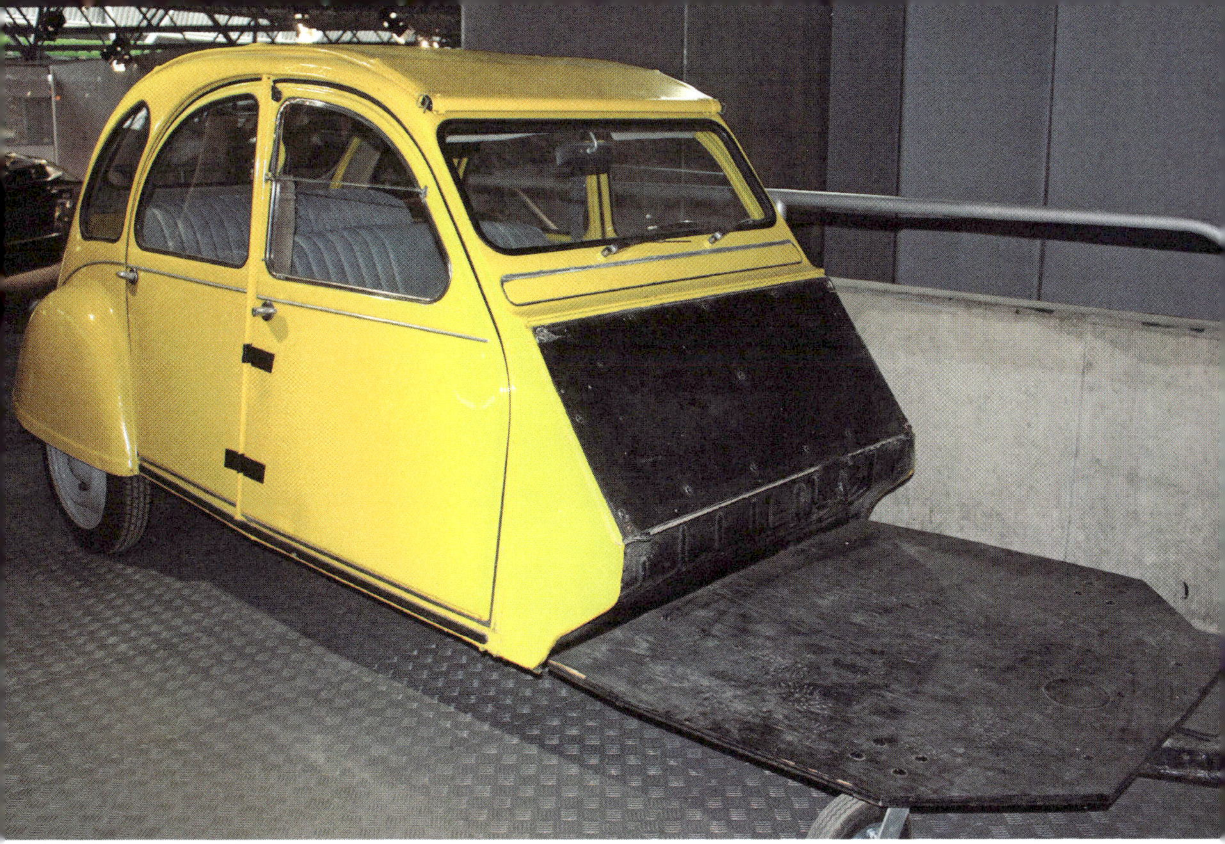

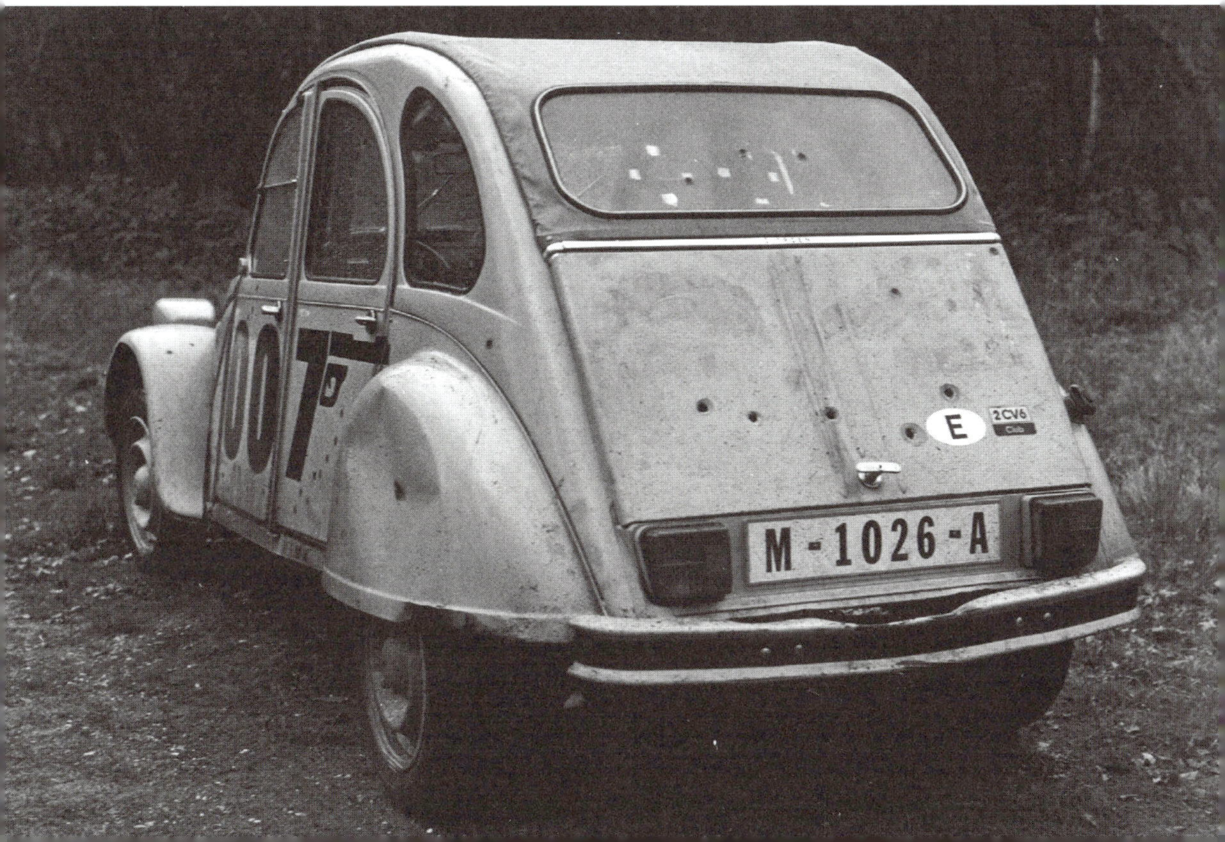
007
E
2CV6
Club
M-1026-A

CITROËN

DRIVEN BY JAMES BOND

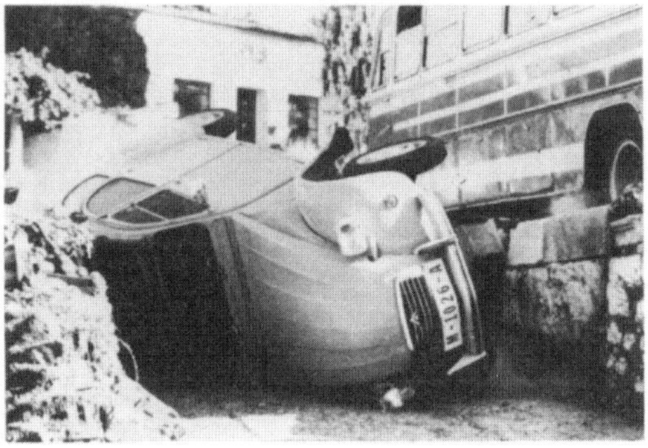

FY 509

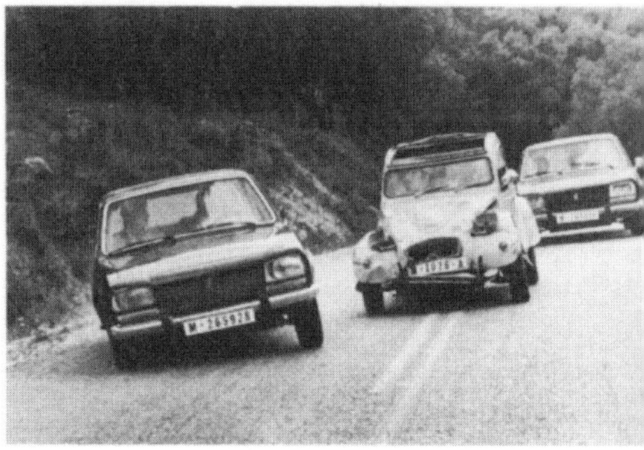

FY 510

James Bond has always been associated with fast, expensive sports cars but in "FOR YOUR EYES ONLY", when hi Lotus Esprit Turbo is not immediately available for transport, our hero finds himself being chauffeured in a Citroë Deux Chevaux (2CV) with a pair of fast-wheeled Mercedes in hot pursuit.

This tiny car is involved in a truly spectacular car chase during which it overturns twice, is righted, drives over a embankment, then bounces off the roof of one of the pursuing Mercedes and then finally makes a getaway, eve though it is rather battered.

Citroën cars have especially imported 300 yellow 2CVs as featured in the film. These cars will be distributed amongs Citroën dealers throughout the U.K. They are also producing special transfer kits of stickers for these cars. All thei local showrooms will be supplied with display material and encouraged to get behind the film. Contact your loca Citroën dealer and offer him display space in your foyer in exchange for display place at his showroom. Persuade hi to contribute towards your composite pages. Use his cars for street stunts.

Citroën really have a unique advertising vehicle in the amazing exposure of their car in "FOR YOUR EYES ONLY" an they are very keen to maximise this exposure by close liaison between the cinemas and their showrooms. Listed belov are their zone managers who can be contacted for details of local dealers and any further information, together with map showing their areas of responsibility.

Laufe der Zeit auf geheimnisvolle Weise auf fünf. Auch der anfangs nicht präsente »E«-Aufkleber (für España, also Spanien) erscheint nach dem ersten Überschlag ganz plötzlich und bleibt dann am Wagen. Der Überschlag angesichts des Busses mit Ziel Madrid förderte übrigens noch ein ganz anderes Detail zu Tage; denn beim Aufrichten der verunfallten Ente ist ganz deutlich der zum Teil schwarze, zum Teil gelbe Überrollbügel zu sehen. Wer weiß, wie der übermotorisierte Kleinwagen sonst wohl ausgesehen hätte. Auch dass er die ganze Zeit nur über einen, den linken Außenspiegel verfügt, entspricht nicht gerade der Standardauslieferung. Den Stunt machte Rémy Julienne übrigens selbst, verkleidet als Melina (Carole Bouquet) mit sehr schönen langen schwarzen Haaren. Alle Beteiligten klatschten laut, als das problemlos klappte. Das war bei einem anderen Stunt nicht anders, als nämlich die Ente – mit Hilfe einer eigens gebauten Rampe – über die Straße sprang. Im Kino wirkt das so, als wenn die gelbe Ikone noch das Dach des schwarzen Widersachers vom Typ Peugeot berührt, aber das war nicht der Fall. Die Ente flog vor dem Peugeot über die Straße in einen Stapel Kartons. Die Berührung entstand per Filmtrick später im Studio.

Auch bei den Aufnahmen mit den schwarzen Peugeots schlichen sich Fehler ein. Die beiden Verfolger mit den Kennzeichen M 265928 und M 265924 beherbergen mal drei, mal zwei Personen. Immer mal wieder scheint also jemand abzuspringen und wieder einzusteigen. Ganz schön clever diese Gangster.

Da das Ganze ja in Spanien spielt und nicht in Griechenland, und die jeweiligen Häuserfassaden sich unterscheiden, offerierte die Filmproduktion in dem Ort Pagi auf Korfu einen kostenlosen weißen Anstrich. Nachdem die Szenen im Kasten waren, konnten die Eigentümer die Bemalung so lassen oder sich eine neue Wandfarbe zu Lasten der Filmemacher aussuchen. Genau in der Kurve in Pagi, in der sich die Ente überschlägt, hat ein filmverrückter Grieche namens Jimmy sogar eine Kneipe zu Ehren des Films eingerichtet und nennt sie »Spiros Bond 007 Café – Bar«.

Wer zumindest ein ähnliches Fahrgefühl wie James Bond erleben wollte, dem erfüllte Citroën immerhin annähernd diesen Wunsch. Das Unternehmen legte zum Filmstart von »In tödlicher Mission« eine gelbe Sonderserie auf. Aber gelb ist nicht gleich gelb, und über die Anzahl der Fahrzeuge gibt es unterschiedliche Angaben. Auf jeden Fall gab es zwei Gelbfarbtöne, und zwar »Jaune Helios« (Farbcode: AC 336) und »Jaune Mimosa« (Farbcode AC 333). Nach verschiedenen Quellen entstanden 1.000 Stück, von denen 500 Stück in Frankreich angeboten und 500 exportiert wurden. Alle verfügten über Trommelbremsen. Sicher ist, dass 300 rechtsgelenkte Exemplare nach England gingen und 200 als spezielle Händlerserie in die Schweiz. Das wird auch durch das englische »Exhibitors Campaign Book« (ein Werberatgeber zur Vermarktung des Films) verifiziert. Darin heißt es: »Citroën cars have imported 300 yellow 2 CVs as featured in the film.« Allerdings steht darin auch fälschlicherweise, die Ente werde von Mercedes-Fahrzeugen verfolgt... Skurril ist übrigens auch die Aussage, die örtlichen Citroën-Händler seien aufgefordert, die Fahrzeuge für »street stunts« zu verwenden.

Interessanterweise behaupten andere Quellen, dass insgesamt nur 700 Stück gebaut wurden. Selbst Citroën kann das nicht mehr verifizieren, ebensowenig wie den damaligen Neupreis. Alle Fahrzeuge wurden auf jeden Fall mit 007-Schriftzügen an den Seiten, vorn und hinten ausgeliefert und verfügten zusätzlich über aufgeklebte Einschusslöcher. Allerdings war die Anzahl der Einschusslöcher bei der englischen Serie höher. Dort waren auch die Schriftzüge größer und breiter. Diese 300 Stück verfügten über rote Stoffbezüge auf den Sitzen und ein gelbes Dach. Alle anderen Fahrzeuge hatten ein schwarzes Dach und beige Bezüge innen. Vollends verwirrend mag schließlich erscheinen, dass die Citroën-Händler ihren Kunden einen kompletten Satz Aufkleber zum »Nachrüsten« anboten, sodass jeder, der wollte, seine Ente damit verzieren konnte. Diese Aufkleber waren viele Jahre lang erhältlich, auch noch nachdem die Sonderserie ausverkauft war. Manche Händler boten sie für 179 Euro an. Ob also Original-007-Enten auf den Straßen unterwegs sind oder doch nur Möchtegernagenten, lässt sich heute nur noch anhand der Fahrgestellnummern nachvollziehen.

Der Film sorgte nicht nur für einen zusätzlichen Verkaufsschub der Enten in Europa, sondern für einen ganz speziellen in Chile. Dorthin war die Lieferung zuvor bereits eingestellt worden.

Da die Käufer nun aber vor allem unbedingt gelbe Enten erwerben wollten, wurden viele Fahrzeuge von Spanien aus exportiert, um die Nachfrage der Kunden zu befriedigen.

Die Firma Corgi Toys brachte passend zum Filmstart Spielzeugmodelle im Maßstab 1:36 (aber auch in 1:43) auf den Markt. Etwas exklusiver waren

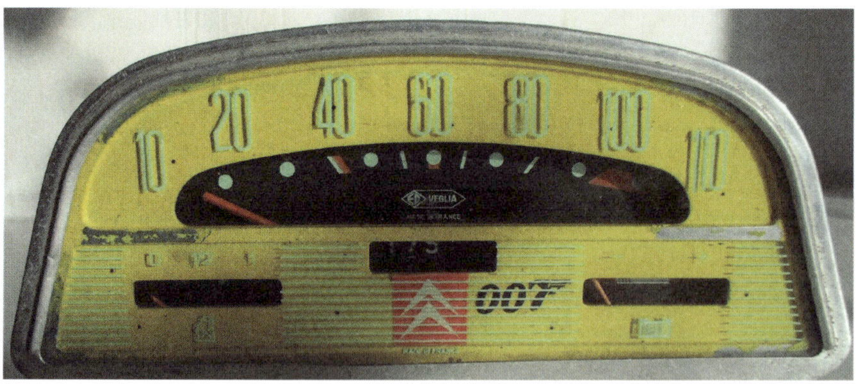

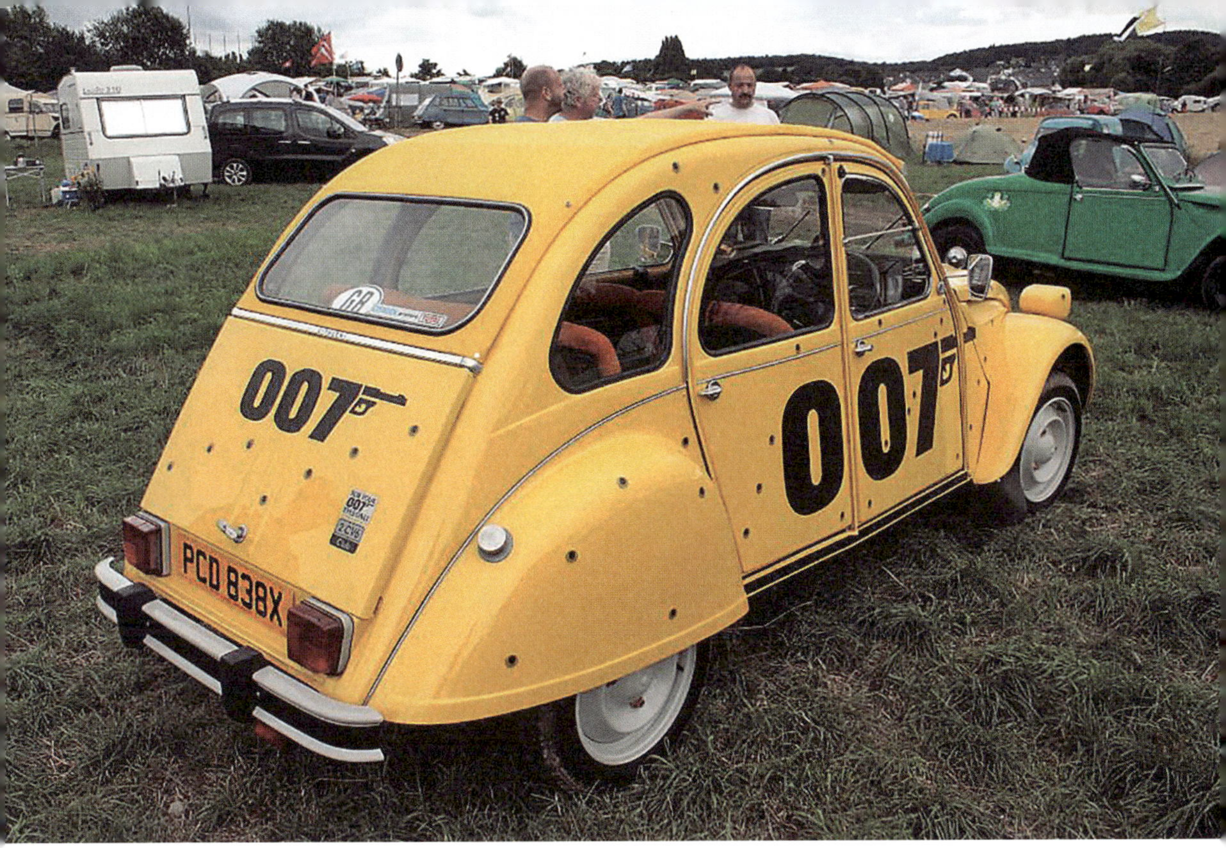
007
007
PCD 838X

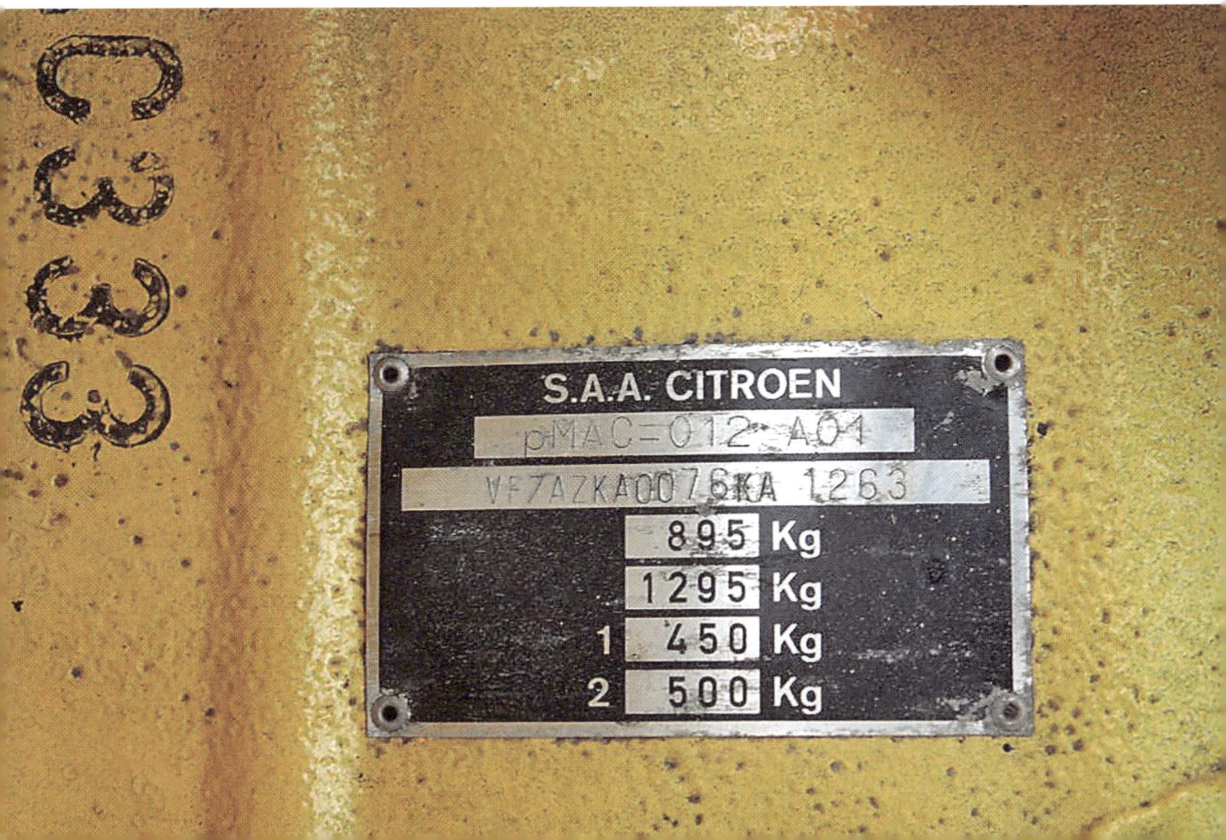
S.A.A. CITROEN
pMAC=012 A01
VF7AZKA0076KA 1263
895 Kg
1295 Kg
1 450 Kg
2 500 Kg

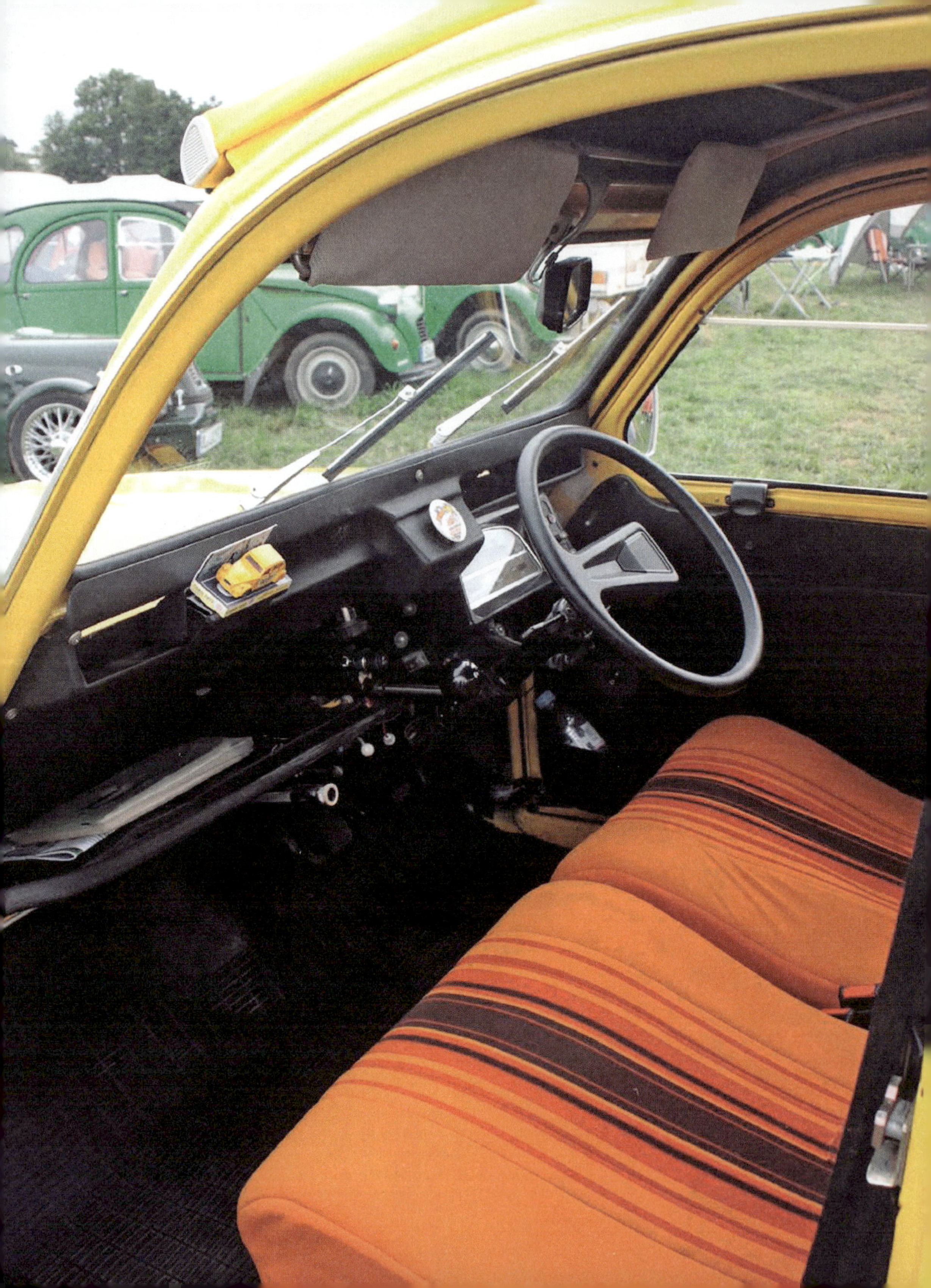

15 Stück von Corgi Toys, die in Silber lackiert und auf einer Holzplatte befestigt waren. Die Firma gab sie im Rahmen eines Gewinnspiels an die Händler weiter. Dafür zahlte ein Privatsammler in den 90er Jahren bei einer Auktion immerhin 360 Pfund – damals rund 900 DM. Ein Interesse an Modellen der 007-Ente scheint übrigens immer noch zu bestehen. Im Dezember 2017 bot Solido ein Fahrzeug im Maßstab 1:18 zum Preis von 39,95 Euro an, das zwar über andere Nummernschilder verfügte (3488 PF 78), aber dennoch schnell vergriffen war.

DATEN UND FAKTEN

Modell: Citroën 2 CV, linksgelenkt
Farbe: Jaune Mimosa, Jaune Helios
Bauzeit: Juli 1949 bis 27. Juli 1990
Stückzahl: 5.114.966 (im Jahr 1981: 86.060, andere Quellen: 89.472)
Motor: Zweizylinder Boxermotor, 1592 ccm
Leistung: 54 PS (Standardfahrzeuge: 9 bis 29 PS)
Kennzeichen: M -1026 - A
Höchstgeschwindigkeit: 164 km/h (Standardfahrzeuge 65 bis 115 km/h)
Screen Time: 4.33 Minuten

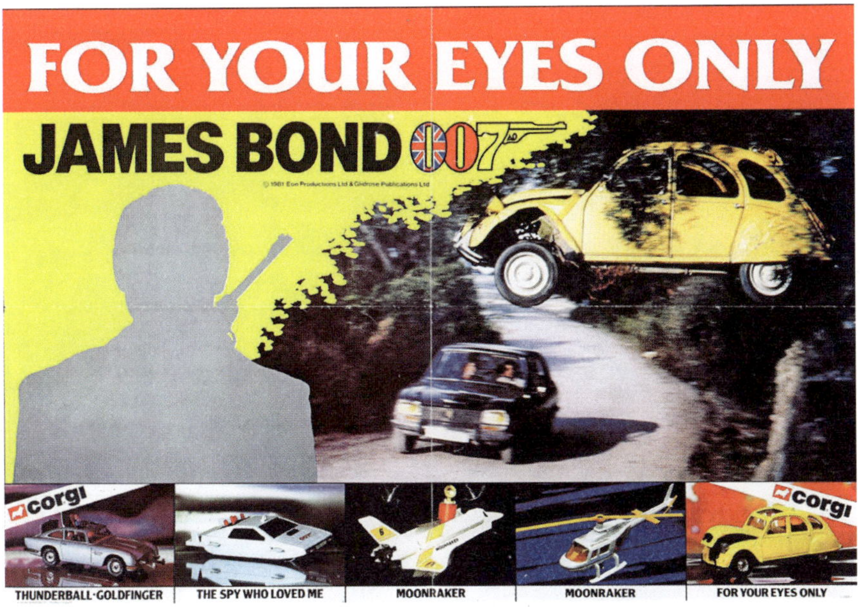

DER ASTON MARTIN V8 VANTAGE AUS »DER HAUCH DES TODES« (1987) UND »KEINE ZEIT ZU STERBEN« (2020)

Neuer Bond, neuer Aston Martin. So könnte man grob die Idee der Filmproduzenten beschreiben, um ihren neuen Akteur auf der Leinwand einzuführen – oder in eine langjährige Tradition zu stellen. So geschah es schon 1969 bei »Im Geheimdienst Ihrer Majestät« mit dem DBS. 18 Jahre später ist Timothy Dalton an der Reihe, und bekam für sein Debüt einen V8 Vantage. Als dann 1995 Pierce Brosnan übernahm, war der übrigens auch in einem Aston Martin zu sehen, im klassischen DB 5. Was für ein Zufall ... Allerdings war das Ganze zunächst ganz anders geplant. Aus den sogenannten »Treatments« (kurzen, aber schon ausgearbeiteten Zusammenfassungen der Handlung) und dem Second Draft (2. Entwurf) des Drehbuchs der beiden Autoren Richard Maibaum und Michael G. Wilson

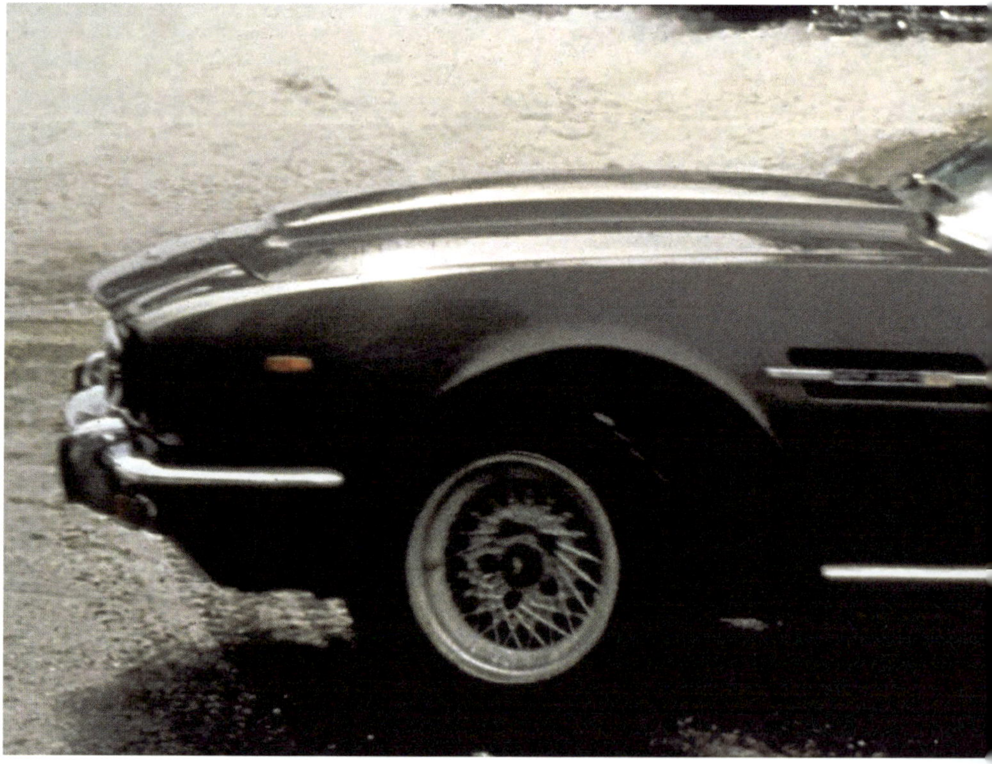

geht hervor, dass weder eine Autojagd auf dem Eis geplant war noch ein Aston Martin überhaupt eine Rolle spielen sollte. Darin war von einer Jagd mit Eisjachten oder Eisseglern und einem Cellokasten über einen zugefrorenen See die Rede. Produzent Albert R. Broccoli war mit diesem Teil des Drehbuchs nicht zufrieden, zumal der neue Bond-Darsteller lediglich hinter dem Steuer eines russischen Lada zu sehen sein sollte. Als Regisseur John Glen noch herausfand, dass die Eissegler sich gerade in Finnland befanden und sich nur auf wirklich stabilem, festem Eis wie gewünscht bewegen konnten, wurde die Verfolgungsjagd umgeschrieben. In späteren Drehbuchfassungen schrieb man die Segler raus und britische Automobilkunst hinein. Nur der Cellokasten blieb erhalten und dient zwischenzeitlich auch als fahr-/ steuerbarer und rutschender Untersatz. Problematisch war allerdings, dass man sich erst kurz vor Drehbeginn im Herbst 1986 dazu entschloss, dass der britische Nobel-Hersteller wieder mit dabei sein würde. Co-Autor Wilson nannte das Ganze später einen »positiven Effekt für traditionelle Bond Fans«.

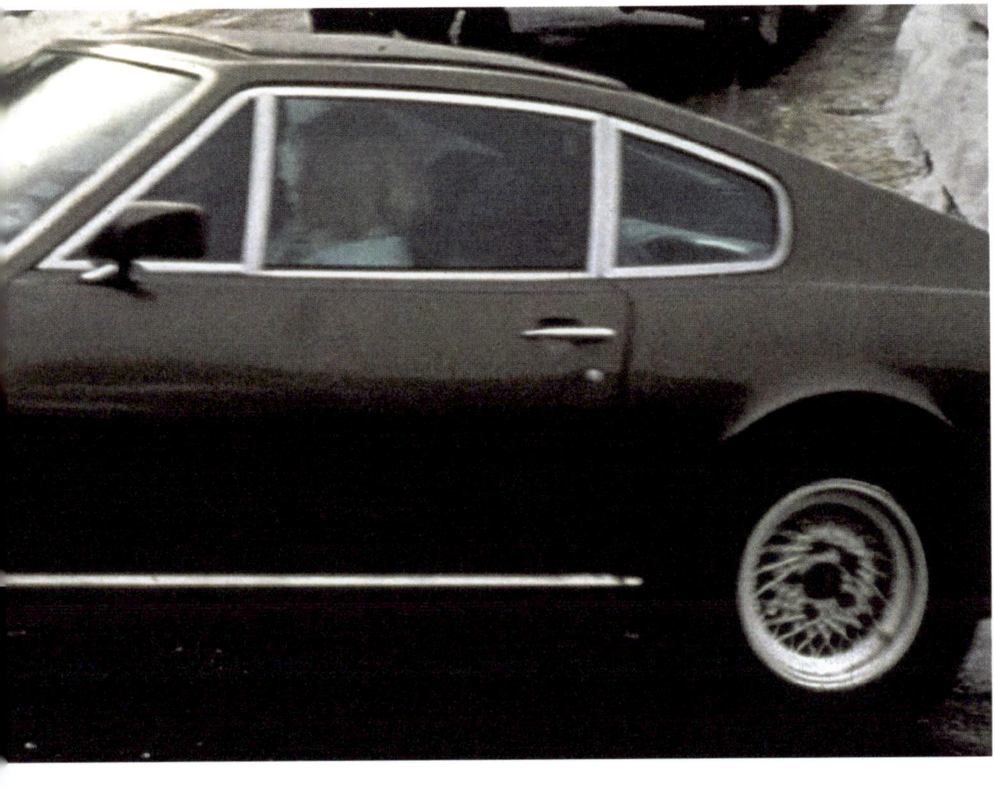

Zwar bot Timothy Daltons erster Einsatz an der 007-Front dem britischen Sportwagenhersteller teurer Automobile gleich einen Großauftrag, doch es war zunächst unsicher, ob man überhaupt zusammenkäme. Als sich die Produktion bei Aston Martin erkundigte, konnten die erst mal gar nicht so viele Fahrzeuge liefern wie gewünscht. Schließlich war die Warteliste für die damals aktuellen Modelle V8 Vantage und Volante so lang, dass sich Interessenten 18 Monate gedulden mussten, ehe sie bedient werden konnten. Aufgrund der Lieferengpässe erwarben die Produzenten drei gebrauchte Fahrzeuge wie Special-Effects-Mann John Richardson dem Magazin »Autoweek« erzählte: »Wir fanden die Wagen in Kleinanzeigen regionaler Zeitungen zu einem sehr günstigen Preis.« Da das erste Auto, das auf diese Art und Weise erworben wurde, ein Coupé in Gunmetal Grey mit Rolldach war, mussten die weiteren Neuerwerbungen ebenso ausgestattet werden, zumal der damalige Aston Martin Boss Victor Gauntlett seine Hilfe anbot. Er stellte den Filmemachern seinen Dienstwagen zur Verfügung: ein Cabrio (bei Aston Martin Volante genannt) in Gunmetal Grey. Recherchen haben ergeben, dass dieser Wagen mit dem Kennzeichen B549 WUU (Chassis-Nr. V8 VOR 12070) am 18. März 1985 erstmals zugelassen wurde und bis zum 1. Juli 2006 registriert war. Mit anderen Worten: Bond fährt auch hier einen zweieinhalb Jahre alten Gebrauchtwagen.

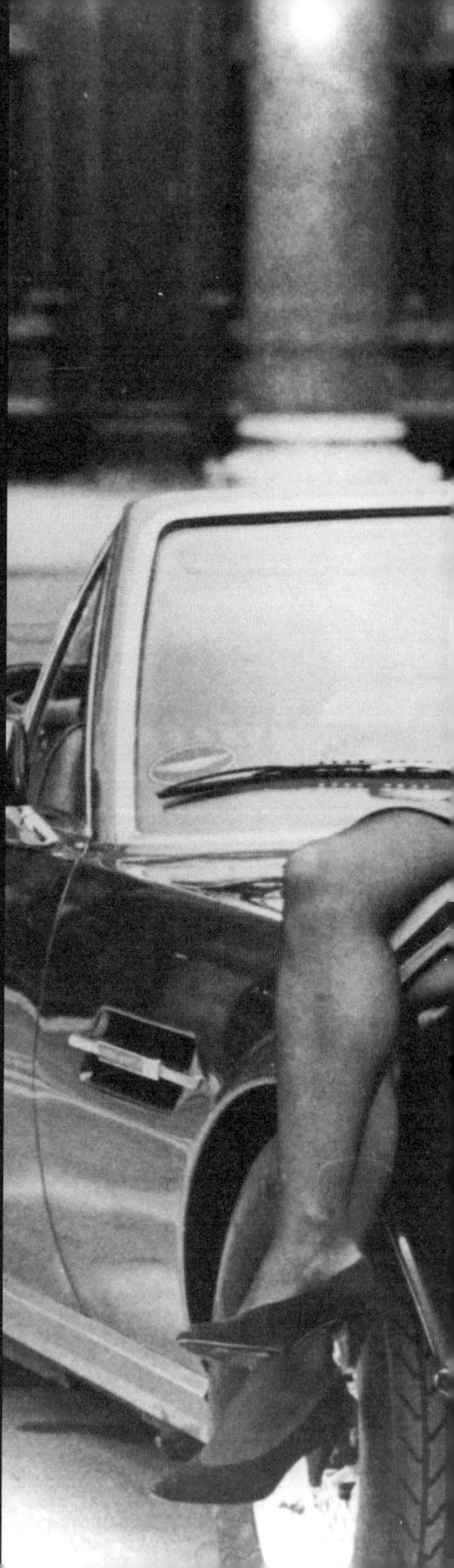

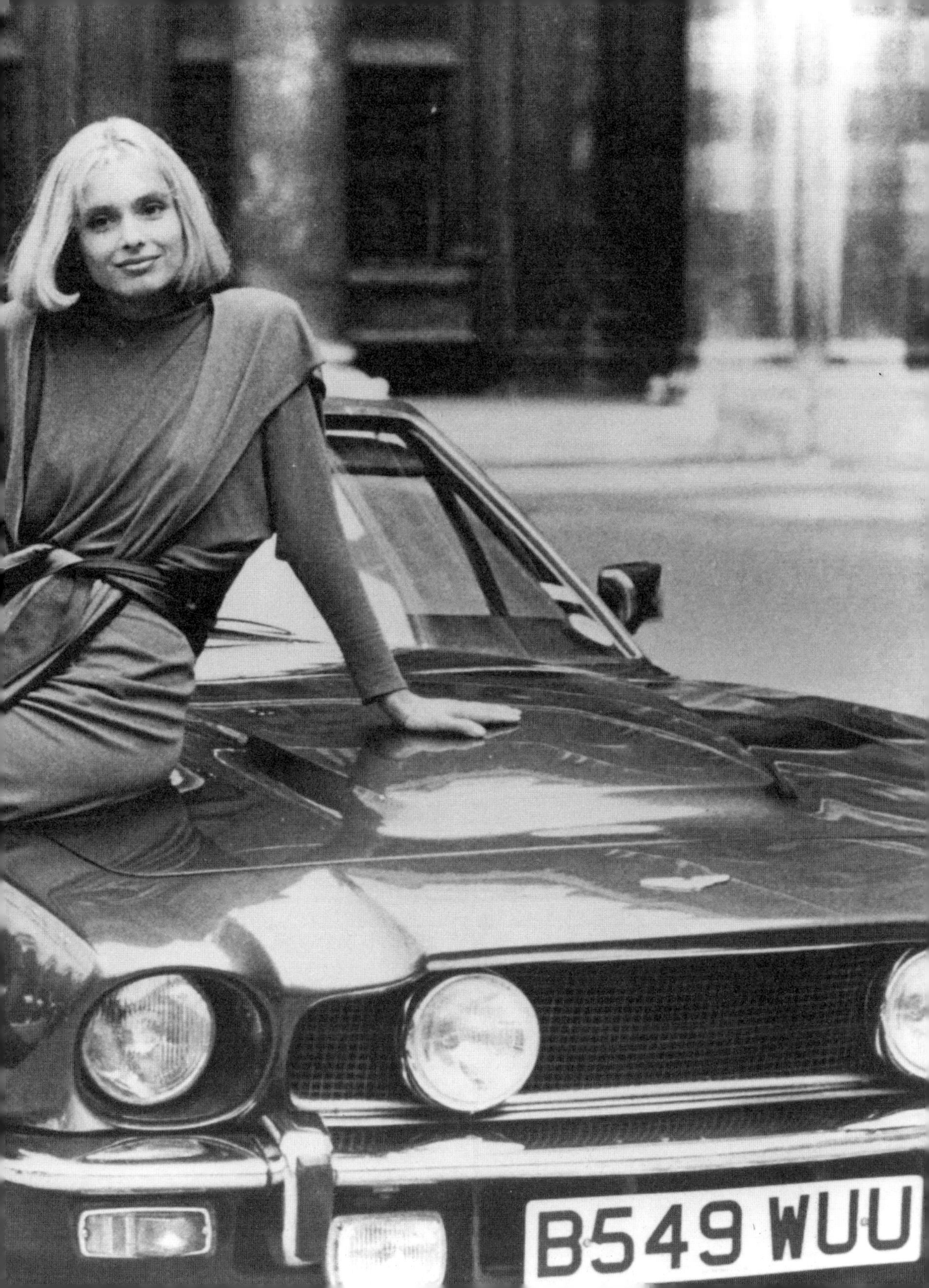
B549 WUU

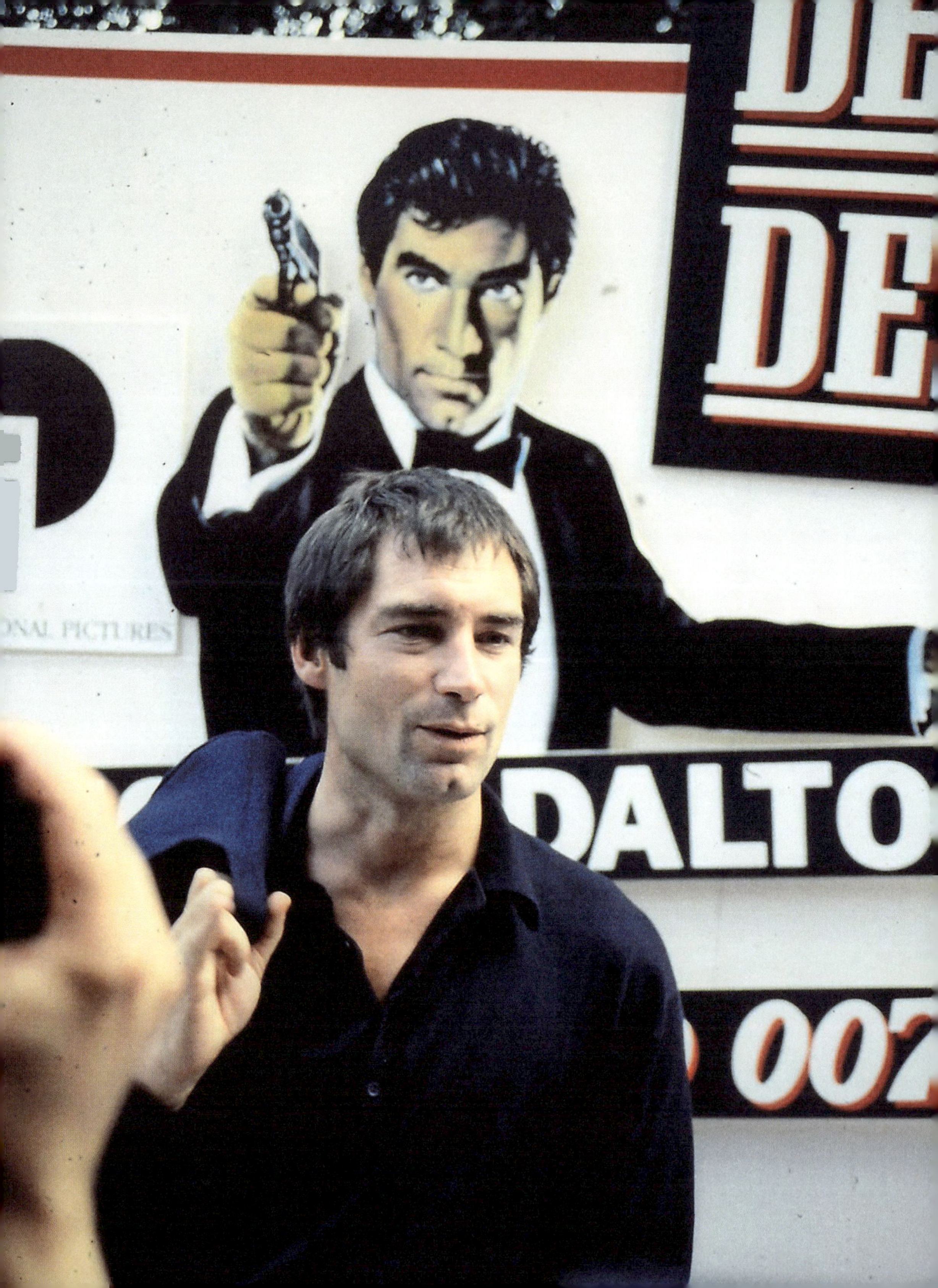
DE
DE
ONAL PICTURES
DALTO
007

Am 30. September 1986 war Timothy Daltons erster Drehtag mit dem Volante in dem historischen Anwesen der Stonor Familie, Stonor Park genannt, außerhalb von Henley-on-Thames in der englischen Grafschaft Oxfordshire. Das prachtvolle Haus liegt rund 60 Kilometer nordwestlich von London. Im Film steht Stonor Park für Blaydon House. Entspannt fährt Bond mit der offenen Version vor. Er hält kurz an der Eingangskontrolle des Anwesens und parkt. Das Ziel ist ein Treffen mit seinem Chef, dessen Kollegen und dem russischen Überläufer Koskov. Gedreht wurde dort bis zum 2. Oktober. Danach flog das Team nach Österreich.

Der Weltöffentlichkeit wurde Bonds neuer Dienstwagen drei Tage später, am Sonntag, dem 5. Oktober 1986, im Hofe des Wiener Rathauses vorgestellt. Der Wagen bot – neben Timothy Dalton, Hauptdarstellerin Maryam d'Abo und Regisseur John Glen – nach einer Pressekonferenz das Fotomotiv zum Drehstart in Wien. Im Film doubelte Wien auch noch für Bratislava. Es kommt zu ein paar Straßenszenen, allerdings dann schon nicht mehr mit dem offenen Auto, und einem Action-Einsatz in Bratislava und Österreich, bei dem der Wagen in die Luft fliegt – und zwar im doppelten Wortsinn.

Im fertigen Film wird das Cabrio dafür im Labor von »Q« auf »Winterbetrieb« um- und mit Extras hochgerüstet: Ein Dach drauf, und schon verwandelt sich das Cabriolet in ein Coupé. Im Film ist eben Vieles einfacher. In der Realität funktioniert das leider so nicht. Das Leben eines Geheimagenten bietet Annehmlichkeiten, aber Actionszenen bereiten dann doch durchaus Schwierigkeiten. Die Dreharbeiten für diese Aufnahmen begannen am 12. Januar 1987 auf und um den Weißensee in Kärnten, rund 100 Kilometer westlich von Klagenfurt.

Die Produktion nutzte insgesamt elf »Fahrzeuge«, zwei fahrbare und sowie weitere Karosserien für Nah- und Detailaufnahmen. Für die Dreharbeiten war das geschlossene Fahrzeug mit Rolldach (das übrigens früher das Kennzeichen HLF 53 T trug) in Wien und auf dem zugefrorenen österreichischen Weißensee in Oberkärnten im Einsatz. In diesen ersten Bildern fahren Timothy Dalton und Kollegin Maryam d'Abo durch eine idyllische, weiße Schneelandschaft und werden von einem Polizeiwagen der Marke Lada zum Halten aufgefordert. Doch Bond wäre nicht Bond, wenn er das betagte russische Blech nicht bremsen könnte. Da er so etwas mit Stil tut, nutzt er einen Laserstrahl, der aus dem Aston-Martin-Logo einer Felge schießt, um die Karosse des Lada vom Chassis zu schneiden. »Salzkorrosion« kommentiert der überhebliche Brite lakonisch, als der Aufbau des Lada beim Bremsen vor dem Fahrgestell auf der Straße landet. Die Tricktechnik erwähnt Bond natürlich nicht: Die Karosserie war auf einer Ölschiene montiert und ein elektronischer Auslöser, nicht etwa blockierende Bremsen wie in der Filmszene, gaben ihr den nötigen Schubs.

Weitere Extras im V8 Vantage: Er konnte Raketen abfeuern. Ein Zieldisplay erschien auf der Windschutzscheibe. Aus den Zierleisten klappten Schneekufen heraus und sorgten dafür, dass der Aston Martin auf dem Eis weiterhin eine gerade Spur zog. In Wirklichkeit sind die Kufen nur neben den Reifen absenkbar und alles andere als sicher. Dann gab es noch einen Raketenantrieb (auch wenn eine riesige Gasflamme dies nur andeutete), Reifen mit Stahlspikes und eine Felge, die Eisschollen schneidet. Letztere führte dazu, dass ein weiterer Polizeiverfolger vom Typ Lada einbricht und Bekanntschaft mit dem (angeblich) eiskalten Wasser macht. Dieser Moment entstand allerdings nicht im zum Teil eiskalten (minus 20 bis minus 30 Grad) Oberkärnten, sondern später im Tauchbecken in den Studios von Pinewood, da das Eis des Weißensees im Frühjahr 1987 eine Stärke von 60 Zentimetern aufwies. »Ich habe ein paar Extras einbauen lassen«, heißt es ironisch von Bond in Richtung seiner verdutzt dreinblickenden Beifahrerin.

In vielen Sequenzen doubelten der französische Fahrer Georges Côte und dessen Lebensgefährtin Brigitte Magnin Timothy Dalton und Maryam d´Abo. Côte übernahm auch den gefährlichsten Stunt der ganzen Sequenz, allerdings saß ein Dummy mit blonder Perücke an seiner Seite. Es war der Sprung über einen Staudamm in das dahinter liegende Waldgebiet. Dafür baute das Team eine auf einer Seite grau angestrichene Holzrampe, die so den Eindruck eines Staudamms vermittelte. Um den Sprung abzufedern, wurde ein großer Kartonhaufen bereitgestellt. Zudem hatte man wegen der Explosionsgefahr den Tank fast leer gepumpt. Côte beschleunigte auf rund 75 Meilen (120 Stundenkilometer), flog ein bisschen zu weit, streifte aber glücklicherweise noch die letzten Kartons, landete unsanft und stieg nach einem Moment, als der Crew noch der Atem stockte, unverletzt aus. Die Sequenz wurde von Stuntman Rémy Julienne überwacht, der es sich nicht nehmen ließ, den zweiten Sprung mit dem Lada selbst zu übernehmen. Er

»SOFERN MAN KEINEN UNBEGRENZTEN VORRAT AN ACTIONFAHRZEUGEN HAT, WAS SELTEN DER FALL IST, MUSS MAN SIE HEGEN UND PFLEGEN, WEIL SIE FORTWÄHREND MALTRÄTIERT WERDEN.«
—SPECIAL-EFFECTS-EXPERTE JOHN RICHARDSON

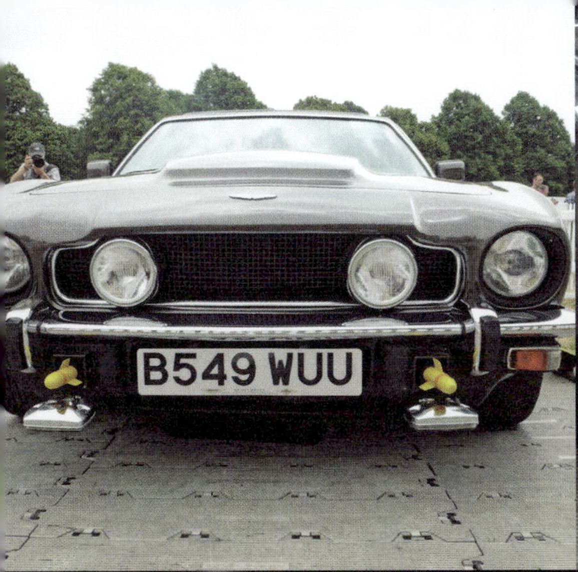
B549 WUU
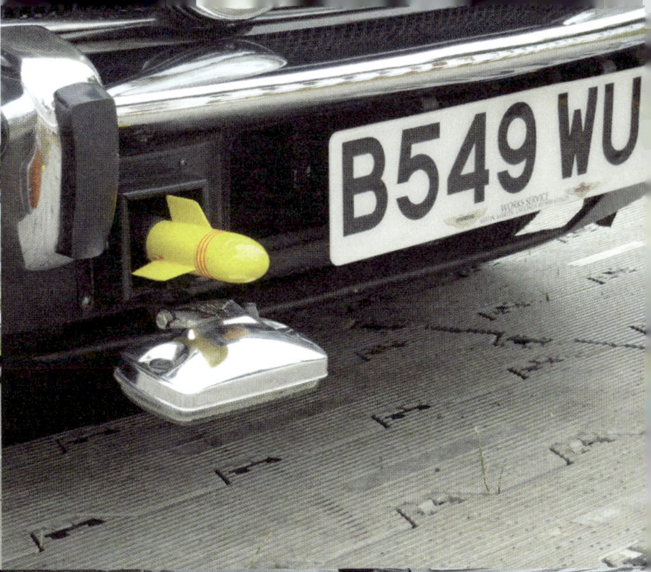
B549 WU
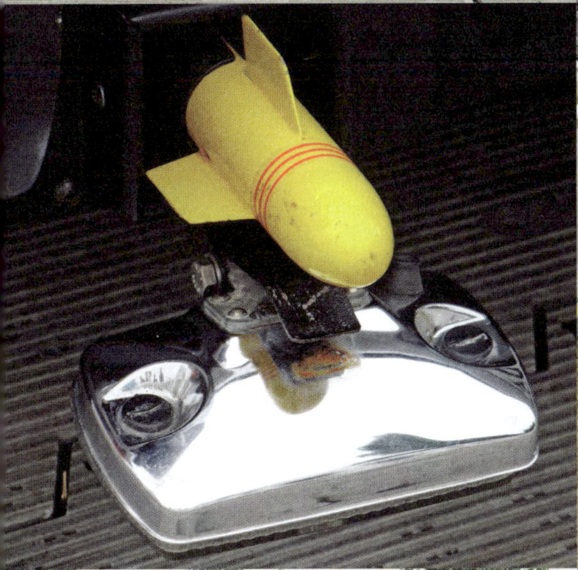
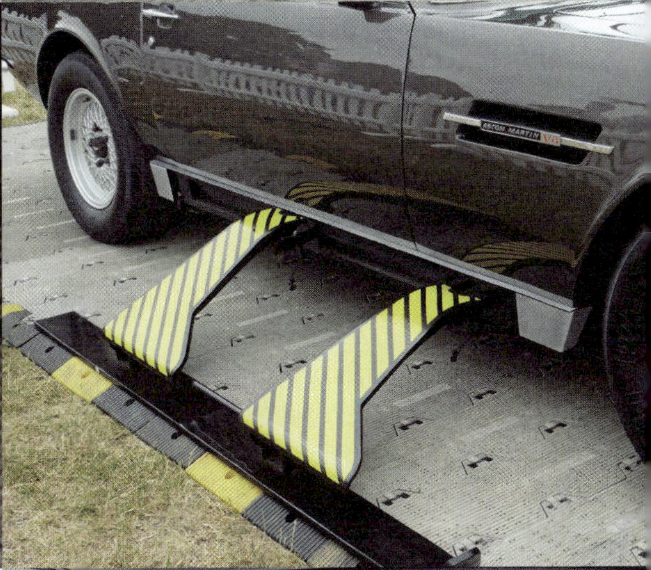
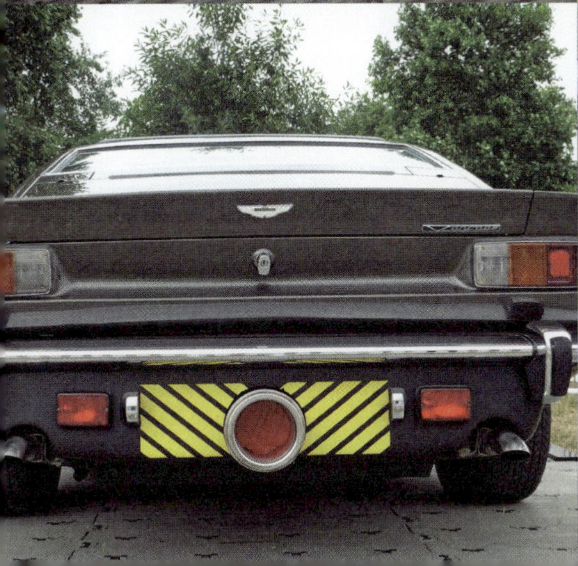
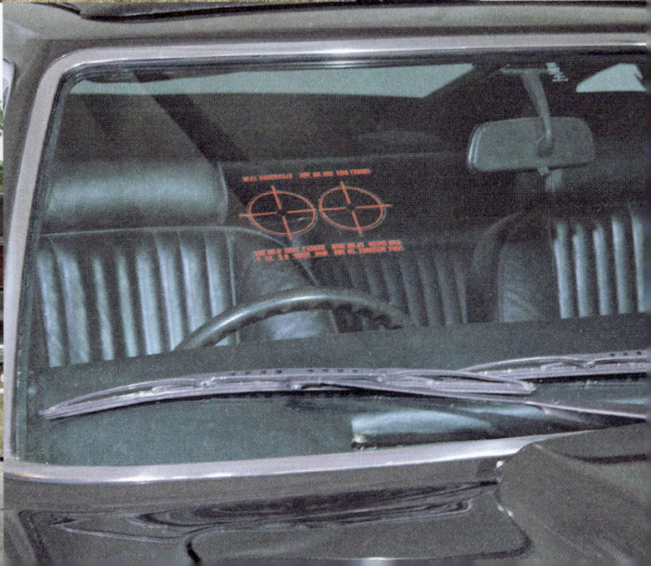

schaffte es, dass der Wagen in »einem schönen Bogen über die Rampe mitten in die Sicherheitspolster« flog, wie der Journalist Patrick Zeilhofer schrieb.
Insgesamt 11 »Objekte«, die man nicht alle als »Fahrzeuge« bezeichnen kann, da nicht alle fahrfähig waren, wurden für die Aufnahmen präpariert und in verschiedene Fähigkeiten unterteilt. Es gab Wagen 1, unverändert für die Fahraufnahmen von Timothy Dalton. Wagen 2 war das Stunt-Car für die Action-Sequenzen und Wagen 3 das Special-Effects-Car für die Nahaufnahmen – mit Raketen in der Front und flammendem Raketenantrieb am Heck. Wagen 4 bis 11 waren in den Studios präparierte Karossen für spezielle Aufnahmen wie Schüsse, Explosionen, Laserstrahl, Skiausleger, Raketenantrieb und schließlich Selbstzerstörung. Einige davon konnte man nur lenken, sie verfügten aber über keinen Motor. Damit wurden die Innenaufnahmen gedreht.
Dazu John Richardson: »Wir ließen drei echte Autos und eine Reihe von Attrappen herstellen. Immer wenn er durch die Luft fliegt, über einen Damm springt, einen Schneehang hinunterrutscht und in die Luft fliegt, dann ist es eine Attrappe. In den meisten dieser Fälle war diese dann unbesetzt und wurde aus einer großen Kanone abgefeuert.« Aber das klappte nicht immer. Speziell der geplante Sprung über einen Staudamm am Weißensee bereitete dem Team laut Special-Effects-Mann Chris Corbould Probleme: »Wir mussten den Aston Martin auf eine Rampe schießen, damit er über eine Hütte flog. Wir feuerten das Auto mit Druckluft ab, doch wegen der extremen Kälte hatten sich die Ventile zusammengezogen und öffneten sich nur ganz langsam. Wir riefen: Action! Doch statt wie verrückt loszudonnern, machte die Kanone nur ›blupp‹, und das Auto flog geradewegs in die Hütte hinein. Es war eine komplette Katastrophe.« Corbould war mit den Nerven am Ende und gestand Produzent Broccoli das Drama. Der reagierte erstaunlich gelassen und schlug vor, das Ganze am nächsten Tag nochmals zu probieren. Also nutzte die Crew mobile Heizgeräte, um die Ventile zu erwärmen. Das Resultat war nach Aussage von Corbould eindeutig: »Das Auto flog wie ein Traum.«
Und es raste auch erfolgreich in eine extra erbaute Holzhütte am See – auch wenn die Special-Effects-Leute für die Szene, in der der Aston Martin hineinfährt und die Hütte gleich mit auf den See nimmt, schwer tricksten: »Wir hatten zwei Scheunen für die Seesequenz, eine aus Balsaholz, bei der das Auto tatsächlich mit Geschwindigkeit hindurchfahren und an der gegenüberliegenden Wand herauskommen konnte, und eine mit Innengerüst, in das man das Auto hineinfahren konnte, damit es dann mit der Scheune weiterfuhr«, so John Richardson.
Nachdem die Szenen auf dem Weißensee im Kasten waren, drehte die rund 100 Personen umfassende Crew vier Tage lang, vom 17. Januar bis zum 20. Januar, noch eine Actionszene am Straßentunnel an der B 100 Drautalstraße Sachsenburg. Laut Drehbuch errichten

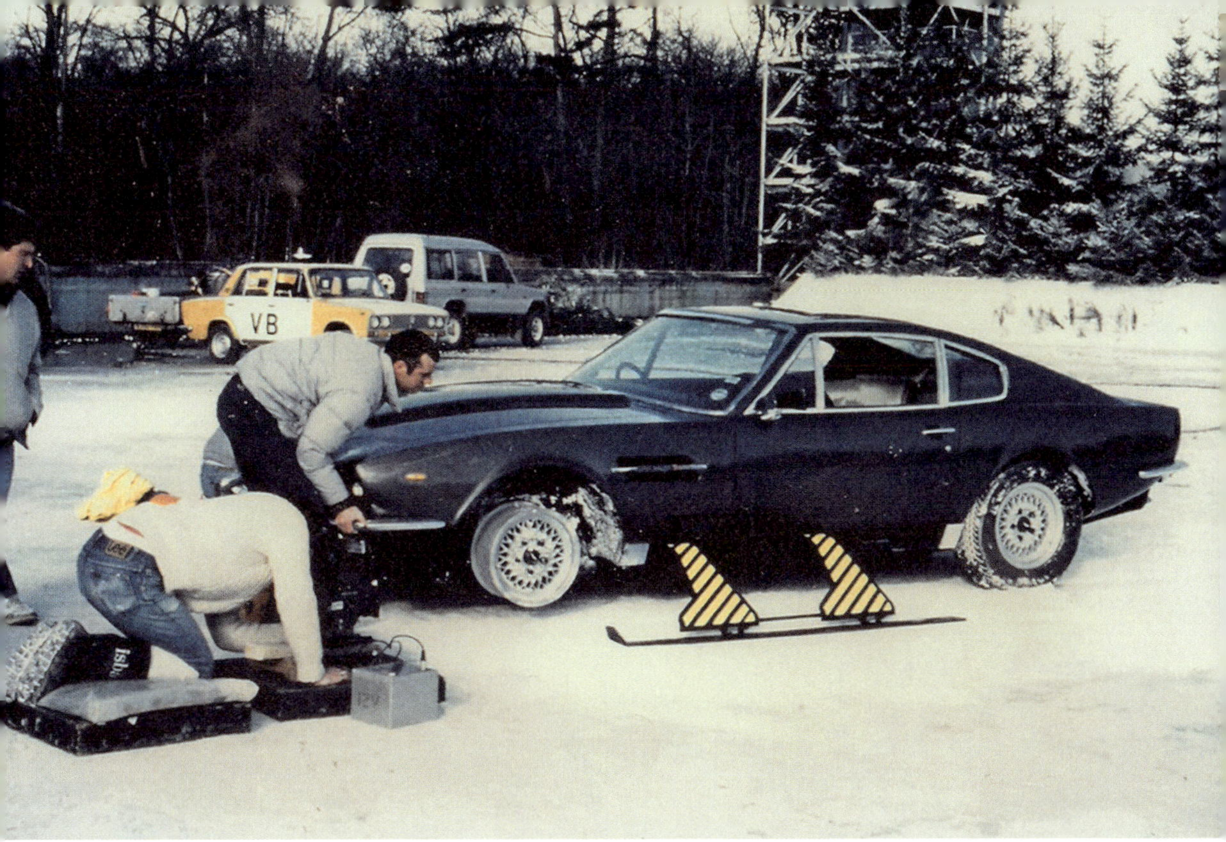
VB

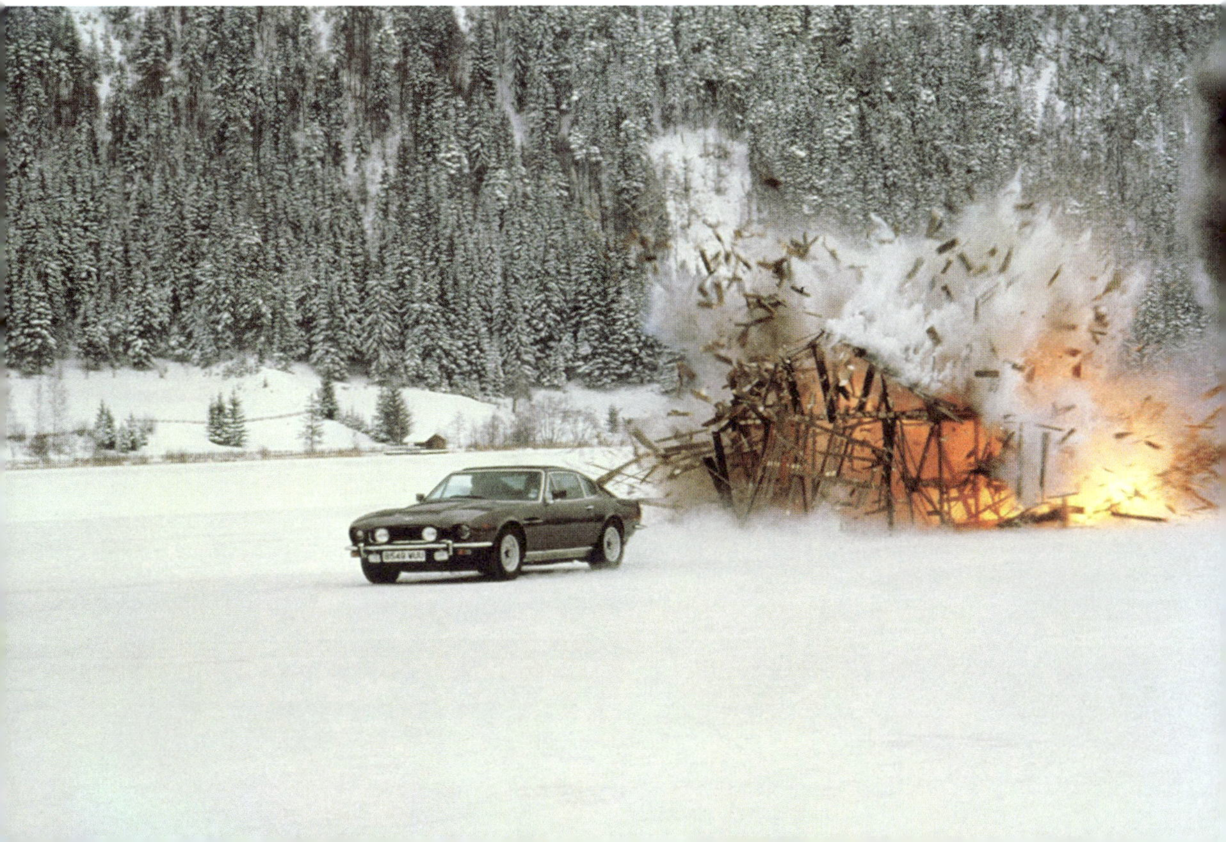

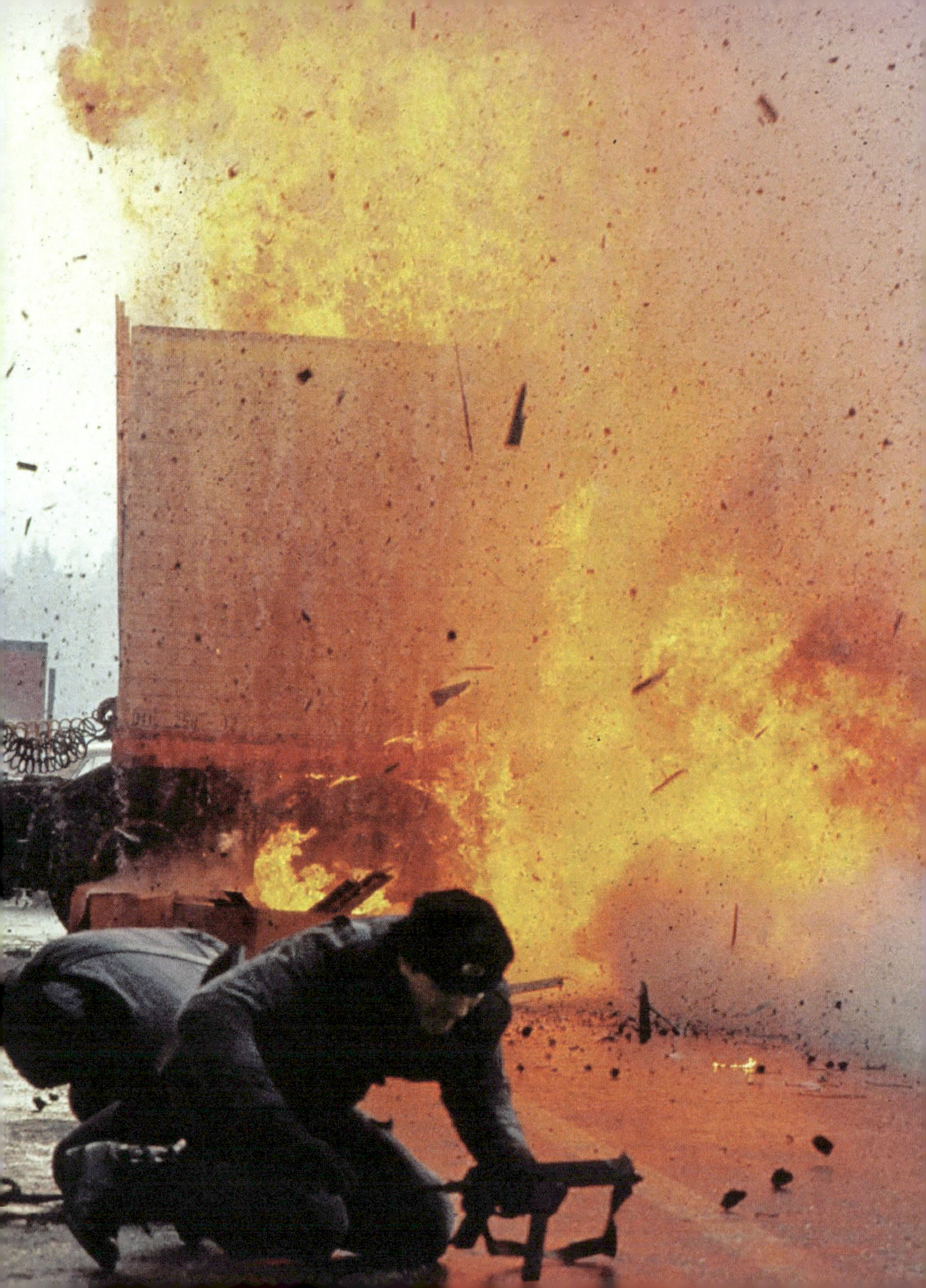

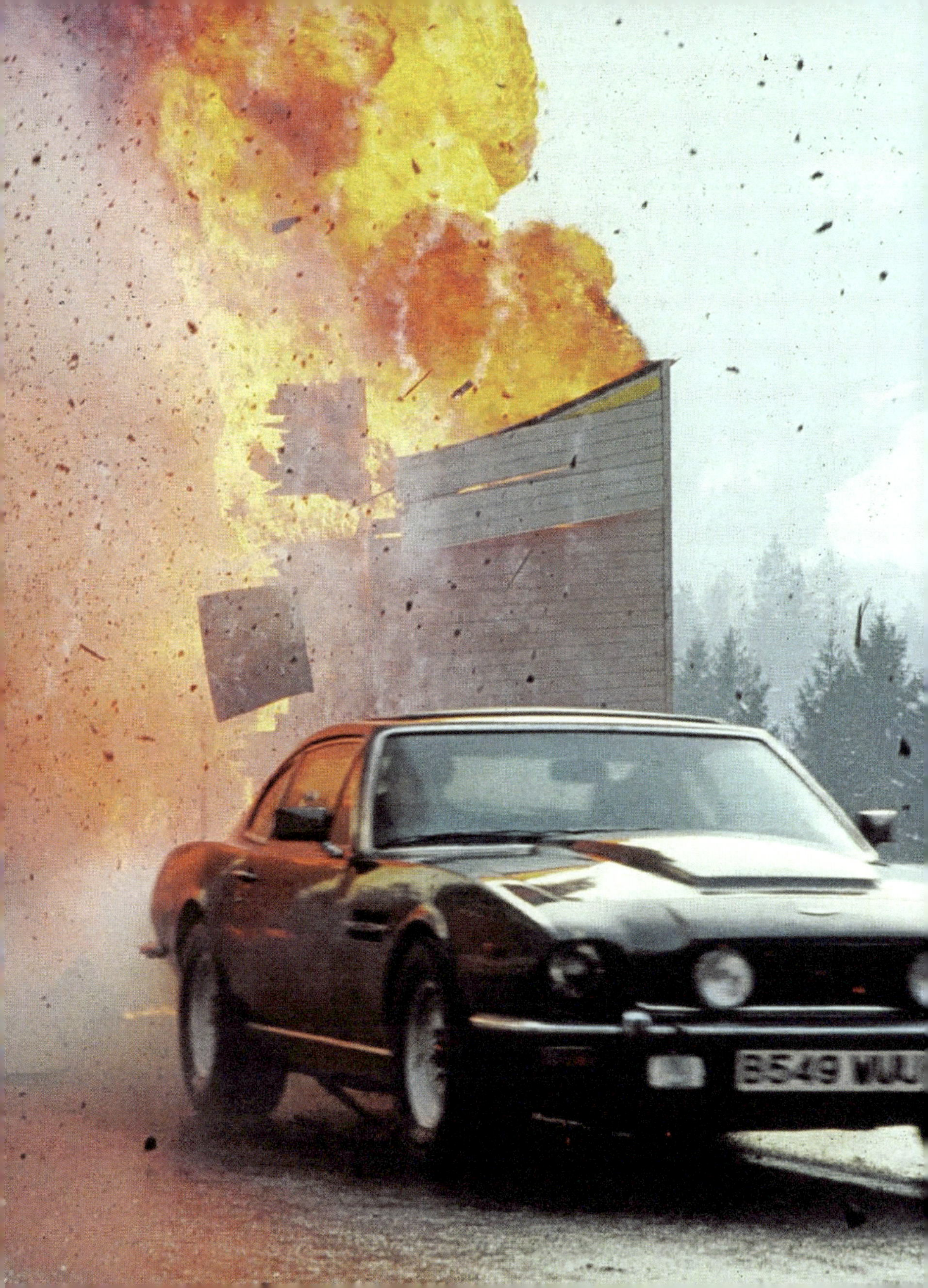

die Widersacher eine Straßenbarrikade, doch Bond nutzt einige seiner »optionalen Extras«. Er aktiviert ein Display auf der Windschutzscheibe, feuert zwei Raketen, die unterhalb der Stoßstange losgehen, auf einen Laster ab, der dann explodiert. »Wir wollten, dass es so aussieht, als wenn die Raketen tatsächlich aus dem Wagen und direkt auf den Lkw abgefeuert wurden«, so Arthur Wooster, der für die Actionsequenz zuständig war. »Um diesen Effekt zu erreichen, montierten wir die Raketen an Drähte. Wir schnallten die Kamera auf ein Fahrzeug zwischen die Drähte, fixierten den Wagen und schossen die Raketen ab. Sie trafen den Laster, als wir mit der Kamera kurz davor anhielten. Es war ein großer Spaß!«

Gerhard Seiwald, damals der stellvertretende Polizeipostenkommandant von Spittal, erinnert sich, dass der Tunnel für die Lkw-Explosion drei Wochen lang gesperrt war. Der »Kleine Zeitung« berichtete der pensionierte Polizist: »Im Tunnel war ein Versorgungszelt aufgebaut, für Statisten und Filmteam, mit Essen und Trinken vom Feinsten. Alles lief genau nach Konzept. Es war ein Erlebnis, das aus der Nähe beobachten zu können. Man sieht den Film mit anderen Augen, wenn man weiß, wie die Leute eigentlich getäuscht werden.« Nach Angaben von Norbert Jank, Eismeister vom Weißensee, war auch die Versorgung exzellent: »Jeden Tag wurden Leute mit verschiedenen Talenten gebraucht. 78 Personen hatte ich auf meiner Liste, die ich, je nachdem, was gerade gebraucht wurde, einsetzen konnte. Dafür wurden sie gut bezahlt mit 100 Schilling die Stunde. Geld spielte keine Rolle. Außerdem gab es für die Helfer am Set viel zu sehen und gutes Essen von vier Schweizer Köchen.«

Gespart wurde auch nicht zu Ende der Dreharbeiten. Zum Abschluss bedankte sich die Produktion bei den Einwohnern von Weißensee für die Mitarbeit mit einem Fest, bei dem Feuerwerker »25 Jahre James Bond« in den Himmel schrieben.

Da das Eis auf dem Weißensee nicht immer die Stärke hatte, die benötigt wurde, kam es auch gefährlichen Situationen in Österreich. Der fahrfähige Aston Martin (Wagen 2) wäre beinahe im Eis verschwunden, als es langsam zu zerbrechen begann. Nach Aussagen von John Glen war die Filmcrew vorbereitet, dass es auch mal brenzlig werden konnte, und hatte ein kräftiges Seil parat, das man schnell um den Wagen schlang und ihn so rechtzeitig aus dem gefährlichen Bereich herauszog. Um ähnliche Probleme zu vermeiden, wurde fortan in den Tagesdispositionen, den so genannten »Call Sheets«, darauf hingewiesen, bestimmte Bereiche des Sees östlich des Bootshauses zu meiden. Stuntman Paul Weston sagte dazu: »Es war eine gefährliche Verfolgungsjagd, denn als wir ankamen, fror der See gerade erst zu. Wenn man über das dünne Eis lief, konnte man noch die Fische unter sich sehen, weil es noch nicht weiß geworden war. Es war, als stünde man auf einer Glasscheibe.«

Während der Dreharbeiten ging auch mehrfach etwas an den Autos kaputt,

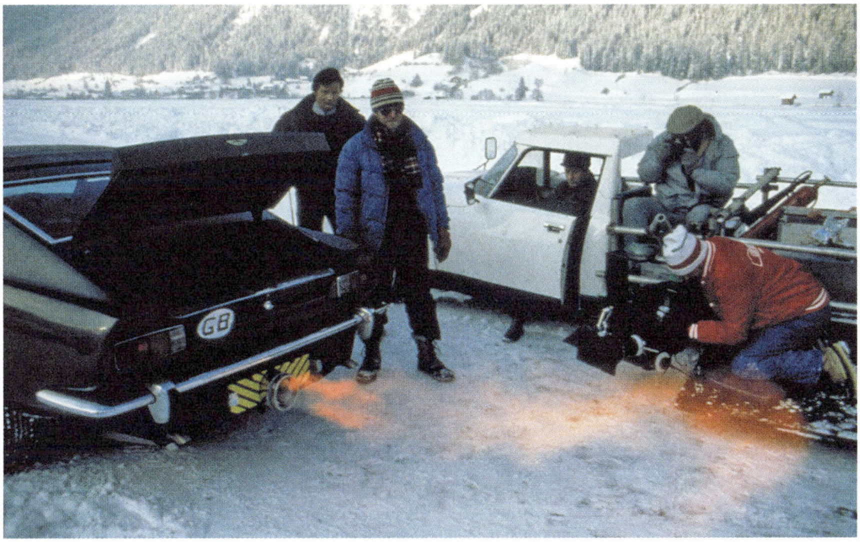

wobei speziell die Frontscheibe und die Stoßstangen in Mitleidenschaft gezogen wurden, hatte das Werk eine Zeitlang Lieferprobleme genau dieser Teile. Der Hersteller selbst besitzt übrigens inzwischen nur noch eine, immerhin fahrende, Replika des Wagens, die auch das Kennzeichen B549 WUU trägt. Die (etwas in Mitleidenschaft gezogenen) Kennzeichen des Wagens, der den Sprung über den Staudamm absolvierte, befinden sich allerdings im Besitz des Autors dieser Zeilen und werden immer mal wieder ausgestellt.
Äußerst merkwürdig war die erste Werbung von Seiten des Filmverleihs MGM/UA für den neuen Film. Sie gestalteten eine doppelseitige schwarzweiße Anzeige mit der Headline »Licensed to Thrill« und dem Titel »The Living Daylights« sowie dem Frontgrill eines Aston Martin. Das klingt soweit in Ordnung, wenn der Grill nicht zu einem Aston Martin DB 4 gehört hätte. Der wurde in einer Auflage von 1.204 Exemplaren in den Jahren von 1958 bis 1963 gebaut. Soweit zurück zu den Anfängen wollte man mit dem neuen Film aber sicher nicht. Die Japaner waren da cleverer, denn sie schufen ein Teaser-Plakat und verwendeten ein Motiv vom Fototermin im Wiener Rathaus mit Timothy Dalton und Maryam d'Abo vor dem aktuellen Aston Martin.
Bei der Weltpremiere am 29. Juni 1987 im Londoner Odeon Kino am Leicester Square stand der V8 Vantage mit Skiauslegern vor der Tür und wurde von »Q«-Darsteller Desmond Llewelyn Prinz Charles und seiner damaligen Frau Diana vorgeführt, was Charles sehr erfreute. Er ist selbst Aston-Martin-Fan und besitzt mehrere Autos. Er besuchte mit seiner

Frau am 12. Dezember 1986 auch die Dreharbeiten in den Pinewood Studios und bekam von ihr dabei eine (falsche) Flasche auf den Kopf geschlagen.
Ein englischer Karikaturist machte sich auf seine ganz spezielle Weise über den Darstellerwechsel, verbunden mit dem neuen Aston Martin, lustig. Er zeichnete Dalton vor dem Wagen und dem Premierenkino, der frustriert auf den vorderen rechten Reifen schaute. Dort ist eine Parkkralle zu sehen. Der Text lautet: »Ich bin mir sicher, dass Sean Connery dafür eine Lösung gefunden hätte.«
Der Aston Martin Volante tauchte nach Ende der Dreharbeiten noch mal in der Ausgabe September 1987 des »Playboy« mit einer besonderen Kühlerfigur auf.

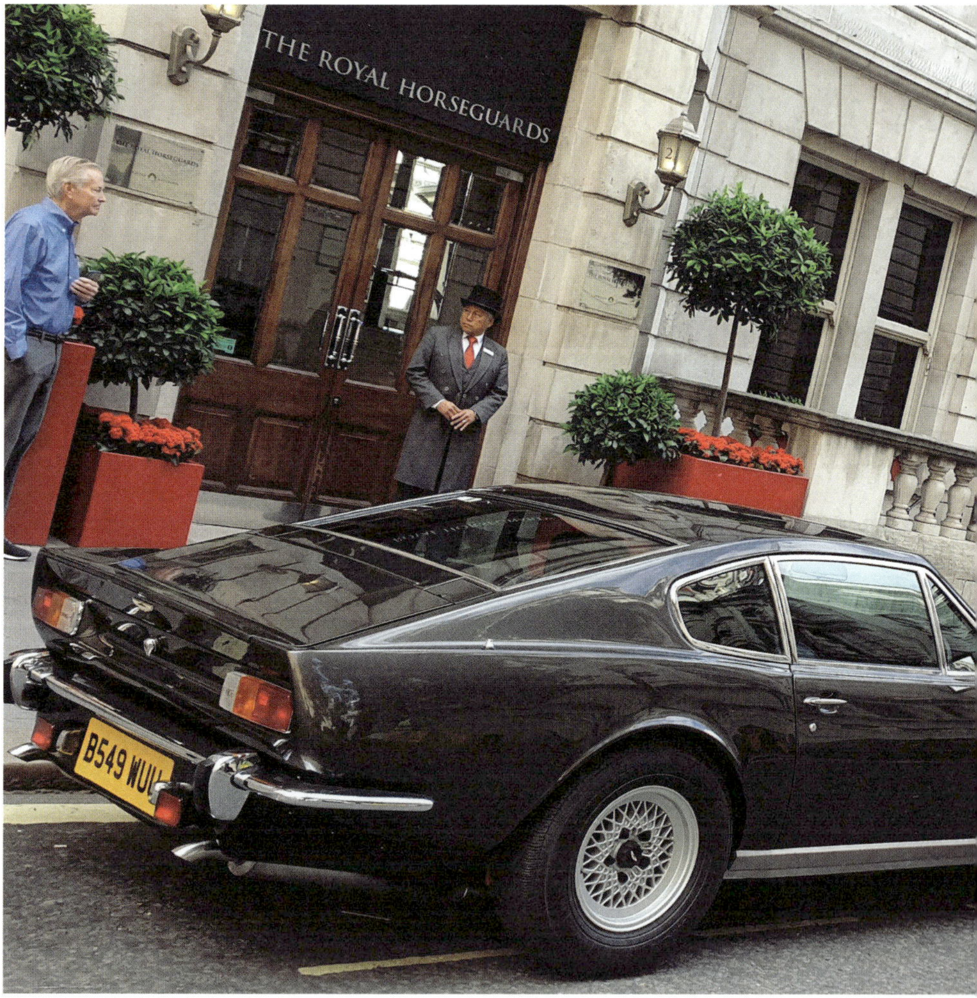

Maryam d'Abo, Darstellerin der Kara in dem Film, lag nackt, nur mit einem goldenen Colt in der Hand, auf der Haube. Fotos, die nur entstanden, weil sie sich dem Druck der Marketingverantwortlichen beugte, was sie später bereute: »Ich würde solche Bilder nicht noch einmal machen. Ich habe seitdem viel gelernt.« Sie war zudem frustriert, weil einige Magazine, die die Rechte an dem Foto erwarben, ihre Nacktheit auf dem Cover verbreiteten, was aber nach ihrem Vertrag ausdrücklich ausgeschlossen war.

1988 verkaufte das Werk den Volante von Victor Gauntlett an einen englischen Privatmann, der in den West-Midlands lebt. Im Sommer 1990 wurde der Wagen über den Aston Martin Händler

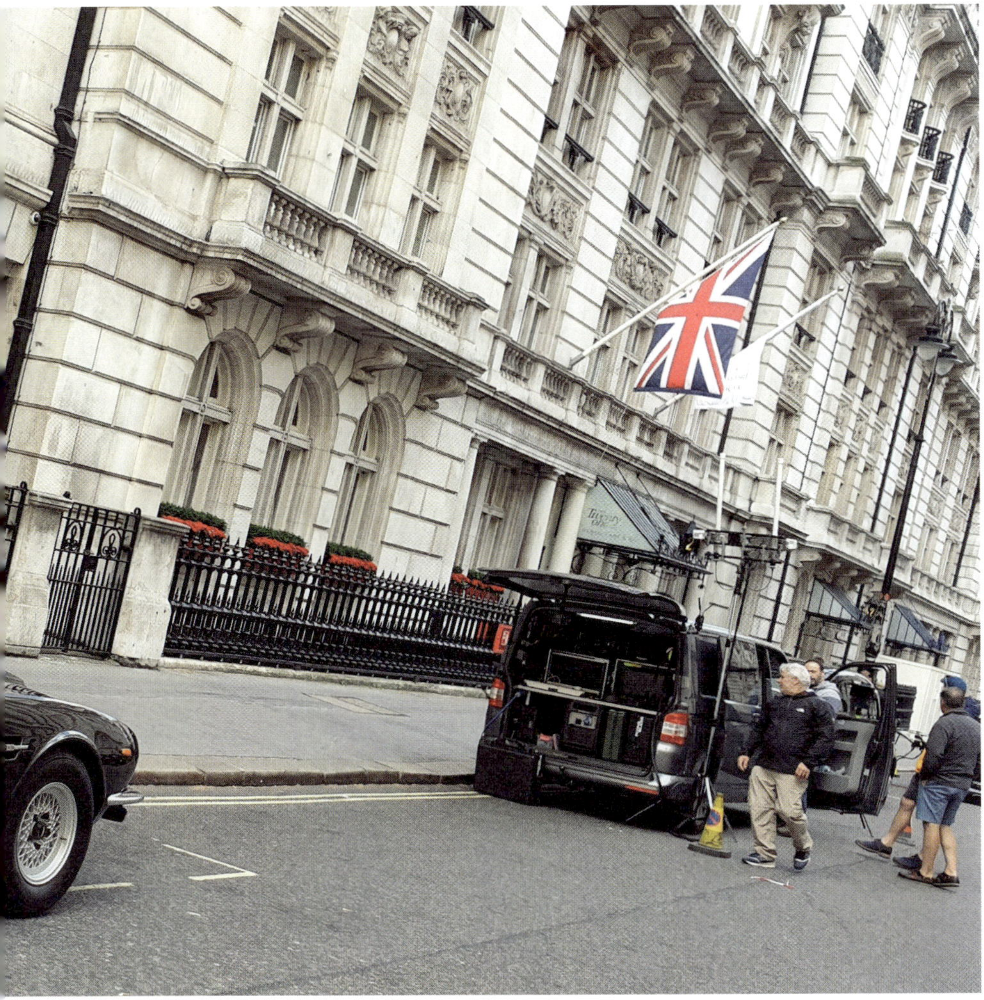

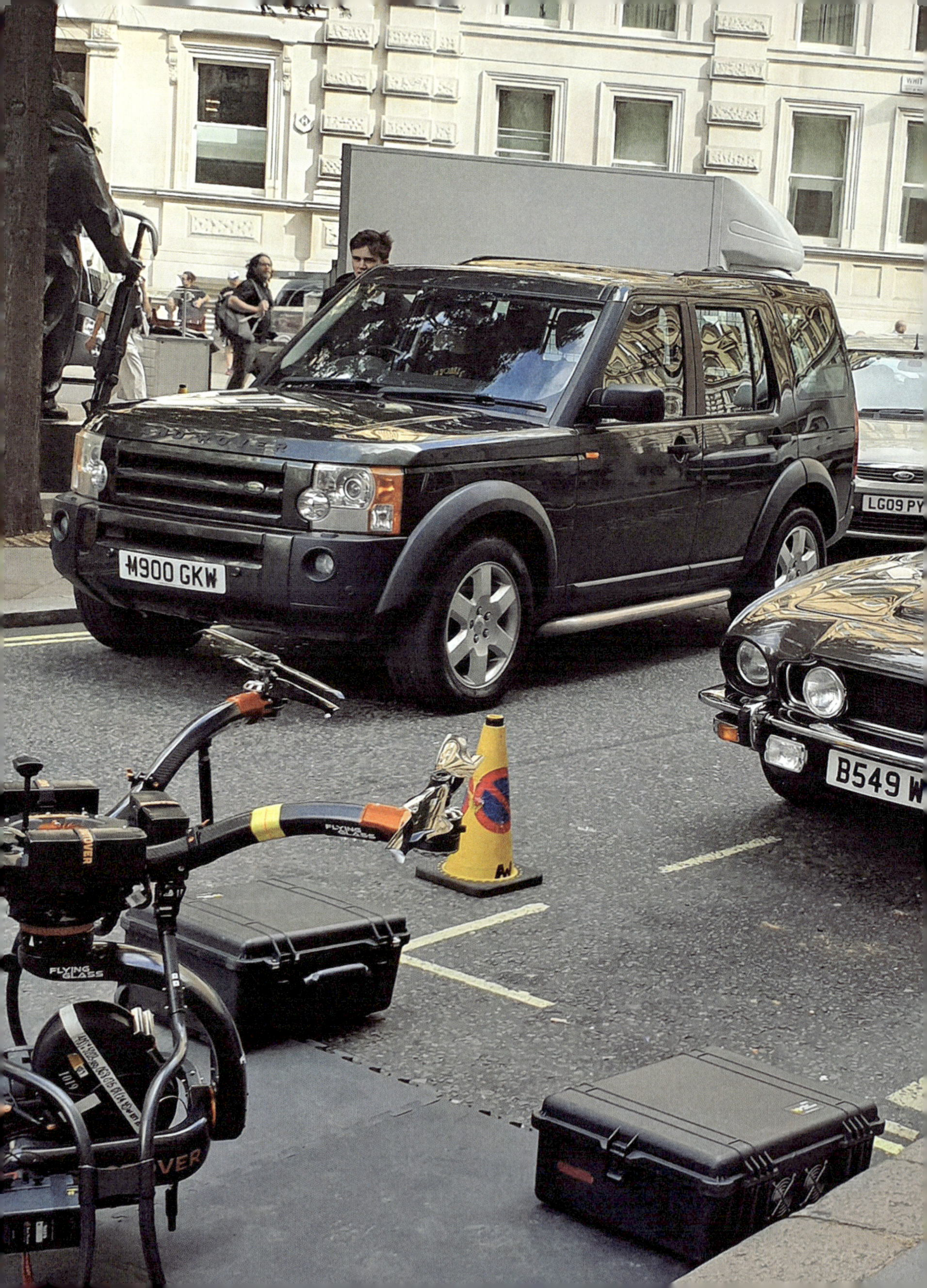
M900 GKW
LG09 PY
B549 W
FLYING GLASS
FLYING GLASS

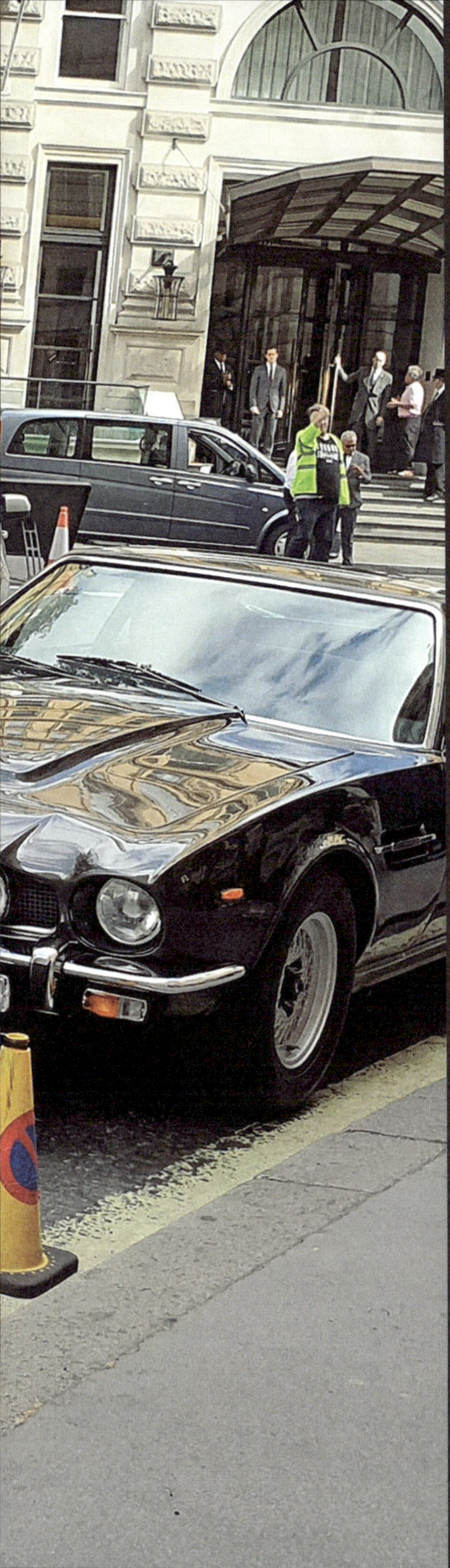

Chapman Spooner in Aldridge offeriert und an einen Millionär in Redditch für 175.000 Pfund (502.250 DM) verkauft. Ein weiteres Auto befindet sich noch im Besitz der Produktionsfirma Eon Productions. Es war mehrfach öffentlich ausgestellt, so etwa bei der British Motor Show 1986, zwölf Jahre später beim Coys Historic Festival, 2005 in Silverstone, beim St. George's Day Windsor Treffen des Aston Martin Owners Clubs und bei den Feierlichkeiten zum 100-jährigen Bestehen der Firma Aston Martin im Kensington Palace 2013. Einer der Wagen mit den Skiern auf dem Heck stand eine Zeit lang im »Cars of the Stars Museum« im englischen Keswick. Eine US-Replika war ab 2012 im Miami Auto Museum zu finden, das später nach Orlando umzog.

Einem ganz verrückten Fan war sein Aston Martin V8 Vantage nicht genug, denn er ließ den ehemals silbern und dann blau (Winchester Blue) lackierten Wagen, nachdem er ihn im Mai 2003 erworben hatte, vom Werk umrüsten. Er wollte einen Nachbau des Bond Wagens und lieferte ihn zum Hersteller. Nach diversen Arbeiten, zu denen unter anderem eine Umstellung auf bleifreies Benzin gehörte, und einer neuen Lackierung in Cumberland Grey (ob es für Gunmetal Grey nicht gereicht hat?), allerdings mit anderen Felgen als der Filmwagen, stellte ihm Aston Martin im April 2004 eine 22 Seiten umfassende Rechnung für 135.000 Pfund (202.520 Euro) aus. Das englische Auktionshaus Bonhams bot den

Wagen mit dem Kennzeichen B539 NAB (Chassis Nr. SCFCV8159FTR12454, Motor Nr. V/580/2454/S) bei seiner Aston Martin Auktion am 19. Mai 2012 im Werk in Newport Pagnell an, inszenierte das Fake-Mobil mit Feuersbrunst im Hintergrund und schätzte es auf 100.000 bis 130.000 Euro. Das sah die potentielle Kundschaft allerdings anders. Der Wagen wurde nicht verkauft. Als Trost blieb dem Anbieter das Kennzeichen B549 WUU, das auch der Filmwagen trug. Das Kennzeichen wollte er aber nicht mit verkaufen.

Der Erfolg des Films und des Wagens, führte dazu, dass auch die Ford Motor Company damit warb, als sie am 1. September 1987 erklärte, der neue Eigentümer von Aston Martin zu werden. Auf der Frankfurter Automobilausstellung gab das Unternehmen bekannt, dass es plane, den »69 Jahre alten Automobilhersteller von handgefertigten und prestigeträchtigen Autos« zu übernehmen. Weiter hieß es, der Name Aston Martin sowie die Identität der Marke und deren Charakter blieben erhalten.

Im jüngsten Film »Keine Zeit zu sterben«, kommt der V8 Vantage als Coupé wieder zum Einsatz. Ab dem 5. Juni 2019 wurden Szenen mit dem Wagen auf der Atlantikstraße in Møre og Romsdal in Norwegen inszeniert. Allerdings war nur die 2nd Unit dort und es saßen Doubles im Auto. Am 30. Juni filmte die Crew mit Daniel Craig – und mit Hilfe einer Drohne – wie dieser im Londoner Stadtteil Whitehall vor dem Verteidigungsministerium vorfährt. Es wurde auch ein Foto veröffentlicht, das Craig vor dem Aston Martin V8 Vantage aus »Der Hauch des Todes« zeigt. Weitere Dreharbeiten mit zwei identischen Fahrzeugen schlossen sich Mitte September im italienischen Hafenort Sapri in der Region Kampanien an. Welcher der Wagen aus dem 1987er Film wiederverwendet wurde, oder ob gar ein anderer den »Bond Look« verpasst bekam, ist derzeit nicht bekannt. Auf jeden Fall trägt er im Film wieder das Kennzeichen B549 WUU. Aston Martin lieferte drei identisch aussehende Fahrzeuge.

DATEN UND FAKTEN

Modell: Aston Martin V8 Vantage + V8 Vantage Volante, rechtsgelenkt
Farbe: Gunmetal Grey
Bauzeit: Februar 1977 - 1989 (Volante: 1986 - 1989)
Stückzahl: 534 (davon 192 Volante)
Motor: 5,3 Liter V8 Motor
Leistung: 380 - 400 PS
Kennzeichen: B549 WUU
Höchstgeschwindigkeit: 270 km/h
Screen Time beider Wagen: 6.34 min (»Keine Zeit zu sterben« nicht eingerechnet)

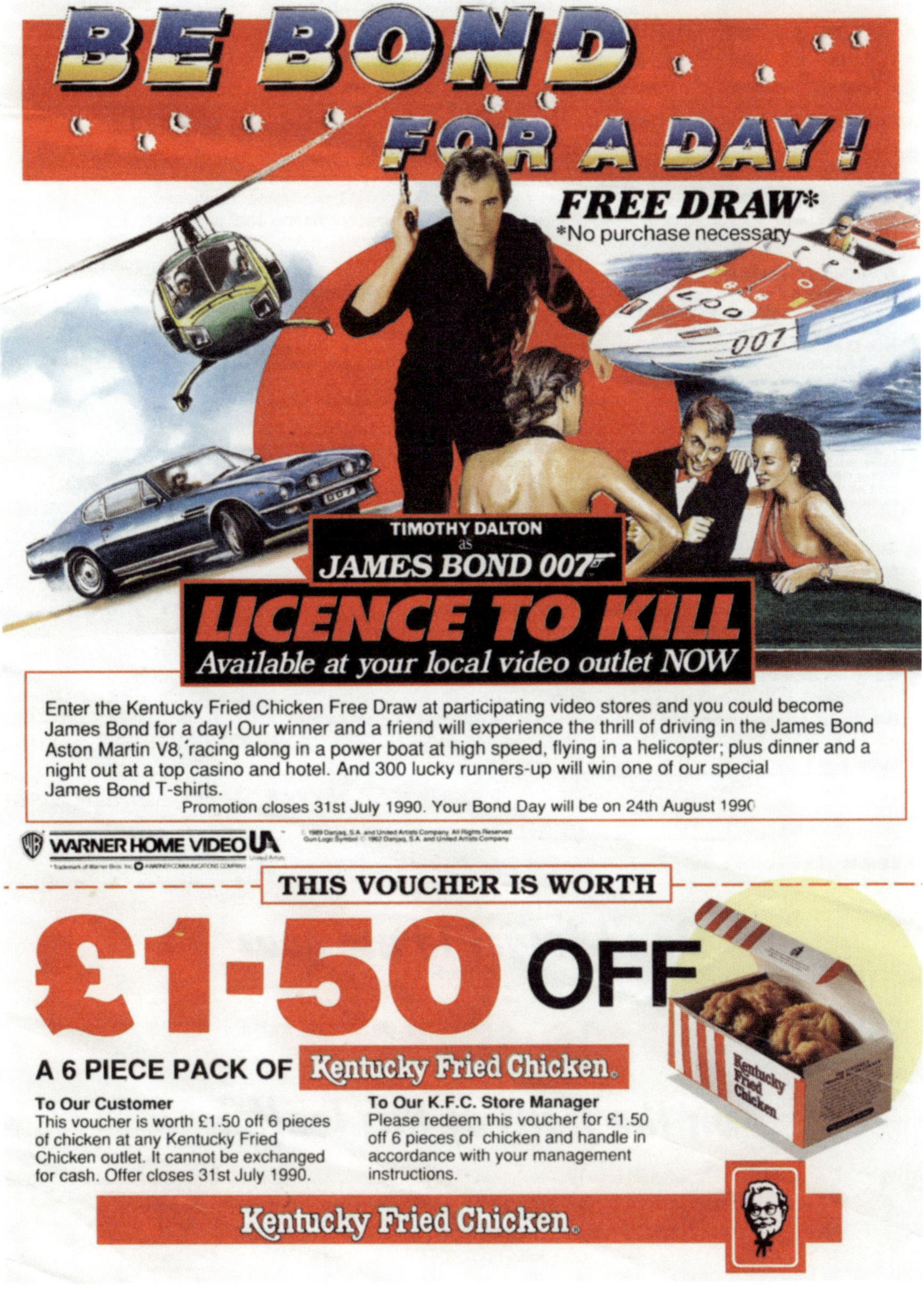
BE BOND
FOR A DAY!
FREE DRAW*
*No purchase necessary
007
TIMOTHY DALTON
as
JAMES BOND 007
LICENCE TO KILL
Available at your local video outlet NOW
Enter the Kentucky Fried Chicken Free Draw at participating video stores and you could become James Bond for a day! Our winner and a friend will experience the thrill of driving in the James Bond Aston Martin V8, racing along in a power boat at high speed, flying in a helicopter; plus dinner and a night out at a top casino and hotel. And 300 lucky runners-up will win one of our special James Bond T-shirts.
Promotion closes 31st July 1990. Your Bond Day will be on 24th August 1990
WARNER HOME VIDEO UA
THIS VOUCHER IS WORTH
£1·50 OFF
A 6 PIECE PACK OF Kentucky Fried Chicken.
To Our Customer
This voucher is worth £1.50 off 6 pieces of chicken at any Kentucky Fried Chicken outlet. It cannot be exchanged for cash. Offer closes 31st July 1990.
To Our K.F.C. Store Manager
Please redeem this voucher for £1.50 off 6 pieces of chicken and handle in accordance with your management instructions.
Kentucky Fried Chicken
Kentucky Fried Chicken.

DER BMW 750 IL AUS »DER MORGEN STIRBT NIE« (1997)

Aufgrund des großen Aufsehens, das der BMW Z3 Roadster in »GoldenEye« (1995) erregte, war BMW daran gelegen, die Kooperation mit der Filmfirma Eon Productions fortzusetzen. Viele Hinweise sprachen sogar dafür, dass ohnehin Absprachen über zwei Filme getroffen worden waren. Erste Gerüchte

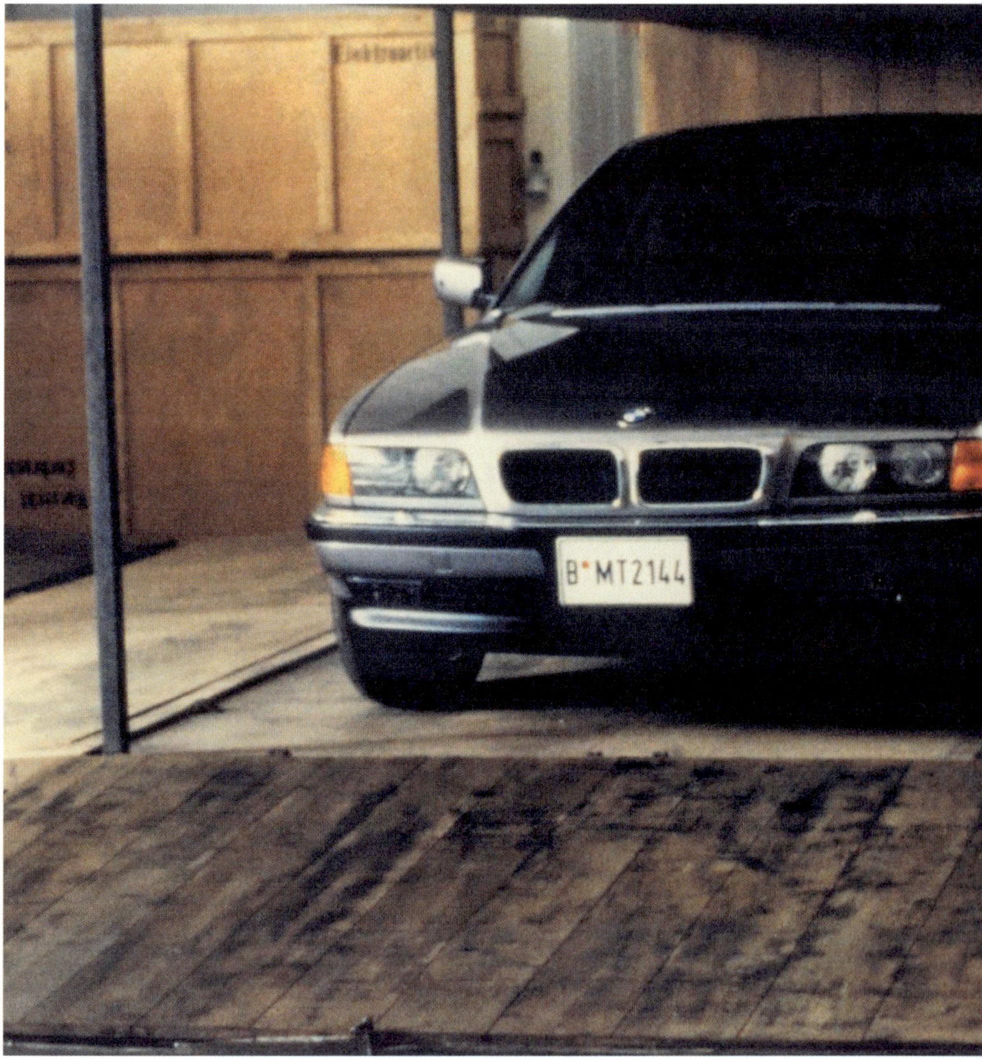

machten die Runde, der Roadster würde in der Anfangssequenz des neuen Films endlich auch mal die Extras zeigen dürfen, die bei »GoldenEye« nur im Dialog erwähnt wurden. Auch eine genau beschriebene Abfolge dieser ersten Bilder wurde bekannt. Demnach holt Bond »M« an einem geheimen Ort in London ab und wird während der Fahrt von einem Hubschrauber quer durch die Stadt gejagt. Eine zugegebenermaßen sehr aufwendige Szenerie, wenn man bedenkt, dass bei den Aufnahmen auch bekannte Londoner Touristenattraktionen mit

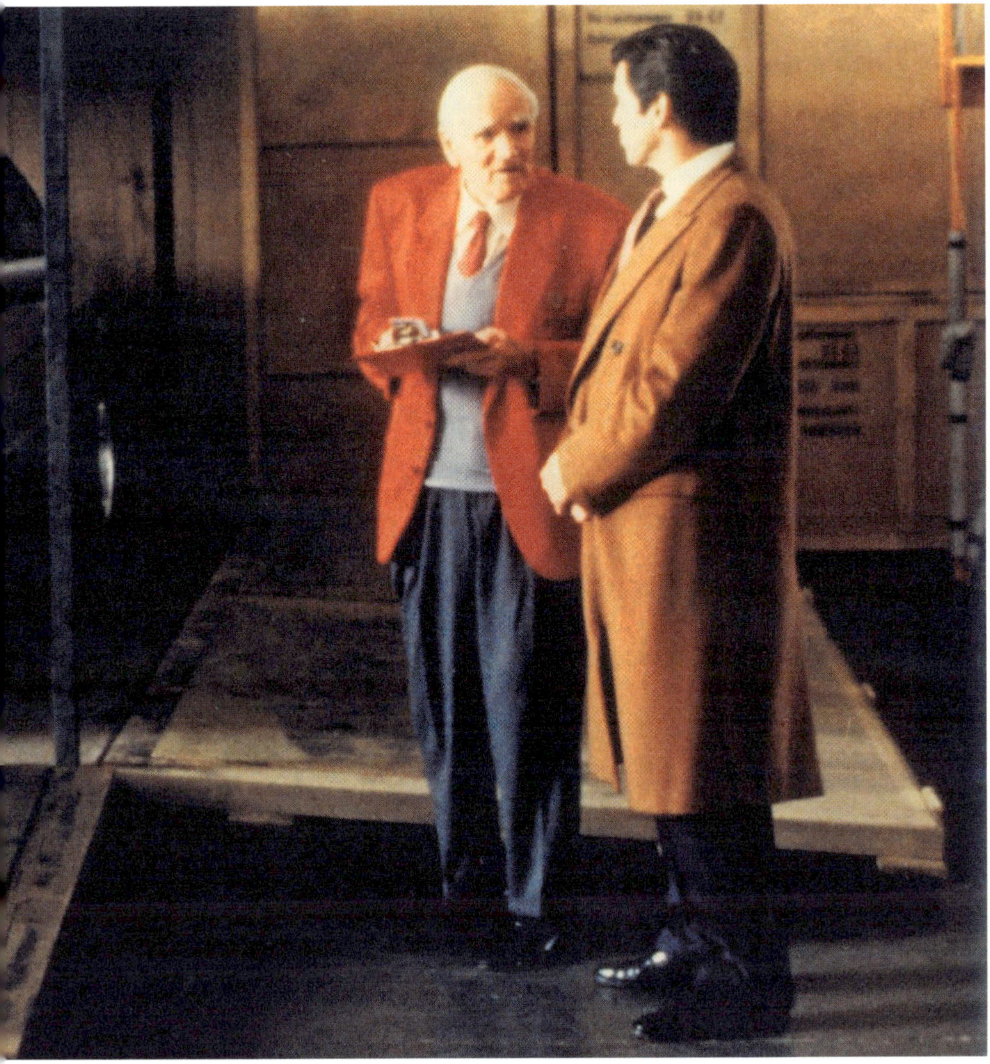

eingebunden werden sollten. Als die bayrischen Autobauer dann eine stärker motorisierte Variante mit der Bezeichnung »BMW M Roadster« ankündigten, war eigentlich alles klar... Doch die Sequenz wurde wieder verworfen, und man einigte sich auf die Verwendung zweier ganz anderer Fahrzeuge.

Am 11. November 1996 wurde ein Drehbuchentwurf mit dem Arbeitstitel »Tomorrow Never Lies« (»Morgen lügt nie«) fertig, an dem immerhin sechs Autoren mitgewirkt hatten. Darin gab es eine Sequenz, in der Bond im ferngesteuerten BMW durch ein Parkhaus mit mehreren Etagen jagt. Hinzu kam später noch ein Motorrad, eine R 1200 C – der erste Cruiser im BMW-Programm blieb bis zu seiner Einstellung 2004 ein Nischenmodell. Aus dem Pkw wurde schließlich die Limousine des Typs 750 iL und damit der erste Vier-/Fünftürer, den 007 je gesteuert hat. Der Titel änderte sich später durch einen Übertragungsfehler in »Tomorrow Never Dies« (In Deutschland: »Der Morgen stirbt nie«), und am 25. März 1997 wurden erste Szenen für den zweiten Einsatz von Pierce Brosnan mit »Q«-Darsteller Desmond Llewelyn auf dem Hamburger Flughafen Fuhlsbüttel gedreht. Danach kommt 007 in der Hansestadt an, um die Geschäfte des Medienmoguls Elliot Carver zu untersuchen. Laut Drehbuch mietet er auf dem Flughafen eine Limousine und wird von »Q« instruiert. Der befragt ihn auch nach seinen Versicherungswünschen, wobei auch die Dialogzeilen fallen: »Feuerversicherung? Besser wäre es.« In der Hansestadt wird Bond in eine Verfolgungsjagd verwickelt,

Q: »FEUERVERSICHERUNG?« BOND: »BESSER WÄRE ES.« Q: »VERSICHERUNG GEGEN SACHSCHÄDEN?« BOND: »AUF JEDEN FALL!« [...] »MUSS ICH MICH SONST NOCH VOR ETWAS SCHÜTZEN?« Q: »NUR VOR MIR, 007, WENN SIE DAS FAHRZEUG NICHT IN TADELLOSEM ZUSTAND ZURÜCKBRINGEN.« —DIALOG AUS »DER MORGEN STIRBT NIE«

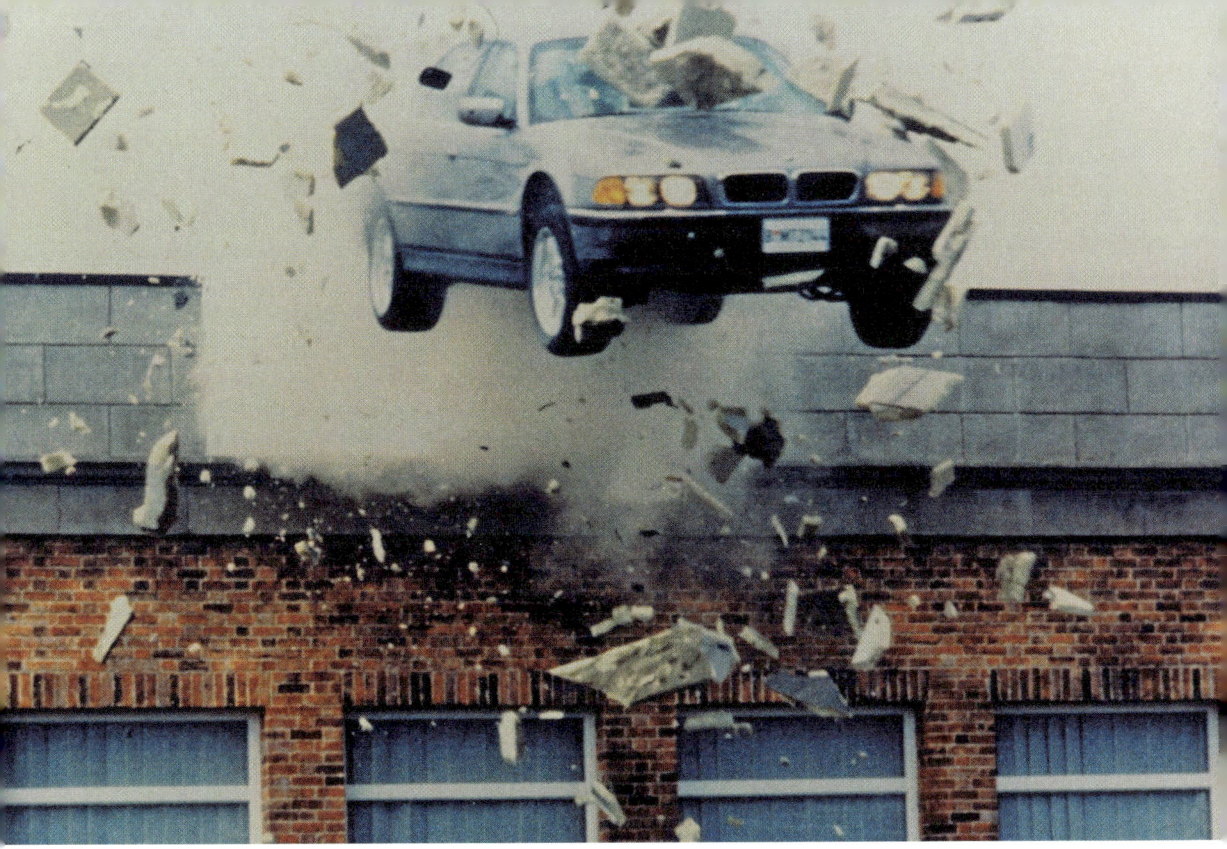

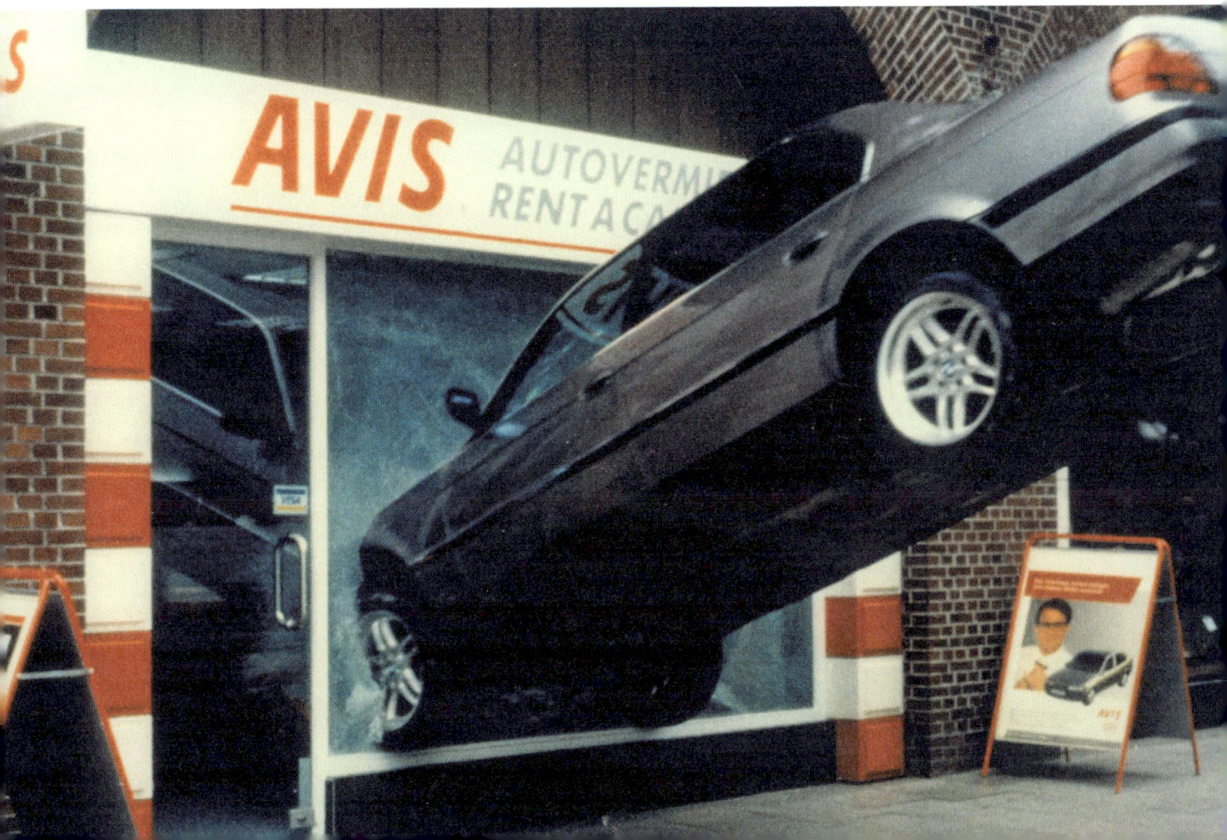
AVIS
AUTOVERMI
RENT A CA

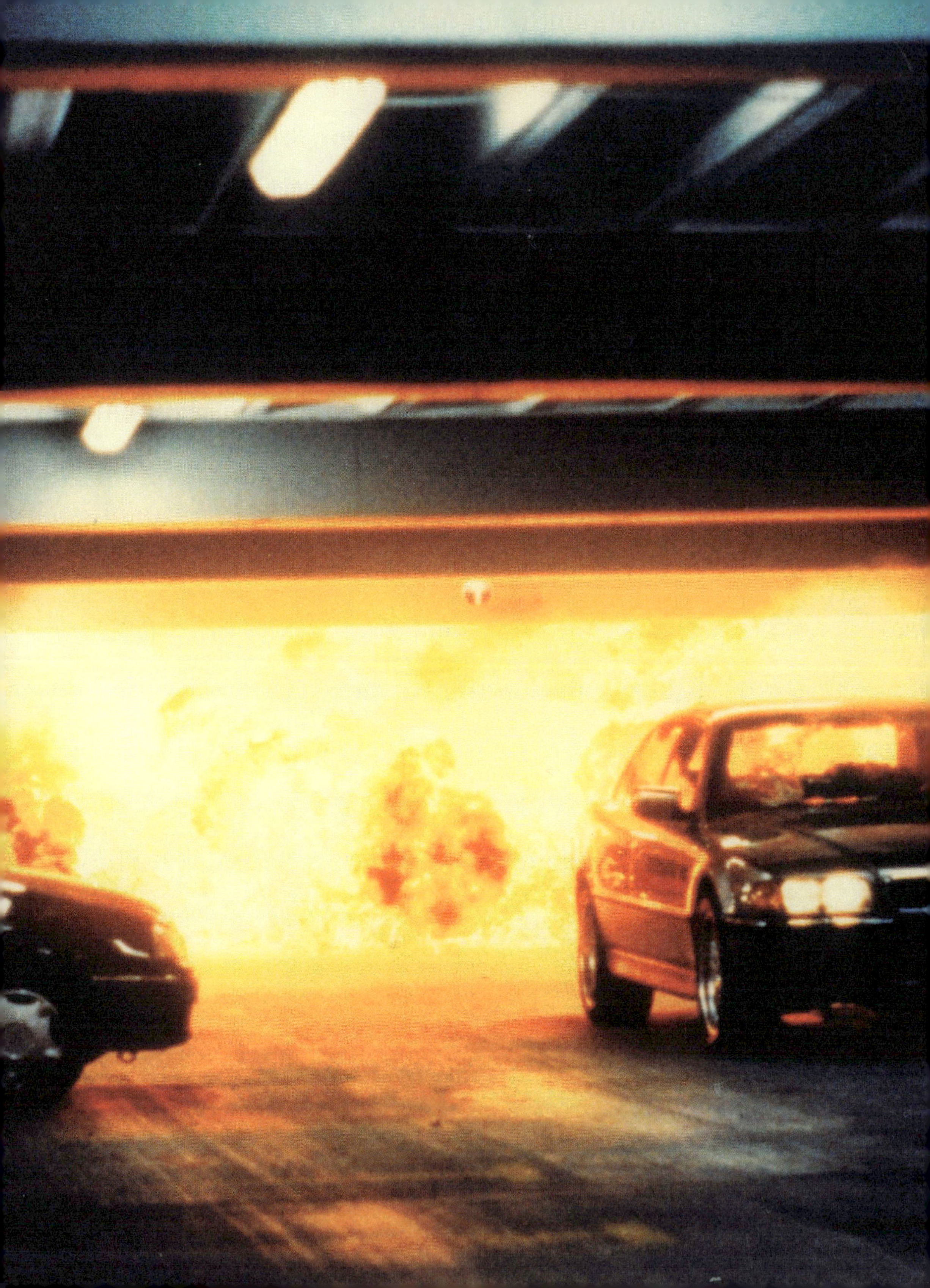

die ihn in ein Parkhaus führt. Er verlässt das Auto und steuert es per Handy, bis es nach einem Sturzflug in einer weiteren Filiale der Autovermietung landet. Bonds ironischer Kommentar dieser als Storyboard vorliegenden Sequenz lautet am Ende: »Hier ist ihr Wagen - der Schlüssel steckt.«

Am 21. und 22. April wurde am Geschäftsflugterminal des Londoner Flughafens Stansted die Übergabe des Wagens von »Q« an Bond gedreht. Erst einen Tag später, am 23. April, gab man in London offiziell bekannt, dass BMW erneut für die fahrbaren Untersätze sorgte. Dabei handelte es sich um ein zweigeteiltes Engagement. So kommen in den Hamburger Szenen Limousinen des Typs BMW 750iL, zu einem Preis von mindestens 173.000 DM pro Stück, in einer »Aspen Silber Executive«-Version mit zahlreichen Extras zum Einsatz. Siebzehn Fahrzeuge wurden in die englischen Frogmore Studios geschafft, um für die verschiedensten Aufnahmen präpariert zu werden. Es sind eigentlich keine richtigen Filmstudios, aber da Produzent George Lucas die Leavesden Studios gebucht hatte, wo große Teile von »GoldenEye« entstanden waren, musste man kurzfristig umdisponieren. Also transformierte man das ehemalige Supermarktlager Frogmore in ein Filmstudio. Aber es wurde nicht nur dort gearbeitet, sondern auch in einem Einkaufszentrum in London. Vom 9. is zum 25. Juni 1997 war das 1st und das 2nd Unit Team im Brent Cross Shopping Center in Londons

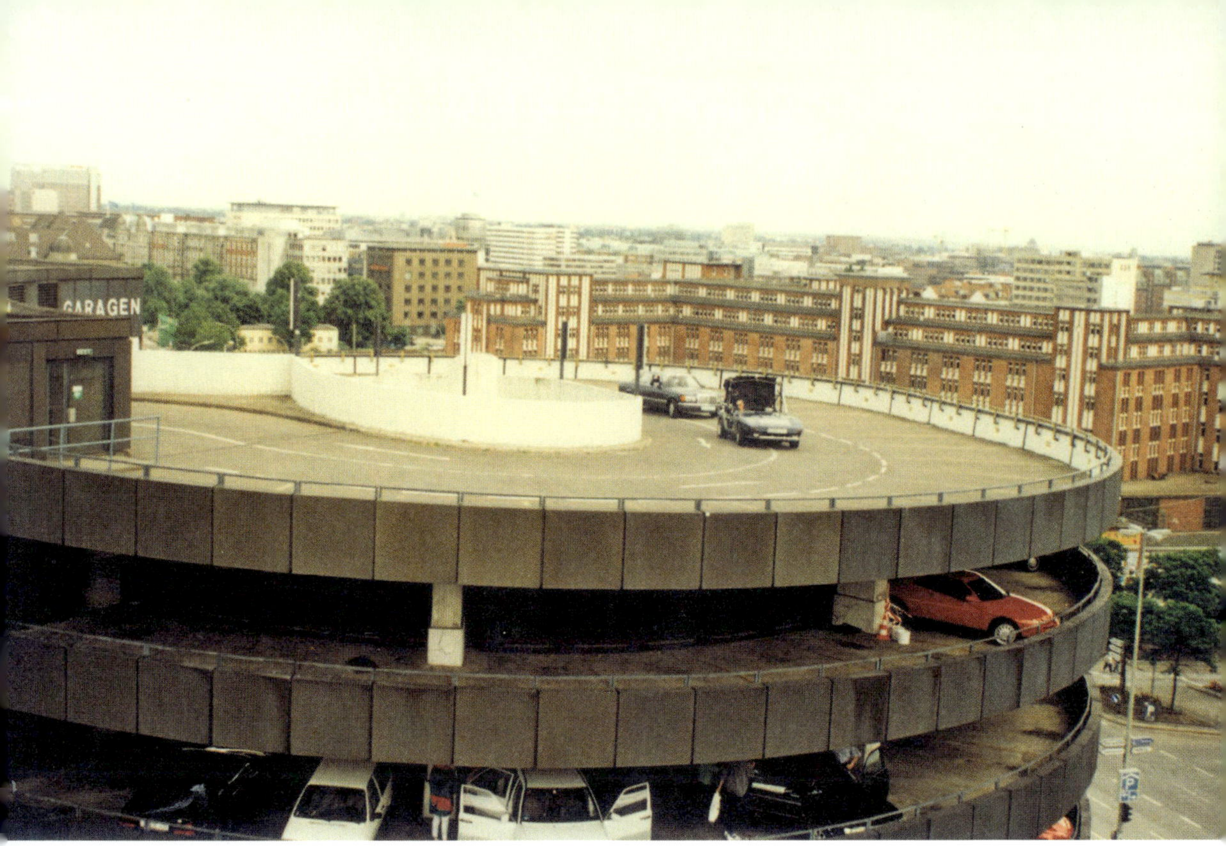
GARAGEN

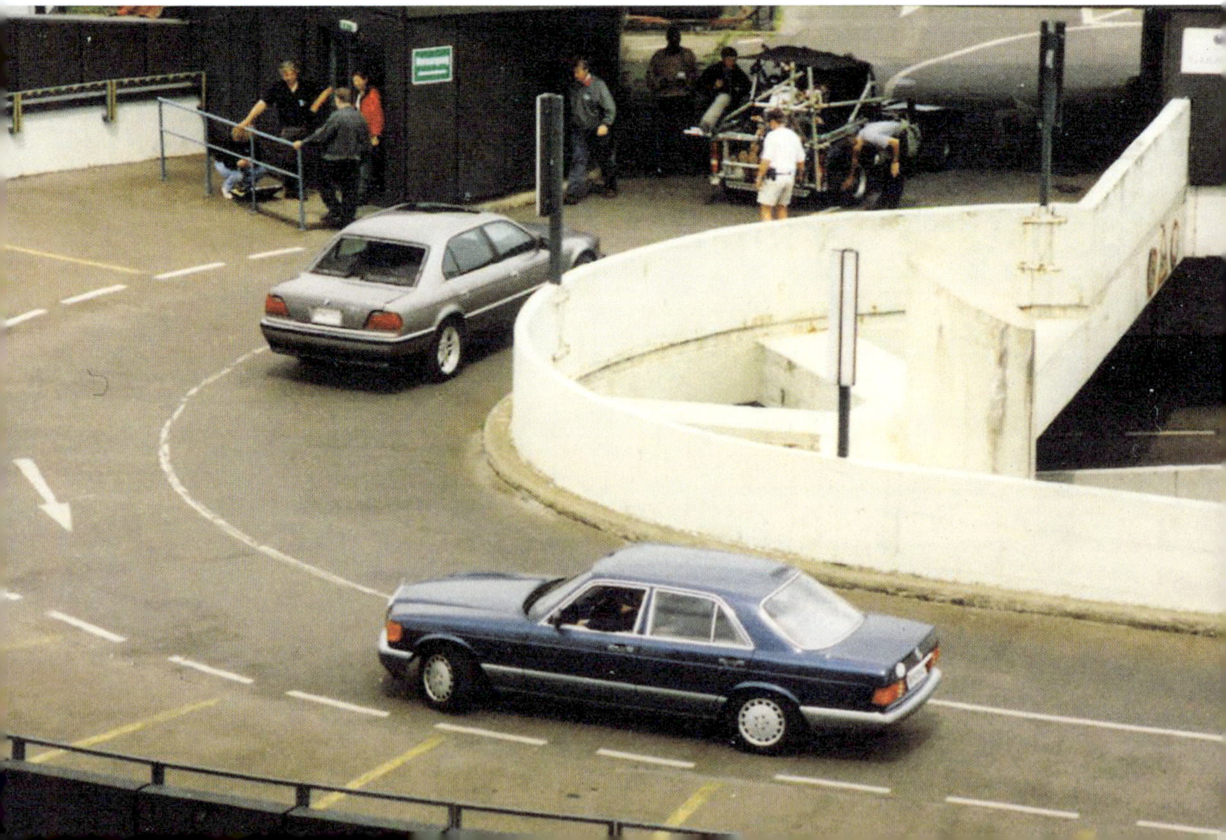

Nordwesten aktiv. Das Team bestand zunächst aus 65 Personen, wuchs aber noch. Eine Reihe von Szenen wurden auf der Ebene 4 gedreht, bei denen am 19. Juni 1997 ein Unfall geschah. Als man eine Verfolgungsjagd mit einem der silbernen BMWs drehte, der von einem schwarzen Mercedes verfolgt wird, und ein Stuntman mit einer Bazooka feuerte, der auch einen Ford Sierra traf, fing der Sierra Feuer und brannte zusammen mit zwei anderen Fahrzeugen aus. Die Dreharbeiten mussten abgebrochen werden, die Feuerwehr wurde gerufen, die inzwischen über 150 Filmschaffenden evakuiert, aber Verletzte gab es glücklicherweise nicht. Filmpressesprecher Geoff Freeman: »Wir haben bei dem Stunt drei Wagen in Brand gesetzt und dabei mehr Feuer und Rauch entfacht, als wir erwartet hatten.«

Die Szenen waren Teil einer Verfolgungsjagd, für die in der Zeit vom Donnerstag dem 18. bis Dienstag dem 22. Juli in der Hamburger Innenstadt weitere Szenen gedreht wurden. Danach steuert 007 das Hotel Atlantic an und wird in eine Verfolgungsjagd verwickelt, die in das hauseigene Parkhaus führt. Diese Szenen entstanden jedoch im Parkhaus von Horten an der Mönckebergstraße, direkt gegenüber dem Bahnhof. Dafür wurde das Dach mit eigens hergestellten »HOTEL ATLANTIC«-Schildern umgerüstet. Der Gag dabei ist, dass Bond dank der technischen Entwicklungen von »Q« in der Lage ist, den Wagen mit einem Funktelefon fernzusteuern, mit dem Handy Schlösser zu öffnen und Fingerabdrücke zu nehmen. Nach Auskunft von Stuntkoordinator Vic Armstrong, der schon bei den Indiana Jones-Filmen dabei war und für »Sag niemals nie« die Motorradjagd inszenierte, stellte BMW »Wagen im Wert von etwa einer Million Pfund (damals knapp drei Millionen Mark) zur Verfügung, und bei den Dreharbeiten gehen etwa drei Viertel davon zu Bruch.«

Zwischen den ersten Planungen, verschiedenen Drehbuchvarianten, Storyboards und dem endgültigen Film gab es eine Reihe von Änderungen. So sollte der Wagen ursprünglich nicht nur über eine Fernsteuerung verfügen, sondern es sollte auch einen Giftgaseinsatz geben. Das wurde abgeschwächt, sodass die Widersacher jetzt nur noch in Nebel eingehüllt werden, wenn sie versuchen, das Auto aufzubrechen. Um der ganzen Sequenz nicht nur Tempo, sondern auch Humor zu verleihen, war ein Wortprozessor im Navigationssystem vorgesehen, der die Attacken auf den Wagen ironisch kommentiert. Darauf wurde am Ende weitgehend verzichtet.

Pierce Brosnan war anfangs von der Verfolgungsjagd nicht so begeistert, doch dann nahm ihn einer der Stuntfahrer mit. Der irische Star legte sich auf die Rückbank und wurde ordentlich durchgeschüttelt. Brosnan schätzte die Idee nun sehr und verstand die komischen und unterhaltenden Aspekte der Sequenz. »Ich wollte ein paar pfiffige kleine Drehs mit einbauen«, so 2nd Unit Regisseur Vic Armstrong. »Statt eine Verfolgungsjagd größer zu machen, hilft manchmal ein Schuss Humor, aber man muss natürlich im Rahmen des Glaubwürdigen bleiben. Das ist ein schwieriger Grad«, sagte er dem Buchautor Paul Duncan.

Am 20. Juli um exakt 12.59 Uhr verfolgten über 1.000 Schaulustige an der Mönckebergstraße, wie die BMW Limousine mit Hilfe einer Rampe und eines Katapults in das Schaufenster einer extra in die Arkaden gebauten Autovermietung geschossen wurde. Zuvor hatte man mit einer in einem ferngesteuerten Mini-Hubschrauber angebrachten Kamera einen Teil des Autosturzes aus der Sicht des Fahrers gedreht. Der Stunt mit dem katapultierten Auto klappte beim ersten Take. Die Passanten stoben auseinander, das Auto durchbrach drehbuchgemäß die Scheibe, und am Ende applaudierten alle Anwesenden. Nur einige Fotografen schauten verdutzt, denn nach über dreistündiger Vorbereitung ging das Ganze so schnell, dass sie den Knalleffekt verpassten.

Mehreren Quellen zufolge wurden 17 BMWs genutzt und 15 von ihnen zerstört. Vier wurden so umgebaut, dass sie einen versteckten Sitz und die Steuerung hinter dem Fahrer hatten. In den Außenspiegeln und oberhalb der Windschutzscheibe waren Videomonitore installiert. Drei weitere umgebaute BMWs dienten als Reserve. Ein Fahrzeug besaß ein spezielles Handschuhfach, das sich durch Wischen öffnete und einen Safe enthüllte. Es wurde nur für diese Szene benutzt. Ein Wagen hieß »die Kanone«, und wurde speziell dafür präpariert vom Dach zu fliegen. Alle gewichtigen Teile die nicht

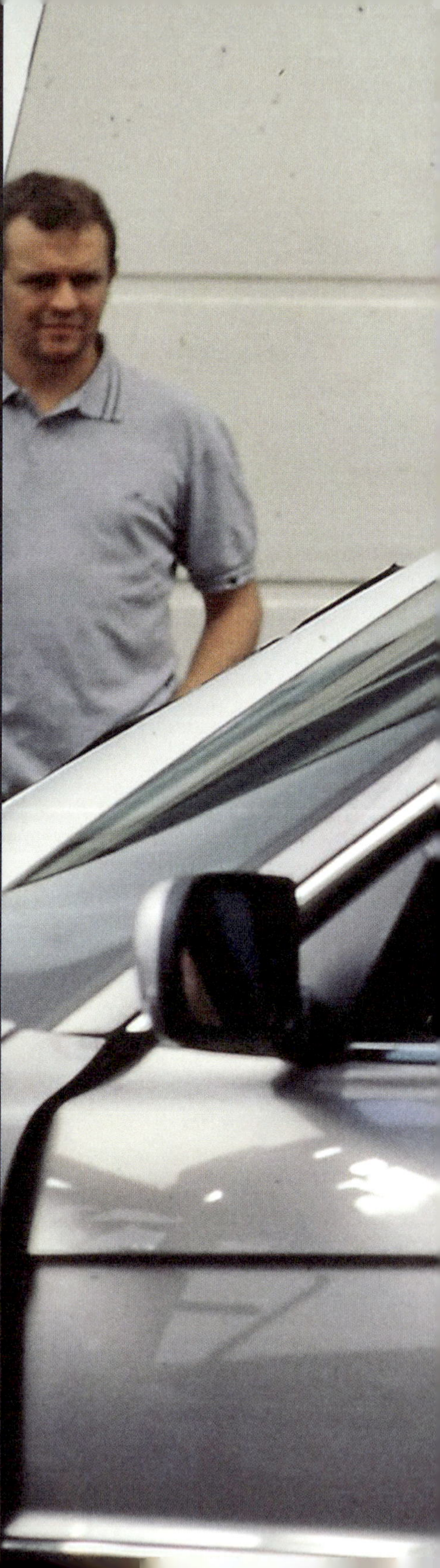

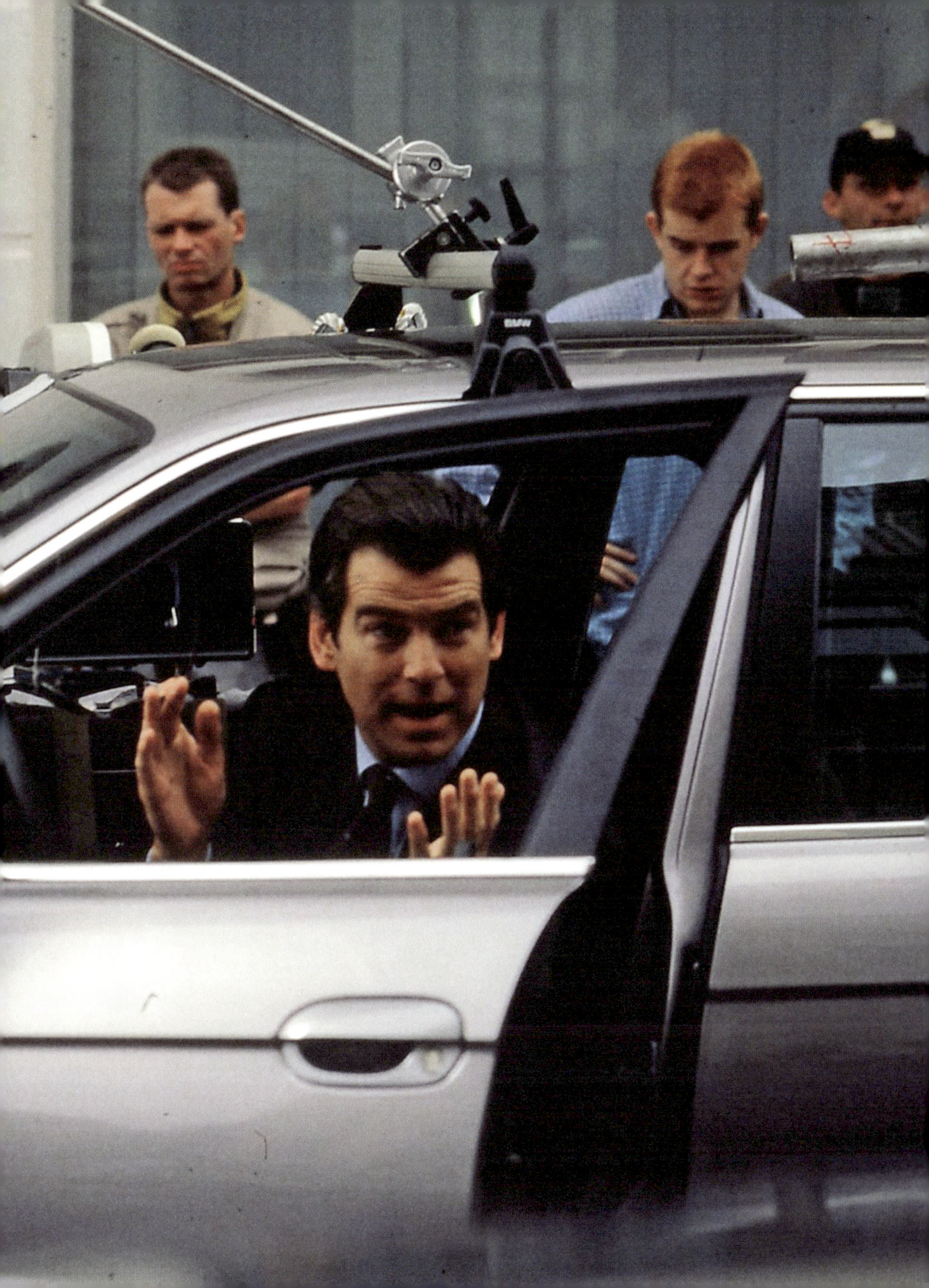

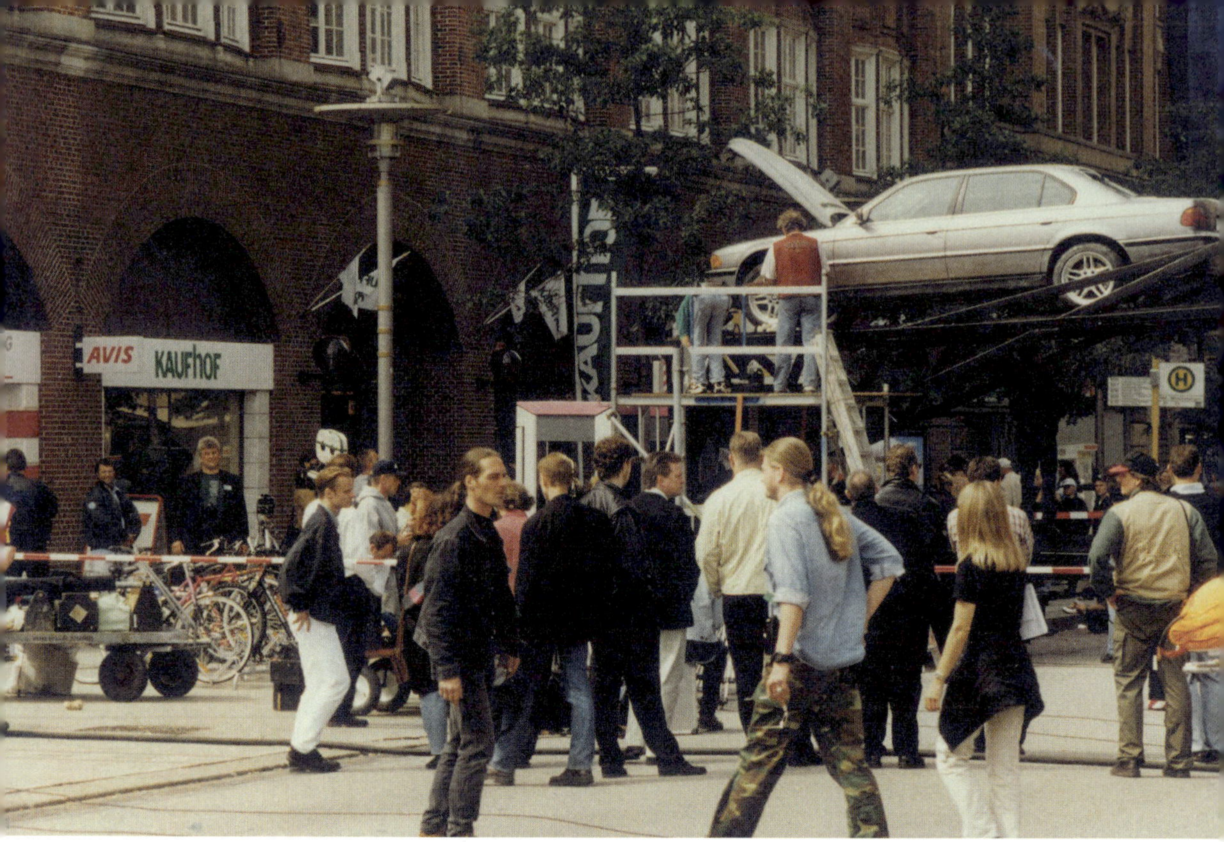
AVIS
kaufhof

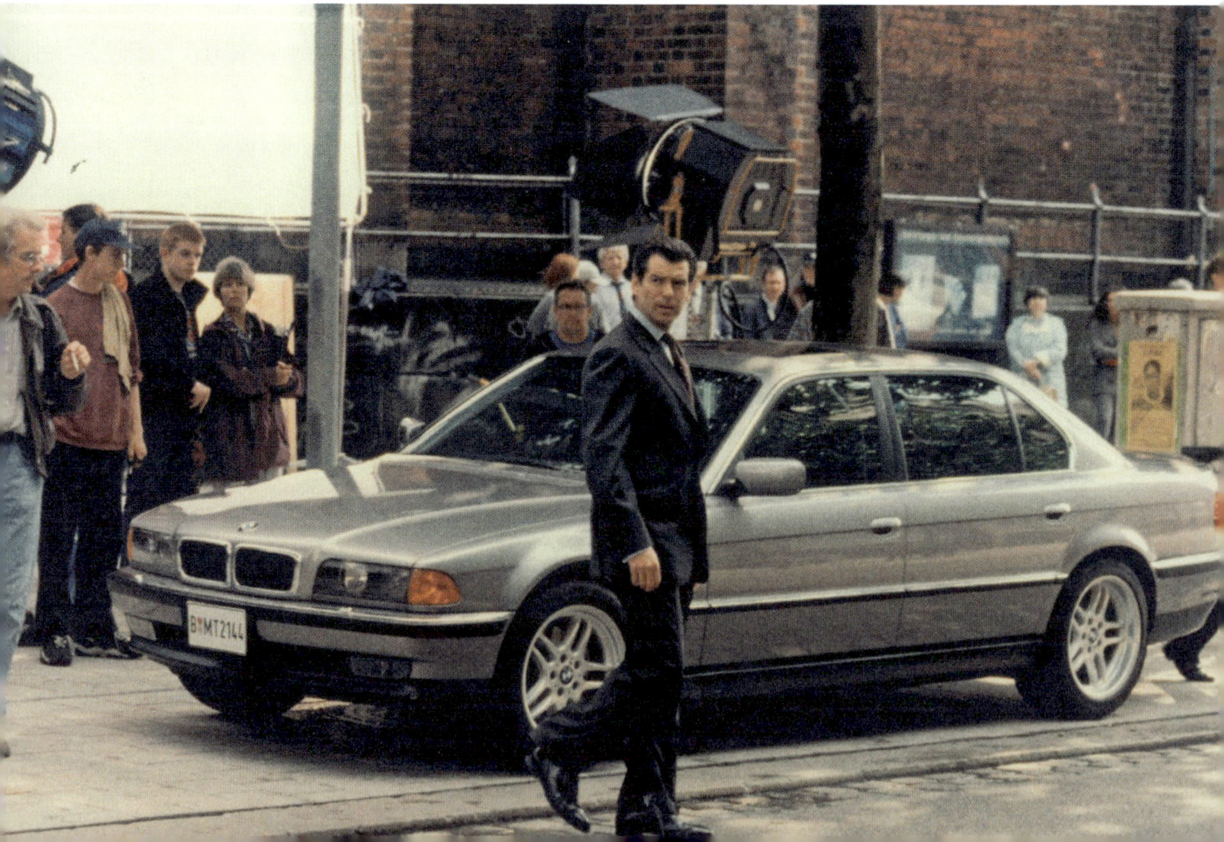
B MT 2144

benötigt wurden, entfernte man zuvor, um danach von einer extra gebauten Anlage in die Tiefe zu fliegen. Die anderen sieben Fahrzeuge wurden als Reserve und für Außenaufnahmen genutzt. Dazu zählte auch der Wagen, der in Hamburg auf der Straße fuhr. Das Nummernschild des BMW – einmal ganz davon abgesehen, dass keines der Schilder über keine TÜV-, ASU- oder Stadt-Plakette verfügte – war übrigens mit der Nummer B - MT 2144 versehen, eine Anspielung auf Bonds silbernen Aston Martin mit der Nummer BMT 214 A.

Der Fehlerteufel hat bei diesem Film besonders kräftig zugeschlagen. Neben offensichtlichen und groben Schnitzern, zum Beispiel, dass an dem Wagen während der Verfolgungsjagd unterschiedliche Felgen zu sehen sind, gibt es eine Reihe von Dingen, die man erst bei mehrmaligem Anschauen oder in Einzelbildschaltung entdeckt. Filmfehler-Junkies haben ihre helle Freude daran. Sie entdeckten unter anderem, dass die Kopfstützen mal durchlöchert sind und mal nicht, die Heckscheibe mal drin und mal draußen ist und sich das Lenkrad nicht bewegt, wenn der Wagen abbiegt oder um Kurven fährt. Aber das ist nur etwas für Puristen und wird beim alltäglichen Filmgenuss nicht auffallen.

Auf einen schönen Inside-Gag verzichteten die Macher am Ende leider. Als »Q« den Wagen enthüllt, geht zunächst eine Holzkiste auf, in der sich ein echter Jaguar in einem Käfig befindet. Das eingesperrte Tier ist eine Anspielung darauf, dass nun BMW im Film präsent ist und nicht etwa der britische Autohersteller.

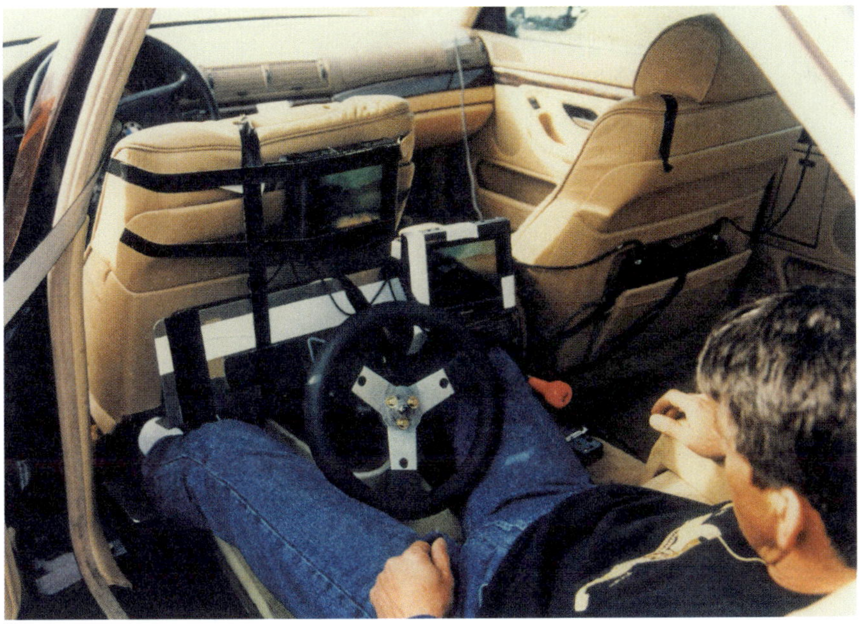

James Bond's garage…

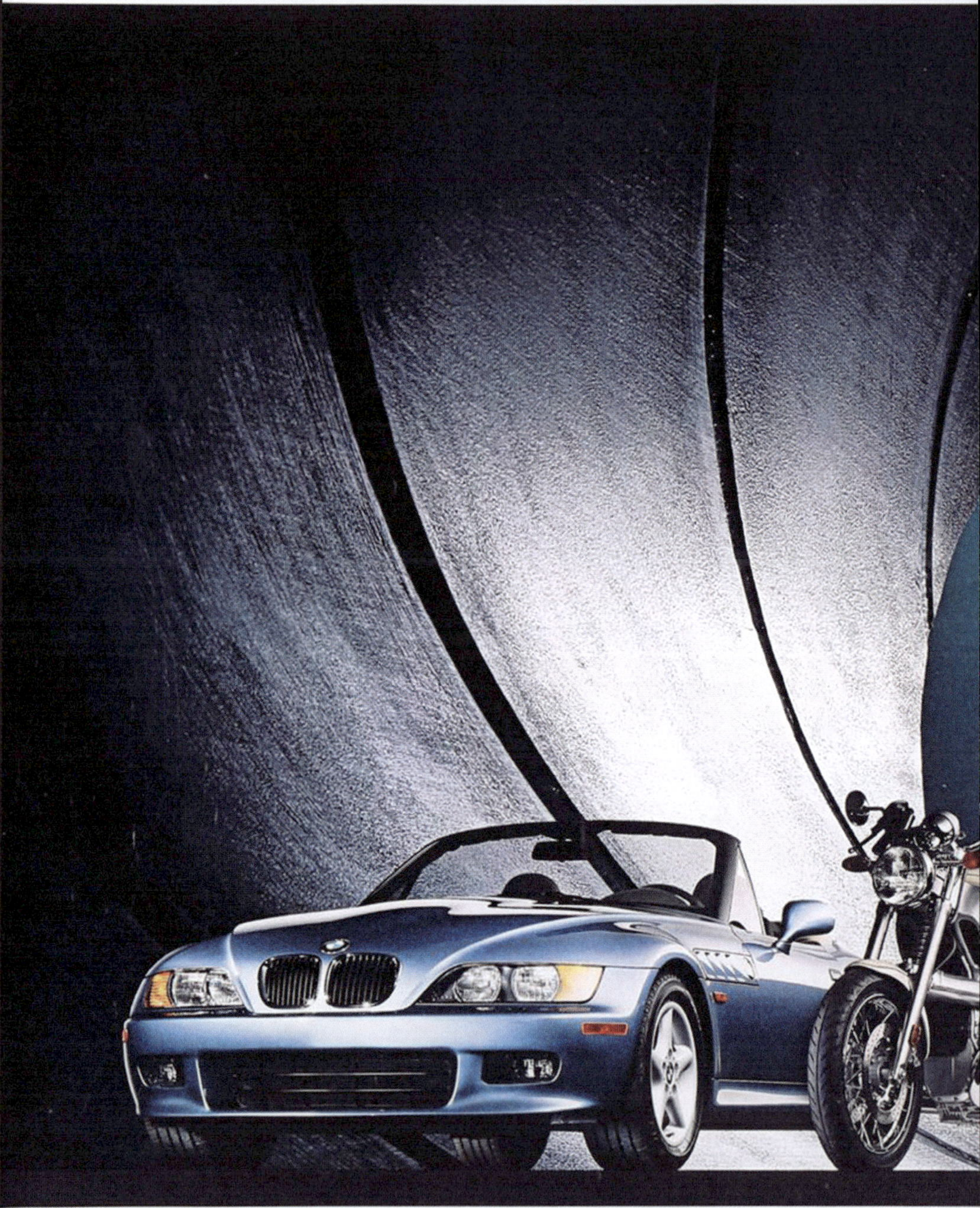

How could he possibly be faithful t

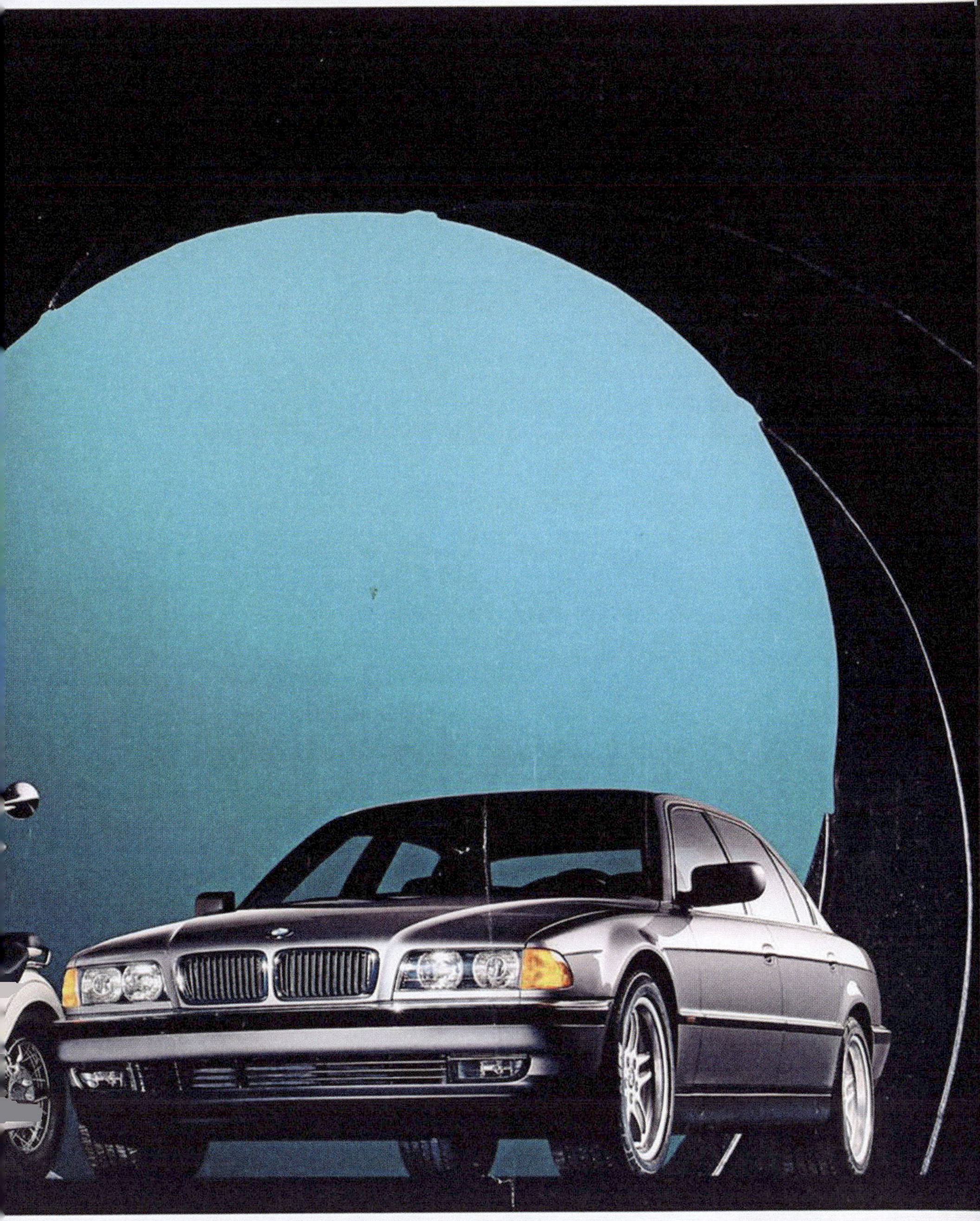

ust one?

The Ultimate Driving Machine®

Aus Rücksicht auf zukünftige mögliche Geschäftspartner wurde die Szene geschnitten. Die offene Kiste ist aber noch zu sehen - ohne Jaguar.

Ein wahrer Triumph für die Bayern war die Tatsache, dass die Verfolgerautos, wie schon so oft, dunkle Mercedes-Limousinen waren. Kommentar von BMW-Mitarbeiter Peter Nickel: »Auf der einen Seite wollen wir zeigen, dass BMW für Robustheit und Fahrsicherheit steht, und es wäre nicht schön, wenn die Wagen aufgrund eines elektrischen Defekts liegenbleiben würden. Wir freuen uns natürlich sehr darüber, wenn die verfolgenden Mercedes-Wagen unseren BMW nicht erreichen.«

Der Vertrag zwischen BMW und MGM/UA resp. Eon Productions beinhaltete nicht nur, dass die Firmen sich gegenseitig bei Werbe- und Marketingmaßnahmen unterstützten, sondern auch eine besondere »Zugabe«. Wer in der Ferienzeit (Holiday Season in den USA) einen nagelneuen BMW 750iL erwarb, bekam noch kostenlos ein Motorrad vom Typ R 1200 C hinzu, das im Film ebenfalls eine Rolle spielte. MGM/UA und eine Reihe weiterer Partnerfirmen investierten die Summe von 100 Millionen Dollar, um den Film zu bewerben. Das war damals der höchste Betrag, mit dem je ein Bond-Film vermarktet wurde, und doppelt so viel wie für den Vorgängerfilm »GoldenEye«.

DATEN UND FAKTEN

Modell: BMW 750iL
Farbe: Aspen Silbermetallic
Bauzeit: 1994 - 2001
Stückzahl: 16.658
Motor: 5379 ccm V12
Leistung: 326 PS
Kennzeichen: B - MT 2144
Höchstgeschwindigkeit: 250 km/h
Screen Time: 6.24 min

DER TOYOTA 2000 GT AUS »MAN LEBT NUR ZWEIMAL« (1967)

Im Sommer 1964 gab es erstmals Überlegungen von Toyota, ein Sportcoupé zu bauen, das als echter Gran Turismo buchstäblich für die »große Fahrt« und obendrein für die Rennstrecke taugen – und so das Image des Herstellers auf dem US-Markt aufbessern sollte. Denn gerade die japanische Autoproduktion war eher für biedere Familienkutschen bekannt als für rassige Zweisitzer. Unter der technischen Leitung von Toyotas Chefingenieur Jiro Kawano entstand in den folgenden eineinhalb Jahren ein nur 1,16 Meter hohes Coupé, das bei seiner Premiere auf der 12. Tokio Motorshow im Oktober 1965 für Furore sorgte. In dem Kastenrahmen verbarg sich ein Reihensechszylinder-Motor mit zwei Litern Hubraum und zwei Nockenwellen, der dem Auto zu einer Höchstgeschwindigkeit von 220 km/h verhalf. Dafür sorgten 150 PS bei 6600 Umdrehungen. Zudem gab es feinste technische Extras: Einzelradaufhängung vorn und hinten, Dunlop Scheibenbremsen vorn und hinten, fünf Gänge, Ledersitze und ein Rosenholz-Armaturenbrett. Doch auch der Nachteil des Projektes soll nicht verschwiegen werden. 2,38 Millionen Yen oder 6.800 Dollar (damals etwa 20.000 Mark) sollte der japanische E-Type kosten, und das war für den Durchschnittsbürger einfach zu viel. Nur 62 Stück (andere Quellen besagen 65 bzw. 84) wurden in die USA exportiert. Nur 22 Links- und drei Rechtslenker kamen nach Europa. Viele technische Komponenten stammten aus dem Familienmodell »Crown«, das gerade mal die Hälfte kostete. Die Kritiker waren trotz des hohen Preises begeistert, die Publikumsreaktionen geradezu enthusiastisch, und auch die Leistung des Autos verdiente diese Reaktionen. Auch der Renneinsatz zeigte bald darauf, dass der elegante GT kein Schwächling war. Bis zum Oktober 1966 wurden 13 nationale und drei internationale Langstreckenrekorde auf der Rennstrecke Yatabe bei Tokio aufgestellt. Im Mai 1967 begann dann der Verkauf, wobei hinzugefügt werden muss, dass man neben der äußeren Linienführung auch für ein besonders behagliches Inneres sorgte. Hatten sich bei der ersten Präsentation noch einige Stimmen über die beiden fast senkrecht stehenden Hauptscheinwerfer aufgeregt (die US-Norm, nach der diese eine Mindesthöhe von 24 Zoll haben mussten, bedingte diese Gestaltung), so sprachen die zwei großen und fünf kleinen Rundinstrumente, die Rosenholzauflagen am Armaturenbrett und die serienmäßige Ausstattung mit Radio und Motorantenne vor allem luxus-verwöhnte Kunden an. Doch trotz der begeisterten Reaktionen endete die Produktion bei einer Stückzahl von 337 (andere Quellen sprechen von 351) Autos. Im Oktober 1970 lief endgültig der letzte Toyota 2000 GT vom Band. Die meisten wurden übrigens in weißer oder roter Lackierung ausgeliefert.

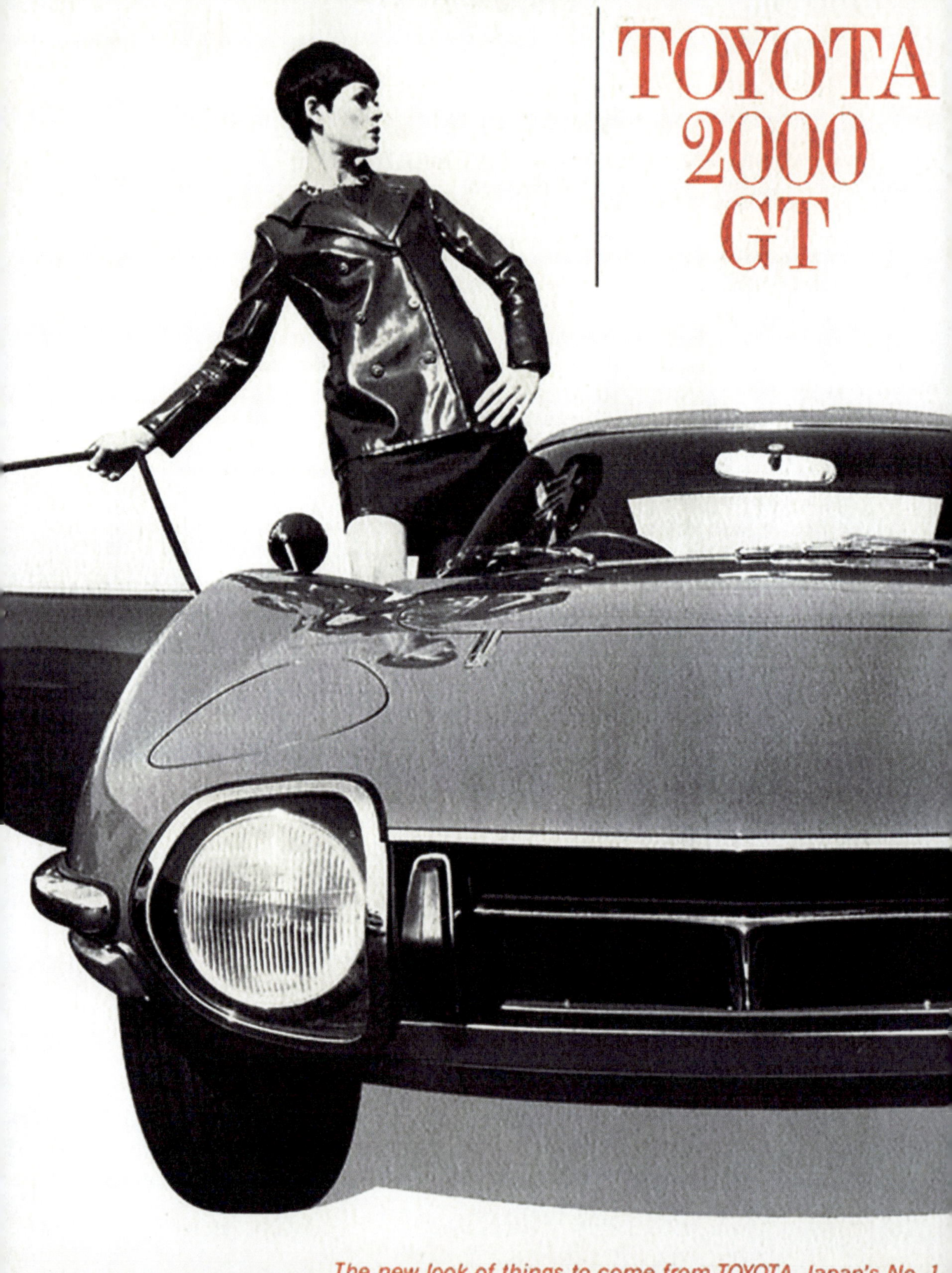
TOYOTA
2000
GT
The new look of things to come from TOYOTA, Japan's No. 1

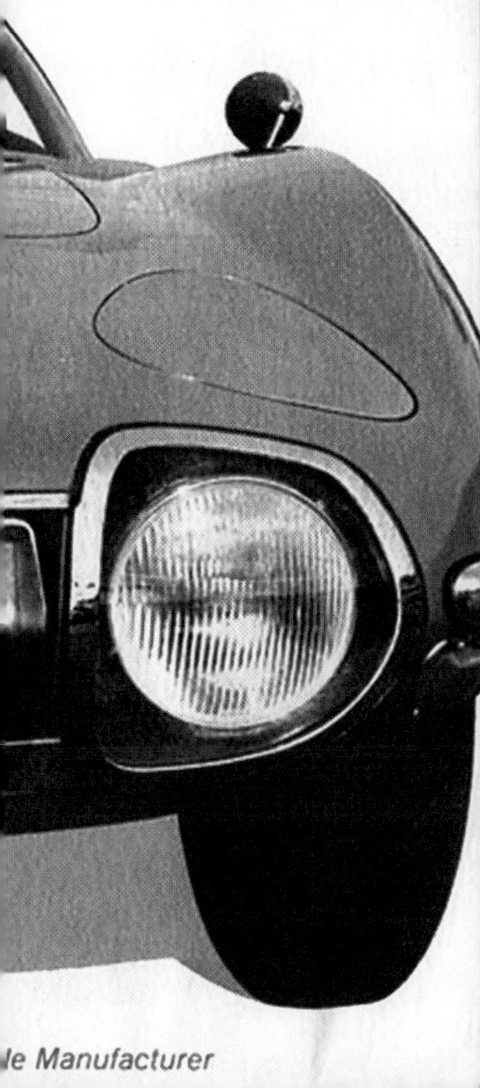

Doch für zwei dieser Autos war ein ganz besonderer Lebenslauf vorgesehen und deren Geschichte ist bis heute spannend, nicht ohne Rätsel und Ungereimtheiten. Nach dem immensen Erfolg des Aston Martin DB 5 in »Goldfinger« und dessen weiterem Auftritt in »Feuerball« planten die Produzenten der James-Bond-Serie, Albert R. Broccoli und Harry Saltzman, für den fünften Film mit ähnlichen technischen Kabinettstückchen aufzuwarten, zumal die Anzahl der James-Bond-Ableger ständig größer wurde. Agenten wie Jerry Cotton oder 3S3 und viele weitere schwammen ebenfalls erfolgreich auf der Spionagewelle. Da musste man etwas Besonderes bieten. Ursprünglich plante man »Im Geheimdienst Ihrer Majestät« zu verfilmen. Da aber der Ausbau eines geplanten Drehortes länger währte als gedacht, besann man sich auf »Man lebt nur zweimal«, der zu großen Teilen in Japan gedreht werden sollte.
Drehbuchautor Roald Dahl hatte für die Story ursprünglich drei Verfolgungsjagden erdacht, in denen auch wieder ein speziell für den Film gebautes Auto eine Rolle spielen sollte. Unumstrittener Star sollte jedoch der waffenstrotzende Minihubschrauber »Little Nellie« werden, sodass man ein dem Aston Martin vergleichbares Equipment für den Wagen ausschloss. Schnell reduzierte man auf nur eine Autojagd und zog als mögliches Fahrzeug den Toyota und den ersten Camaro von General Motors in Betracht. Broccoli, der schon lange vor Drehbeginn in Japan

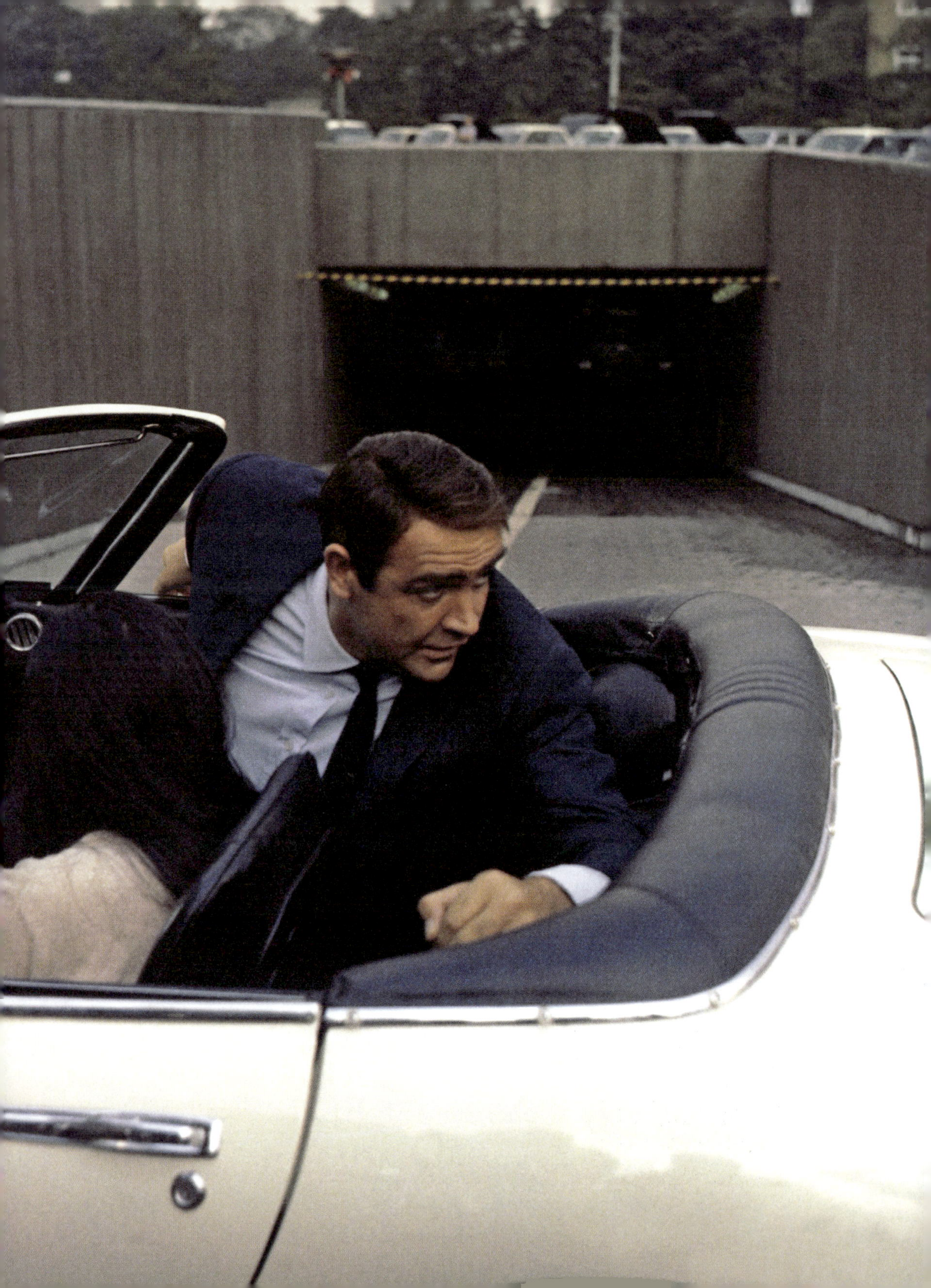

weilte, entschloss sich jedoch für den Toyota, falls die Möglichkeit bestand, ihn als Cabriolet zu bekommen. Denn Sean Connery war mit 1,88 Meter schlicht zu groß für ein Coupé. Die Ingenieure des japanischen Konzerns willigten ein und machten sich daran, zwei Autos aus der Serie zu Cabrios umzubauen. Somit wurde das Bond-Auto das erste japanische Cabriolet überhaupt, und das Filmen für Regisseur Lewis Gilbert und seine Crew nebenbei viel leichter. Das Äußere des Wagens wurde zudem bis zur Premiere des Films im Juni 1967 geheim gehalten. Zuständig für das Design war Saturo Nozaki. Für die Arbeiten an den Fahrzeugen war damals Produktingenieur Toshihiro Okada bei Toyota verantwortlich. »Nachdem sich die Filmfirma dazu entschlossen hatte, unser Modell zu wählen, suchte mich Jiro Kawano auf und erzählte mir, dass wir nicht viel Zeit hatten, um das Auto umzubauen. Er bat mich, einige Zeichnungen anzufertigen, um sie Broccoli zu zeigen«, sagte Okada dem Journalisten Peter Nunn. Man machte sich an die Arbeit, und schon nach zwei Wochen stand das erste der beiden offenen Modelle für Probefahrten bereit. Es entstand unter der Leitung von Okada im »Toyopet Service Center«, einem Entwicklungsbüro in Tsunashima außerhalb des Werkes bei Yokohama. »Ich erinnere mich daran, dass das Auto sehr schnell entstand. Die Frontsäulen und die Scheibe blieben erhalten, aber der hintere Teil des Autos wurde komplett verändert. Nur die Stoßstangen und die Rückleuchten wurden beibehalten. Ich war wirklich überrascht wie schnell das alles ging«, sagte Okada. Die Kürze der Umbauzeit lässt schon darauf

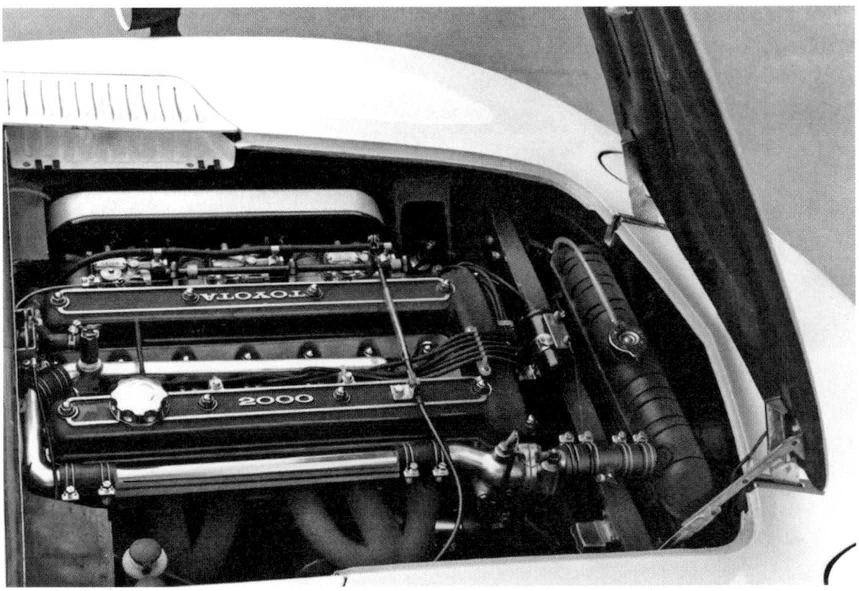

schließen, dass für dieses Auto besondere Maßstäbe galten, legte man doch üblicherweise mindestens ein Jahr an reiner Entwicklungszeit für eine offene Version zugrunde. Doch glücklicherweise war das Chassis des 2000 GT mit seinem Kastenrahmen sehr massiv, sodass die Konstrukteure vor keine größeren Probleme gestellt wurden. Dennoch ist es kein vollwertiges Cabriolet geworden, denn auf das versenkbare Dach hat man aufgrund der Kürze der Zeit schlichtweg verzichtet und auf die beiden Seitenfenster auch. Stattdessen behalf man sich mit einem kleinen Buckel, der zumindest andeutete, dass sich darunter ein Dach befinden könnte.

Im Film dient der offene Zweisitzer

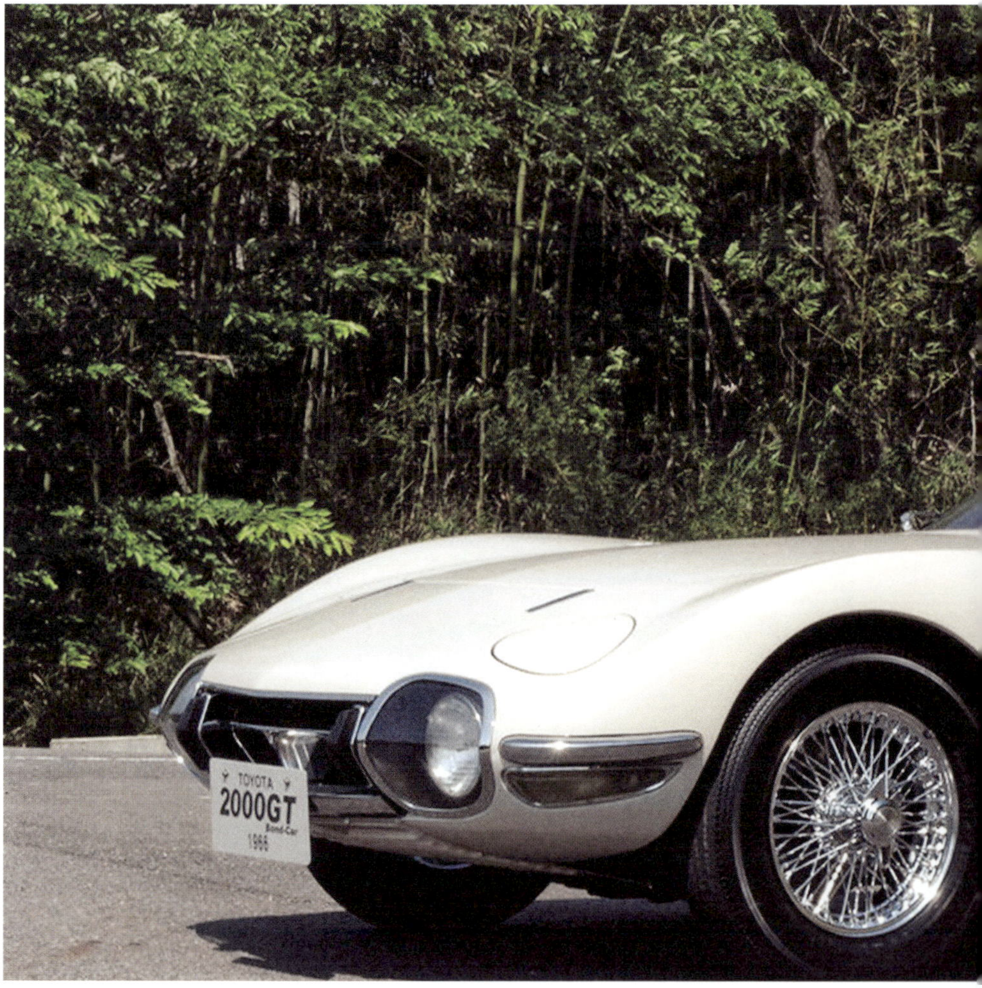

dann nicht einmal Bond selbst, sondern Mitarbeiterin Aki, gespielt von der japanischen Schauspielerin Akiko Wakabayashi. Er verfügte für die damalige Zeit über einige revolutionäre Extras. Passend zur technik-begeisterten Nation Japan rüstete man das Auto mit den folgenden elektronischen Spielereien aus: Farbfernsehkameras und Empfänger, wobei die Kameras jeweils hinter den Nummernschildern installiert wurden und alles aufnahmen, was sich vor oder hinter dem Fahrzeug befand, ein drahtloses Telefon, ein HiFi-Empfänger, ein Tonband, das sich selbst einschaltet, sobald Stimmen ertönen, ein Videorecorder im Handschuhfach sowie ein Mini-Farbfernseher.

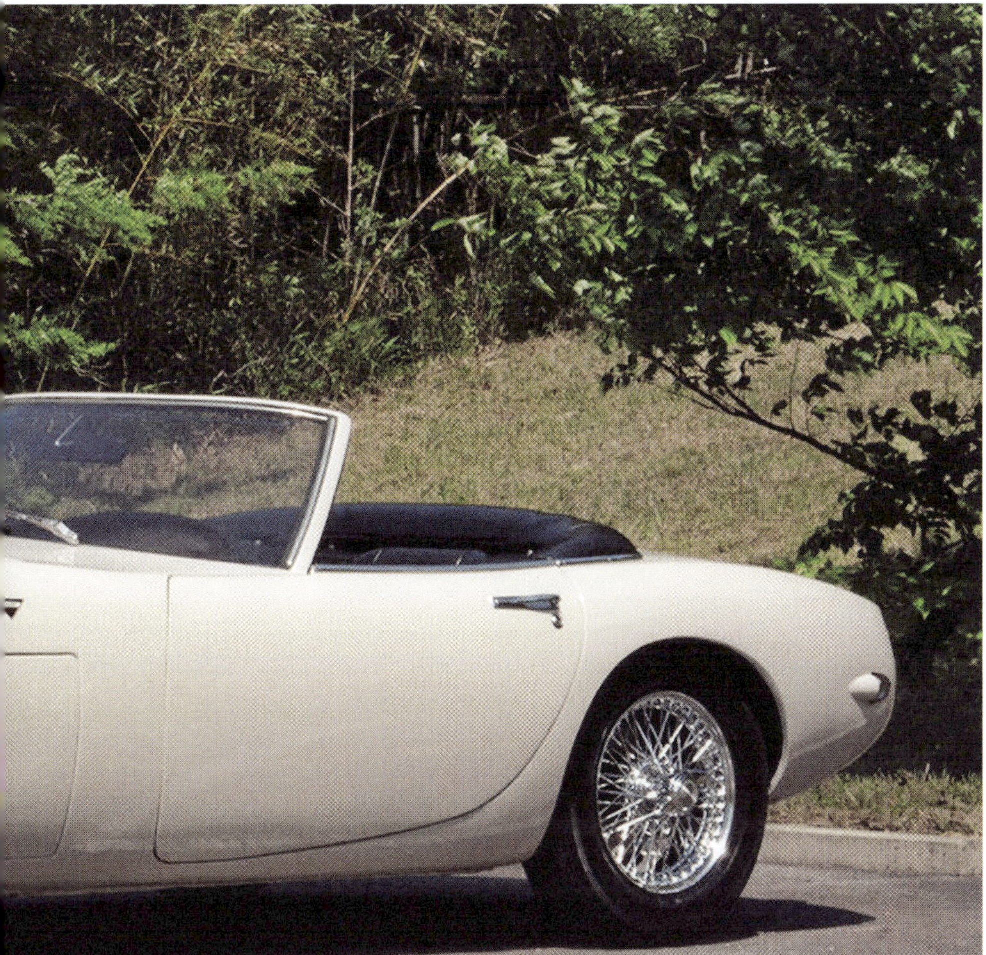

Für die Spezialeffekte war von Seiten des Filmteams John Stears zuständig. Betrachtet man den fertigen Film, so stellt man fest, dass der 2000 GT nur in fünf Sequenzen zu sehen ist, eine davon auch nur als Wiederholung auf Monitoren. Für die Aufnahmen selbst wurden allerdings zwei identisch aussehende Fahrzeuge genutzt – das eine für die Außenaufnahmen in Tokio, das andere für die Studiodreharbeiten in den Londoner Pinewood Studios. Doch gerade um diese Aufnahmen ranken sich Gerüchte und Widersprüchlichkeiten. Zum einen wirken die elektronischen Innereien im hinteren Teil des Wagens unter dem »Buckel« zu umfangreich, als dass es möglich gewesen wäre, diese Anlage in den kleinen Toyota zu stopfen. Denkbar ist also, dass für diese Aufnahmen das Interieur eines anderen Autos herhalten musste. Weiterhin wurden viel mehr Aufnahmen gedreht, als hinterher verwendet wurden. Das ist bei Filmaufnahmen eigentlich nichts Ungewöhnliches, aber wenn man bedenkt, dass das ganze Filmteam frühmorgens in der »Ginza« in Tokios Prachtstraße drehte, dafür mehrere Straßenzüge absperren ließ und später keine Sekunde davon verwendete, dann verwundert das schon. Nur kurz ist einmal der Schriftzug »Ginza West 5th Street« zu sehen. Etwas enttäuscht darüber zeigte sich auch Toshihiro Okada, auch wenn er einräumt, dass das dem Verkauf des herkömmlichen Modells wohl auch nicht mehr genützt hätte. Für kräftigen Rummel und gute Werbung

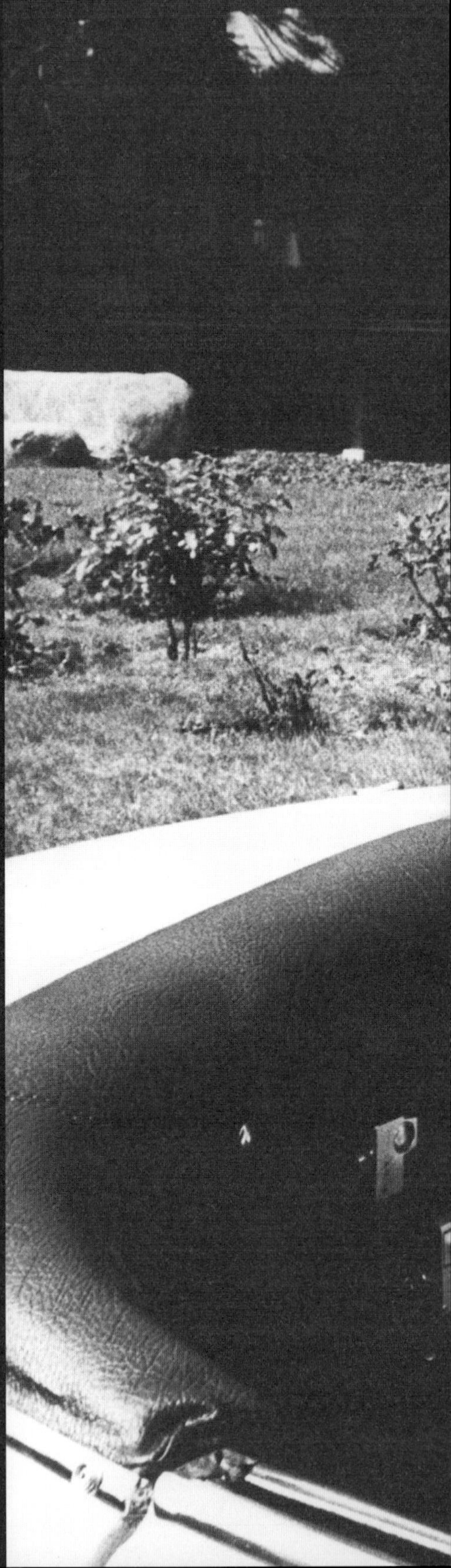

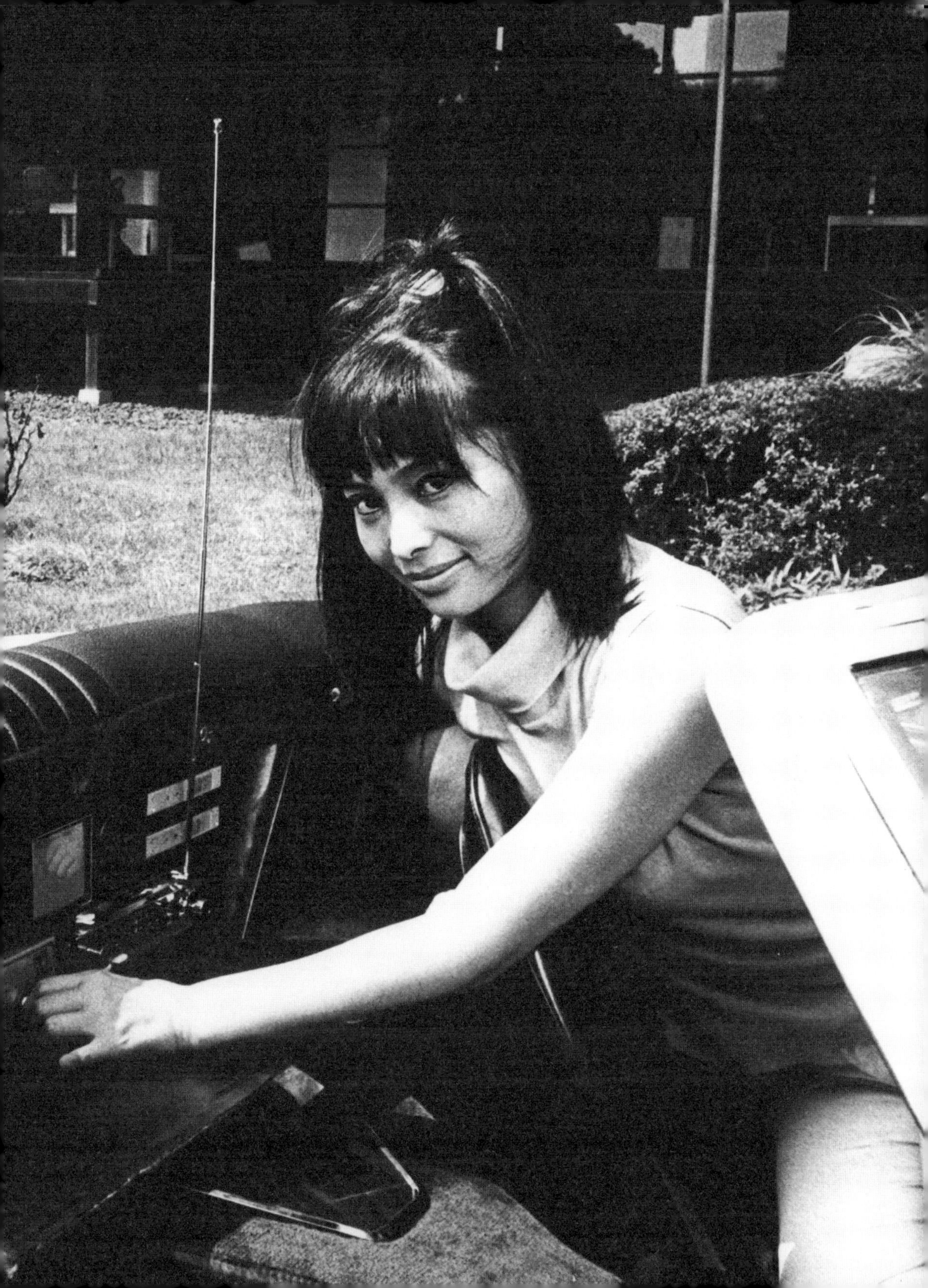

»EINS HAT MIR MEINE MUTTER SCHON VOR LANGER ZEIT BEIGEBRACHT. NIEMALS IN DEN WAGEN EINES FREMDEN MÄDCHENS EINZUSTEIGEN.« —GEHEIMDIENST-CHEF TANAKA (TETSURŌ TAMBA) ZU JAMES BOND (SEAN CONNERY) IN »MAN LEBT NUR ZWEIMAL«

für den Film sorgten die Wagen auf jeden Fall. Während ein Fahrzeug durch Japan und die USA reiste, wurde das andere auf den Autosalons von London, Brüssel, Paris, Amsterdam und Genf gezeigt, dort sogar schon im März. Am 5. und 6. August 1967 machte es sogar kurz Zwischenstation auf dem Nürburgring. Dort drehte Karin Dor – im Film die Darstellerin der Sekretärin Helga Brandt und Bonds Widersacherin – gemeinsam mit AvD-Präsident Alfons Fürst von Metternich vor 450.000 Zuschauern eine Runde. Und auch der ehemalige Bundesverkehrsminister Georg Leber nahm einmal in dem Wagen Platz. So wurde der Große Preis von Deutschland zur reinen PR-Veranstaltung des Filmverleihs United Artists, und sinnigerweise verteilte man 250.000 Handzettel an die Autofahrer mit dem Aufdruck »›Man lebt nur zweimal‹, das behauptet er. Aber Sie sind nicht James Bond. Wir vom AvD sagen: Man lebt nur einmal. Fahre deshalb vorsichtig und mit Happy End.«

Kein Happy End gab es allerdings lange Zeit für die beiden seltenen Autos. Ein Fahrzeug agierte zwischenzeitlich als Kurswagen für den Fuji-Rennkurs, während das andere in blauer Lackierung wieder auftauchte und zu Publicity-Zwecken die Aufschrift: »Used by 007 in: You Only Live Twice« trug. Später wurde es in grau lackiert. Im Jahre 1977 wurde eines der beiden seltenen Stücke in Hawaii wieder aufgefunden, von Toyota erworben, zu dessen Zentrale in Tokio gebracht und erst Jahre später restauriert. Er steht jetzt in der Tokioter »Kaikan« Ausstellungshalle. Der allgemeine Zustand des Autos war lange Zeit bedauernswert. Der Wagen wurde jahrelang nicht bewegt, war stark verschmutzt und es fehlten einige Teile, wie etwa das komplette Handschuhfach und der Schaltknauf. Das Öffnen der Motorhaube war auch nicht möglich. Es dauerte viele Jahre, bis man den Wert des Wagens erkannte und ihn auch wieder fahrtüchtig machte. So durfte der US-Talkmaster Jay Leno im Jahr 2012

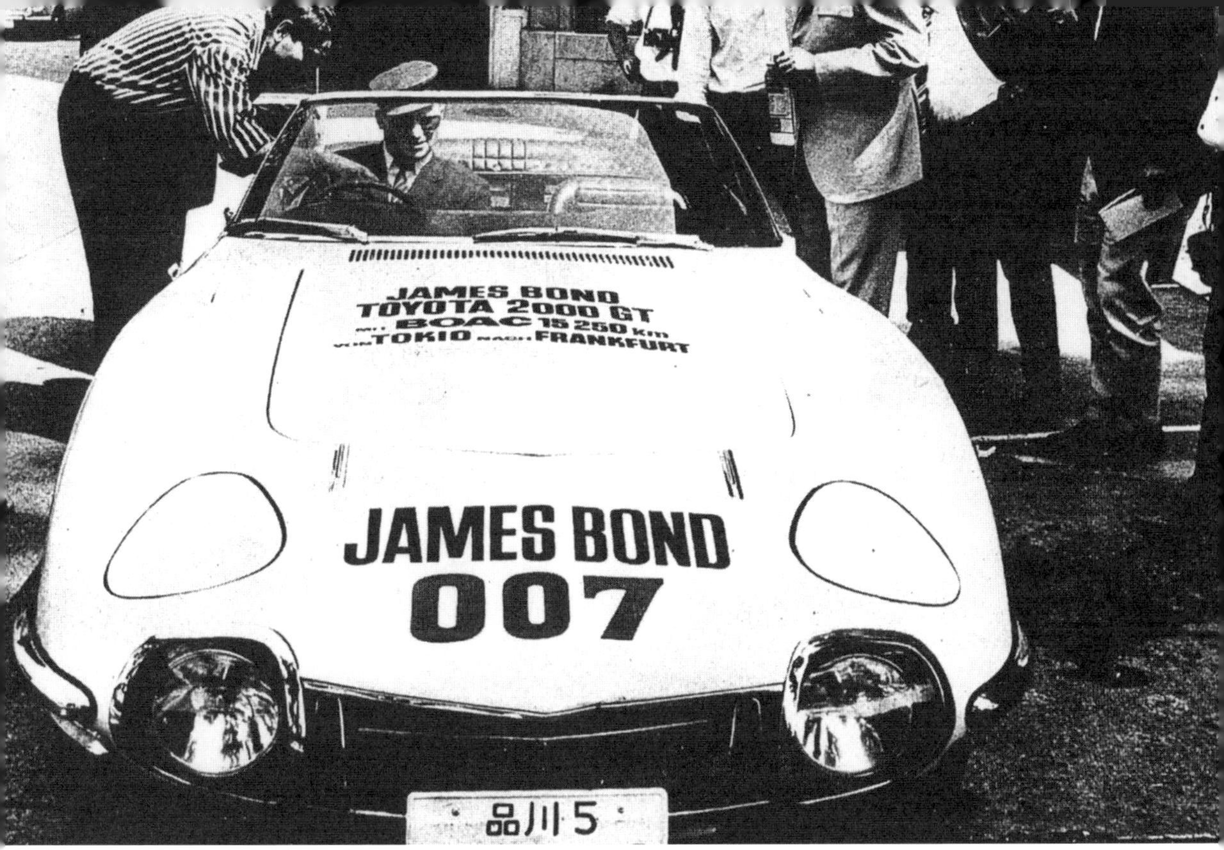
JAMES BOND
TOYOTA 2000 GT
BOAC 15 250 km
TOKIO FRANKFURT
JAMES BOND
007
品川5

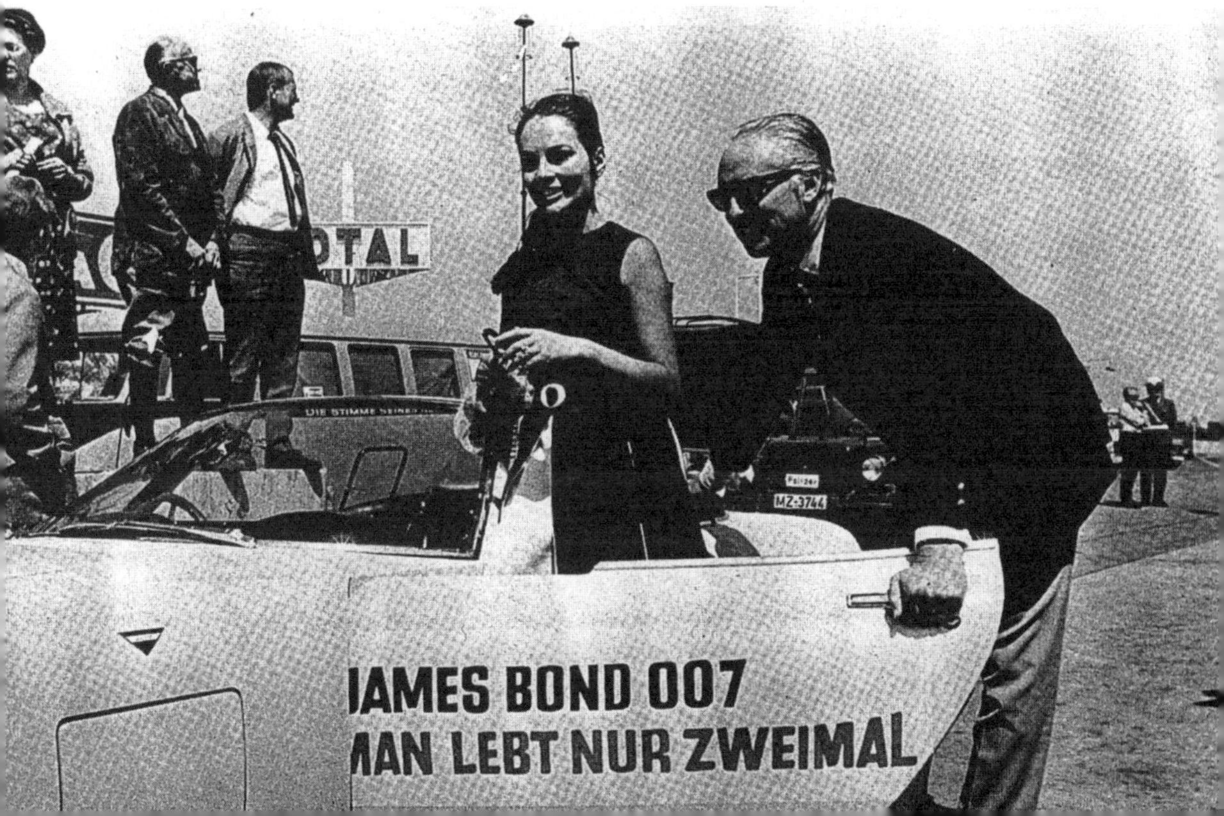
MZ-3744
JAMES BOND 007
MAN LEBT NUR ZWEIMAL

MAN LEBT NUR ZWEIMAL

das behauptet er 007

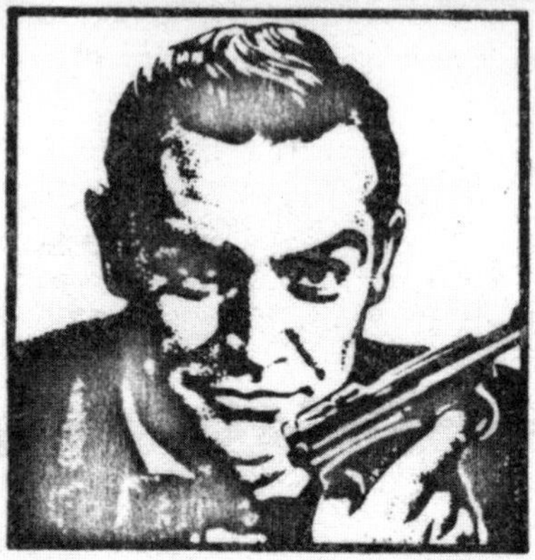

Aber Sie sind nicht

JAMES BOND

MAN LEBT NUR EINMAL

das behauptet der

AUTOMOBILCLUB AvD VON DEUTSCHLAND

Fahren Sie darum aufmerksam im Verkehr.
Fahren Sie mit happy end!

IN ÜBER 100 STÄDTEN IN DEUTSCHLAND
AM 15. SEPTEMBER 1967
HARRY SALTZMAN und ALBERT R. BROCCOLI präsentieren
den neuen JAMES BOND-FILM **MAN LEBT NUR ZWEIMAL**
mit SEAN CONNERY als JAMES BOND
PANAVISION® TECHNICOLOR® im Verleih der UNITED ARTISTS

WILLKOMMEN IN FERNOST **007**
mit dem täglichen Jet-Express der **BOAC**

Mehr über SEAN CONNERY als JAMES BOND und seinen neuesten Film
MAN LEBT NUR ZWEIMAL
erfahren Sie in **BRAVO** **ok**

das seltene Stück für seine Sendung »Jay Lenos Garage« auf dem hauseigenen Parkplatz bewegen.

Das andere Exemplar gehört einem Sammler, der unbekannt bleiben möchte und 1987 damit einen Unfall erlitt. Es gibt Quellen, die behaupten, dass der Wagen sogar einem der Ingenieure von Toyota gehört. Ursprünglich war geplant, genau dieses Fahrzeug auf der Essener Motorshow 1988 im Rahmen einer kleinen Bond-Ausstellung zu präsentieren, doch wegen des Malheurs fehlte der Toyota. Öffentlich in London und Miami ausgestellte Fahrzeuge sind Replikas, wobei das in Florida befindliche Fahrzeug zumindest über die Original Kommunikationsgeräte aus dem Heck des Filmfahrzeugs verfügt.

Die japanische Schauspielerin Akiko Wakabayashi hatte während der Dreharbeiten gar keinen Führerschein und musste daher in den Fahraufnahmen gedoubelt werden. In dem Moment, als sie Bond vor dem Hauptquartier der Firma Osato in Tokio rettet (tatsächlich das Hilton Hotel), und einmal laut »In Deckung!« schreit, musste man das Fahrzeug daher an Kabeln ziehen. Gedoubelt wurde sie in den Fahraufnahmen übrigens von einem Mann: Der »Clapper Loader« Michael Messenger, also derjenige, der das Filmrohmaterial in die Kamera lädt, sah nach Ansicht der verantwortlichen Kollegen etwas feminin aus und wurde daher dazu auserkoren, den Wagen zu fahren, berichtete Tony Teiger, der für die Requisiten zuständig war. Nach seiner Aussage wollten die Produzenten eine Frau für die Fahraufnahmen, konnten aber keine geeignete finden. Also bekam Messenger eine schwarze Perücke – und fuhr.

Noch merkwürdiger ist allerdings, dass in einer Szene des Films, als Bond und sein(e) Fahrer(in) auf dem Weg zum japanischen Badehaus sind, die beiden Insassen plötzlich die Seiten wechseln. Entweder wird der Rechtslenker schlagartig zum Linkslenker – oder Bond fährt.

Das damals weltweit erfolgreiche britische Topmodel Twiggy präsentierte auf der 14. Tokyo Motor Show im Oktober 1967 einen goldfarbenen 2000 GT, bekam diesen Wagen als Geschenk für ihre Dienste und ließ ihn nach England bringen. Dort warb sie gemeinsam mit Spielzeughersteller Corgi Toys für das Spielzeug im Maßstab 1:43. Sie selbst hatte keinen Führerschein, sodass ihr Manager und Freund den Wagen fuhr. Verständlicherweise versuchte man bei Corgi an den großen Erfolg des »Goldfinger«-Modellautos anzuknüpfen mit einer Spielzeug-Version des Toyota 2000 GT im gleichen Maßstab. Da den Machern das Original allerdings zu »friedlich« erschien und über keinerlei bewegliche Teile verfügte, wie sie der Aston Martin hatte, verpasste man ihm vier kleine gelbe Raketen, die aus dem Kofferraum des Autos herausschossen, wenn man das Modell an den vier Rädern belastete. Weder hatten die beiden echten Filmautos solche Zusatz-Raketen, noch waren sie in

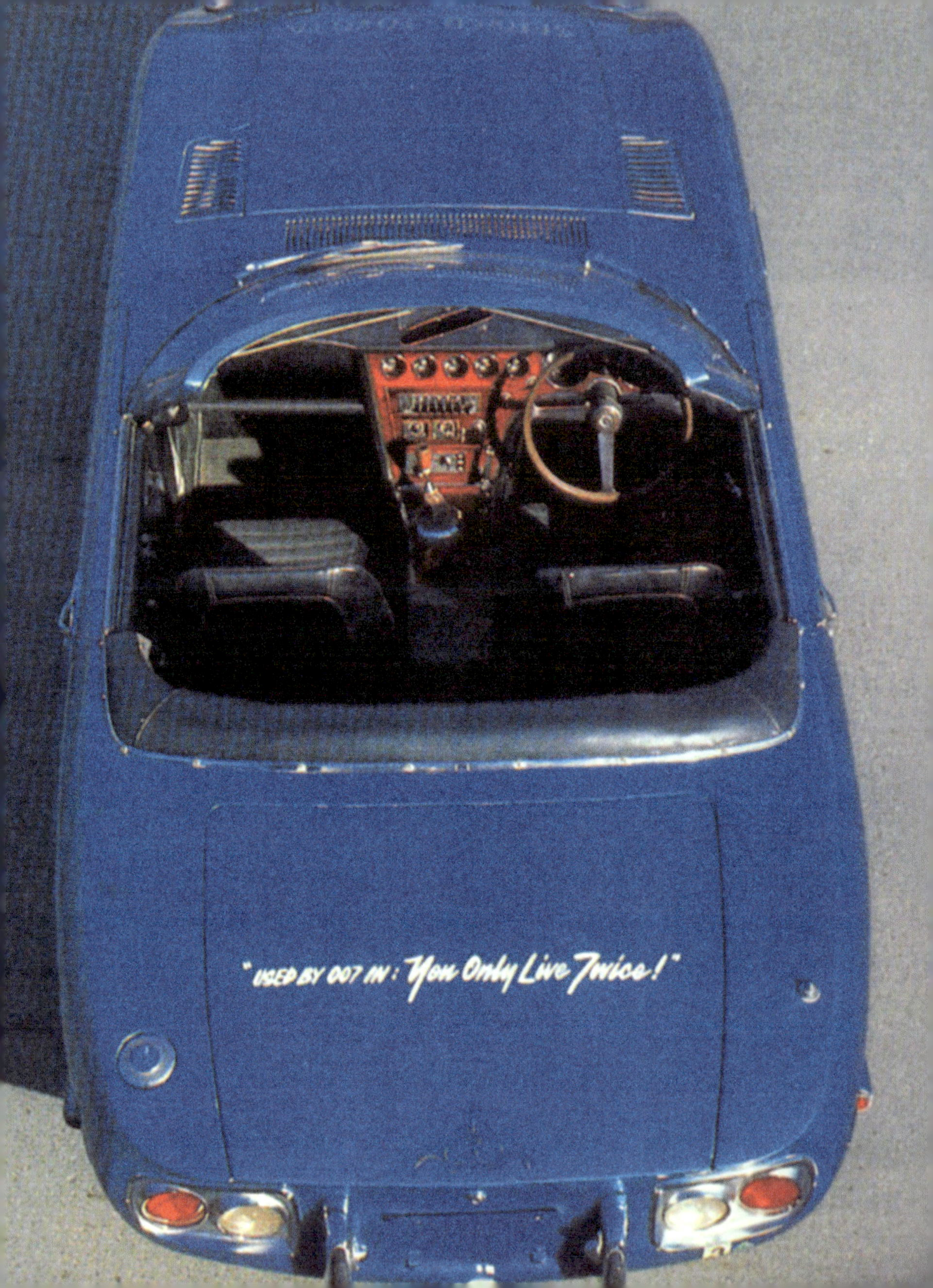
"USED BY 007 IN: You Only Live Twice!"

den Planungen vorgesehen. Auch ein merkwürdig langes rotes Fähnchen entsprang den Ideen der Spielzeug-Gestalter sowie die Idee, dass die männliche der beiden Figuren nach hinten schießt. Im Jahr 1969 gab der Hersteller feierlich bekannt, dass man inzwischen eine halbe Million Stück verkauft habe. Letztendlich waren es sogar über zwei Millionen Stück in zwei Jahren – nicht zu vergleichen mit dem Aston Martin DB5 von Corgi, von dem bis 1969 über vier Millionen abgesetzt wurden. Inzwischen ist das Toyota-Modell allerdings ein gesuchtes Sammlerstück. Im Jahr 2000 erschien eine Neuauflage – ohne Fähnchen.

DATEN UND FAKTEN

Modell: Toyota 2000 GT, rechtsgelenkt
Farbe: weiß (Pegasus White)
Bauzeit: 1966 bis August (andere Quellen besagen Oktober) 1970
Stückzahl: 337/ 351 (62 / 65 / 84 linksgelenkt, Zahlen variieren)
Motor: Reihensechszylinder, 1988 ccm
Leistung: 150 PS
Länge: 4,18 Meter
Breite: 1,60 Meter
Kennzeichen: 20 - 00
Höchstgeschwindigkeit: 220 km/h
damaliger Neupreis: 2,4 Millionen Yen (rund 20.000 Mark)
Screen Time: 4.34 min

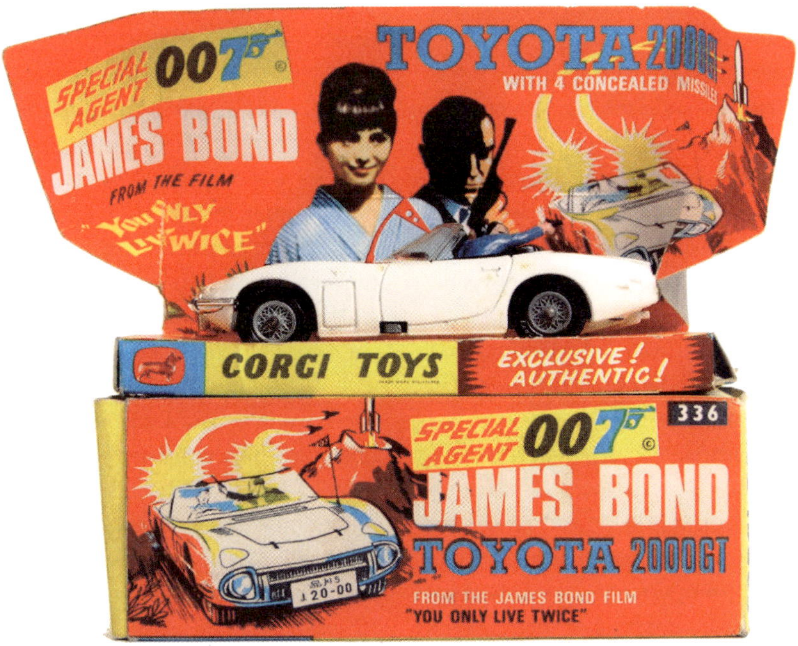

DER ASTON MARTIN DB 10 AUS »SPECTRE« (2015)

Nach dem großen finanziellen Erfolg von »Skyfall«, der weltweit 1,108 Milliarden Dollar einspielte, überlegten die Produzenten, wie sie dieses Ergebnis möglichst wiederholen und mit welchen Attraktionen sie die Kinobesucher erneut dazu verführen konnten, 007 ins Kino zu folgen. Da in dem dritten Daniel-Craig-Abenteuer der alte Aston Martin DB 5 eine wichtige Rolle gespielt hatte, aber auch zerstört worden war, musste auf jeden Fall ein neues Auto her. Man begann gemeinsam mit Aston Martin, Ideen zu entwickeln.

Bereits Anfang 2013, traf sich Regisseur Sam Mendes, der auch schon »Skyfall« inszeniert hatte, zu einem Vorgespräch mit Chefdesigner Marek Reichman im Aston-Martin-Werk nordöstlich des Dörfchens Gaydon. Dort erhielt er eine Führung durch einen Raum mit allen Prototypen. Darunter befand sich auch ein Modell des DB 11, von dem Autojournalisten bisher nur den Schriftzug kannten. Der Wagen sollte das Modell DB 9 ablösen, das seit 2003 gebaut wird. Doch es war ein anderer Entwurf, der die Aufmerksamkeit von Mendes erregte, von dem allerdings nur ein paar Zeichnungen existierten. Die Frage, wann dieses Auto so weit war und gebaut werden könnte, führte bei Reichman erst mal zu einem Stirnrunzeln. In Absprache mit der Geschäftsleitung und dem CEO in Gestalt von Dr. Andy Palmer wollte man dem Wunsch von Mendes dann aber doch gerne nachkommen, der allerdings nicht nur beiläufig erwähnt hatte, dass er das Auto in sechs Monaten benötigte. Palmer nahm die Idee als sportliche Herausforderung an. Man beschloss, exakt zehn Fahrzeuge zu bauen, und nannte den Wagen DB 10. Am 4. Dezember 2014 wurde eines der Fahrzeuge in der 007-Stage der Londoner Pinewood Studios der Öffentlichkeit präsentiert. Der Anlass war das 50-jährige Bestehen der Partnerschaft zwischen Aston Martin und Eon Productions. Es war etwas später als geplant, denn der Film »Goldfinger« hatte am 17. September 1964 in London seine Uraufführung erlebt. Darin hatte der Aston Martin DB 5 seinen ersten Auftritt.

In dem Film »Spectre« – titelgebend ist der Name der fiktiven Terror-Organisation, mit der 007 schon mehrfach zu kämpfen hatte – begibt sich der Agent auf die Suche nach einem der Köpfe der Organisation namens Oberhauser. Er schleicht sich in ihr Treffen in Rom ein und muss vor einem ihrer Häscher namens Mr. Hinx flüchten. Teile davon wurden in England, andere in Rom und im Vatikan gedreht. An diesen Orten entstand eine aufwändige Verfolgungsjagd.

Dafür wurden acht der zehn Fahrzeuge unterschiedlich präpariert und genutzt. Zwei Fahrzeuge waren so genannte »Hero Cars«, in die Daniel Craig ein- und aussteigen, in denen er aber auch sitzen und handeln konnte. Sie wurden auch für die Dialogszenen mit Miss Moneypenny

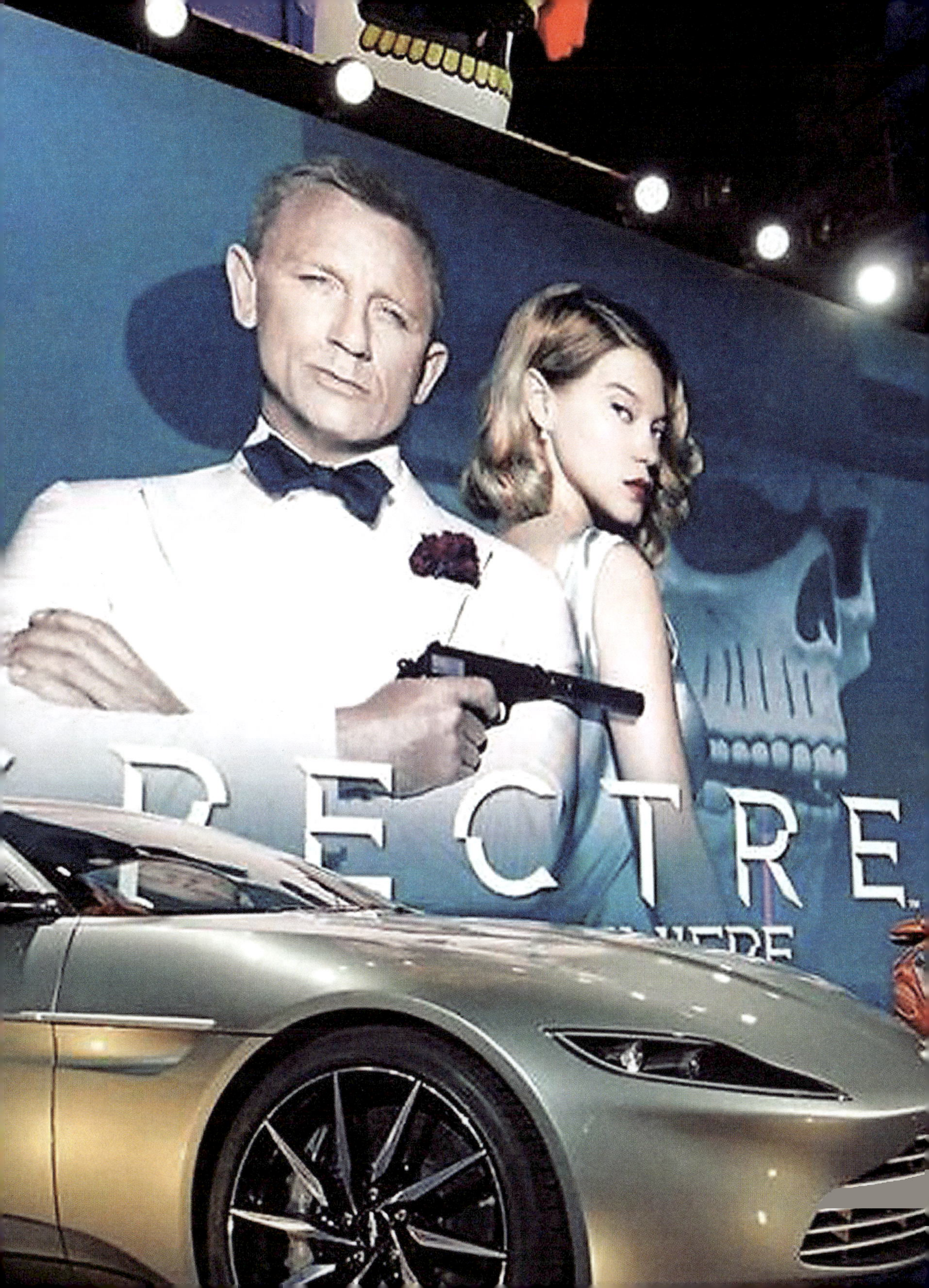

genutzt. Für einige Aufnahmen kamen zwei sogenannte »Pod Cars« zum Einsatz. Während Daniel Craig am Steuer sitzt und es aussieht, als ob er selbst fährt, steuert den Wagen tatsächlich ein Stunt-Fahrer in einem Käfig auf dem Wagendach, zum Beispiel Mark Higgins. Zwei weitere Fahrzeuge wurden für Stunts genutzt und Aufnahmen, die besonders anspruchsvoll waren, zum Beispiel Sprünge und das Driften um die Kurven. Sie verfügten über besondere Stoßdämpfer und Achsverstärkungen. Mit zwei weiteren sogenannten »Gadgets-Cars« wurden die Szenen mit dem Flammenwerfer gedreht sowie die Szenen, in denen geschossen wird. Zwei Wagen blieben »unberührt« und wurden auch nicht umgebaut. Sie dienten ausschließlich für PR-Zwecke. Um den Eindruck zu erwecken, dass die Zuschauer und später die Gäste von Premieren und Messen »den einen James-Bond-Wagen« sehen, trugen alle das Kennzeichen DB10 AGB.

Auch wenn jetzt der Eindruck entstehen mag, war der DB 10 kein komplett neues Auto. Die Basis ist ein Vantage S mit einer Sechsgangschaltung und Karbonkarosse auf Alu-Chassis. Der Wagen hat ein anderes Design, ist breiter und tiefer. Lenkung und Fahrwerk wurden verändert. 100 Kilogramm gingen bei einer Schlankheitskur verloren. Er hat einen um 70 Millimeter längeren Radstand als der Vantage, ist nur 4,41 Meter kurz und verfügt über einen V8-Motor mit 436 PS. Seine Höchstgeschwindigkeit wurde mit 305 km/h angegeben, wobei er 100 km/h in 3,2 Sekunden erreicht. Der Tester des

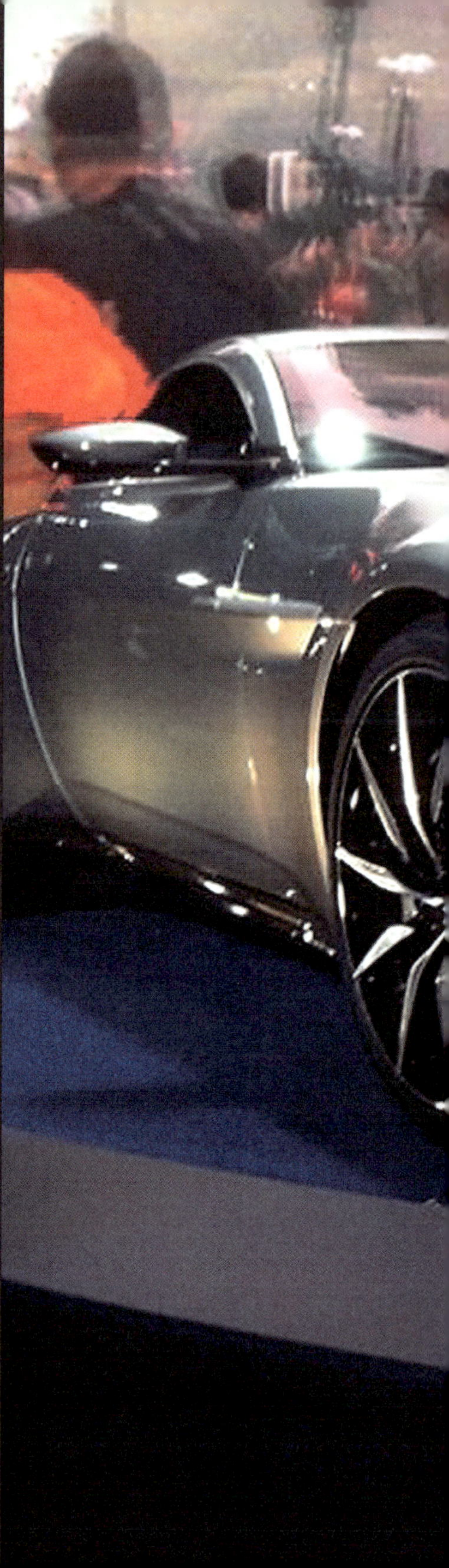

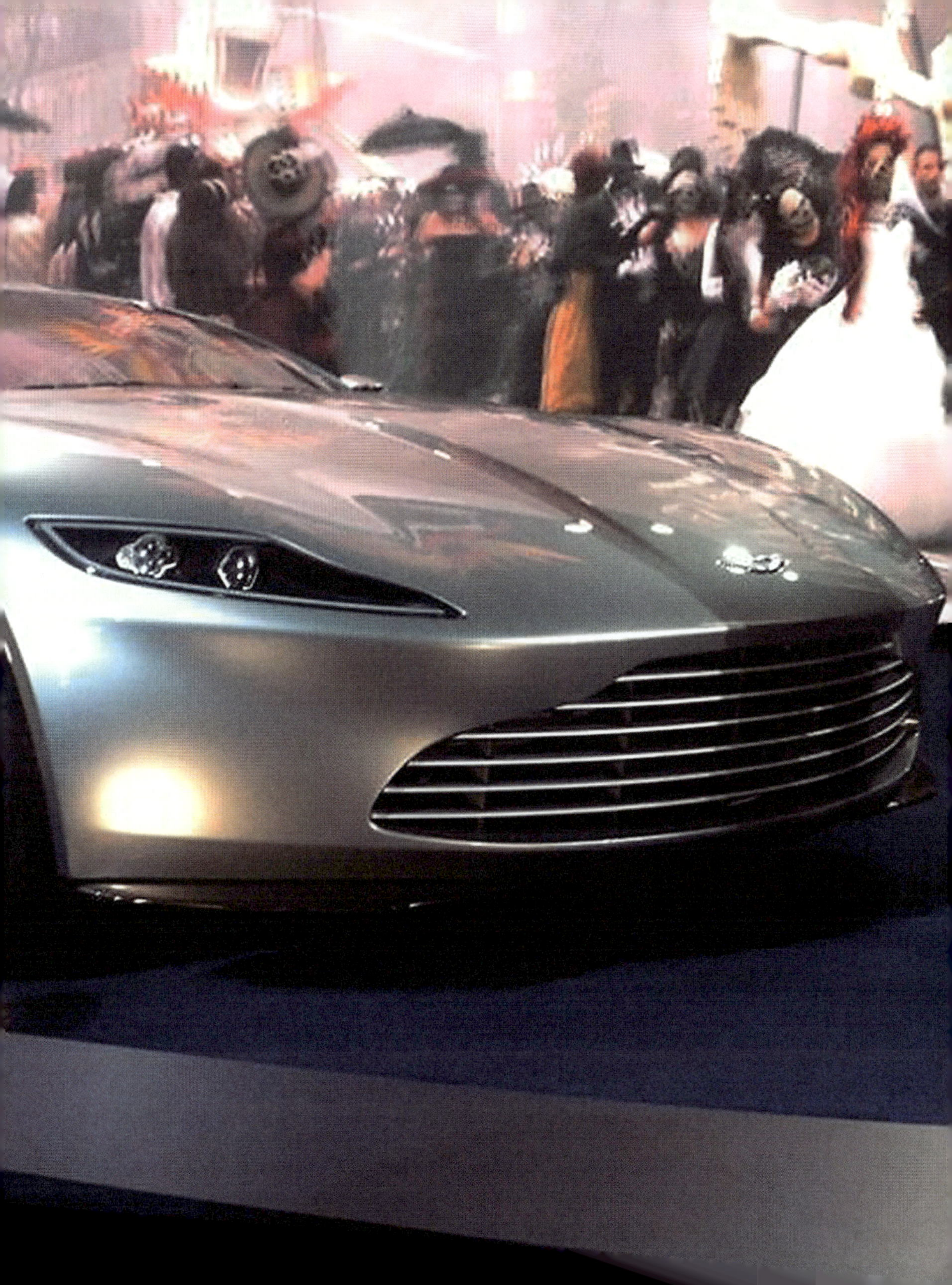

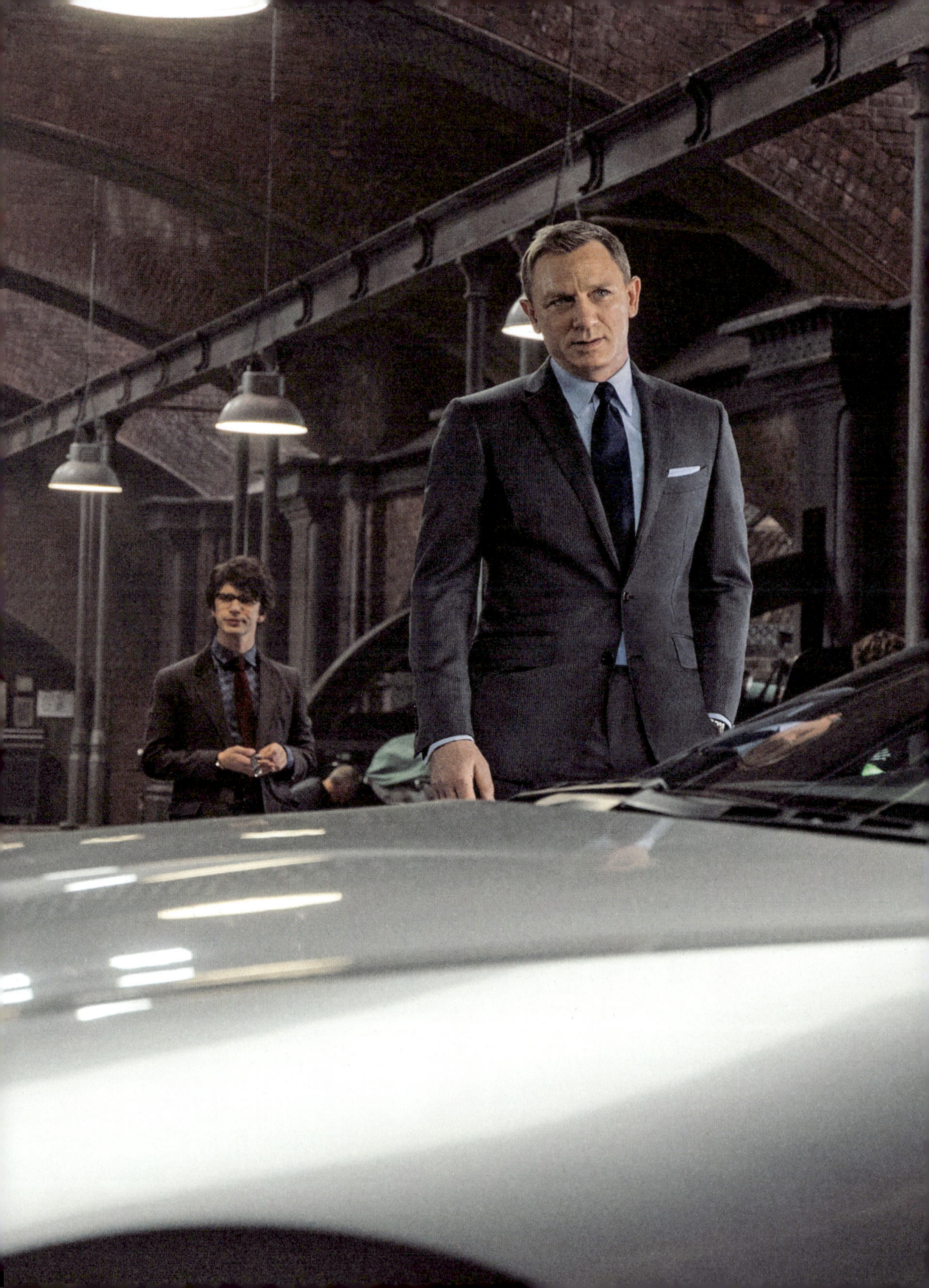

Magazins »auto, motor und sport« bemerkte dazu, dass allein der Startvorgang etwas anders ist als im Film: »Ja, der Aston Martin DB10 läuft tatsächlich, lässt sich ein bisschen bitten, denn um ihn zu starten, reicht weder ein Knopfdruck noch ein Fingerscan wie im Film. Ein kleiner Kasten, der an ein paar Kabeln baumelt, dient als, nun ja, Fernzünder, verlangt eine Choreografie aus Drücken und Klicken an Tasten und Kippschaltern, dann rumort es im Aston Martin DB10.«

Zur Vorbereitung der Aufnahmen ließ Stuntkoordinator Gary Powell alle Szenen, Drifts und Aufgaben, die auf Mensch und Material zukamen, vorab auf einem verlassenen Flughafen vor den Toren von Rom proben. Das Ganze dauerte mehr als drei Wochen. Gedreht wurde, wie immer in solchen Fällen, nicht chronologisch. Bevor die rund 400 Personen starke Crew nach Rom reiste, wurde für drei Tage das englische Schloss Blenheim Palace in der Grafschaft Oxfordshire gemietet. Vom 9. bis zum 11. Februar 2015 wurde das Anwesen aus dem Jahr 1722 zum Schauplatz. Auf dem Parkplatz dienten unter anderem Fahrzeuge von Ferrari, Audi, BMW, Porsche und Rolls Royce als Dekoration. Die Szenen des Treffens der Verbrecherorganisation entstanden in den Londoner Pinewood Studios. Bond wird allerdings währenddessen enttarnt und muss flüchten. Er springt von der Balustrade, steigt in den DB 10, der im Innenhof steht, und gibt Gas. Im Film steht das Anwesen für eine Villa in Rom. Nach einem Fototermin mit Daniel Craig und Monica Bellucci, der am 18. Februar in der ewigen Stadt stattfand, begannen einen Tag später die Arbeiten der rund 400 Personen umfassenden Crew mit den ersten Aufnahmen. Zunächst fährt der DB 10 in Richtung des Torbogens des Garibaldi-Museums, am Kolosseum vorbei in die Stadt und dann zum Museo della Civiltà Romana, dem römischen Museum für antike Zivilisation an der Piazza Giovanni Agnelli. Dort ist Bond Zeuge einer Beerdigung. Bis Mitte März drehte die 2nd Unit die Verfolgungsjagd zwischen dem DB 10 und dem von Mr. Hinx gesteuerten Jaguar C-X75. Man arbeitete ausschließlich nachts, 18 Nächte lang. Für die Verfolgungsjagd engagierte Gary Powell den britischen Rallye Champion Mark Higgins, der den Aston Martin fuhr. Der Russe Martin Ivanov, der zuvor Matt Damon in zwei »Jason Bourne«-Filmen gedoubelt hatte, fuhr den Jaguar. Der Hersteller hatte extra für den Film sieben Fahrzeuge im Design der atemberaubenden Konzept-Studie C-X75 geliefert, fünf davon fahrtauglich mit dem 550-PS-Motor aus dem Jaguar F-Type SVR. »Die beiden fuhren wirklich sehr schnell um die Kurven«, so Powell. »Dank ihrer Rallye-Vergangenheit, haben sie einen ganz besonderen Umgang mit den Wagen.« Die Jagd führt nicht nur durch das nächtliche Rom, sondern zum Teil auch durch den Vatikan. »Ich wusste, dass es so etwas noch nie gegeben hatte«, so Powell, »und ich weiß, dass die Szenen ein Paar Leute ins Schwitzen brachten.« Schließlich fuhren die beiden Männer bis zu 170 km/h schnell, was Mark Higgins einen besonderen Kick verschaffte:

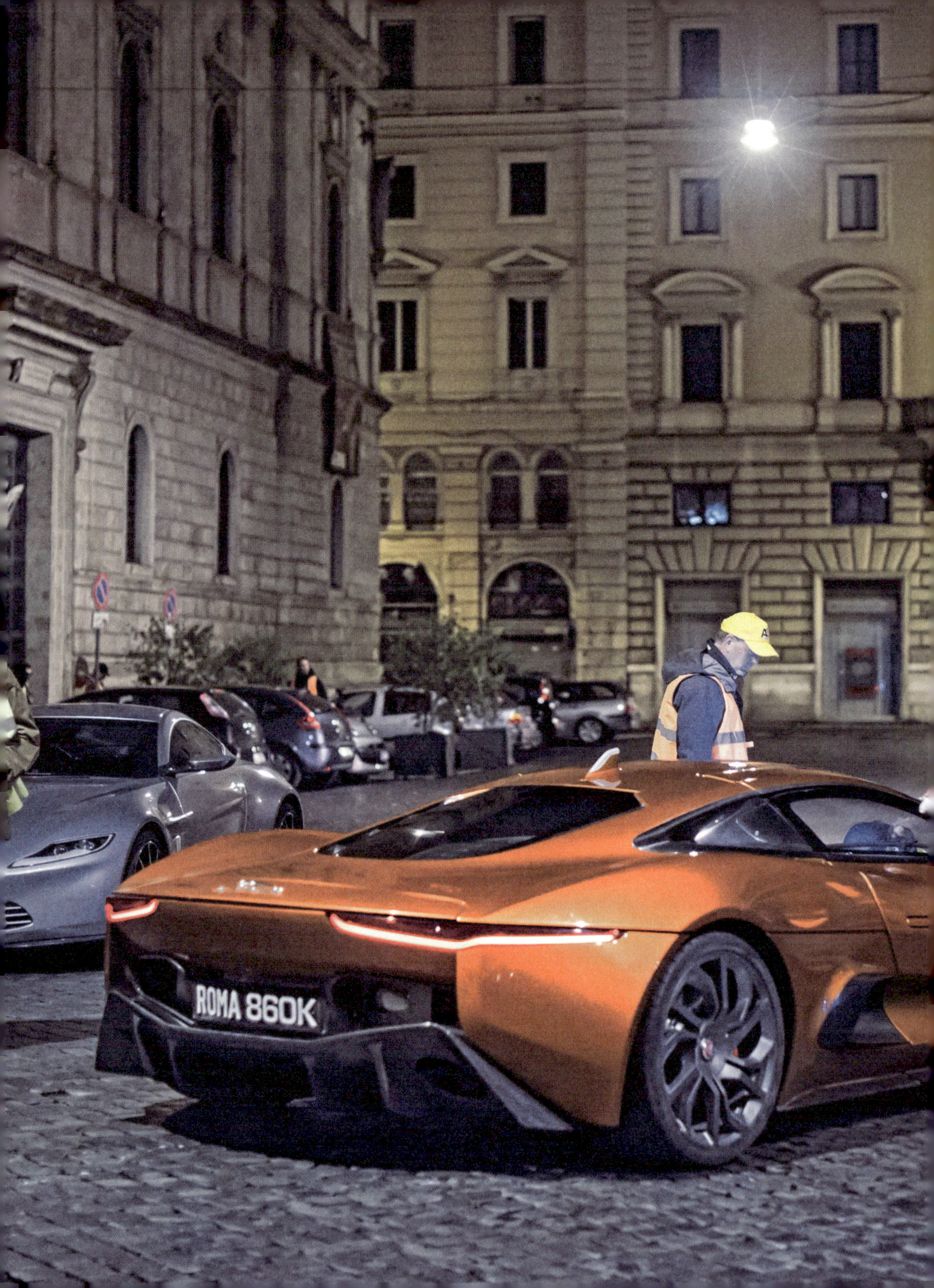
ROMA 860K

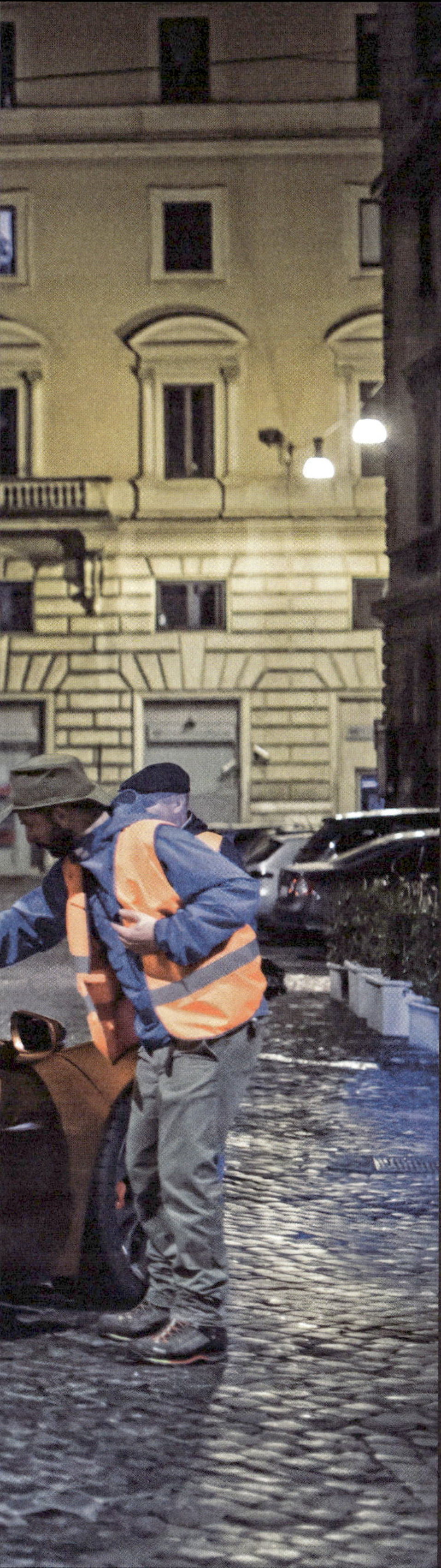

»Manchmal muss man sich zwicken, ob das alles wirklich wahr ist«, so Higgins. Währenddessen kam es aber auch zu Problemen. Higgins stellte fest, dass der Aston für die Jagd viel zu viel Traktion hatte. Also fragte man beim Reifenlieferanten Michelin an, welche Lösung der parat hatte. Man kümmerte sich darum und lieferte über Nacht Reifen mit einer besonders harten Gummimischung. Fortan gelangen die geplanten Manöver. Das Wetter und die Auflagen der Behörden forderten ihren Tribut.

Die Jagd führt die Treppen an der Scalo di Pinedo herunter und endet an der Ponte Sisto Brücke zwischen Via dei Pettinari und Piazza Trilussa am Ufer des Tiber. Der DB 10 versinkt im Fluss. Bond kann sich mit einem Fallschirm retten. »Ich wusste ja, dass ein Aston Martin DB 10 im Tiber landen würde«, so Powell, der dem Geschehen aber leidenschaftslos folgte: »Er ist eine Million Pfund wert, aber irgendwie hatte ich dabei auch ein Grinsen im Gesicht.«

Da Daniel Craig nur für einige wenige Aufnahmen gebraucht wurde, und die Stuntmen die meiste Arbeit übernahmen, drehte Craig am 26. Februar schon wieder in London. In den Studios war die Werkstatt von »Q« entstanden. Dort wird dem Helden der DB 10 präsentiert, was »Q« mit den schönen Worten kommentiert: »Atemberaubend, nicht wahr?« Das Erstaunen spielte Craig also, nachdem er den Wagen bereits gefahren hatte. Wie gesagt, das Ganze ist nicht chronologisch. Auch bei »Spectre« haben sich ein paar kleine Fehler eingeschlichen. Der Wagen

»ES WAR SCHON COOL, SEITLICH DURCH DEN VATIKAN ZU DRIFTEN UND ZU WISSEN, DASS DER PAPST AUCH GERADE DORT IST.« —MARK HIGGINS, STUNTFAHRER IN »SPECTRE«

hat vorne kein Kennzeichen. Gesetzlich ist in England und Europa aber vorgeschrieben, dass ein Auto vorne und hinten ein Kennzeichen haben muss. Nach der Verfolgungsjagd in Rom springt 007 mit dem Fallschirm aus dem Auto, das im Tiber landet und mit dem Boden voran untergeht. Einige Szenen später erhält »C« ein Foto des sinkenden Autos. Auf dem Bild sinkt es aber mit dem Dach voran in den Fluss.

Da der DB 10 nicht erhältlich war, bot der Hersteller vor dem Filmstart zweierlei kleine »Entschädigungen« an. Zum einen tourte einer der fahrfähigen DB 10 in einem Glascontainer durch Europa und wurde immer mal wieder für Autotester aus dem durchsichtigen Gefängnis entlassen. Zum anderen kam eine auf 150 Exemplare limitierte DB 9 GT Bond Edition heraus. Die wurde erstmals im Rahmen des Festival of Speed in Goodwood am 24. Juni 2015 gezeigt. Jedes Fahrzeug verfügte über einen 6 Liter V 12 Motor mit 547 PS, GT Emblemen, Einstiegsplaketten mit dem Schriftzug »Bond Edition«, Nummerierung sowie 007 Logo und erreichte eine Höchstgeschwindigkeit von 295 km/h. Die Fahrzeuge gab es nur in der Sonderfarbe Spectre Silber, einer Innenausstattung in schwarzem Leder mit der Bezeichnung Obsidian – und sie kosteten 167.007 Pfund (umgerechnet etwa 224.000 Euro). Im Preis enthalten war noch eine Omega Aqua Terra Seamaster Armbanduhr 150m im Bond Design mit einem Lederarmband von Aston Martin, ein spezieller Trolley, ein Leder-Lenkrad mit Alcantara-Applikationen, ein Bond-Begrüßungsdesign auf dem Bildschirm im Innenraum und einen Indoor-Autoüberzug. Die Sonderauflage war noch vor Filmstart komplett ausverkauft. Bond, James Bond – es funktioniert halt immer wieder.

Der amerikanische Showmaster und Autosammler Jay Leno erhielt das Privileg, einen der fahrbaren DB 10 in seiner Sendung »Jay Leno's Garage« vorzustellen und dessen Designer Marek Reichman dazu einzuladen. Der erzählte, das auffällig breite, leicht abfallende Heck des Wagens unterstreiche die Kraft des Heckantriebs und untermale zugleich die Ausstrahlung von James Bond als besonders kraftvoller Filmfigur. Leno

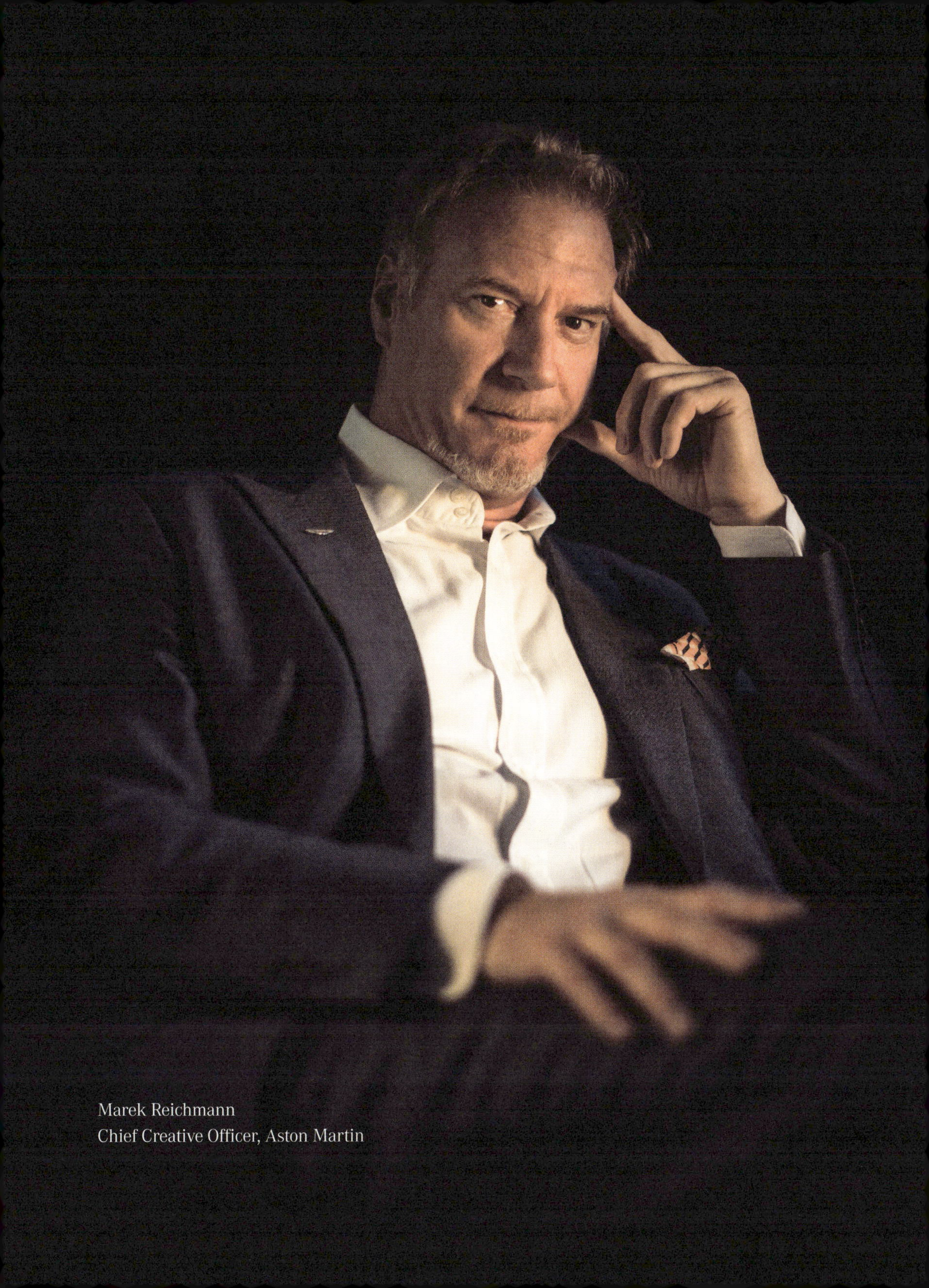

Marek Reichmann
Chief Creative Officer, Aston Martin

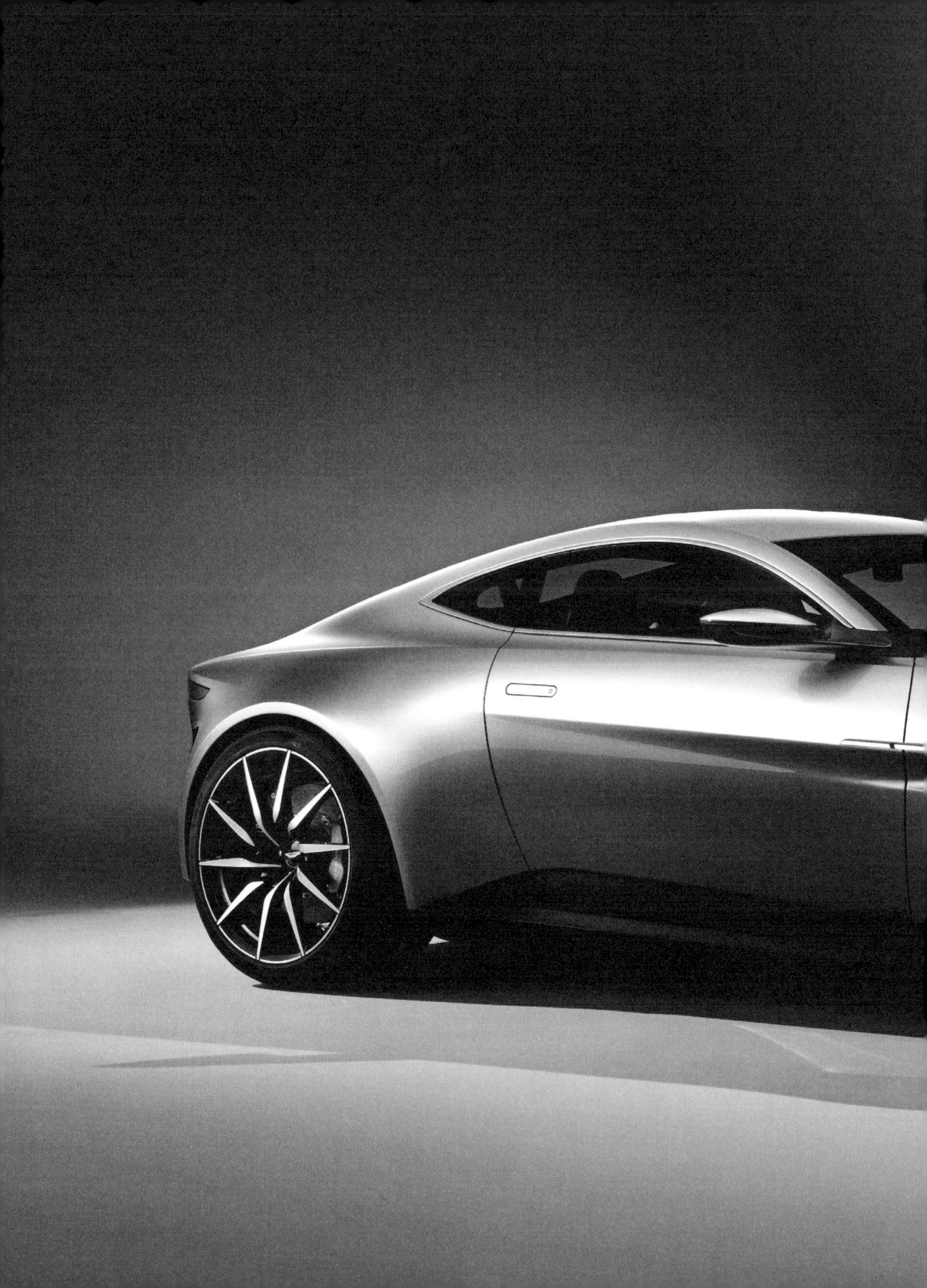

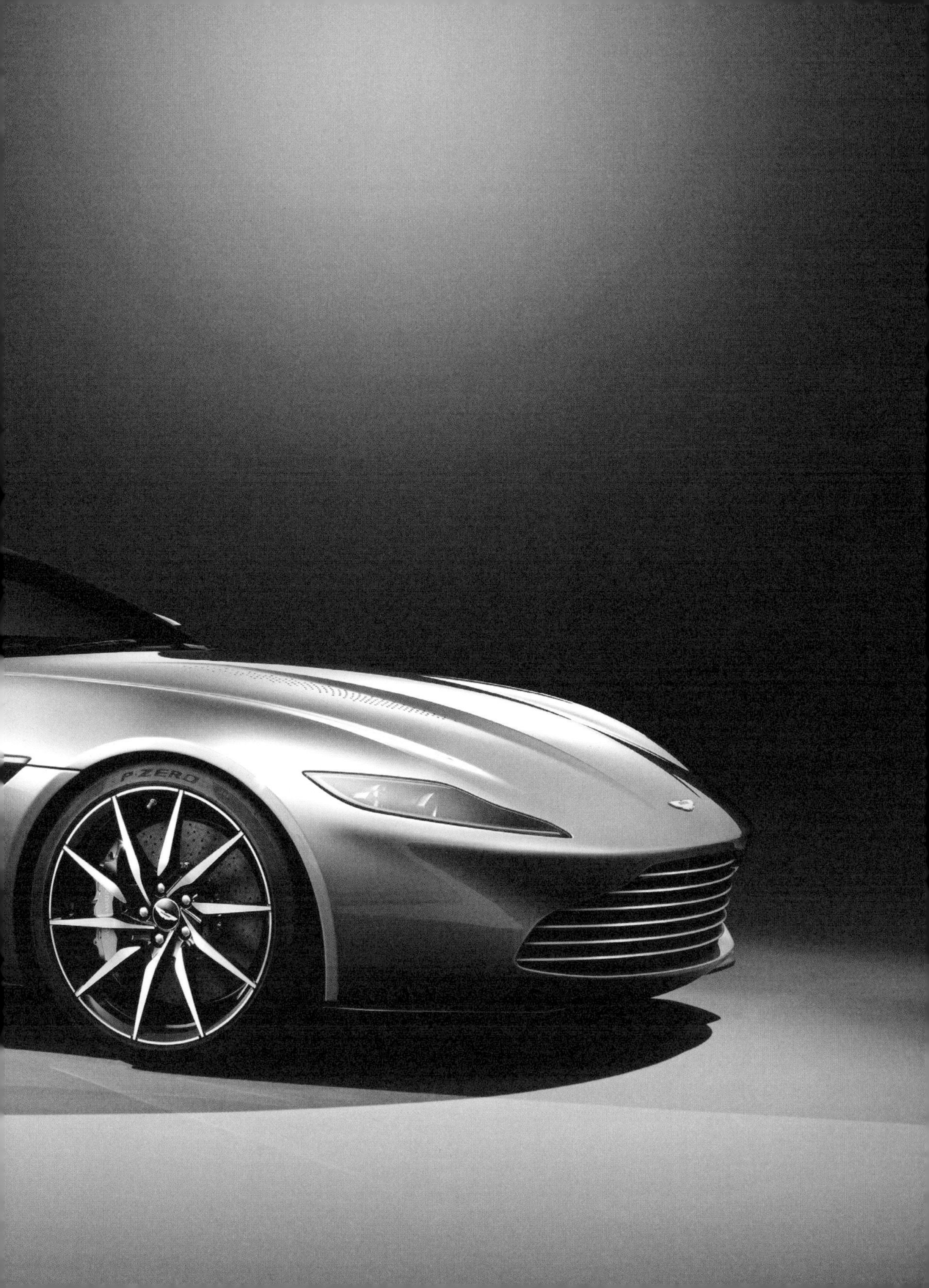
P ZERO

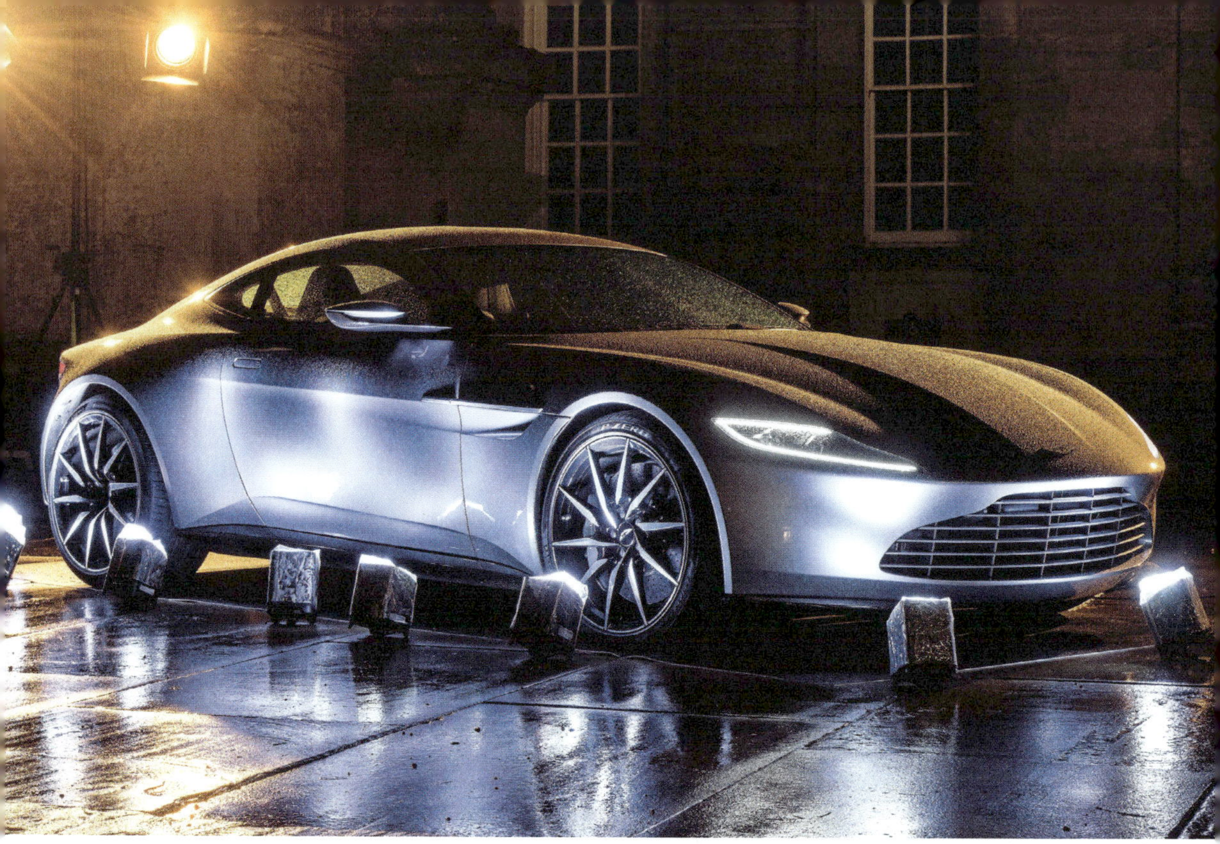

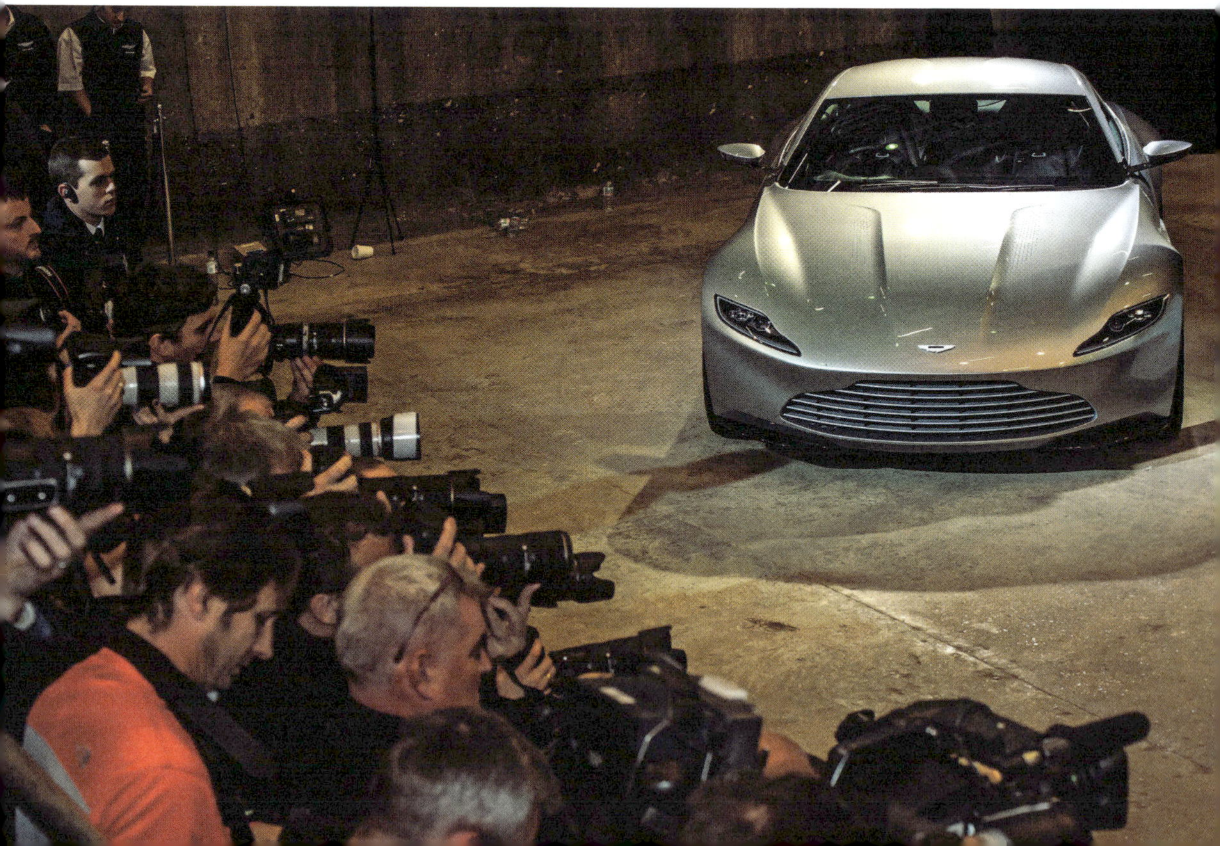

war erfreut darüber, dass der Wagen nicht als »Concept Car« fungiert, sondern auch fahrbar ist, im Gegensatz zu vielen anderen Filmautos. Für Reichman war es »möglicherweise etwas, das am meisten Spaß macht: Ein Auto für eine fiktive Figur zu entwickeln und zu designen.« Er gab aber auch zu, dass vieles an dem Wagen von seiner früheren Schöpfung, dem One-77 beeinflusst war, der zwischen 2009 und 2012 entstand und von dem nur 77 Exemplare gebaut wurden. »Beim DB 10«, so Reichman, »hatten wir nur sechs Monate Zeit, um den Wagen zu erschaffen, und dann musste er auch noch unglaublich gut fahren können.« Jay Leno, der wegen der fehlenden Klimaanlage bei einer Ausfahrt in Los Angeles gehörig ins Schwitzen kam, stellte vor allem eine interessante Frage, nämlich was Aston Martin ohne James Bond wäre. Reichman antwortete sehr eindeutig: »Der Wert dieser Beziehung ist sehr, sehr hoch.«

Im November 2015 wurde der Innenhof des englischen Blenheim Palace übrigens nochmals zum Schauplatz eines ungewöhnlichen Ereignisses. Dort standen 50 Aston Martin Fahrzeuge mit geladenen Gästen. Bei einer so genannten »Drive In Premiere« wurde die einstündige Dokumentation »Built for Bond« über die Herstellung des DB 10 gezeigt. Special Effects Mann Chris Corbould und Stunt Coordinator Gary Powell sprachen persönlich zu den Gästen, die auch Stuntfahrer Mark Higgins befragen durften – Autokino auf höchstem Niveau sozusagen.

Im Februar 2016 zahlte ein unbekannt gebliebener Sammler 3,1 Millionen Euro bei einer Versteigerung des Auktionshauses Christie's für einen der zehn Wagen, genauer für einen der beiden, die für PR-Zwecke genutzt wurden. Christie's hatte lediglich mit 1,9 Millionen gerechnet. Ob es an dem Autogramm von Daniel Craig auf einer speziellen Plakette lag? Laut Auktionskatalog sei der Wagen nur für den »spezifischen Gebrauch« und ausgebildete Fahrer geeignet, was den neuen Besitzer nicht störte. Der Käufer bekam allerdings mit auf den Weg, dass das Fahrzeug keine Straßenzulassung hat, er also damit nicht am öffentlichen Straßenverkehr teilnehmen und nur auf abgesperrtem Gelände fahren darf. Doch das schien ihn auch nicht zu stören. »Aber ich bin auch Autoliebhaber und habe ein paar Aston«, sagte der Käufer. Der Grund für sein Gebot sei »eine Mischung aus beidem«. Der Unbekannte nahm die Glückwünsche der beiden Bond-Produzenten Barbara Broccoli und Michael G. Wilson entgegen. Schließlich erfolgte die Auktion für einen guten Zweck, denn das Geld ging an Ärzte ohne Grenzen und weitere Hilfsorganisationen.

DATEN UND FAKTEN

Modell: Aston Martin DB 10, rechts gelenkt
Farbe: Silbermetallic
Bauzeit: 2014
Stückzahl: 10
Motor: 4,7 Liter V 8
Leistung: 436 PS
Kennzeichen: DB10 AGB
Höchstgeschwindigkeit: 305 km/h
Screen Time: 3.58 min

DER AMC HORNET X HATCHBACK AUS »DER MANN MIT DEM GOLDENEN COLT« (1974)

Direkt nachdem der erste Einsatz von Roger Moore als 007 in »Leben und sterben lassen« herauskam und vor allem dank einer Bootsjagd und einem Stunt mit einem Doppeldecker-Bus punkten konnte, begannen schon die Vorbereitungen für den nächsten Film. Der sollte überwiegend in Asien spielen. Dieses Mal rückten wieder die Autos in den Vordergrund – und was für welche. Die Geschichte des US-Autoherstellers American Motors Corporation (AMC) reicht bis in das Jahr 1897 zurück und dauerte bis in das Jahr 1987. Für Bond-Freunde ist vor allem die Zeit Ende der 60er bis Ende der 70er Jahre interessant, denn damals entstanden unter anderem die Modelle Hornet und Matador. Bond Co-Produzent Albert R. Broccoli war immer sehr umtriebig in Sachen neuer Ideen für die Filmserie und hörte davon, dass es eine amerikanische Stuntshow gab, in der ein Auto-Spiralsprung vorgeführt wurde. Das war natürlich noch spektakulärer als die Fahrt auf zwei Reifen in »Diamantenfieber«. Der amerikanische Rennfahrer Jay Milligan hatte den Stunt des sich um die Längsachse drehenden Autos entwickelt. Sein Fahrer, Chick Galliano, führte den Clou erstmals 1972 im Houston Astrodome in Texas mit einem AMC vom Typ Javelin vor. Alle Sprünge klappten ohne Probleme. Der Stunt bekam den Namen »The Astro Spiral Jump«. Für weitere Stunteinlagen wurden AMC Modelle vom Typ Gremlin und Hornet genutzt. Broccoli war interessiert, und man traf sich in einem Hotel in Harrisburg im US-Bundesstaat Pennsylvania, um Details zu besprechen. Nach intensiven Verhandlungen sagte Milligan zu, den Spiral Sprung für den Film zu machen. Er musste Broccoli vertraglich zusichern, dass er ihn zwei Jahre lang nicht öffentlich vorführen dürfe. Nach einer Quelle ließ das Filmstudio United Artists den Sprung sogar patentieren, damit ihn niemand nachmachen konnte. Da Milligan auf seinen Fahrzeugen bestand, waren andere Autohersteller automatisch ausgeschlossen. Es blieb bei der Marke AMC, und so kam es, dass der für Bond auserkorene Wagen ein roter AMC Hornet wurde, der zusätzlich über weiße Rallyestreifen an den Seiten verfügt. Außerdem steht er auf besonderen Tiefbettfelgen der Maße 14 x 6 Inch (35,56 x 15,24 cm) Cragar S/S und Weißwandreifen. So ergab es sich außerdem, dass sich – bislang einzigartig in der Bond Serie – zwei Fahrzeuge desselben Herstellers eine wilde Verfolgungsjagd lieferten und jeder währenddessen ein besonderes Kunststückchen vollführen durfte. Das goldfarbene AMC Matador Coupé von Filmbösewicht Scaramanga (Christopher Lee) verwandelte sich in ein Flugzeug. James Bond (Roger Moore) vollführte mit dem AMC Hornet X Hatchback den Spiral-Sprung. Der Drehort war die thailändische Hauptstadt Bangkok.

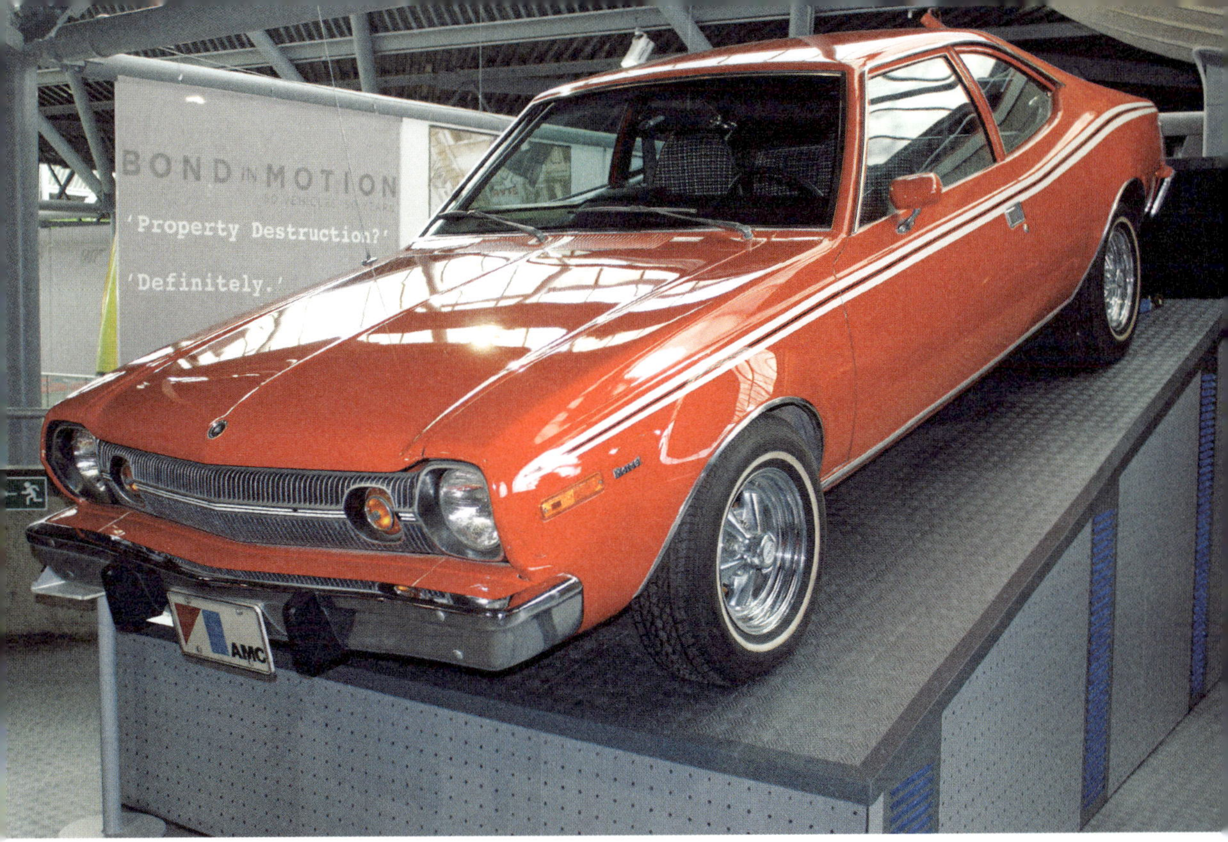
BOND IN MOTION
'Property Destruction?'
'Definitely.'

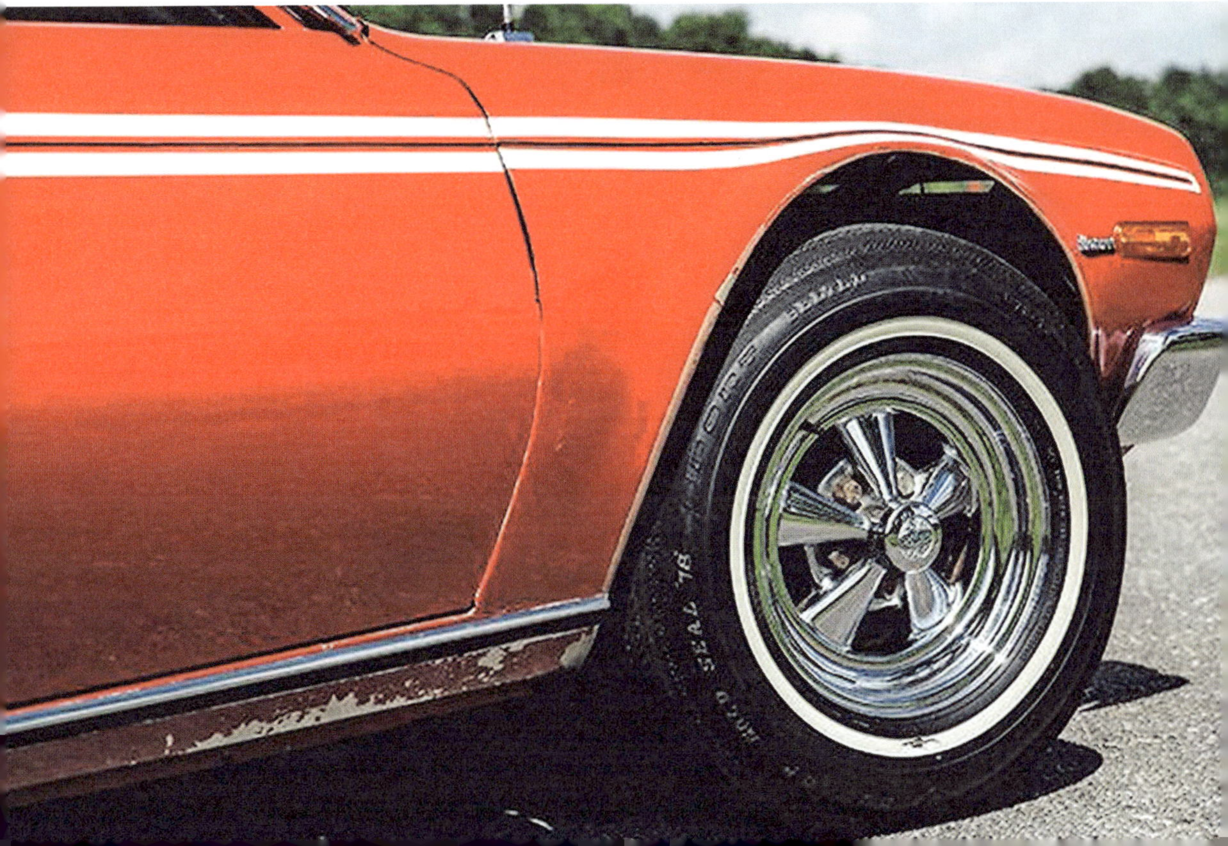

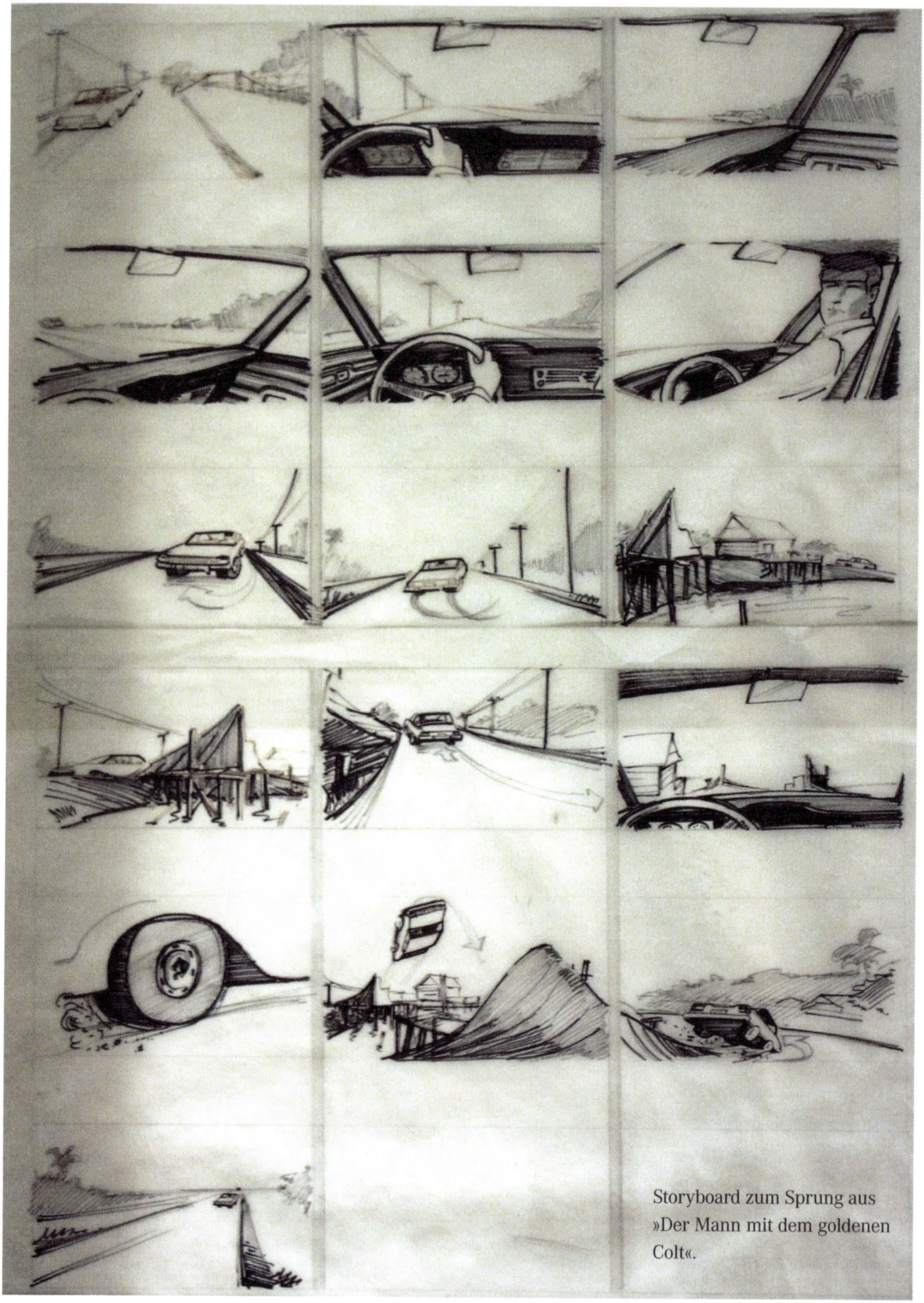

Storyboard zum Sprung aus »Der Mann mit dem goldenen Colt«.

Die Autoverfolgungsjagd beginnt damit, dass Bond einen Wagen aus einem Autohaus klaut und damit direkt durch die Glasscheibe des Geschäftes auf die Straße fährt. Da AMC in Thailand gar keine Fahrzeuge anbot und daher in Bangkok auch keine Niederlassung hatte, baute das Design-Team einen entsprechenden Laden an der Straßenseite des gläsernen Hochhauses mit dem schönen Namen Chokechai Building in der Sukhumvit Road. Nach Aussagen des damaligen Produktionsdesigners, Peter Murton, entstand der Laden auf einem leerstehenden Grundstück.
Das Special-Effects-Team präparierte die Glasscheibe. Hier kam Stuntfahrer Jay Milligan erstmals zum Einsatz, denn er war es, der den Wagen durch das Fenster jagte. Allerdings gelang das nur mit Problemen. Wie bei Autohäusern üblich, war der Fußboden blitzblank gewienert. Als Milligan aufs Gaspedal trat, liefen die Räder heiß. Regisseur Guy Hamilton wunderte sich, warum er denn nicht losfuhr. Über das Funkgerät im Wagen hörte Milligan deshalb, wie er von der Straße aus angebrüllt wurde, er solle nun endlich losfahren. Er kam viel später als geplant auf die Straße und hatte so viel Dampf drauf, dass er rund 400 Meter auf dem Grünstreifen in der Mitte der Straße fahren musste, um den anderen Wagen einzuholen. Und was machten der Regisseur und seine Kollegen? Sie brüllten: »Gut so, weiter so!«
Im Verlauf der Autojagd verfolgen Bond und der zufällig im Autohaus anwesende US-Sheriff Pepper (Clifton James) das goldfarbene Coupé von Bonds Widersacher Scaramanga durch den hektischen Verkehr der thailändischen Hauptstadt. Der Auftritt des amerikanischen Schauspielers Clifton James war eine kleine Reminiszenz an dessen Präsenz in dem Vorgängerfilm »Leben und sterben lassen«, die bei Publikum und Kritik sehr gut angekommen war. So jagt der eine AMC den anderen AMC. Unterwegs waren sogar noch weitere Wagen der Marke involviert, denn interessanterweise fuhr die Polizei viertürige, schwarz-weiß lackierte Matador, die auch vom Los Angeles Police Department eingesetzt wurden. Drei Fahrzeuge waren dabei. Zwei tragen Beulen davon. Als sich die wilde Hatz auf Seitenstraßen entlang eines Kanals – in Thailand »Khlong« genannt – verlagert, und Bond feststellt, dass sich die Bösewichter auf der anderen Seite des Wassers befinden, beschließt er spontan zwei Teile einer nur in Fragmenten existenten Brücke zu nutzen und mit dem Auto darüber zu springen.
Es scheint unwirklich, wenn man die Szene das erste Mal sieht, aber es war kein Trick – allerdings ein speziell präpariertes Auto. »Schon mal was von Evel Knievel gehört?«, fragt Roger Moore noch, bevor er losfährt, und erinnert damit an den populären amerikanischen Motorrad-Stuntman, der in den Jahren 1966 bis 1977 unter anderem über 50 Autos und 13 Busse sprang – allerdings dabei auch häufiger schwer verletzt wurde.
Einen Stunt wie diesen in einem geschlossenen US-Stadion durchzuführen, oder

aber bei über 40 Grad Außentemperatur und extrem hoher Luftfeuchtigkeit in Thailand, ist allerdings grundverschieden. Also suchte man sich zunächst einmal technische Hilfe. Üblicherweise trainierte man mit umgebauten Autos und Dummys, ehe das Kunststück dann irgendwann gelang, aber die Methode »Versuch und Irrtum« hätte hier zu schweren Verlusten bis hin zu Totalschäden an Maschine und eventuell Fahrer führen können, sodass man nach Alternativen suchte. Lange vor den heutigen Techniken, schließlich befinden wir uns im Jahr 1973/74, gab es auch schon so etwas wie Computervisualisierungen, wenn auch nicht auf dem hohen Niveau von heute. Der Spezialist auf dem Gebiet war Raymond R. McHenry. Der Amerikaner aus Williamsville im US-Bundesstaat New York arbeitete beim Cornell Aeronautical Laboratory, die heute als Calspan Corporation firmiert, und entwickelte die Idee. Am 13. November 1972 beantragte er ein Patent für den Spiral-Sprung und erhielt es am 4. Juni 1974 zugesprochen – tatsächlich also drei Tage nach der Aufnahme des Stunts in Bangkok. Das US Patent No. 3,814,021 nannte sich exakt »Spiral Jump Apparatus« (»Spiralsprung-Stuntapparat«). Übersetzt lautet die Beschreibung in den Unterlagen des Patentamtes:

»Spiralsprung-Stuntapparat, entweder in Originalgröße oder als Spielzeugversion, bei dem ein Radfahrzeug von einer Rampe abhebt, die so konstruiert ist, dass sie dem Fahrzeug, wenn es in den freien Flug übergeht, Roll-, Nick- und Hubimpulse gibt, um das Fahrzeug in eine Spiralbewegung zu versetzen, während es den Abstand zwischen einer solchen Startrampe und einer Auffangrampe überspringt, auf der das Fahrzeug auf seinen Rädern landet.«

William Milliken, einer der Direktoren des Aeronautischen Laboratoriums der amerikanischen Cornell University (CAL), unterstützte Raymond R. McHenry und Jay Milligan und fütterte seinen Hochleistungscomputer mit Daten, um den Sprung zu berechnen. Das Institut arbeitet für das US-Büro für öffentliche Straßen und verfügt über allerlei Daten über Autozusammenstöße, Straßenführungen, Bodenbeläge und Kurventechniken. Anhand dieser vorliegenden Unterlagen berechnete der Computer die Abmessungen der Rampe, gab Teak-Holz vor, bestimmte das ideale Auto – eben den AMC Hornet X Hatchback – und gab das Gewicht vor, denn Auto und Fahrer mussten genau 1460,06 kg wiegen. Der Abstand von Rampe zu Rampe war ebenso fix und musste exakt 15,86 Meter betragen. Die Absprunggeschwindigkeit wurde auf 64,36 km/h festgelegt. Zwei identisch aussehende Wagen wurden für den Stunt präpariert. Sieben Tests wurden vorab durchgeführt. Alle klappten problemlos. Bei den Dreharbeiten des Sprungs am Khlong Ransit am 1. Juni 1974, dem 35. Drehtag, kam ein speziell präparierter Wagen zum Einsatz, der nur über

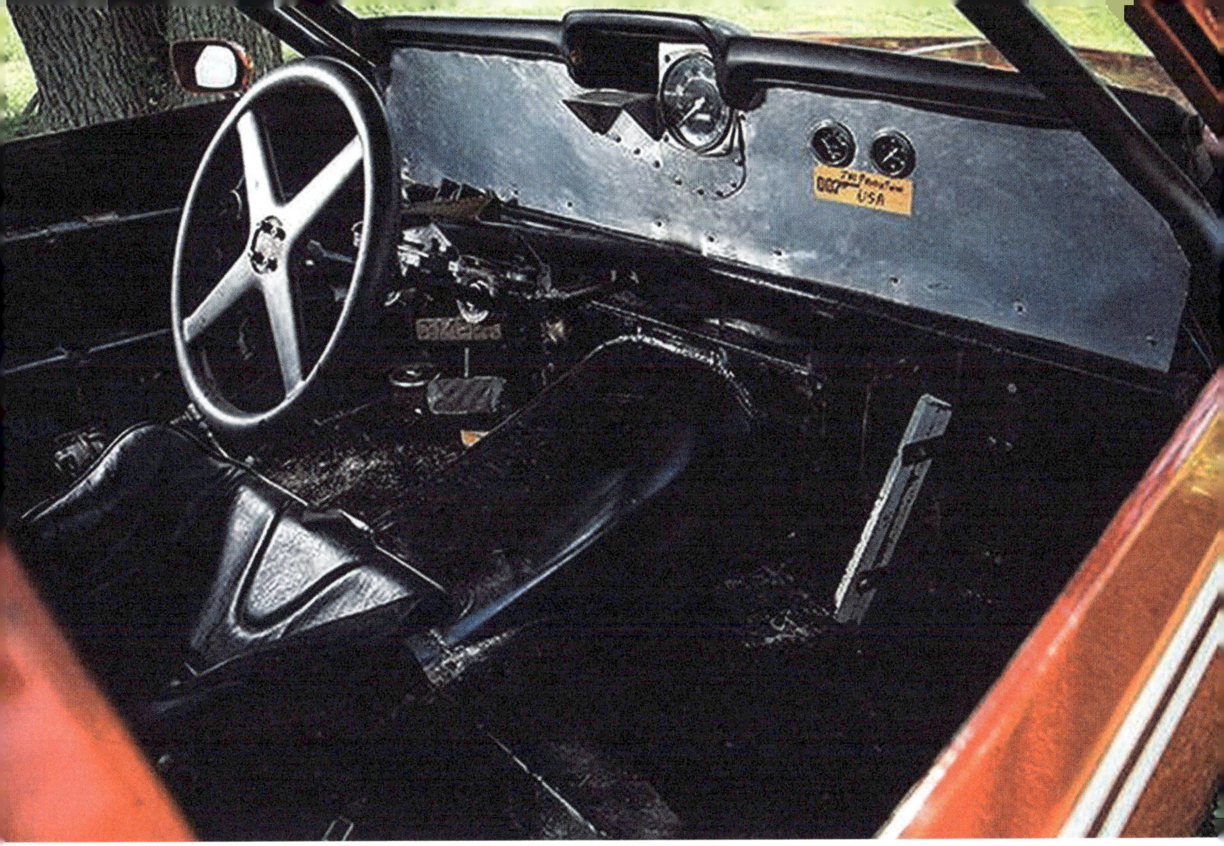

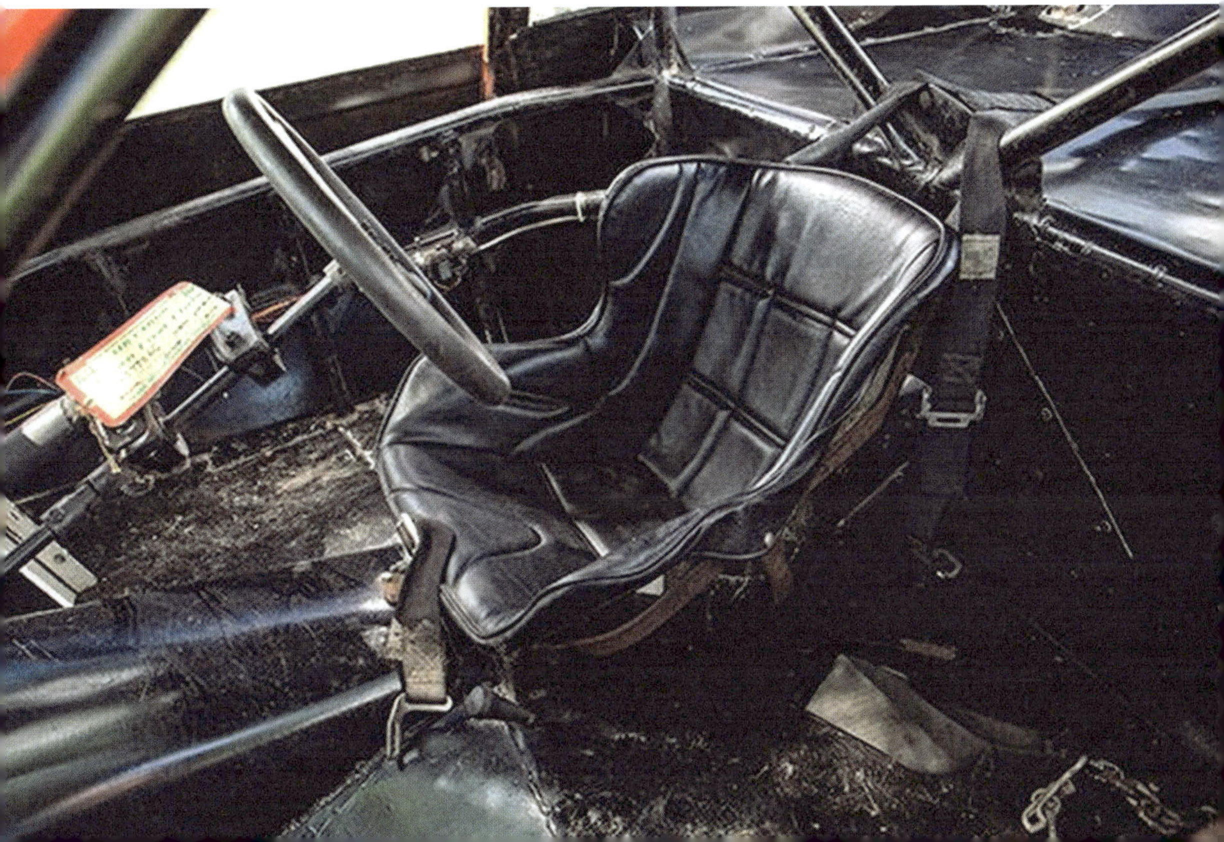

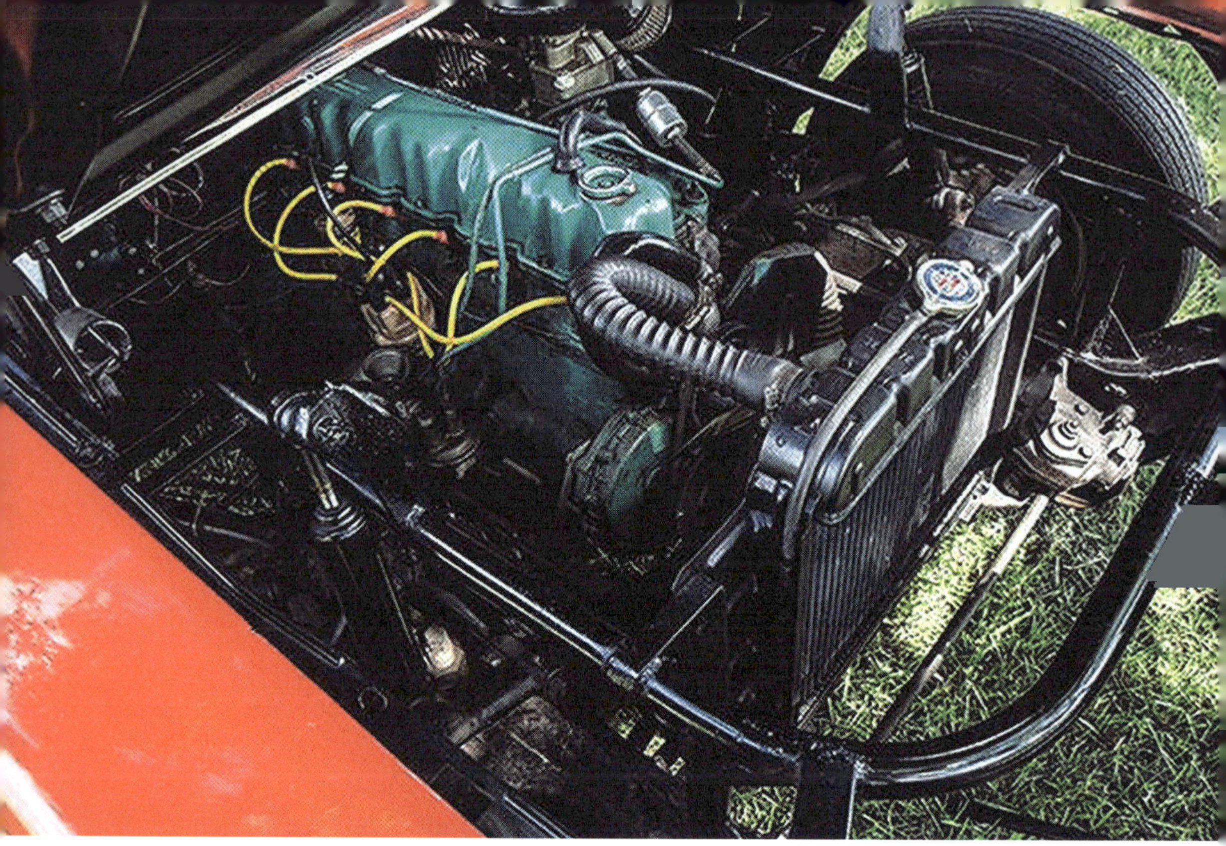

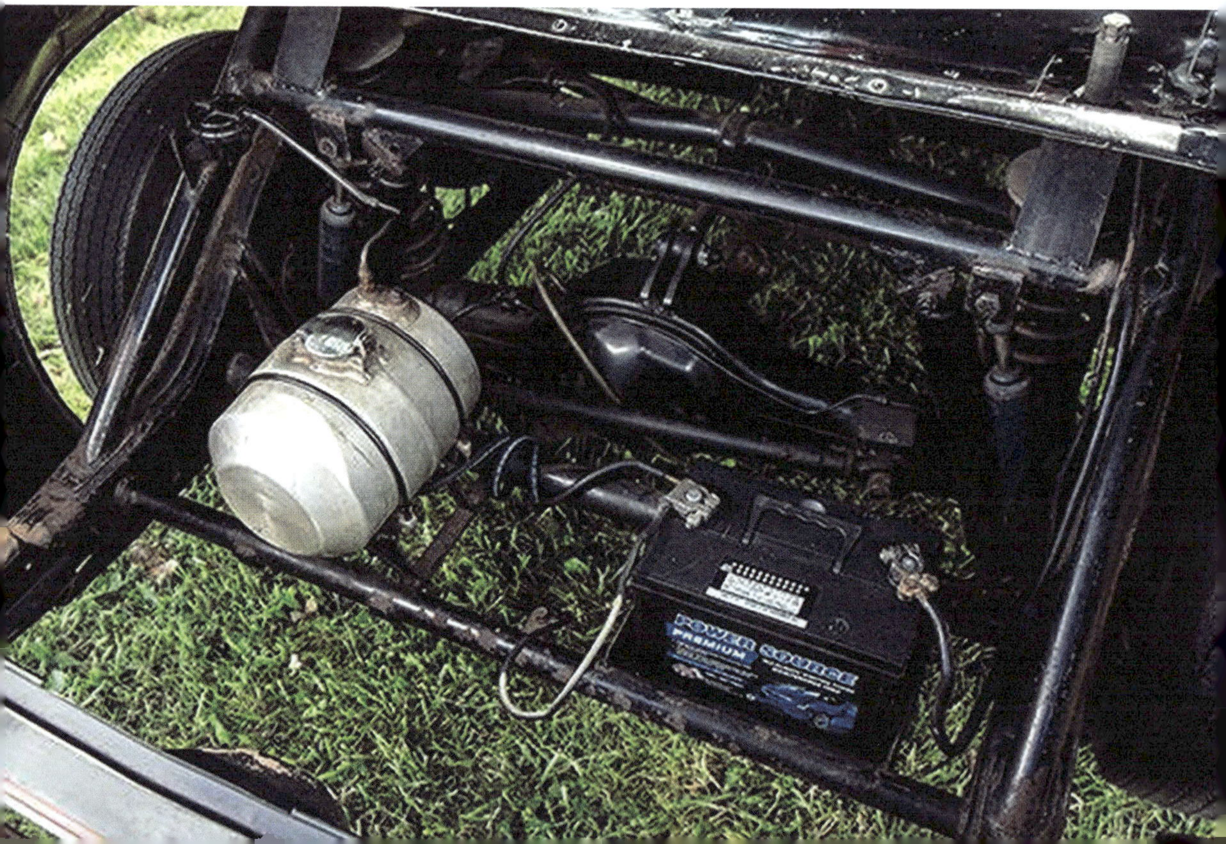
POWER SOURCE
PREMIUM

einen mittig angebrachten Fahrersitz und entsprechend mittiges Lenkrad verfügte, um das Gewicht des Wagens besser zu verteilen. Außerdem gab es eine eigene Kraftstoffversorgung. Jay Milligan überwachte die Szene, saß aber nicht im Wagen. Aus familiären Gründen konnte er es nicht machen. Sein Fahrer, Stuntman Loren »Bumps« Willert aus Tipton im US-Bundesstaat Iowa saß stellvertretend für Bond am Steuer. Der hatte den Stunt zuvor übrigens noch nie gemacht, aber immerhin gesehen...

Dank eines kleinen Tricks verlief alles reibungslos. In dem Wagen befand sich auch noch ein kleiner Hebel, der dafür sorgte, dass ein Stück der Rampe heruntergestoßen wird, wodurch das Vorderrad nach unten zieht und damit die Drehung beginnt. Außerdem verfügte das Auto über fünf Räder. Das fünfte Rad befand sich unter dem Wagen an der Mitte der Achse. Es sorgte dafür, dass der Wagen keinen Salto schlug. Acht Kameras nahmen den Moment auf. Sicherheitshalber waren zwei Froschmänner im Wasser, standen ein Notarztwagen und ein Kran bereit, aber alles klappte wie am Schnürchen, da der Fahrer genau die Dinge einhielt, die zuvor berechnet worden waren: Er durfte nur bis zu 0,8 km/ h von der vorgegebenen Geschwindigkeit und die Rampe nur 3,5 cm auf jeder Seite abweichen. Der Wagen hob ab, drehte sich wie ein Football in der Luft und landete problemlos auf den Rädern. Schauspieler Christopher Lee war

»ES SAH SO LEICHT AUS, DASS JEMAND VORSCHLUG, ES GLEICH NOCH MAL ZU MACHEN. ABER DAS LIESS MAN DANN DOCH LIEBER SEIN.«
—CHRISTOPHER LEE ÜBER DEN SPIRALSPRUNG-STUNT

dabei und traute seinen Augen nicht: »Ich konnte es nicht fassen«.

Da das Ganze tatsächlich so leicht aussah und so schnell ging, wurden die Bilder, die im Film zu sehen sind, etwas verlangsamt. Tatsächlich sieht man also eine leichte Zeitlupenaufnahme. Im Anschluss an den gelungenen Stunt gab es eine große Feier. Roger Moore hatte Tränen in den Augen, ging zu Willert und Milligan und sagte: »Ihr Jungs habt mich gut aussehen lassen.« Zu weiteren Reaktionen gibt es zwei Versionen. Nach der ersten war es Broccoli persönlich, der Champagner über die Köpfe der Stuntmen goss und fragte: »Wollt ihr das noch mal machen?« Milligan antwortete: »Das

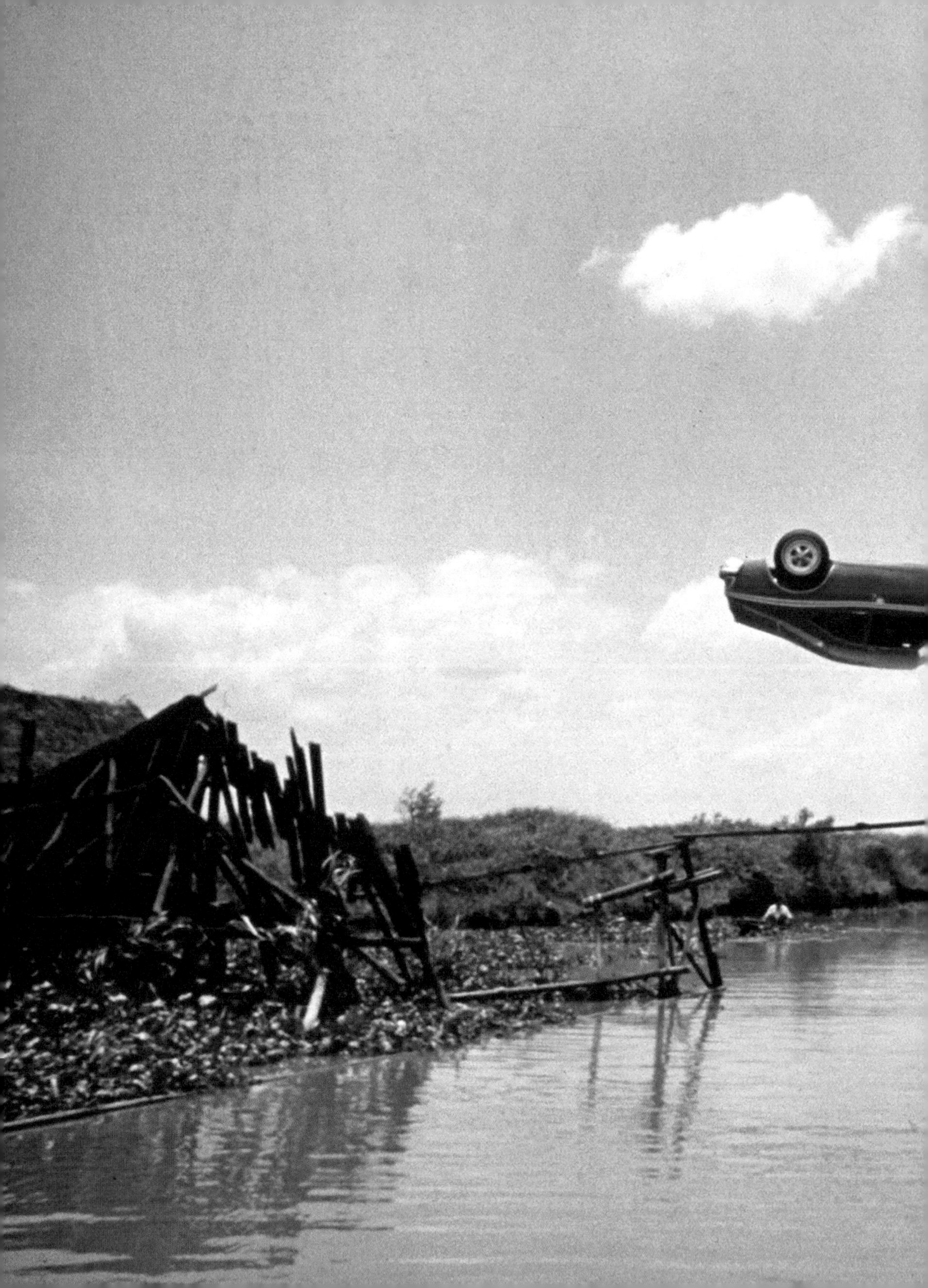

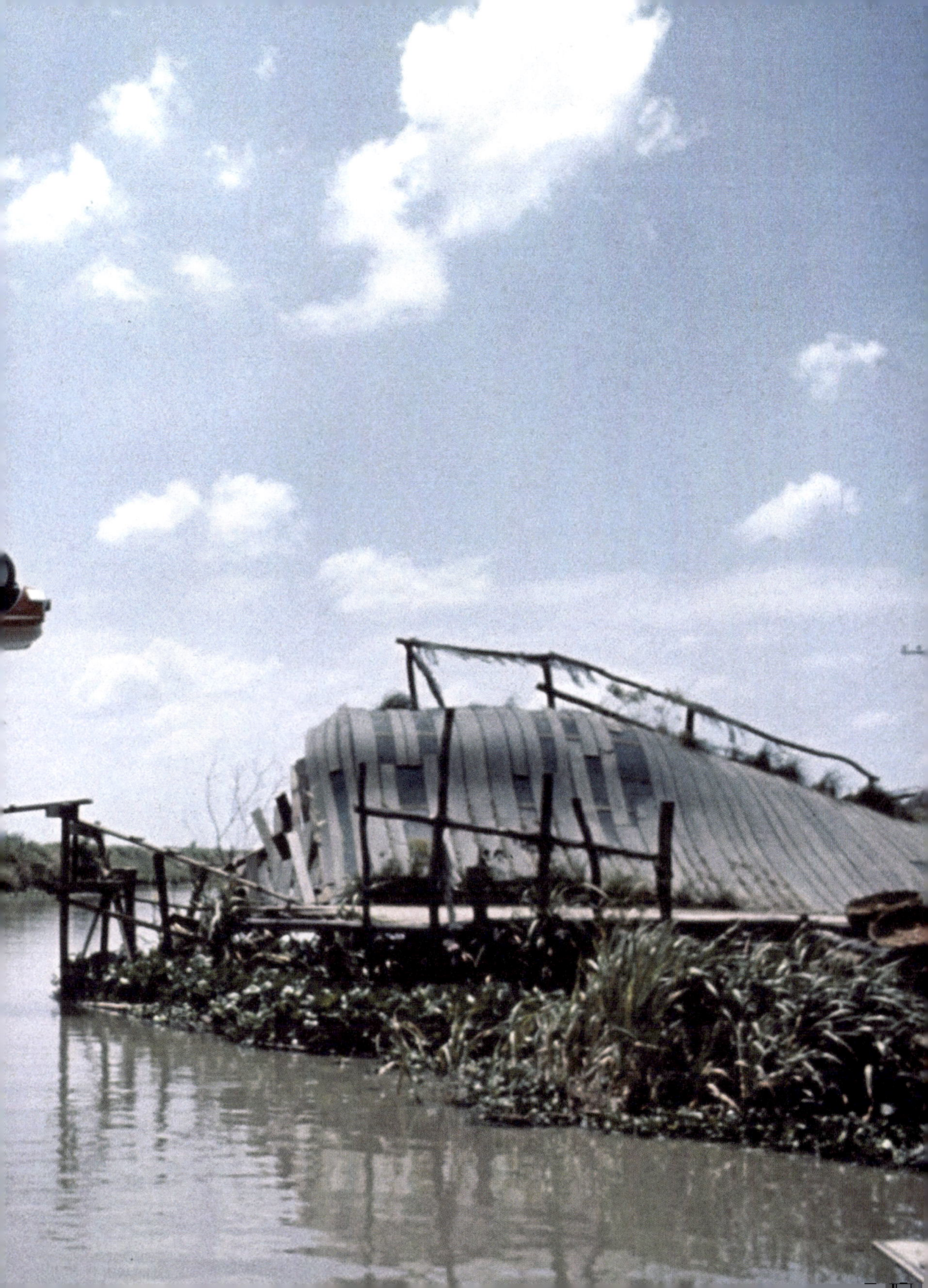

wird sehr teuer.« Roger Moore erzählte im Interview mit »Top Gear« Moderator Richard Hammond, dass Broccoli dem Fahrer eine Rolle 100 Dollar Noten in die Hand drückte, um sich zu bedanken. Der sagte nur: »Kann ich das nochmal machen?« Broccoli vertröstete ihn auf den nächsten Morgen, denn die Szenen wurden nach Pinewood geschickt, um zu schauen, ob das Material auch in Ordnung sei. Am nächsten Morgen um 6.00 Uhr hieß es dann: Alles okay.

Ursprünglich war übrigens geplant, dass auch die verfolgenden Polizeifahrzeuge über die Brücke springen sollten, nur eben nicht wohlbehalten auf der anderen Seite ankommen. Doch aufgrund der knapp werdenden Zeit und des feststehenden Premierendatums verzichtete man darauf. Es kam hinzu, dass der einzigartige Stunt schon 300.000 Dollar verschlungen hatte. Ein Detail am Rande: Da man in Thailand auf der rechten Straßenseite fährt, ist es übrigens äußerst ungewöhnlich, dass die beiden automobilen Hauptdarsteller der Verfolgungsjagd beide linksgelenkt sind.

Marketingmann Hy Smith sorgte für die Publicity und lud rund 100 Journalisten aus Europa nach Bangkok ein. Sie durften auch den Spiralsprung über den Khlong beobachten. In seiner Erinnerung heißt es: »Obwohl sie mit eigenen Augen sahen, wie das Auto den Korkenziehersprung mit 360-Grad-Drehung von einer Seite des Flusses auf die andere vollführte, schrieben viele, als der Film herauskam, es sei der tollste Spezialeffekt, den sie je gesehen hätten. Als wir hingegen unmittelbar danach Scaramangas goldfarbenes AMC Matador Coupé mit Flügeln ausstatteten und dann filmten, wie ein Modell abhob, dachten alle, das sei echt.«

Für noch größere Diskussionen sorgte nicht nur bei der Premiere des Films der Einsatz des Soundtracks. Der Musikveteran und damals dreifache Oscar-Preisträger John Barry, später kamen noch zwei Trophäen hinzu, unterlegte den Spiralsprung mit den Tönen aus einer Kolbenflöte, die der automobilen Sensation klanglich etwas Albernes verschaffte. Produzent Broccoli mochte den Sound nicht, ließ ihn aber drin. Barry gestand später, dass er damit einen Fehler begangen hatte.

Der Spiral-Sprung schaffte es 2010 in das »Guinness Buch der Weltrekorde«, als »erster Astro Spiral Sprung im Film«. Außerdem gilt er nach Meinung der Redaktion als drittbester Stunt der gesamten Filmreihe. Bei einer Umfrage innerhalb der britischen Filmindustrie kam er sogar auf Platz 2 der besten Stunts aller Zeiten, nur geschlagen von dem Wagenrennen aus »Ben-Hur«. Kein Wunder also, dass der Sprung Nachahmer animierte. Dazu zählte übrigens auch der Hersteller Jaguar. Allerdings verwendete der keine Limousine, sondern stattete Stuntpilot Terry Grant am 13. Juli 2017 mit einem roten Jaguar E-Pace aus. Über Umbauten hüllte man sich in Schweigen, aber deutlich wurde, dass der Mann ein rechts gelenktes Auto steuerte, nicht in der Mitte saß und ihm damit auch

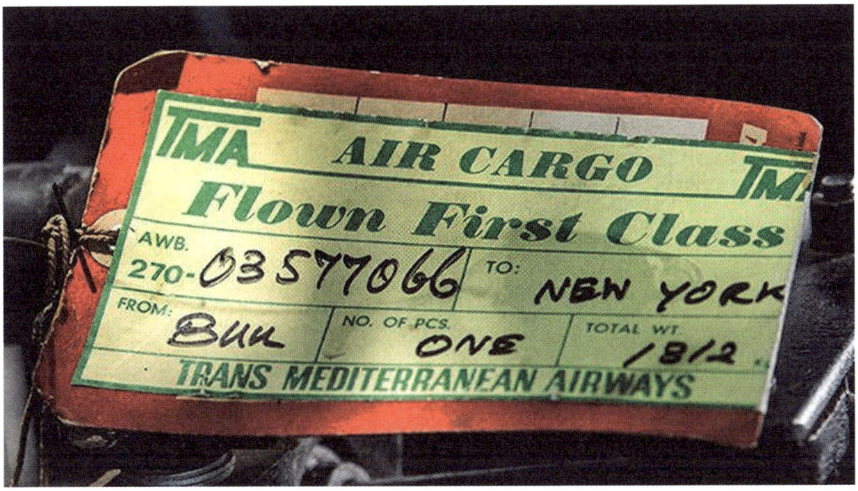

ein Eintrag in das Guinness Buch der Rekorde gelang.

Nach Ende der Dreharbeiten und der sich anschließenden Werbetour übernahm Jay Milligan einen Wagen, der ihm via Air Cargo (»First Class«) zugestellt wurde. Er flog von Bangkok nach New York – als Fracht, nicht durch die Lüfte. Milligan hegte und pflegte ihn über 30 Jahre lang, sodass er fahrtüchtig blieb. Das zweite Fahrzeug wurde weiterhin für Stunt Shows verwendet und vollführte die Luftrolle immer mal wieder öffentlich in Stadien. Im Jahr 2017 verstarb Jay Milligan, und seine Erben boten den Wagen an. Am 1. September 2017 wurde er im Rahmen der »Auburn Fall Auction« (31.8. - 3.9.), einer Versteigerung des Auktionshauses RM Auctions in Auburn, im US-Bundesstaat Indiana angeboten. Das Auktionshaus erhoffte sich 250.000 bis 350.000 Dollar dafür, doch erzielt wurden nur 110.000 Dollar. Der Käufer blieb anonym.

Ein baugleiches Modell von der Stange, ohne die Umbauten, ohne die entsprechende Geschichte, wird übrigens immer mal wieder in Kleinanzeigen angeboten. Der Preis, den professionelle Wertermittler für den Wagen derzeit festlegen, liegt bei etwa 1.500 Dollar.

DATEN UND FAKTEN

Modell: AMC Hornet X Hatchback, links und mittig gelenkt
Farbe: rot mit weißen Streifen (Trans-Am Red)
Bauzeit: Sommer 1969 – Herbst 1977
Stückzahl: 186.275
Motor: 3,8 – 4,2 Liter Ottomotor
Leistung: 110 - 245 PS
Kennzeichen: keins, aber ein AMC Händler Schild
Höchstgeschwindigkeit: 64,36 km/h (beim Spiralsprung)
Screen Time: 4.27 min

DER MOON BUGGY AUS »DIAMANTENFIEBER« (1971)

Nachdem der Australier George Lazenby für den Film »Im Geheimdienst Ihrer Majestät« verpflichtet worden war, und der Erfolg des Films zumindest hinter den Erwartungen der Produzenten zurückblieb, gab es eine Reihe von Überlegungen, wie es mit der Serie weitergehen sollte. Man überlegte, wieder einen neuen Darsteller zu engagieren, machte dann aber schließlich Sean Connery ein Angebot, das der nicht ablehnen wollte. Für dessen sechsten Auftritt orientierte man sich zwar ein wenig an der Romanvorlage »Diamonds Are Forever« von Ian Fleming, aber Verfolgungsjagden kamen darin nicht vor. Da die Filme sich in der Vergangenheit auch in dieser Hinsicht schon von den Büchern entfernt hatten und man unbedingt für ein ganz besonderes Comeback der Serie sorgen wollte, kamen hier gleich mehrere aufwändige Sequenzen vor. In der ersten Drehbuchfassung war lediglich von einem »moon vehicle« die Rede, das von Bond genutzt wird, um von einer Anlage des Widersachers zu entkommen. Doch Regisseur Guy Hamilton erkannte die Möglichkeiten, die diese Flucht bot, und begann eine rund zehn Minuten dauernde Verfolgungsjagd zu entwickeln, die sich von der Wüste bis in die Stadt Las Vegas hinzog und diverse Fahrzeuge beinhaltete. Das erste war der in späteren Drehbuchversionen sogenannte »Moon Buggy«.

Der deutsche Ausstatter Ken Adam bekam die Aufgabe, das Gefährt zu gestalten, und orientierte sich dabei am damals aktuellen »Lunar Roving Vehicle« (LRV), das ab dem Jahr 1971 während der Apollo Missionen 15, 16 und 17 dank Batterieantrieb auf dem Mond gefahren war. Er zeichnete und entwickelte ein vergleichbares Gefährt, dessen Äußeres jedoch zunächst nicht auf die Gegenliebe des Regisseurs stieß. Er wollte, dass es »schräg, ungewöhnlich und grotesk« aussehen sollte, woraufhin Adam ihm noch ein paar Greifarme und eine große rotierende Antenne verpasste. Nachdem das Design abgenommen worden war, wurde der Moon Buggy von dem amerikanischen Autodesigner Dean Jeffries in Los Angeles gebaut. Die Kosten sollen 10.000 Dollar betragen haben. Jeffries war prädestiniert für den Bau ungewöhnlicher Fahrzeuge. Er begann nach dem Koreakrieg damit, in den USA Fahrzeuge zu bemalen oder mit Aufkleberdesigns auszustatten. Im Herbst 1955 verschönerte er James Deans Porsche Spyder mit den »Little Bastard« Schriftzügen und Aufklebern. Im Laufe seiner Karriere erschuf er auch berühmt gewordene Film- und TV-Autos wie das »Monkeemobile«, die »Black Beauty« aus »The Green Hornet« und wirkte am ersten »Batmobile« der TV-Serie aus den 60er Jahren mit. Für den Bondfilm nutzte er das Chassis eines Chevrolet Corvair mit Heckmotor. Der Wagen wurde nur zwischen 1959 und 1969 gebaut, da dessen Hecklastigkeit

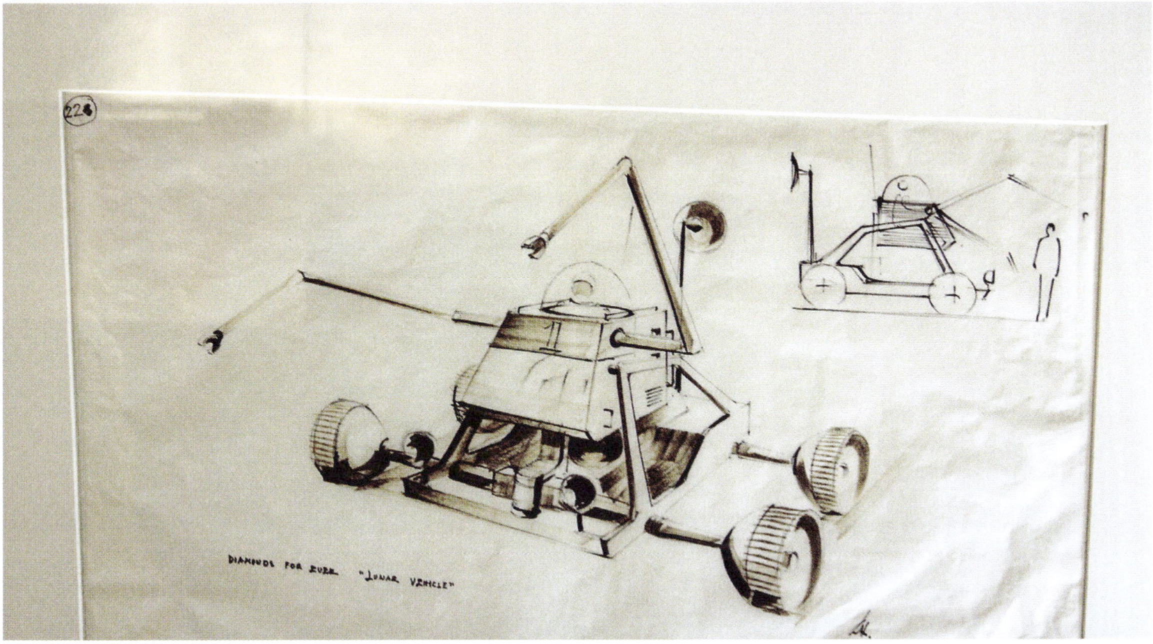
DIAMONDS FOR EVER "LUNAR VEHICLE"

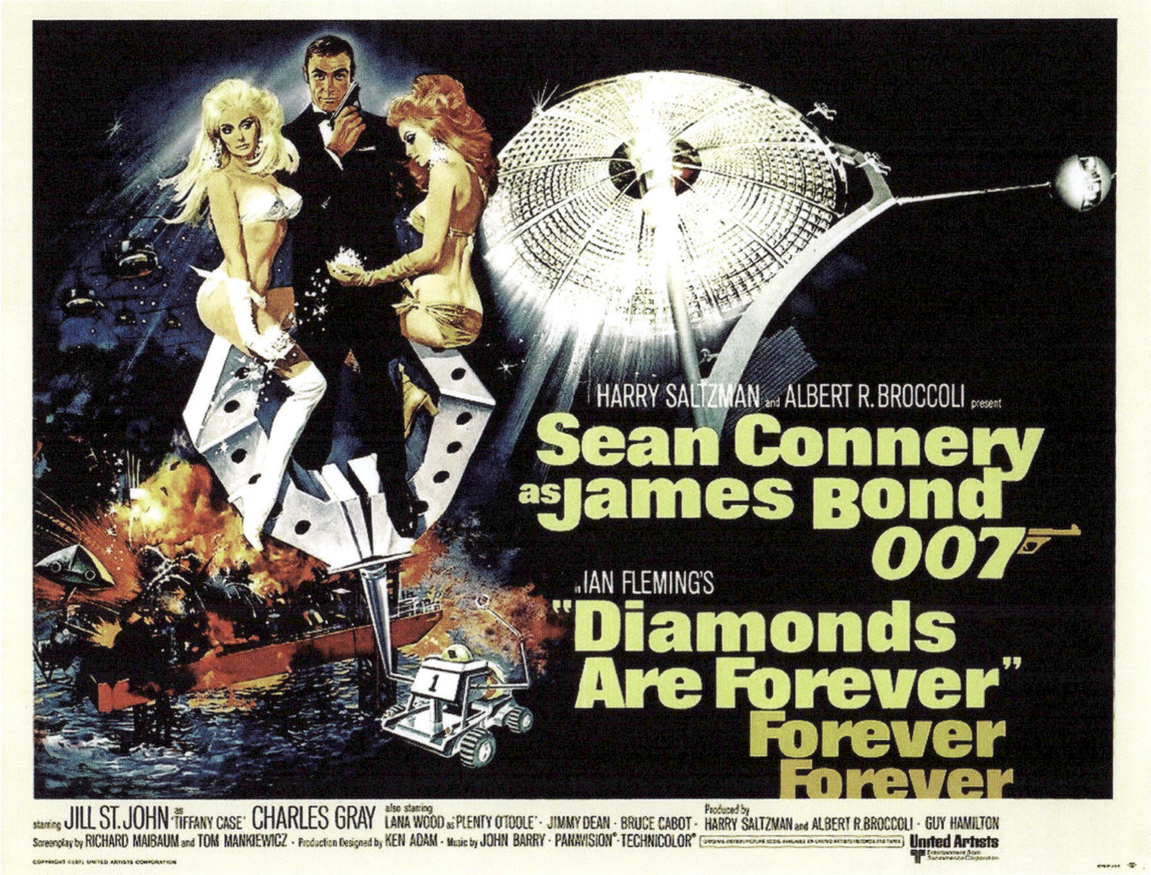
HARRY SALTZMAN and ALBERT R. BROCCOLI present
Sean Connery as James Bond 007
in IAN FLEMING'S
"Diamonds Are Forever"
Forever
Forever
starring JILL ST. JOHN as "TIFFANY CASE" CHARLES GRAY also starring LANA WOOD as "PLENTY O'TOOLE" · JIMMY DEAN · BRUCE CABOT · Produced by HARRY SALTZMAN and ALBERT R. BROCCOLI · GUY HAMILTON
Screenplay by RICHARD MAIBAUM and TOM MANKIEWICZ · Production Designed by KEN ADAM · Music by JOHN BARRY · PANAVISION® · TECHNICOLOR®
United Artists

immer wieder Probleme bereitete und er zum Übersteuern neigte, was eine Reihe von schweren Unfällen mit sich brachte. Aber richtig schnell fahren sollte der Moon Buggy sowieso nicht. In der ersten Script-Version wurde er auch nur kurz eingesetzt. Bond wird entdeckt, sieht das Ding auf einem Testgelände für Astronauten, besteigt es, fährt durch eine künstliche Wand, eine Straße entlang und verschwindet aus dem Auge des Betrachters. Das wurde komplett umgeschrieben, als Hamilton einen Drehort im US-Bundesstaat Nevada fand, der sogar ein wenig der Mondoberfläche entsprach. Es war die damalige Gipsfabrik Johns Manville, die sich knapp 30 Kilometer östlich von Las Vegas befand. Seit 1977 gehört das Areal der Firma Pabco Gypsum. Die steinige Umgebung der Gipsfabrik brachte für das von Jeffries gebaute Vehikel allerdings Probleme mit sich, denn für die Holperstrecken war es nicht gemacht. Hamilton hatte sich eine Verfolgungsjagd mit Pkws und Motorrädern vorgestellt, die darauf nur schwer zu realisieren war.

Während der Dreharbeiten vom 1. bis zum 4. Mai 1971 auf dem Gelände der Gipsfabrik, die im Film »Willard Whyte's Techtronics Plant« darstellt, zerbrachen mehrfach die konischen, aus Kunststoff und Fiberglas gefertigten Räder, die denen des NASA Rover entsprachen. Auch die große Hitze sorgte dafür, dass der Buggy schnell fahruntauglich war. »Die Arbeit an diesem Vehikel war fast mein Waterloo«, erinnerte sich Ken Adam später, denn man behalf sich zwar schnell

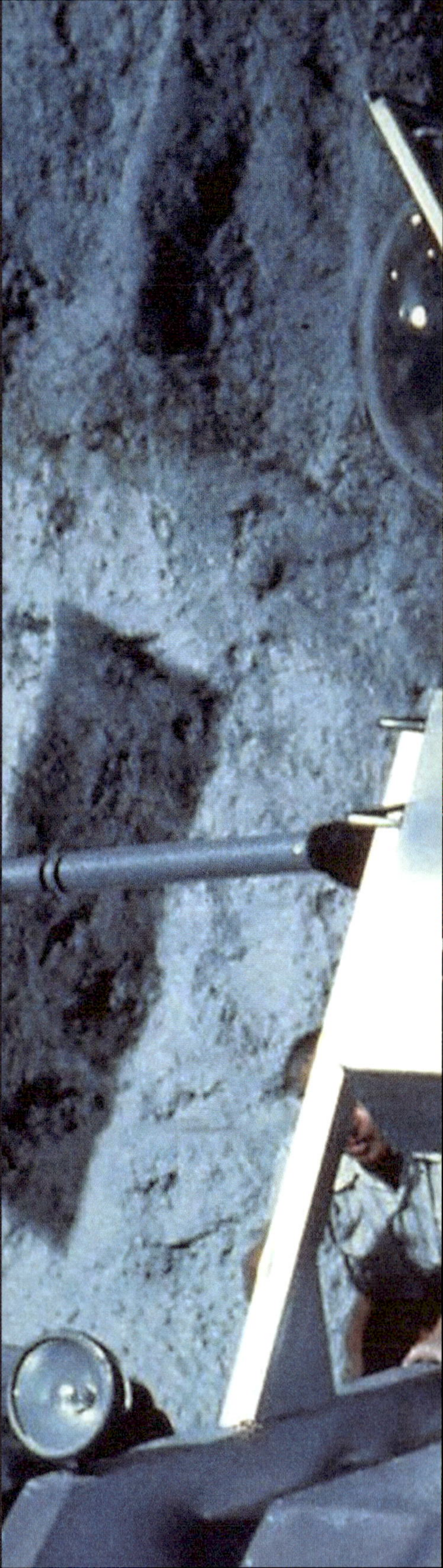

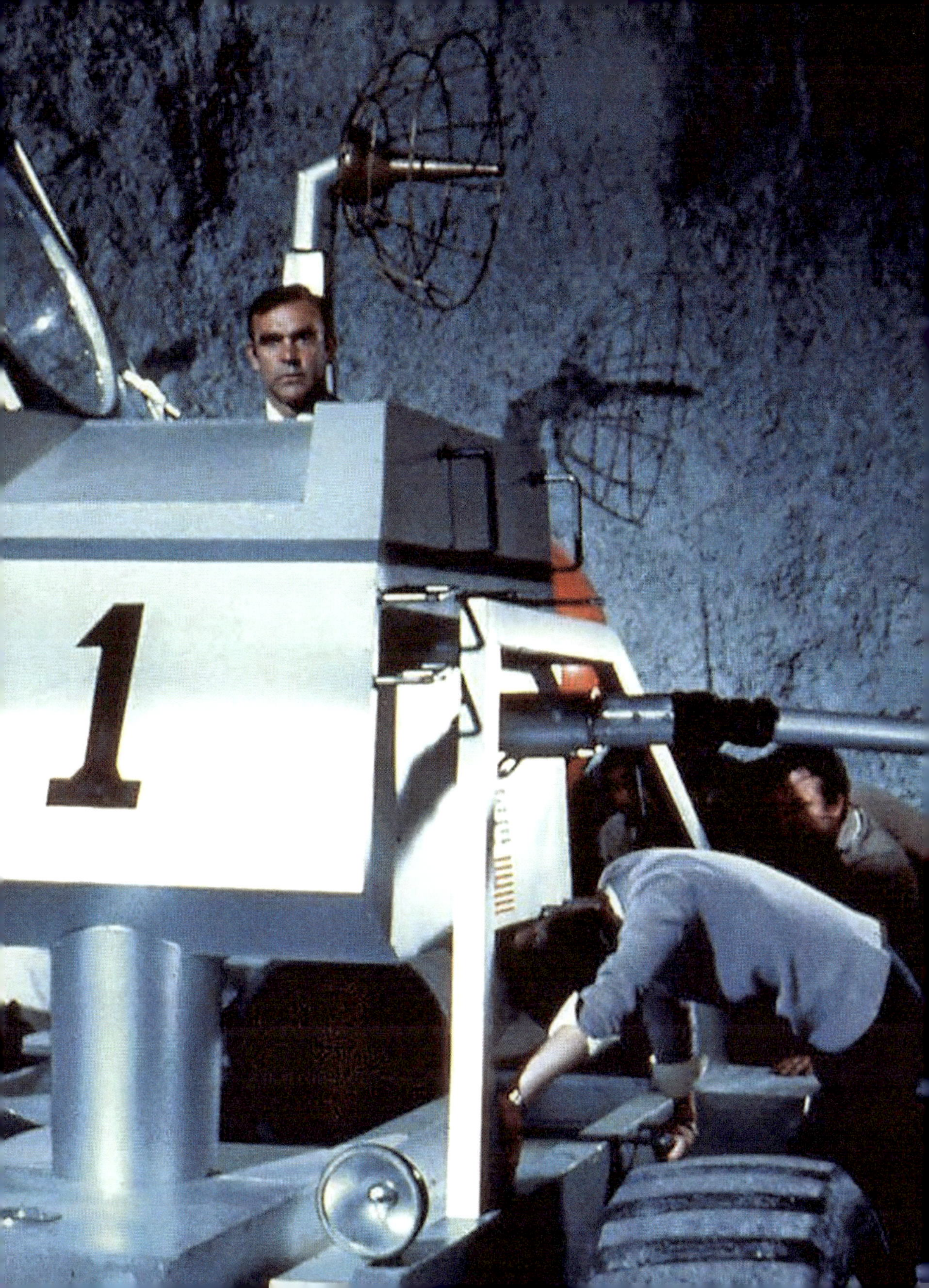
1

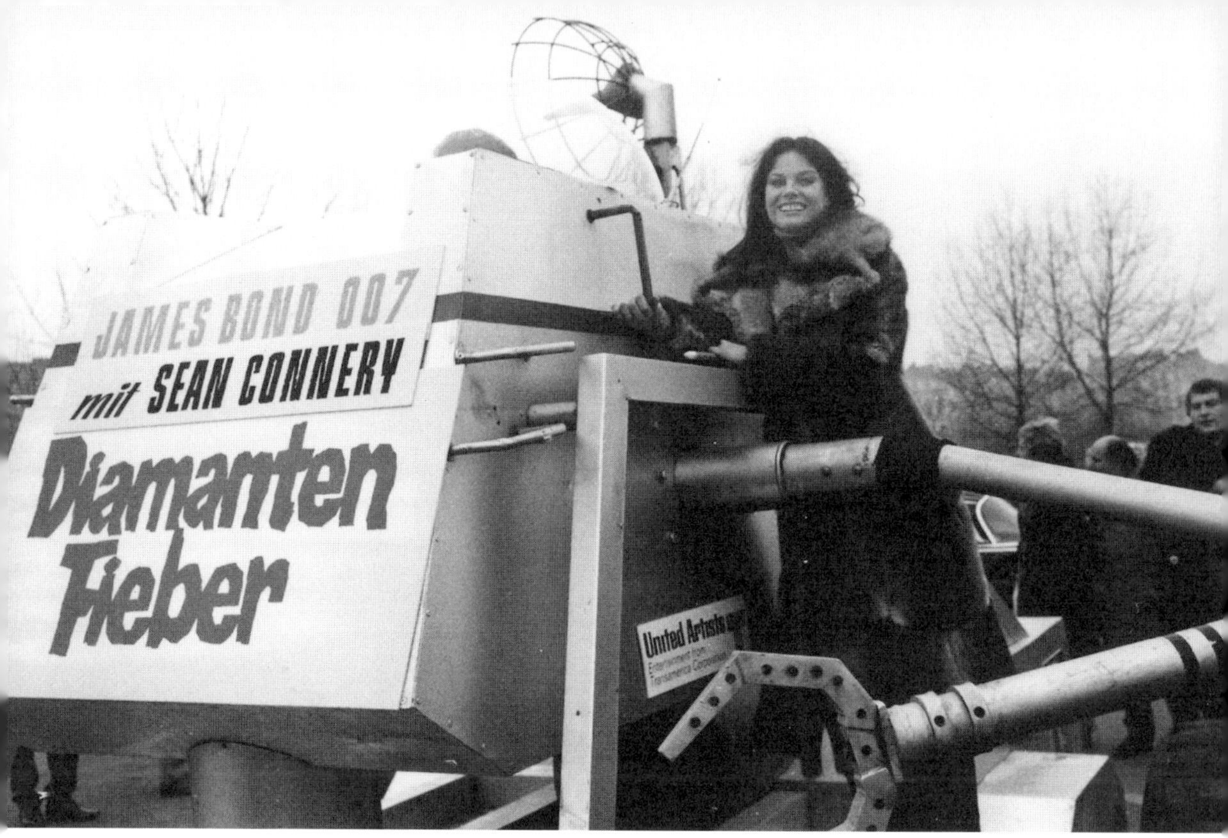
JAMES BOND 007
mit SEAN CONNERY
Diamanten Fieber
United Artists

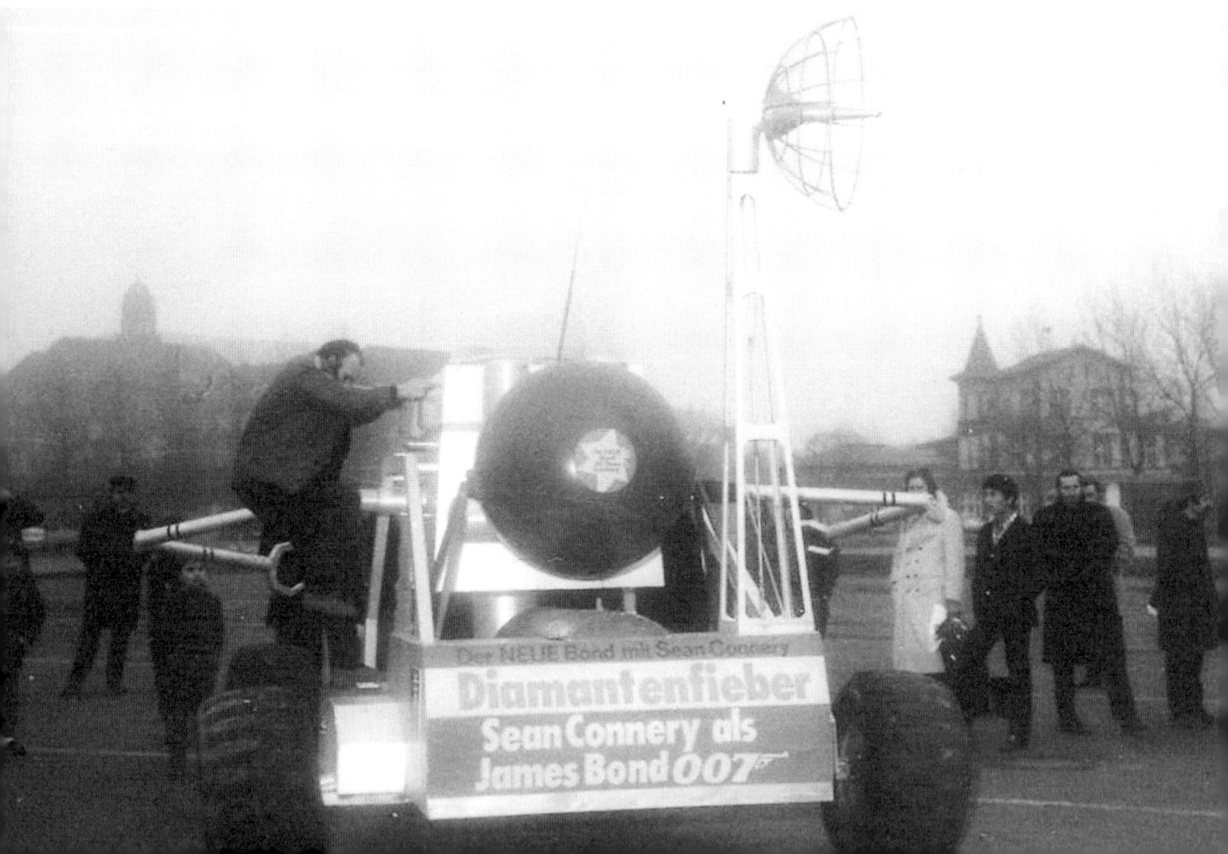
Der NEUE Bond mit Sean Connery
Diamantenfieber
Sean Connery als
James Bond 007

»DIE ARBEIT AN DIESEM VEHIKEL WAR FAST MEIN WATERLOO.« —AUSSTATTER KEN ADAM ÜBER DEN ZERBRECHLICHEN MOON BUGGY

mit Ersatz in Form von Ballonreifen von Honda, aber auch diese Konstruktion war nicht perfekt. Daher sieht man an einer Stelle der wilden Jagd den Reifen eines Hinterrads durch die Gegend rollen. Erschwerend kam hinzu, dass das Vehikel weder über Bremsen noch eine Gangschaltung verfügte. Stuntman George Leech, der Sean Connery in den Fahrszenen doubelte, hatte also eine Menge Sorgen, den Einsatz wohlbehalten hinter sich zu bringen. Er überstand sogar eine geplante Sprungszene. Oder wie es im Film heißt: »Der fährt Amok!«
Laut Regisseur Guy Hamilton sollte das monströse Stück über eine Rampe sausen und dann in vorbereiteten Pappkartons landen, war aber zu schnell und flog »zwölf Meter weiter. Glücklicherweise wurde niemand verletzt.« Dean Jeffries war dennoch nicht glücklich, was mit den Fahrzeugen so passierte: »Ganz gleich, wie schlecht alle über das Auto redeten: Es machte seine Arbeit verdammt gut. Wenn man mir vorher gesagt hätte, wie das Fahrzeug behandelt werden würde, und wie holprig das Gelände war, in dem es fahren sollte, dann wäre es insgesamt viel besser gelaufen.«
Nachdem die Szenen mit dem Moon Buggy im Kasten waren, widmete sich die Filmcrew noch eine Woche lang den Autoszenen und den ungewöhnlichen Motorrädern vom Typ ATC 90, die damals erst seit einem Jahr auf dem Markt waren. Da Hamilton die amerikanischen Fahrzeuge nicht besonders mochte, machte er sich einen Spaß daraus »möglichst viele davon zu zerstören.«
Nach den Außenaufnahmen schlossen sich in den Londoner Pinewood Studios noch Innenaufnahmen an. Am 20. Juli 1971 musste Sean Connery durch das Filmset in der Halle »B« laufen, zwei Männern in Mondanzügen ausweichen, den Buggy besteigen und durch eine künstliche Wand fahren. Immerhin das klappte problemlos.
Bonds Flucht im Moon Buggy aus einer künstlichen Mondlandschaft ist auch ein Inside Gag, denn zu der Zeit gab es eine Reihe von Verschwörungstheorien darüber, dass die erste bemannte Mondlandung am 21. Juli 1969 mit Apollo 11, aber auch spätere Missionen nicht stattgefunden, sondern in einem Studio inszeniert worden waren.
Trotz des eher kurzen Auftritts im Film, wurde der Moon Buggy intensiv als Werbevehikel genutzt. So erschien er prominent platziert auf allen Plakaten des Films und macht eine längere

Werbetour durch mehrere Länder. Dazu zählte auch ein Auftritt an der Seite von Schauspielerin Lana Wood am 18. Dezember 1971 in Hamburg. Nach Ende der PR-Tournee verschwand er von der Bildfläche. 1983 wurde er von Trevor Jones, dem Besitzer einer Autowerkstatt, in einem Feld im englischen Hextable in der Grafschaft Kent östlich von London wiederentdeckt, wo er von der Filmgesellschaft abgestellt worden war. Er kaufte das schon stark verwitterte Gefährt und verkaufte es zwei Jahre später an einen örtlichen Fan weiter. 1992 wurde es vom englischen Bond-Fanclub auf einem Schrottplatz entdeckt, weil die Antenne aus dem langen Gras herausragte, und erworben. Es wurde 1993 komplett restauriert und erstmals auf der »World's Biggest Little Motor Show« des Spielzeugherstellers Corgi Toys in Warwickshire ausgestellt. Am 12. Dezember desselben Jahres enthüllte man es in den Londoner Pinewood Studios. Da die Restauratoren nur über begrenzte finanzielle Mittel verfügten und nicht viele von den Originalteilen organisieren konnten, behalf man sich mit einer Reihe von Ersatzteilen, sodass die neue Version, wenn man das Fahrzeug mit denen in der Oldtimerszene vergleicht, sicher nicht perfekt dem Original gleicht. Laut Eigentümer Graham Rye beliefen sich die Kosten auf mehr als einen »Pkw für die ganze Familie«.

Ab dem 24. Juli 1994 stand das Fahrzeug als Dauerleihgabe im Planet Hollywood Restaurant des Caesar's Palace in Las Vegas. Dort wurde es bis zum 1. April 2003 ausgestellt und zwischenzeitlich immer mal wieder erfolglos angeboten. Das Auktionshaus Fleetwood Owen offerierte es am 31. Juli 2001 im Planet Hollywood in London. Man erhoffte sich einen Preis zwischen 150.000 und 200.000 Pfund, erreichte aber nur 107.000, die ein anonymer amerikanischer Sammler bezahlte. Nicht lange danach tauchte der Wagen zum Preis von 90.000 Pfund wieder auf und landete schließlich sogar auf dem Online-Auktionsportal ebay. Aber auch dort fand sich kein solventer Käufer. Schließlich wurde er am 14. Dezember 2004 vom Auktionshaus Christie's im Rahmen ihrer »Film and Entertainment« Auktion zum Preis von 23.000 Pfund an den Planet Hollywood Eigentümer Robert Earl verkauft. Der stellte das Vehikel daraufhin im Planet Hollywood Las Vegas Casino aus. Am 26. September 2019 kam das restaurierte Stück wieder auf den Markt und wurde bei der »The Icons & Legends of Hollywood Auction« für 514.000 Dollar versteigert. Der Käufer blieb anonym.

DATEN UND FAKTEN

Modell: Moon Buggy, mittig gelenkt
Farbe: weiß / silber
Bauzeit: 1970 / 1971
Stückzahl: 1
Motor: 2,5 Liter Corvair
Leistung: 152 PS
Kennzeichen: keins, aber eine große 1 auf der Front
Höchstgeschwindigkeit: wenige km/h
Screen Time: 3.10 min

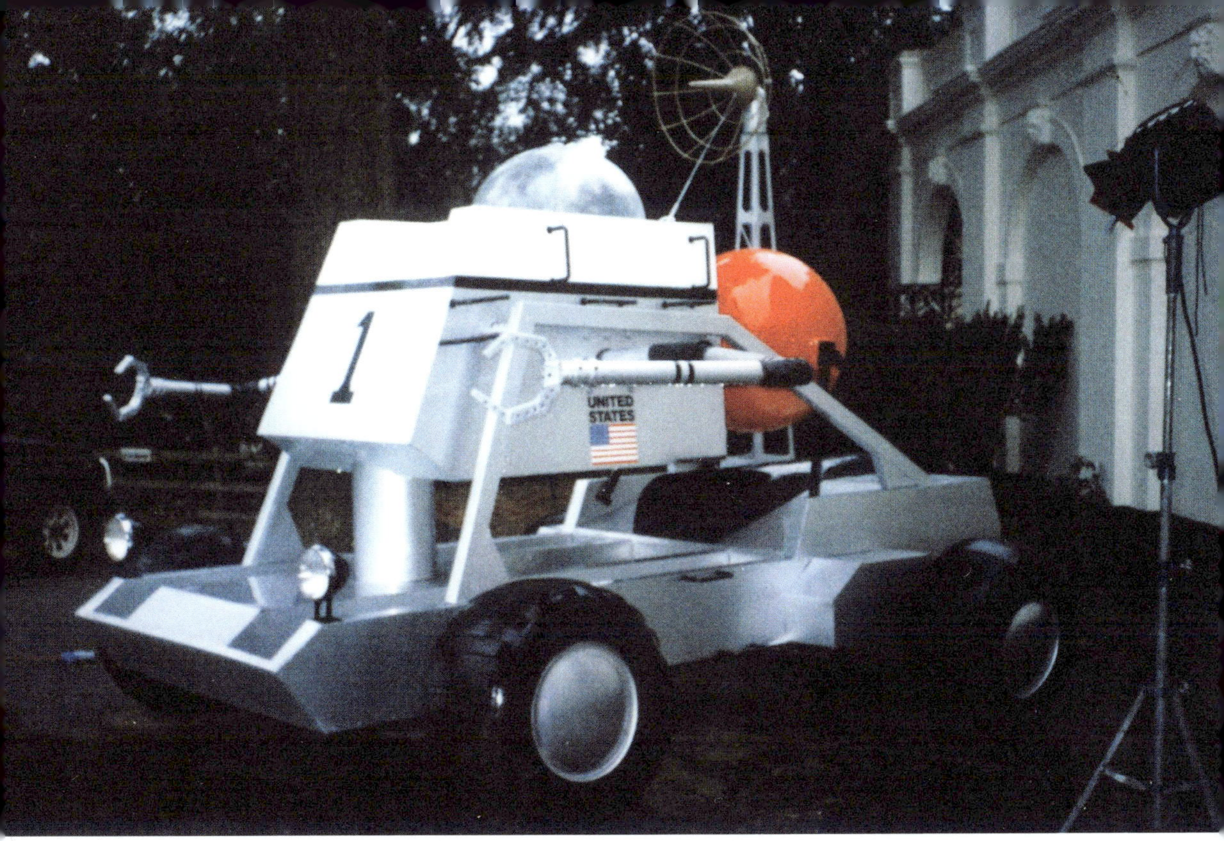
1
UNITED STATES

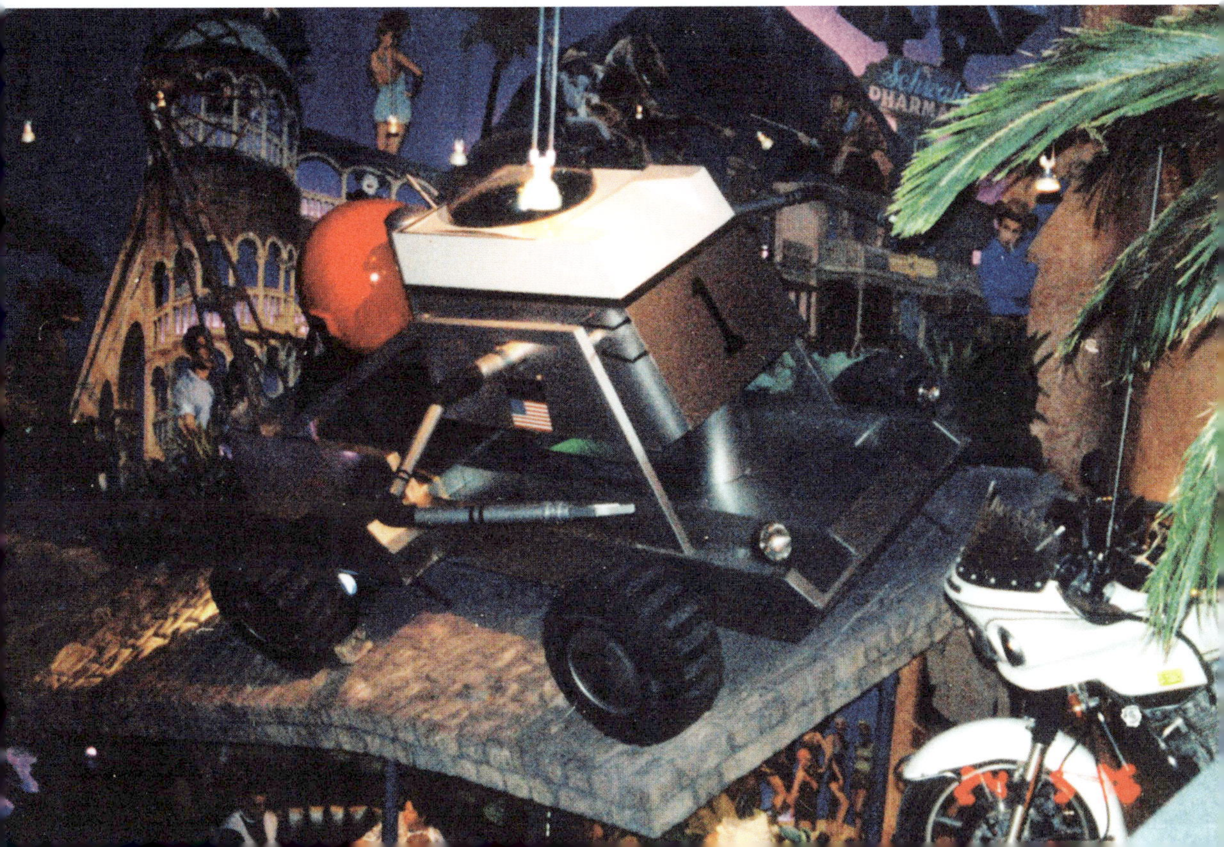

DER SUNBEAM ALPINE SERIE 2 AUS »JAMES BOND – 007 JAGT DR. NO« (1962)

Es war nur ein sehr kurzer Moment, ein paar Straßen den Berg hinauf, eine Schotterpiste den Berg herunter, eine kurze Verfolgungsjagd, und später noch eine noch viel kürzere Fahrt zum Hafen. Wenn der von Sean Connery gespielte Geheimagent im Dienst Ihrer Majestät im ersten Spielfilm »James Bond – 007 jagt Dr. No« durch Jamaika fährt, dann nutzt er einen offenen Sportwagen der Marke Sunbeam in »Lake Blue« (in Deutschland See Blau), das Modell Alpine der Serie 2, rechtsgelenkt natürlich, und auch noch mit den seltenen Weißwandreifen. Zuvor wird Bond in Kingston am Flughafen von einem Taxifahrer mit einem schwarzen Chevrolet Bel Air Cabriolet mit rot/grauen Ledersitzen in Empfang genommen und die Port Royal Road entlang chauffiert. 007 fährt den Wagen sogar kurzzeitig, auch wenn er als Passagier verständlicherweise erstmal hinten Platz nimmt. Doch der Fahrer entpuppt sich als Scherge, der vom Gegner geschickt wurde, und überlebt die kurze Reise nicht. Daher streiten sich die Spezialisten ein wenig darüber, was denn nun wirklich das allererste Bondauto ist. Für den Autor dieser Zeilen gilt der Sunbeam als Bonds erstes Auto, zumal er auf der staubigen Strecke auch gleich seine Fahrkünste unter Beweis stellen kann. Der Grund ist eine Falle: Die von Zena Marshall gespielte »Miss Taro« becirct den Agenten mit den verführerischen Worten: »Wollen Sie mich nicht von meiner Wohnung abholen?« Wer kann da schon widerstehen? Also macht sich der Agent von Welt, nach ausführlicher Wegbeschreibung der Dame, auf den Weg. Allerdings hat sie auch ein paar Gangster über die Strecke informiert, sodass dem Briten unterwegs aufgelauert wird. Dort wird er von einem schwarzen Leichenwagen vom Typ La Salle Combination von A.J. Miller aus dem Jahr 1939 verfolgt.

Im Roman »Dr. No«, den Ian Fleming 1957 verfasste, gab der Autor seinem Helden einen Hillman Minx mit, aber eine Verfolgungsjagd gab es nicht. Allerdings gibt es einen Moment, der auf den späteren Filmwagen hindeutet. In dem fährt Bond mit einem einheimischen Fischer namens Quarrel kurz in einem schwarzen Sunbeam, der dem auf der Insel ansässigen Commander Strangways gehört, der übrigens später auch noch mal in dem Roman »The Man with the Golden Gun« (Der Mann mit dem goldenen Colt) auftaucht. »Erinnern Sie sich an Strangways?«, fragt Ms frühere Sekretärin Mary Goodnight Bond, als sie ihn auf Jamaika wiedertrifft. »Nun, es ist sein alter Sunbeam. Der Tank ist voll, und er fliegt wie ein Vogel.« Das Modell wird zwar nicht genannt, aber dadurch, dass der Roman in den 50er Jahren entstand, könnte es ein Sunbeam Mark III oder Rapier gewesen sein.

Für den Film orientierte man sich nicht an der Romanvorlage, denn man wollte unbedingt ein Cabrio, um den noch

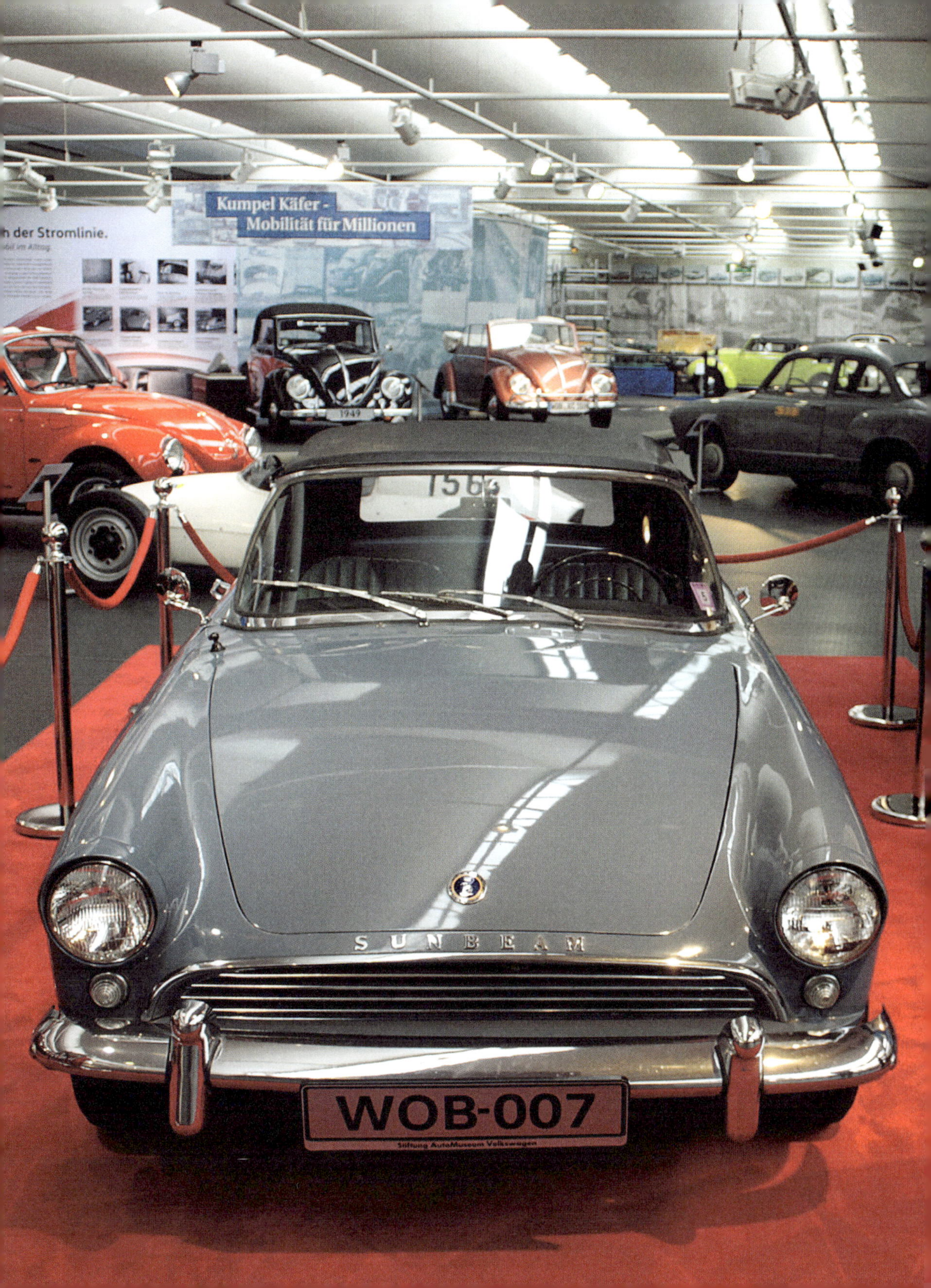
Kumpel Käfer -
Mobilität für Millionen
h der Stromlinie.
SUNBEAM
WOB-007
Stiftung AutoMuseum Volkswagen

M E M O R A N D U M

TO: Stanley Sopel DATE: January 23, 1962

FROM: L. C. Rudkin

Please note the following car payments:

(1) Airport limousine owned by Geoffrey Taylor, 5 Sandhurst Terrace, Please pay him three days at £5 per day. We also owe him £40 for damage, £20 of which we would like to pay immediately and £20 on completion of his further two day's work for us.

(2) Bond's Alpine owned by Jennifer Jackson, 53 Lady Musgrave Road. Please pay this lady £10 per day for the two days we have used the car and we are likely to use it several times more.

(3) We hired a Cadillac for BP plates but later changed this to a Chevrolet which has not yet been delivered. The Caddilac is owned by Mr. Keith Roberts, c/o Federal Motors, Cross Roads. We owe him £10 for one day and this car will not be used again.

CANOES

We have used a various assortment of canoes which I will verify with Clive Reed and Christopher Blackwell. Roughly speaking the canoes are £3 a day and there is a smaller "Honey's" canoe which is less. In addition, Mr. Prawl has supplied night watchmen at £3 per night for four nights. He will be at Morgan's Harbour tomorrow and perhaps you will give him a time when he may expect to receive payment.

L. C. Rudkin

hrn

unbekannten Sean Connery in dem Wagen auch zu zeigen. Da das Budget des Films nur rund 900.000 Dollar betrug, wurde bei vielen Dingen gespart, auch beim Auto. Also suchte die Produktion auf Jamaika nach einem einigermaßen schnittigen Cabrio und fragte unter anderem bei Leihwagenfirmen. Bei einer davon erhielt man den Tipp, dass eine Frau einen Sunbeam besitzt. Nach verschiedenen Angaben von Produzenten und Zeitzeugen war es »der einzige passende Sportwagen auf der Insel« und der entpuppte sich als ein Sunbeam Alpine Serie 2 in »lake blue« (Seeblau). Interessanterweise basiert der Sunbeam auf dem Chassis des Hillman Husky, so ist also immerhin auch dieses bisschen von Flemings Idee im Film zu sehen.

Man mietete den Sunbeam Alpine von Jennifer Jackson, wohnhaft 53 Lady Musgrave Road, in Kingston, Jamaika. In einem Memo des Aufnahmeleiters Stanley Sopel an den Produktionsmanager L.C. Rudkin vom 23. Januar 1962 heißt es: »Please pay this lady £ 10 per day for the two days we have used the car and we are likely to use it several times more.« (Bitte bezahle der Dame zehn Pfund pro Tag für die zwei Tage, an denen wir den Wagen genutzt haben, und wir werden ihn wohl noch mehrfach nutzen.) Quellen, die häufig kursieren, wonach dafür lediglich 10, 12 oder 15 Shilling pro Tag gezahlt wurden, sind also falsch. Wahr ist auf jeden Fall, dass man ihn nach den Aufnahmen zurückgab. Die Kosten entstanden, weil Sunbeam den Produzenten angeblich keinen Wagen zur Verfügung stellen wollte, doch die Quelle dieser Aussage ist unsicher. Da es damals kein Filmstudio auf der Insel gab, müssen die Aufnahmen, in denen deutlich zu sehen ist, dass Sean Connery im Studio vor einer Leinwand agiert, irgendwo anders entstanden sein. Ob man dafür den Wagen nach England brachte, was aufgrund der oben genannten Budgetprobleme eher zweifelhaft ist, ist nicht bekannt. Also wird man vermutlich für weitere Aufnahmen einen identischen Wagen in die Londoner Pinewood Studios geschafft haben, um eben diese Bilder zu drehen. Wie später auch, gab es also auch schon 1962 im allerersten Spielfilm nicht nur ein »Bond Auto« im Film, sondern mehrere, in diesem Fall zwei, die eins verkörperten.

»DEIN KOPF PASST GENAU DARUNTER.« »VIELEN DANK, TERENCE!« —REGISSEUR TERENCE YOUNG UND STUNTFAHRER BOB SIMMONS

Der Höhepunkt der Verfolgungsjagd, die in den Blue Mountains in der Nähe einer Betonfabrik entstand, ist eine Szene, in der Connery im Sunbeam unter einem

Kran durchfährt, der die Straße blockiert. Die Verfolger schaffen das jedoch nicht und kommen von der Straße ab. Im Drehbuch stand ursprünglich, dass Bonds Fahrzeug unter eine Planierraupe mit Schwenkschild rutscht und den Bösewichtern das nicht gelingt. Die kommen von der Straße ab, und der Wagen fängt Feuer. Co-Autorin Berkley Mather hatte die Idee. Doch laut Stuntman Bob Simmons, der Sean Connery in den gefährlichen Szenen doubelte, entschied man sich spontan um: »Als wir am Drehort ankamen, blockierte ein riesiger Bagger die Straße. Regisseur Terence Young beschloss, ihn sofort in die Szene einzubauen. Bonds kleiner Sportwagen sollte »unter den Ausleger des Baggers gleiten.« Davon war Simmons erstmal nicht begeistert, aber Young sprach mit dem Baggerführer, maß den Abstand zwischen Auto und Bagger aus und verkündete froh: »Dein Kopf passt genau darunter.« Simmons etwas nervöse Reaktion: »Vielen Dank, Terence!«

Also wurde entsprechend geprobt. Schnell stellte sich jedoch heraus, dass die Szene mit den normal ausgestatteten Wagen nicht zu machen war. Also ließ man die Luft aus den Reifen, um ihn so »tiefer zu legen«. Nachdem Stuntman Bob Simmons einmal langsam darunter durchfuhr, war schnell klar, dass das bei höherer Geschwindigkeit Probleme geben könnte. Er erinnert sich daran wie folgt: »Bei über 70 km/h hüpfte der kleine Sportflitzer auf dem Kies der unbefestigten Straße auf und ab, und das Lenkrad vibrierte in meinen Händen. Terence

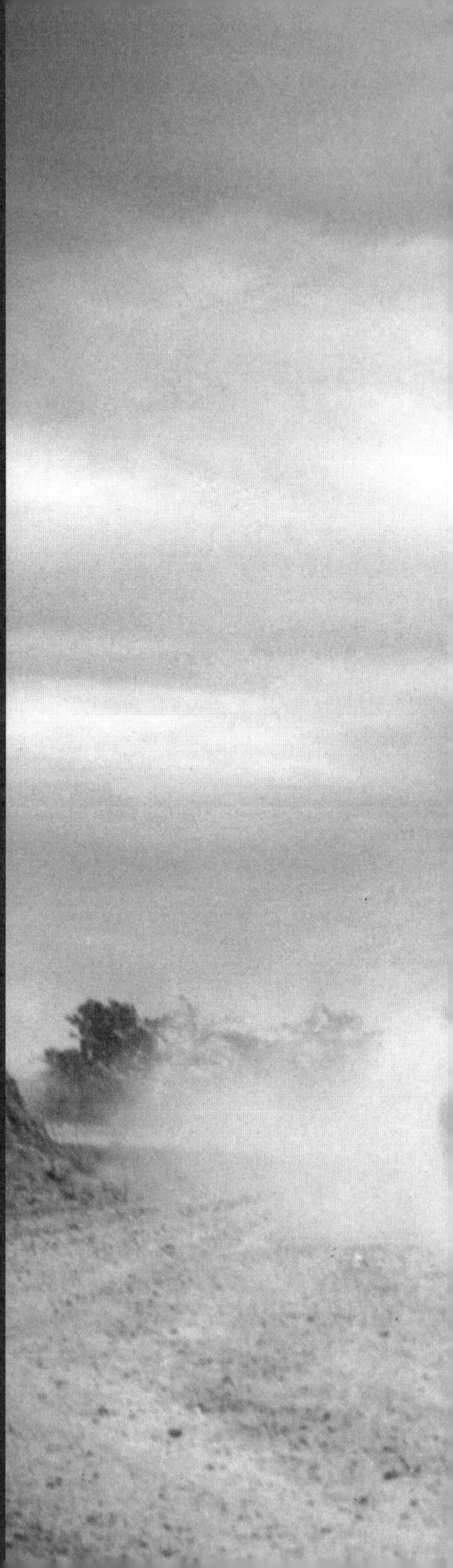

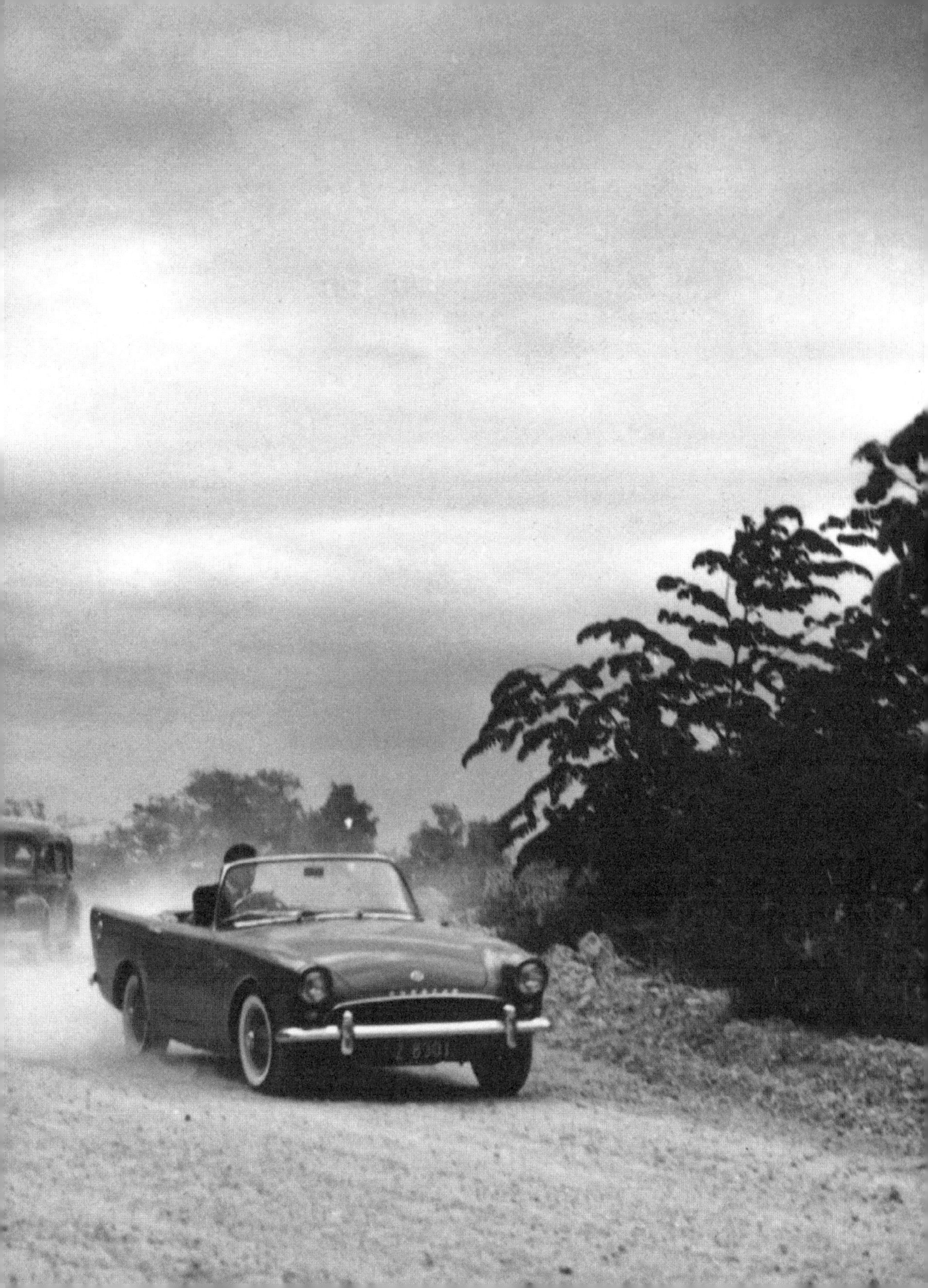

erzählte mir später, dass er das Auto, nur Bruchteile einer Sekunde, bevor ich unter die Maschine glitt, aufhüpfen sah. Die Crew erstarrte fast vor Angst, als allen klar wurde, was passieren könnte, wenn ich es nicht schaffte.« Bob Simmons schrieb später in seiner Autobiographie: »Alles woran ich mich noch erinnern kann, als ich durch die Lücke raste, ohne skalpiert zu werden (oder schlimmer), sind ein starker Geruch von Diesel, Staubwolken und Dreck, der in meine Augen flog. Es war alles so schnell vorbei, dass ich kaum Zeit hatte, zu reagieren. Ich weiß nur noch, dass ich Schwierigkeiten hatte, nachdem ich sicher durchgekommen war, das Auto kontrolliert zum Stehen zu bringen.«

Klar war in dem Moment aber auch, dass das mit dem 1,88 Meter großen Schotten Connery nicht zu machen war. Also wurde getrickst. Im Film ist daher nicht zu sehen, dass der Wagen unter dem Ausleger des Krans vom Typ Warner-Swasey Gradall G-660 tatsächlich durchfährt. Es war eine Rückprojektion vor einer Leinwand und muss daher im Studio entstanden sein. Simmons fuhr übrigens nicht nur den Sunbeam, sondern auch den verunglückenden Leichenwagen. »Im Vergleich dazu war es Routine«, so der Stuntman. Als er damit den Berg herunterstürzte, bekam er auch noch einen spontanen bösen Spruch von Connery mit. »Ich glaube, sie waren auf dem Weg zu ihrer eigenen Beerdigung«, sagt der lapidar, und erklärte später in einem Interview: »Für mich sind die humoristischen Aspekte einer Person viel interessanter und aufschlussreicher als all der melodramatische Kram. Die Dramatik ist ein Selbstläufer, wenn man es richtig macht.« Was aus dem Originalfahrzeug, oder den Originalfahrzeugen, geworden ist, ist unklar. Keines ist jemals wieder aufgetaucht. Manche Rechercheure behaupten, dass einer der Wagen immer noch auf Jamaika ist, aber gefunden wurde er bislang nicht. Ein Fan mit Namen Ted Ax aus Colorado ließ sich allerdings einen, wenn auch grauen, links gelenkten, nicht aus der Serie 2 stammenden Sunbeam Alpine mit den Bond-Features des Aston Martin DB 5 ausrüsten: drehbares Nummernschild (mit dem Düsseldorfer Kennzeichen D – H 2409), Gadget Box, Maschinengewehre, die nach hinten feuern und Vernebelungsanlage. Wer's braucht ...

Kleine automobile Filmfehler gab es auch schon 1962: Wer genau hinschaut, wird sehen, dass das 1957er Chevrolet Bel Air Taxi im Film zwar von außen gezeigt wurde, die Filmemacher aber das Armaturenbrett eines 1957er Ford Fairlane filmten. In einer Szene ist dann ein schwarzes Lenkrad mit weißem Armaturenbrett zu sehen, obwohl der Chevrolet über ein rotes Lenkrad und eine rot/graue Innenausstattung verfügt. Zwar ist der schwarze La Salle Teil der Verfolgungsjagd, aber wenn der Wagen von der Straße abkommt, verwandelt er sich merkwürdigerweise in ein anderes Fahrzeug. Der Wagen, der den Berg hinunterfällt und unterwegs Feuer fängt, ist ein schwarzer Humber Super Snipe MK II aus den Jahren 1949 oder 1951,

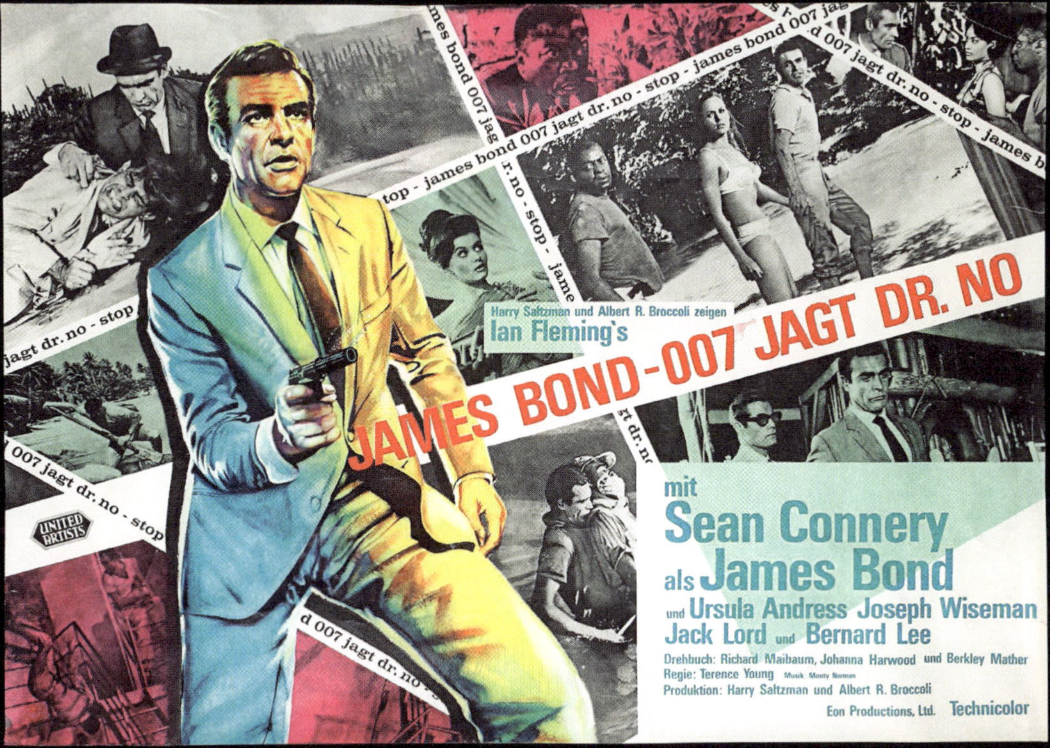
Harry Saltzman und Albert R. Broccoli zeigen
Ian Fleming's
JAMES BOND-007 JAGT DR. NO
mit
Sean Connery
als James Bond
und Ursula Andress Joseph Wiseman
Jack Lord und Bernard Lee
Drehbuch: Richard Maibaum, Johanna Harwood und Berkley Mather
Regie: Terence Young
Produktion: Harry Saltzman und Albert R. Broccoli
Eon Productions, Ltd. Technicolor
UNITED ARTISTS

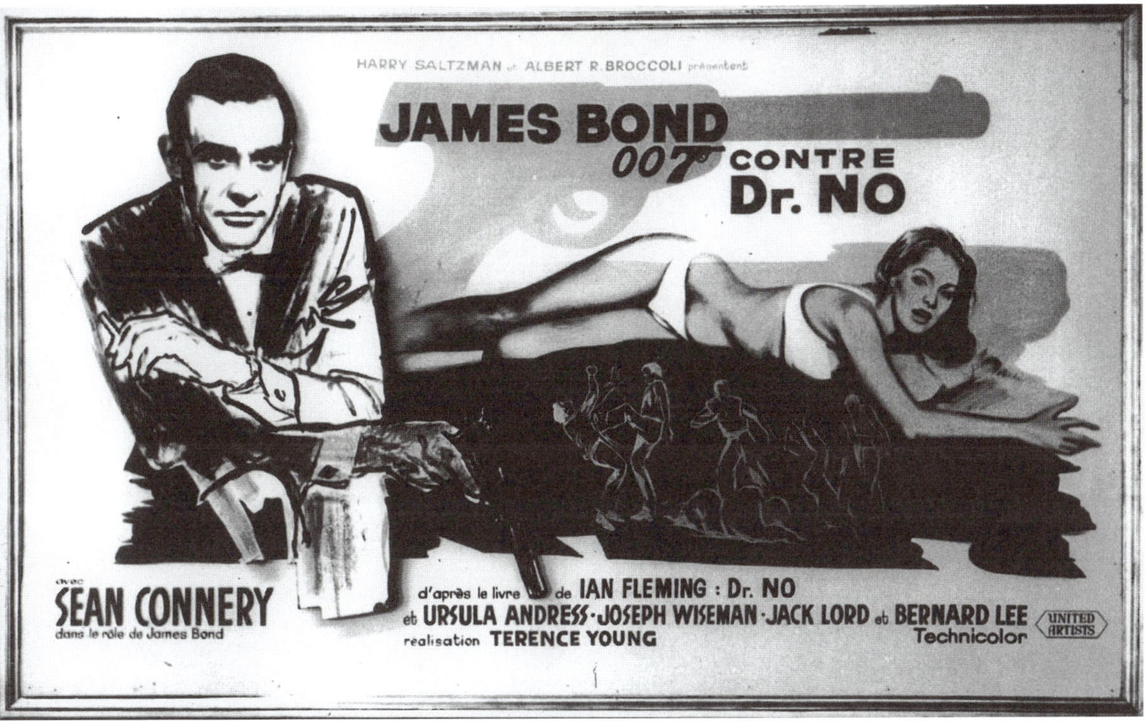
HARRY SALTZMAN et ALBERT R. BROCCOLI présentent
JAMES BOND
007 CONTRE
Dr. NO
avec
SEAN CONNERY
dans le rôle de James Bond
d'après le livre de IAN FLEMING : Dr. NO
et URSULA ANDRESS · JOSEPH WISEMAN · JACK LORD et BERNARD LEE
realisation TERENCE YOUNG
Technicolor
UNITED ARTISTS

wobei die Experten sich nicht einig sind, welchen Leichenwagenaufbau er hat. Eine der möglichen Firmen ist das irische Unternehmen Duffy's of Dundalk, die aber keine Aufzeichnungen aus den 60er Jahren mehr hat. Es könnte auch ein schwarz lackierter Krankenwagen sein. Merkwürdigerweise ist in dem Moment des Sturzes kein Fahrer zu sehen, nicht mal für eine Puppe hat es gereicht. Mal davon abgesehen, dass die beiden Fahrzeuge dreimal dieselbe Kurve entlangfahren, ergeben quietschende Reifen auf einer Kies- oder Schotterstraße übrigens nicht viel Sinn. Aber es ist eben auch nur ein Film...

DATEN UND FAKTEN

Modell: Sunbeam Alpine Serie 2, rechtsgelenkt
Farbe: Lake Blue (in Deutschland: See Blau)
Bauzeit: Oktober 1960 bis Februar 1963
Stückzahl: 19.956
Motor: Vierzylinder, 1592 ccm
Leistung: 80 PS
Kennzeichen: Z 8301
Höchstgeschwindigkeit: 163 km/h
Preis: 986 Pfund/ 10.900 DM
Screen Time: 1.41 min

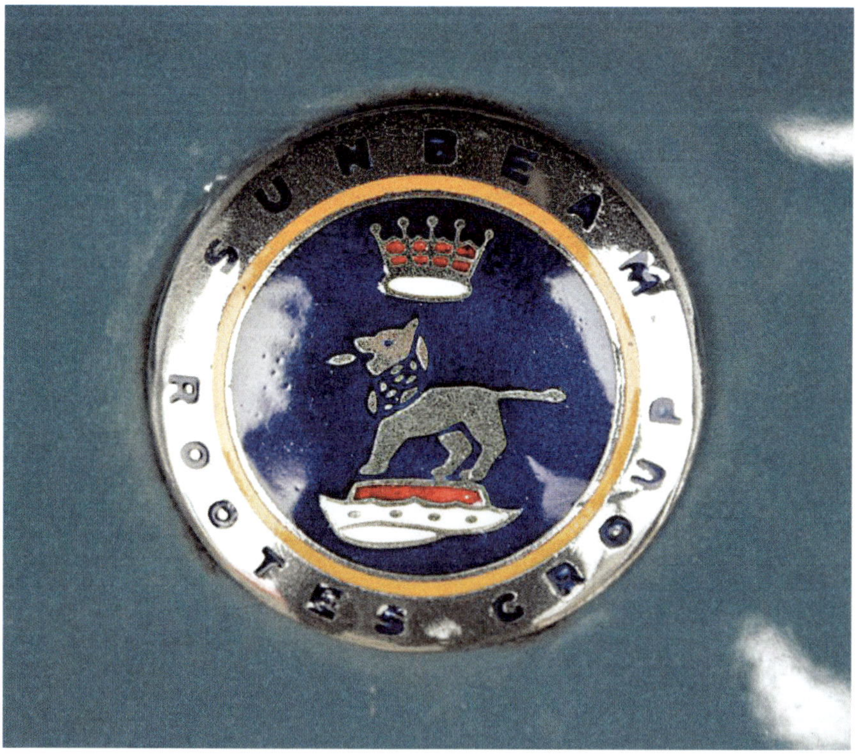

IAN FLEMING

007 JAMES BOND

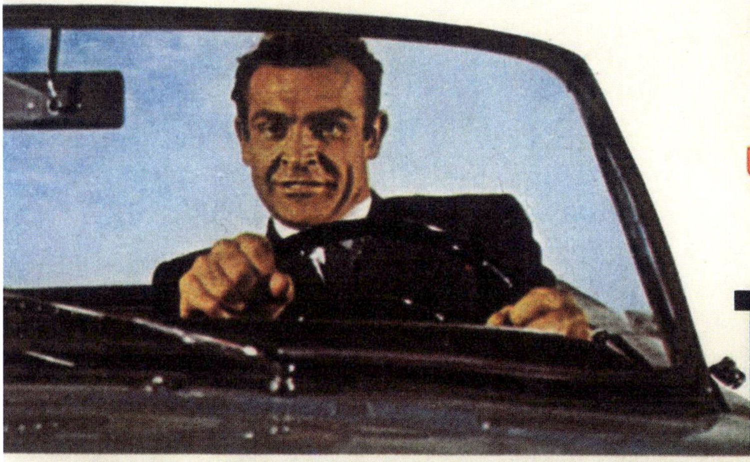

TOD IM RÜCKSPIEGEL

Ein kostbarer Globus aus Smaragd verschwindet, ein Geheimdienstmann nimmt ein grauenhaftes Ende, eine feindliche Agentin wird entlarvt.

phoenix shocker

KAPITEL 2

SIEBEN MAL 007: DIE AUTO-BIOGRAFIEN

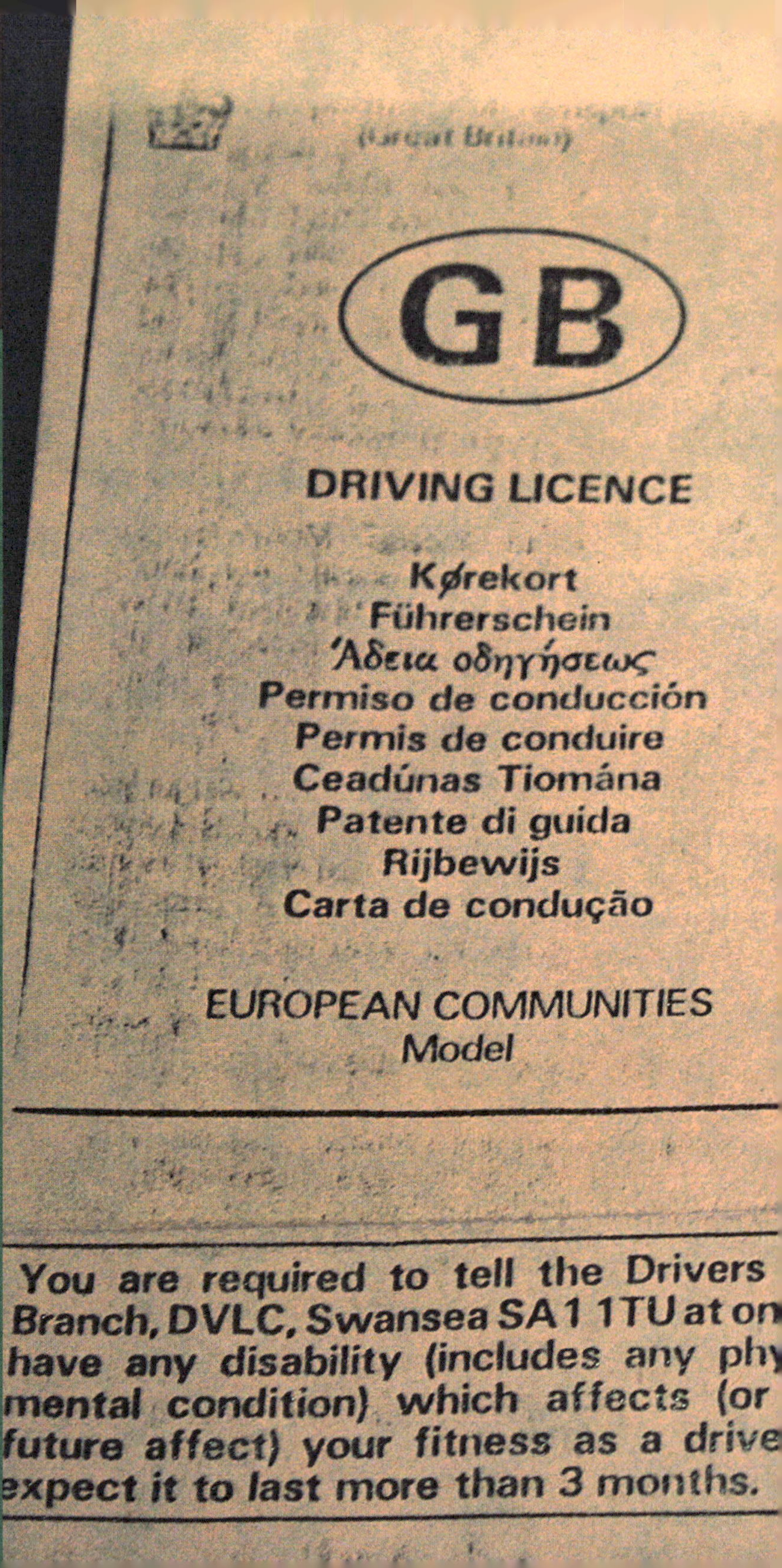

from 27 02 1984 to 15 12 2034

This is your Driver Number

THURS	612164	C99EY

Issue No. 30

67176558

DUPLICATE

Summary of entitlement A,E ONLY

James Bond.
6I, Horseferry Rd.
Westminster.
London.
S.E.I.

Usual signature (IN INK) James Bond.

cal
ou
or
in
ou

Date of birth 16 12 64

If this date is wrong please send this licence back to DVLC, Swansea SA99 1BN with details of your correct date of birth.

IAN FLEMING – AUTOR UND AUTONARR

Der englische Autor Ian Fleming, der zwischen 1952 und 1964 zwölf James Bond Romane und neun Kurzgeschichten verfasste, war ein großer Auto-Fan und baute ein paar besondere Fahrzeuge aus der damaligen Zeit in seine Storys mit ein.

Sein Interesse für Autos begann, als sich sein reicher Schulfreund Ivar Felix Bryce zunächst einen Bugatti und dann einen Lancia Lambda kaufte. Es nahm zu, als er 1930 für Reuters über das 24-Stunden-Rennen von Le Mans berichtete, viel Zeit bei Bentley verbrachte und eine gute Freundschaft zu dem Ingenieur Amherst Villiers und den Mechanikern aufbaute. Das Rennen zwischen den britischen Bentleys und den deutschen Mercedes Roadstern fand 1955 in dem Roman »Moonraker« Eingang. In »Goldfinger« (1959) stattete Fleming seine Hauptfigur mit einem Aston Martin DB III aus (die genaue Bezeichnung ist DB Mark III oder DB 2/4 Mark III).

Flemings erstes Fahrzeug war ein gebrauchtes Douglas Motorrad, Baujahr 1924, das er während seiner Eton-Schulzeit erwarb, aber nur heimlich nutzte, da der Besitz für die Schüler damals nicht erlaubt war. Seit dem 19. Lebensjahr besaß Fleming einen Standard Tourer. Er liebte es, längere Fahrten auf kurvigen Landstraßen zu unternehmen und die vorbeiziehenden Eindrücke auf sich wirken zu lassen.

»ICH SCHÄTZE DAS KLICKEN DES KILOMETERZÄHLERS WIE DAS UMSCHLAGEN VON BUCHSEITEN. DAS FAHREN IST EINE KÖSTLICHE WAHRNEHMUNG NEUER SEHENSWÜRDIGKEITEN GEPAART MIT DEM DUFT DES AUSLANDS ABSEITS DER STRASSEN.« —IAN FLEMING

Während seiner Zeit in Kufstein, Kitzbühel und München von 1927 bis 1928, fuhr er einen Morris Oxford. 1929 leistete er sich einen schwarzen zweisitzigen Buick, der ihm während seines Studiums in Genf gute Dienste leistete. Nach Aussagen seiner Biographen Richard Gant und Andrew Lycett gab

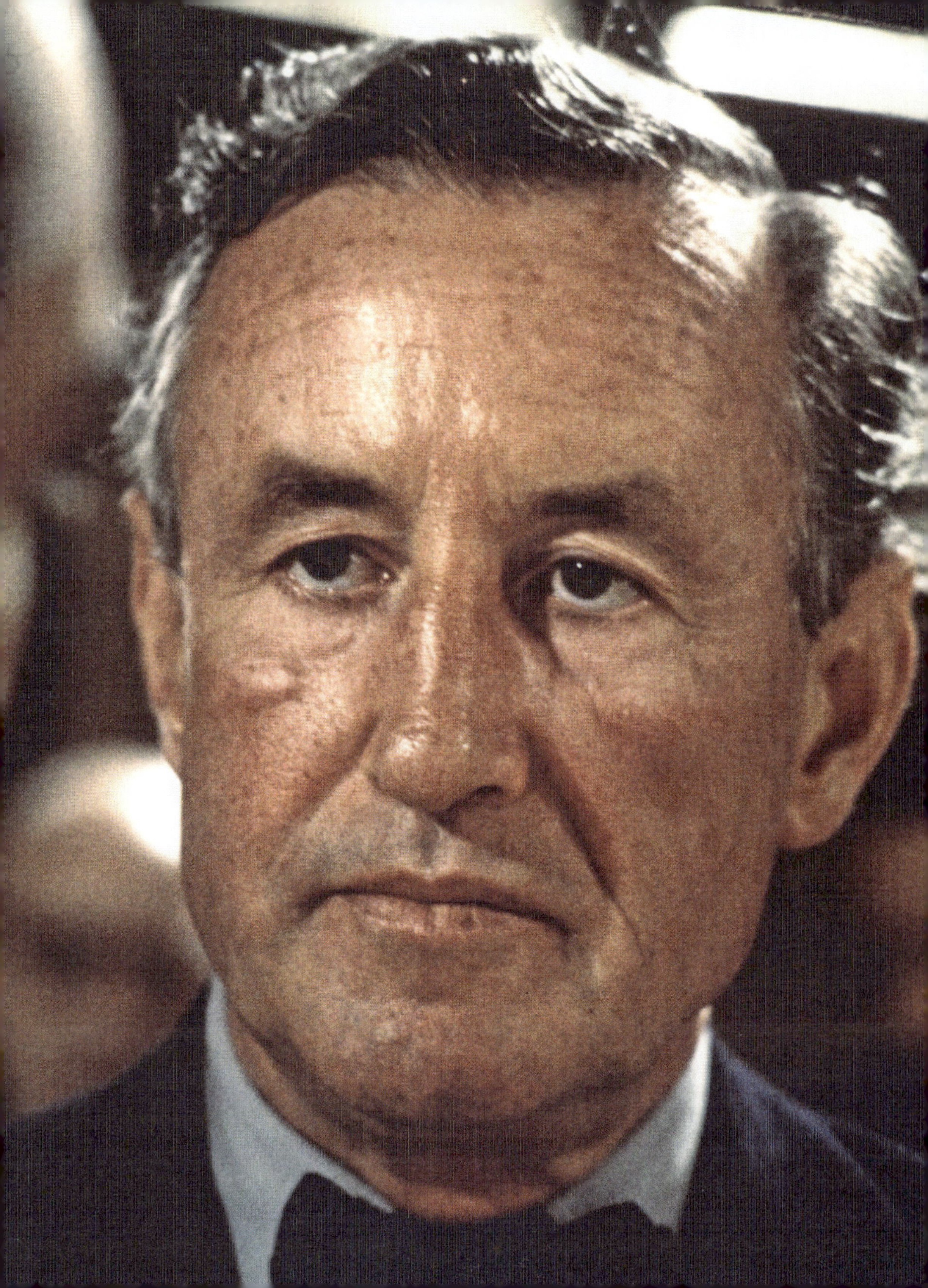

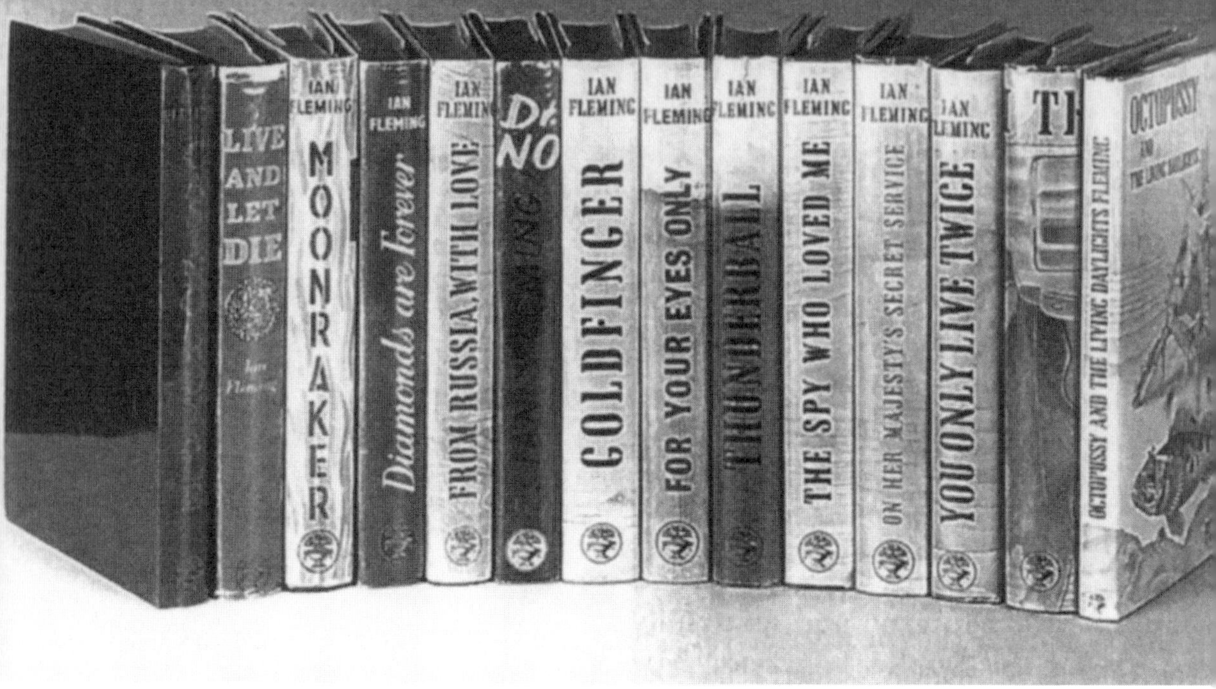

er zu Beginn des Krieges sein »vielgeliebtes rotes Graham Paige Cabriolet patriotisch an einen Rettungsdienst weiter und ersetzte ihn durch einen Opel aus zweiter Hand.« Bei einem Luftangriff in London wurde der Wagen so in Mitleidenschaft gezogen, dass er ihn einem der zu Hilfe eilenden Feuerwehrleute schenkte. Im Frühsommer 1952 kaufte sich Fleming einen neuen schwarzen 2,5 Liter Riley, den er mehrfach bei seinen Reisen nutzte. Er ließ ihn einschiffen und nahm ihn in der Nähe seines Zielortes in Empfang. So besuchte er etwa Somerset Maugham in Cap Ferrat in Südfrankreich, übernahm den Wagen in Le Touquet und fuhr von dort aus an der Riviera entlang. Im Dezember desselben Jahres schwärmte er seinem Freund Ivar Bryce von einem 2,5 Liter Bentley Continental vor, den er gefahren habe, sich aber nicht leisten konnte und schickte ihm einen Prospekt des Wagens. Ende 1952 oder Anfang 1953 bestellte er im Auftrag von Bryce einen linksgelenkten Bentley R-Type Continental I Fastback in »Deep Grey« von H.J. Mulliner, den Fleming Bryce persönlich überbrachte. Bryce verewigte er als CIA Agent Felix Leiter in seinen Büchern. Der Wagen tauchte 2015 in einer Garage in Hancock Park, Los Angeles, auf und wurde mehrfach angeboten, aber nicht verkauft, da das Mindestgebot von 1,4 Millionen Dollar Käufer abschreckte. Ein Bentley dieses Typs ist Teil des Romans »Thunderball« (Feuerball), der 1961 erschien.

Als nächstes fuhr der Bond Autor

einen so genannten »Studillac«, einem zweisitzigen Studebaker mit Cadillac-Motor, den er im Herbst 1954 bei einem Bekannten, dem reichen Erben William Woodward, entdeckt hatte. Später leistete er sich einen viersitzigen »Studillac«. Nach dem Verkauf der Filmrechte von »Casino Royale« an Gregory Ratoff, erwarb Fleming im April oder Mai 1955 für 3.000 Pfund (damals etwa 35.200 Mark) einen schwarzen zweisitzigen Ford Thunderbird mit Fordomatic Getriebe, Soft- und Hardtop sowie 190 PS Leistung, den seine Frau Anne hasste.

Nach einem weiteren Thunderbird, wenn auch einem Viersitzer mit einer Sieben-Liter-Maschine und zahlreichen Extras, wie einer Servolenkung, gönnte er sich im Sommer 1962 einen frühen schwarzen, von Raymond Loewy entworfenen, Studebaker Avanti mit Kompressor, den er als »eine Bombe von Motor« bezeichnete. Er fuhr auch mal leihweise einen Bentley, der später in John Bentleys Eigentum überging, besaß ihn aber nie. Zu Anfang des zweiten Spielfilms »Liebesgrüße aus Moskau« taucht kurz ein grünes 3,5 Liter Bentley Drophead Coupé von Park Ward auf, als Bond sich mit einer Frau beim Picknick vergnügt. Auch in »Sag niemals nie« hatte ein Bentley einen Kurzauftritt. In einem schwarzen 4,5 Liter Drophead Coupé von Gurney Nutting fährt 007 zur Klinik »Shrublands«.

Am 15. August 1962 wurde Fleming ein dunkelblauer AC Aceca RuddSpeed mit roter Lederinnenausstattung geliefert, den er 1963 bereits wieder verkaufte. Er wurde am 17. September 2010 innerhalb der Bonhams-Auktion beim Goodwood Revival Festival für £ 79.255 (€ 93.845) versteigert.

Fleming galt als zügiger, aber sicherer Fahrer und war nur ein einziges Mal in einen Unfall verwickelt, als er im Alter von 20 Jahren mit seinem Morris Oxford zwischen München und Kufstein mit einem Zug kollidierte. Es blieb jedoch bei einem Blechschaden. Über den Verbleib von Flemings frühen Fahrzeugen ist nichts bekannt.

SEAN CONNERY – DER SCHOTTISCHE IDEALTYP

Sean Connery wurde am 25. August 1930 in Edinburgh, Schottland als Thomas Connery geboren und stammt aus armen Verhältnissen. Sein Vater war Fernfahrer und schuftete zeitweilig als Tagelöhner in einer Gummi-Fabrik. Seine Mutter besserte als Putzfrau das karge Einkommen auf. Die Familie lebte im siebten Stock eines Mietshauses im Stadtteil Fountainbridge und teilte sich mit acht anderen WC und Nasszelle. Mit neun Jahren fuhr Thomas, der sich später Sean nannte, morgens Milch aus, bevor er zur Schule ging. Mit 13 ging er ab und trat zwei Jahre später in die Royal Navy ein. Nach vier Jahren musste er aufgrund eines Zwölffingerdarm-Geschwürs in ein Militärhospital eingewiesen werden. Nach mehrmonatiger Behandlung, einem strengen Diätplan und einer Rente von 29 Shilling pro Woche, schrieb man ihn zu 20 Prozent erwerbsunfähig und entließ ihn. Das einzige Mitbringsel waren zwei Tätowierungen auf dem rechten Unterarm: »Scotland Forever« und »Mum and Dad«.

Connery begann in den 50er Jahren in London als Statist, spielte Theater und drehte TV- und Kinofilme. Für die 007 Rolle kam er durch einen Aufruf im Londoner Express ins Gespräch. Der befragte 1961 seine Leser, wer für sie der »ideale Schauspieler« sei, um »Bond zu portraitieren«. Nach einem Gespräch mit den Produzenten bekam Connery den Part. »Es gibt keinen Vergleich zwischen James Bond und mir«, sagte er dem englischen Magazin »photoplay« später. »Es ist lächerlich, überhaupt darüber nachzudenken. Das Leben zu leben, das er lebt, ist praktisch unmöglich.« Der italienischen Journalistin Oriana Fallaci gestand er: »Wenn ich nicht Shakespeare, Pirandello und Euripides gespielt hätte, könnte ich gar nicht James Bond spielen.« Connery ließ sich vertraglich zugestehen, andere Filme drehen zu dürfen, hasste es, auf die Rolle festgelegt zu werden, und monierte die immer längeren Dreharbeiten. Nach »Goldfinger«, sagte

»SEIT ›GOLDFINGER‹ UND ›FEUERBALL‹ SIND SIE IKONEN GEWORDEN. ICH HABE VOR KURZER ZEIT SELBST EINEN SEHR SCHÖNEN DB 5 ERWORBEN.«
—SEAN CONNERY ÜBER DEN ASTON MARTIN DB 5

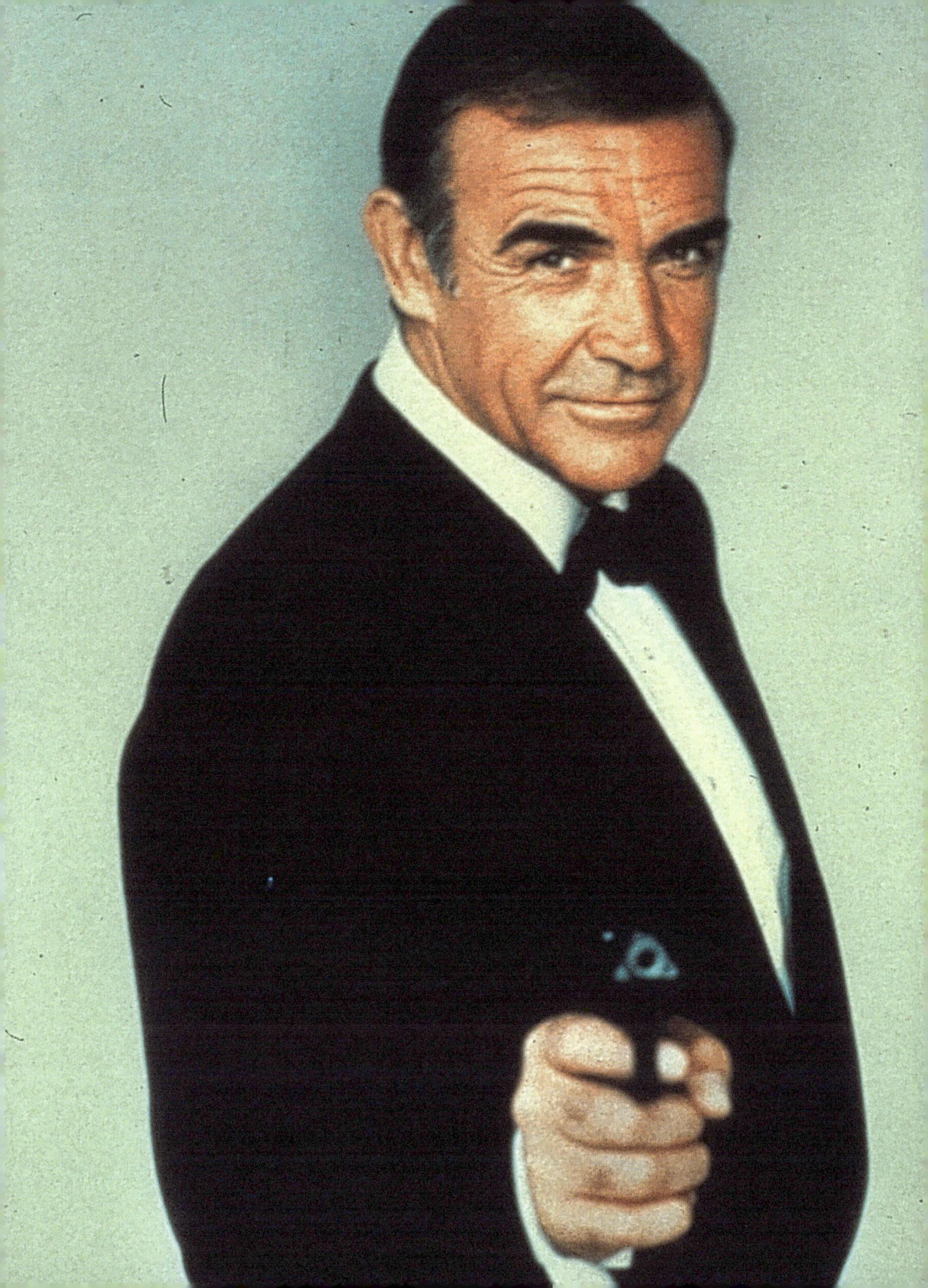

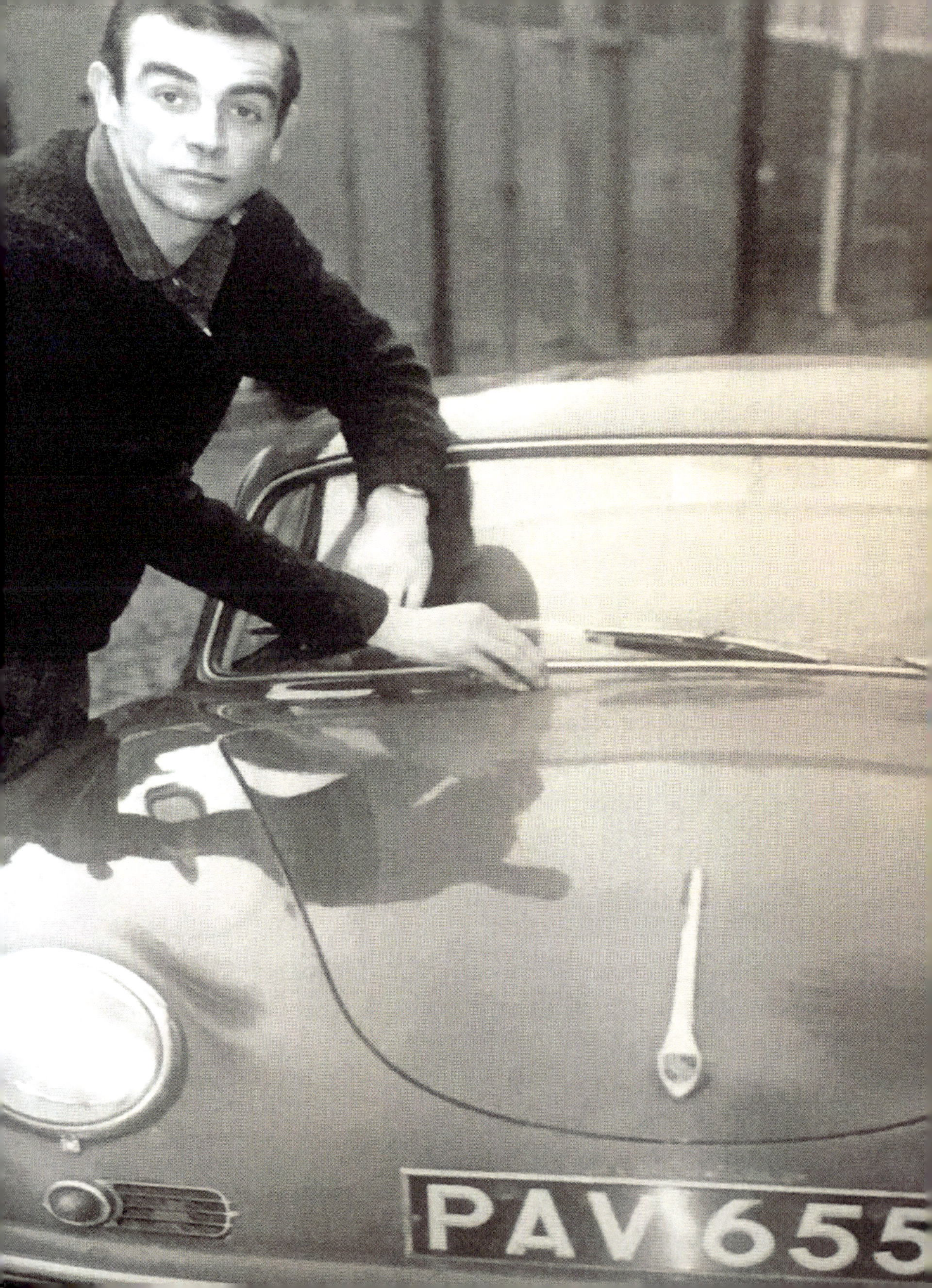
PAV 655

Connery: »Ich glaube nicht, dass ich Bond mag, wenn ich ihn treffen würde. Er ist ein Mann, der seine eigenen Regeln aufstellt, und solange du nicht von Selbstzweifeln geplagt wirst, ist das auch in Ordnung. Aber wenn es doch so ist, und den meisten von uns geht das ja so, dann gehst du unter.« 1981 sagte Produzent Broccoli über ihn: »Er war der Größte. Das Beste an ihm war diese großartige animalische Maskulinität. Er traf damit sowohl Männer als auch Frauen. Er konnte eiskalt mit einer gefährlichen Situation umgehen und dann seinen bösartigen Humor einbringen. Zudem hatte er diesen tollen schottischen Akzent. Die Art und Weise wie er ›Pussy‹ aussprach war einfach unglaublich sexy. Er war ein viel besserer Schauspieler als jeder von ihm dachte und wollte das beweisen. Inzwischen ist es ihm gelungen.«

Sean Connery kaufte sich noch vor seiner Zeit als Bond ein schwarzes Porsche 356er A Coupé (Kennzeichen PAV 655). Im Mai 1967 erwarb er von dem Händler Charles Follett im Londoner Stadtteil Mayfair einen grünen Jensen CV8 (AUW 70 B) und nutzte ihn auch in der Dokumentation »The Bowler and the Bunnet«, die er selbst inszenierte. Im Juni 1968 verkaufte er ihn an Alfred Levitt aus Essex. Vom 5. Juli 1974 bis zum Jahr 1979 besaß der Schotte einen Bentley S2 (393 LTO). Der Wagen ist zweifarbig Shell Grey / Tudor Grey und verfügte über eine rote Lederinnenausstattung. Bonhams verkaufte den Wagen im Juni 2008 für 26.599 Euro. Als Connery im spanischen Marbella lebte, kaufte er 1986 einen neuen, alpinweißen BMW 635 CSi (C589 PRN) mit blauer Lederinnenausstattung. Er besaß ihn bis 1997. Ein Jahr später wurde er bei einer Auktion verkauft und 2008 bei Ebay angeboten. Dem Verkäufer brachte der Wagen 7.212 Pfund ein.

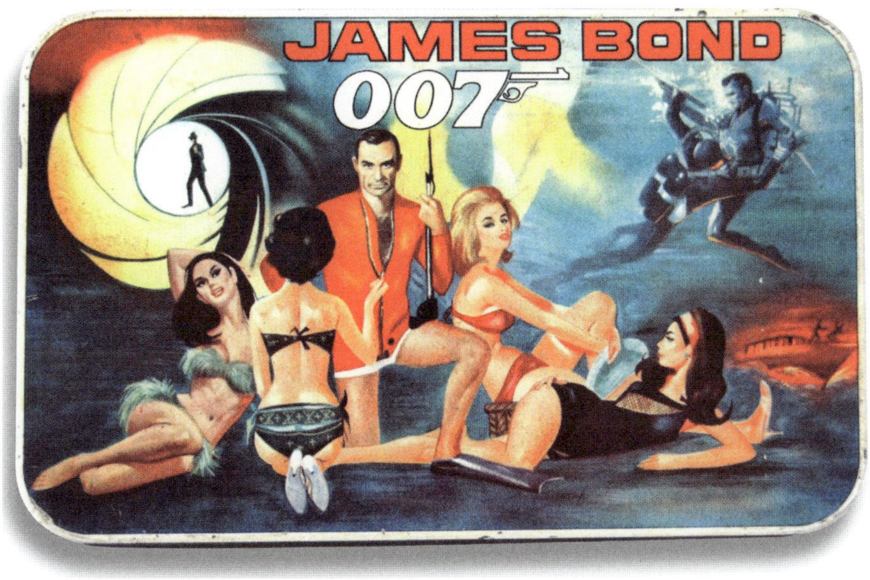

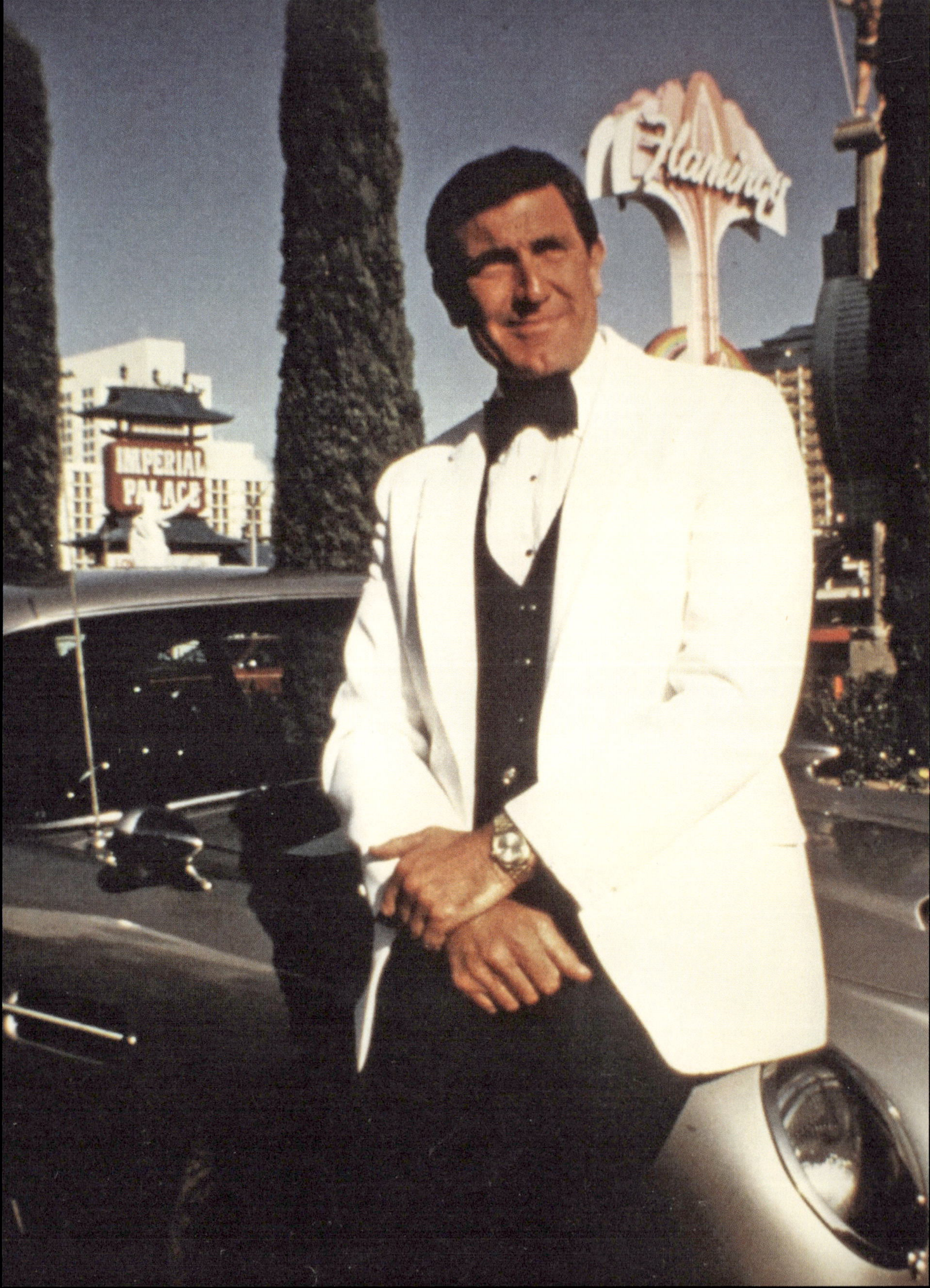
IMPERIAL
PALACE

GEORGE LAZENBY – DER AUSTRALISCHE DRESSMAN

»Wenn man mir noch eine Chance geben würde, dann würde ich beweisen, dass ich es immer noch mit Sean Connery und Roger Moore aufnehmen kann«, tönte der Australier George Lazenby noch Ende der 90er Jahre auf Fanclubtreffen, bei denen er häufig erscheint, um sich so etwas dazuzuverdienen. Der am 5. September 1939 geborene ehemalige Autoverkäufer, der lange Zeit als Model arbeitete, drehte nur den Bond-Film »Im Geheimdienst Ihrer Majestät«, der bei Fans und Publikum immer noch hoch im Kurs steht, auch wenn man sich über Lazenbys Leistung uneins ist.

Man kann es ihm kaum anlasten, denn es war sein erster Film. Zuvor hatte er nur für Werbespots der Schokoladenmarke »Big Fry« vor der Kamera gestanden. Eine zufällige Begegnung mit Produzent Broccoli beim gemeinsamen Friseur im Londoner Dorchester Hotel und eine Reihe von Probeaufnahmen führten zu seiner Verpflichtung. Einen langfristigen Vertrag unterschrieb er nicht, da sein Berater ihn davor warnte. Aufgrund einer Reihe von Unstimmigkeiten während der Dreharbeiten und Lazenbys frühzeitiger Ankündigung, keinen 007-Film mehr zu drehen, wurde auch die Werbung für ihn zurückgefahren. Viele Produzenten mieden ihn nach dem kommerziell weniger erfolgreichen Film. Lazenby machte als Makler sein Geld – und zehrte vom Ruhm eines Bond-Jahres.

Am 7. Oktober 1968 war er als James Bond vorgestellt worden. Noch vor der Premiere im Dezember 1969 gab er sein Desinteresse bekannt, nochmals in die Rolle zu schlüpfen. In dem dokumentarischen Spielfilm »Becoming Bond« aus dem Jahr 2017 gestand er reumütig: »Ich habe es vermasselt, ein großer Filmstar zu werden.« An anderer Stelle heißt es: »Ich hatte keine Schauspielerfahrung, aber als Autoverkäufer hast du auch keine Ahnung von Autos, trotzdem sagst du allen, dass die Autos gut sind, um ein paar zu verkaufen.« Der frühere Automechaniker und Mercedes-Verkäufer fuhr auch privat lange Zeit die Autos mit dem Stern, außerdem BSA Motorräder, war in den 80er Jahren Moto-Cross-Fahrer und gewann auch mehrere Rennen. In dem TV-Film »Return of the Man From U.N.C.L.E. – Thunderball / The 15 Years Later Affair« aus dem Jahr 1982 fuhr er in Las Vegas einen Aston Martin DB 5 mit dem Kennzeichen »JB«.

»RUHM IST VON KURZER DAUER, UND DU BIST DER LETZTE, DER ERFÄHRT, WANN DU NICHT MEHR ANGESAGT BIST.« —GEORGE LAZENBY

ROGER MOORE – DER ENGLISCHE GENTLEMAN

Moore wurde als einziger Sohn eines Londoner Polizisten und einer Kassiererin am 14. Oktober 1927 in Stockwell, südlich der Themse geboren. Er besuchte eine Kunsthochschule und ein Freund verschaffte ihm einen Kontakt zur Firma »Publicity Picture Productions« in der Londoner Arblay Street, die sich auf die Herstellung von Trickfilmen spezialisiert hatte. Über einen anderen Kontakt kam er als Statist zum Film, wirkte in den Denham Studios in Filmen wie »Perfect Strangers« und »Caesar and Cleopatra« mit. Zufällig traf er auf Regisseur Brian Desmond Hurst, der ihn ermunterte, Schauspieler zu werden und anbot, seine Schulgebühren zu zahlen.

Nach dem Besuch der »Royal Academy of Dramatic Art« folgten Rollen in den Fernsehserien »Ivanhoe«, »The Alaskans« und »Maverick«. Ein Ruf des englischen Produzenten Lew Grade, in der TV-Serie »Simon Templar« die Hauptrolle zu spielen, brachte ihn nach England zurück. Nachdem er diese und die Serie »Die 2« neben Tony Curtis abgedreht hatte, folgte eine ganz besondere Offerte. Moore sah kein Problem darin, der dritte Darsteller einer Reihe von 007-Filmen zu sein: »Wie viele Hamlets gab es? Ich war auch nicht der erste Simon Templar.« Anfangs war Moore sehr nervös und erwähnte einmal gegenüber Freunden, »wenn das schief geht, bin ich erledigt.« Er nahm 17 Pfund ab und ging dreimal zum Friseur, bevor die Make-Up-Crew mit ihm zufrieden war. Er betrieb eine Zeitlang Bodybuilding und ging jeden Morgen schwimmen.

»Leben und sterben lassen« entpuppte sich als kleiner Anfangserfolg, aber erst

»ES SIND DIE GRÖSSTEN, FANTASIEVOLLSTEN PARODIEN AUF BÖSEWICHTER, DIE JEMALS IN DER FILMGESCHICHTE IN DIESER GRÖSSENORDNUNG AUF DIE LEINWAND GEBRACHT WURDEN.«
—ROGER MOORE ÜBER WIDERSACHER IN DEN BOND-FILMEN

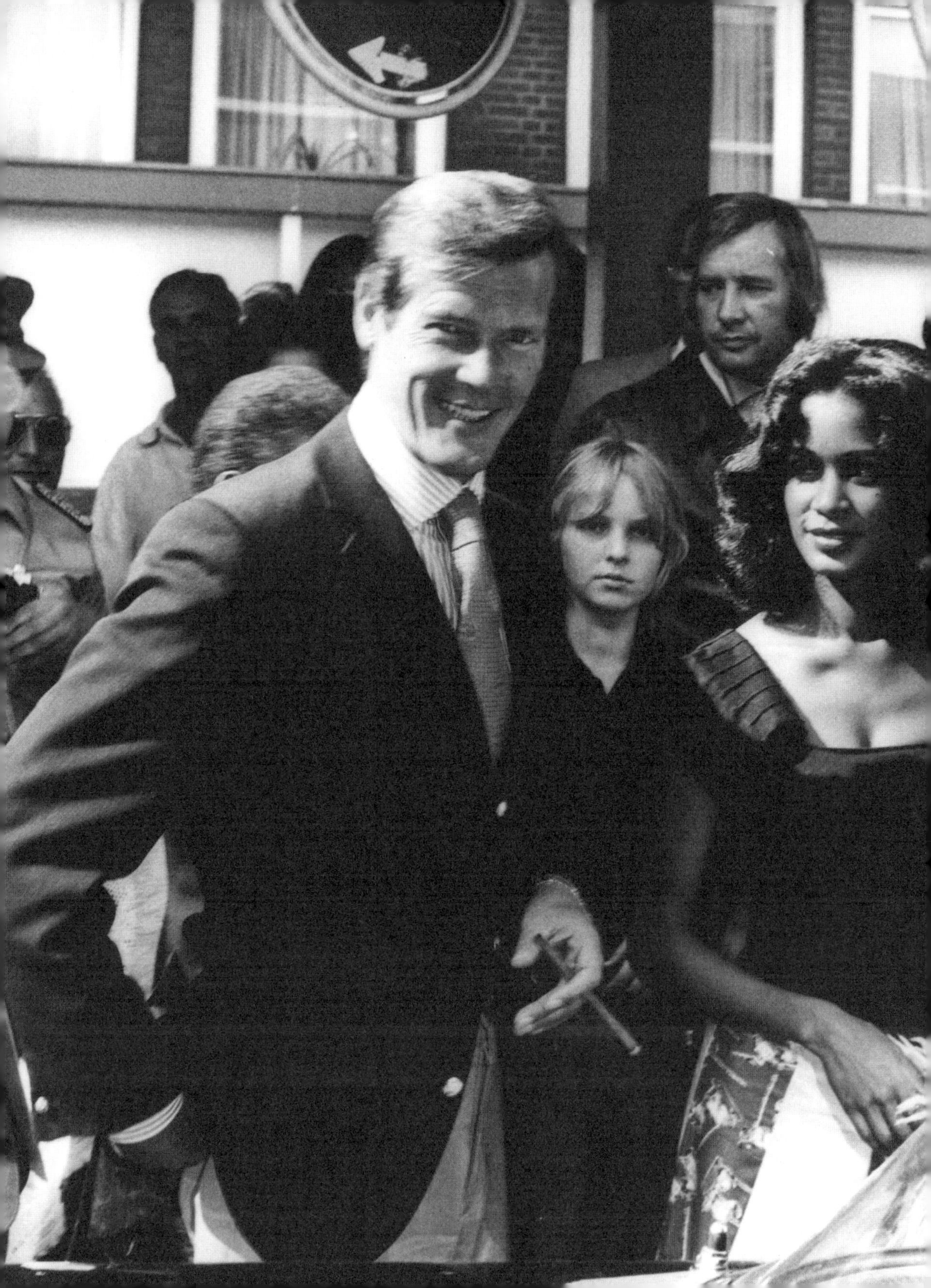

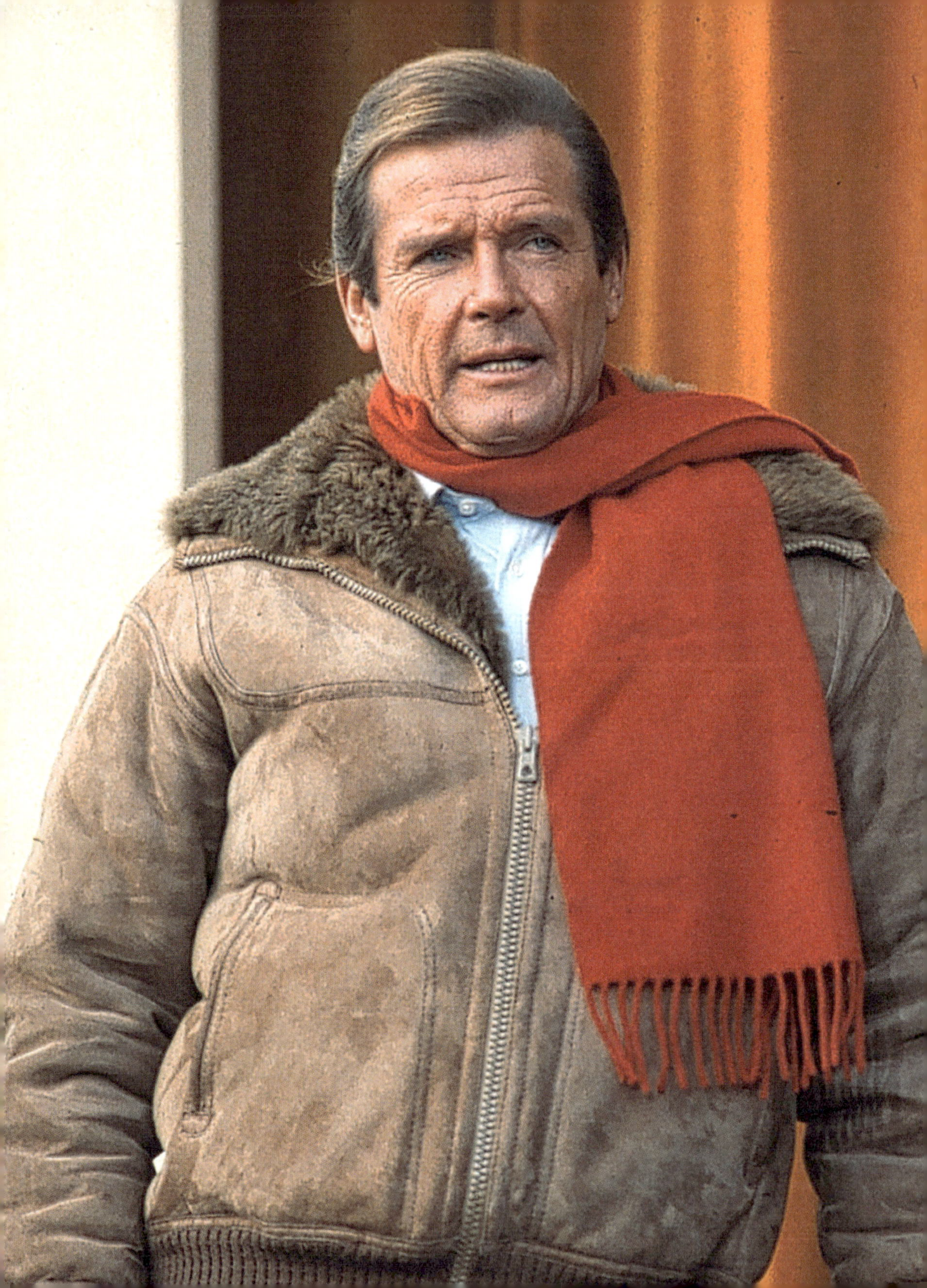

sein dritter 007-Auftritt in »Der Spion, der mich liebte« etablierte Moore in der Rolle. Die zuweilen harsche Kritik, der er ausgesetzt war, belächelte er – zumindest in der Öffentlichkeit. »Ich kenne all die spöttischen Bemerkungen, die von einigen Kritikern losgelassen wurden. Sie sagen, dass ich nicht spielen kann und lediglich mich selbst darstelle. Das einzige was ich dazu sagen kann ist, dass die Zuschauer glücklich zu sein scheinen.« Seine Herangehensweise beschrieb er einmal so: »Der Trick besteht darin, diese zügellosen Texte herauszubringen, ohne dass das Publikum merkt, dass man sich darüber amüsiert. Ich habe drei Ausdrucksformen. Nr. 1: Augenbrauen hoch. Nr. 2: Augenbrauen runter. Nr. 3: Die Augen schließen, wenn der Böse mich an den Nierensteinen packt.«

Für seinen Grabstein hatte sich der Scherzbold folgende Inschrift überlegt: »R.G.M. was N.B.G.«, was so viel heißt, wie »Roger George Moore was not bloody good« (einfach nicht gut). Es blieb bei dem Scherz. Moore starb am 23. Mai 2017 in der Schweiz.

In den 50er Jahren war Moore Vertragsschauspieler bei MGM und besaß ein weißes Jaguar XK 150 Cabriolet (Kennzeichen: SDS 865). Überliefert ist die Geschichte, dass er sich einmal so über den Service des Händlers am Hollywood Boulevard in Los Angeles geärgert hatte, dass er in dessen Schaufenster fuhr. Dank der Serie »Simon Templar«, die er von 1962 bis 1969 in England drehte, bekam er von Volvo einen weißen P 1800 S für private Zwecke zur Verfügung gestellt (71 DXC) und kaufte einen weiteren Wagen, damit beide Filmcrews der Serie jeweils ein Fahrzeug hatten. Moore verkaufte den Volvo schließlich an Martin Benson, der im Film »Goldfinger« den »Mr. Solo« gespielt hatte. Moore blieb zunächst Volvo treu und kaufte sich später einen Volvo C70, der ihm nach Monaco geliefert wurde. Während der Zeit, in der er unter anderem in Monaco lebte, besaß er aufgrund der engen Platzverhältnisse im Fürstentum auch einen elektrisch angetriebenen Smart. 1976 kaufte sich Moore einen Rover SD1 3500 in der Farbe »Midas Gold« (OUL 334R). Der Wagen wurde am 20. August in die Pinewood Studios geliefert – wo gerade »Der Spion, der mich liebte« entstand. Pech für Lotus, die ihm gerade einmal zehn Prozent Rabatt beim Kauf eines Wagens eingeräumt hätten. Der Rover endete schließlich laut Aussage verschiedener Quellen auf dem Schrottplatz.

TIMOTHY DALTON – DER WALISISCHE FLEMING-FAN

Dalton wurde am 21. März 1946 als ältestes von fünf Kindern eines Werbefachmanns in Colwyn Bay, North Wales, geboren. Als er drei Jahre alt war, zog die Familie nach Manchester. Mit 16 sah er eine Old Vic Produktion von »Macbeth« und war so fasziniert, dass er beschloss, Schauspieler zu werden. Nach dem Schulbesuch in Manchester trat er einem Schülertheater bei,

»AUF EINER EBENE WÜRDE ICH ES VORZIEHEN, DIE WORTE ›JAMES BOND‹ NIE WIEDER ZU HÖREN, ABER AUF EINER ANDEREN EBENE IST ER EIN TEIL MEINES BLUTES UND MEINES LEBENS.«
—TIMOTHY DALTON

spielte in einem fahrenden Ensemble und wurde 1964 ins »National Youth Theatre« aufgenommen, mit dem er kurze Zeit später sein Londoner Debüt in einer Shakespeare-Inszenierung gab. Es folgte ein zweijähriges Studium an der »Royal Academy of Dramatic Art« und zahlreiche Auftritte in Shakespeare-Stücken auf britischen Bühnen. Parallel zu den Theaterverpflichtungen wirkte er immer wieder in Filmen mit. So war er in »Der Löwe im Winter«, »Cromwell« und »Flash Gordon« zu sehen.

Schon 1980/81 gab es den ersten Kontakt von Seiten der Bond-Produktion zu Timothy Dalton. Die Mitte der 80er Jahre immer schwieriger werdenden Verhandlungen mit Roger Moore brachten dem Waliser die Rolle als Bond ein. Er selbst konnte sich »niemals vorstellen James Bond zu sein«. 1987 wurde »Der Hauch des Todes« sein erster von zwei Bond Filmen. Dalton betonte mehrfach, seine eigene Interpretation der Rolle finden zu müssen und sich mehr an Fleming als an den Filmen orientieren zu wollen. Bei Drehbeginn gestand er, dass er zugesagt hatte, weil er die Rolle faszinierend fand. Er habe keine Angst, festgelegt zu werden. Sein Anliegen, alberne Gags wie in den Roger-Moore-Filmen zu vermeiden und einen realistischen Bond zu portraitieren, wurde von Broccoli und den Autoren unterstützt.

Speziell in den USA musste sich Dalton harte Kritik gefallen lassen. Gerade von den weiblichen Kinogängern wurde er nicht akzeptiert. Einen dritten Film

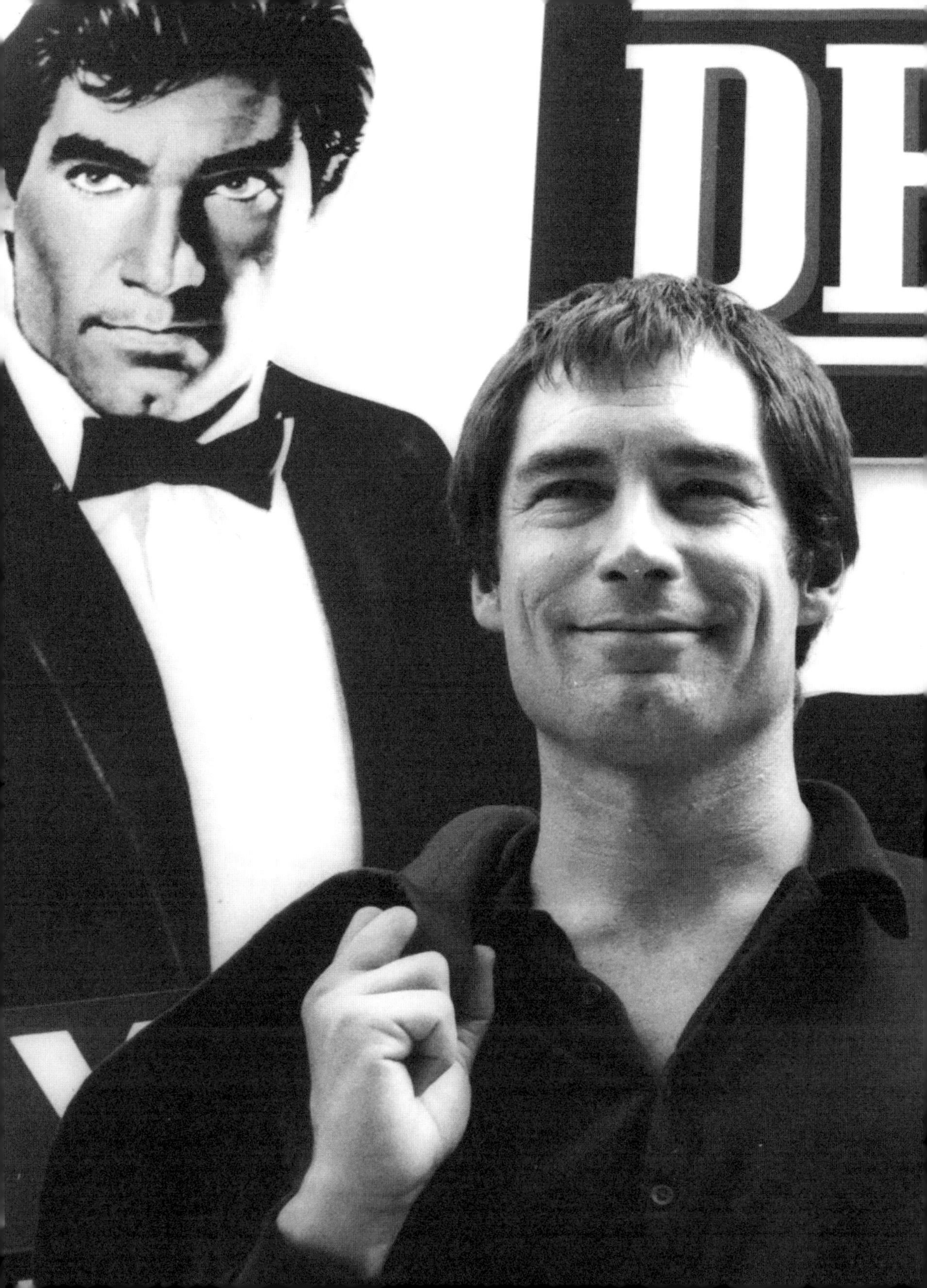

lehnte er ab, weil er das Drehbuch erst zwei Wochen vor Drehbeginn bekam – und nicht nur einen Film drehen sollte, sondern gleich vier oder fünf. Daher stieg er lieber ganz aus. Dalton gab am 12. April 1994 – auch aufgrund der langwierigen rechtlichen Auseinandersetzungen – bekannt, nicht mehr als Bond zur Verfügung zu stehen. Als er sich im Jahr 2005 nochmals zum Thema Bond äußerte, nannte er die Zeit ein bisschen »wie im Gefängnis«.

An luxuriösen Autos hatte Dalton kein Interesse. Während er in London lebte, fuhr er nach eigener Aussage einen »verbeulten, alten Toyota.«

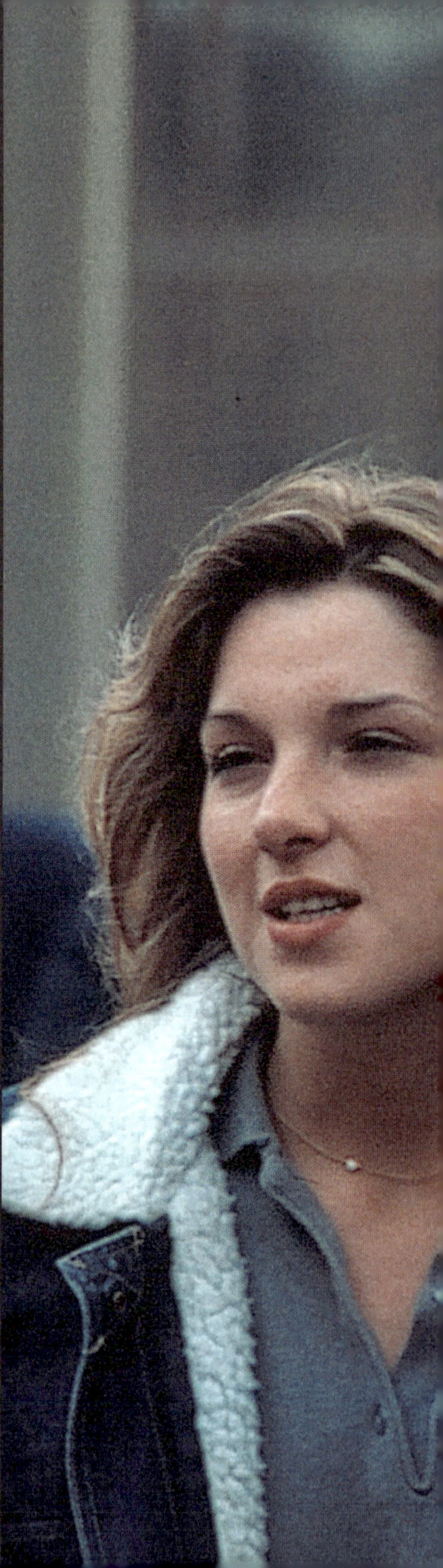

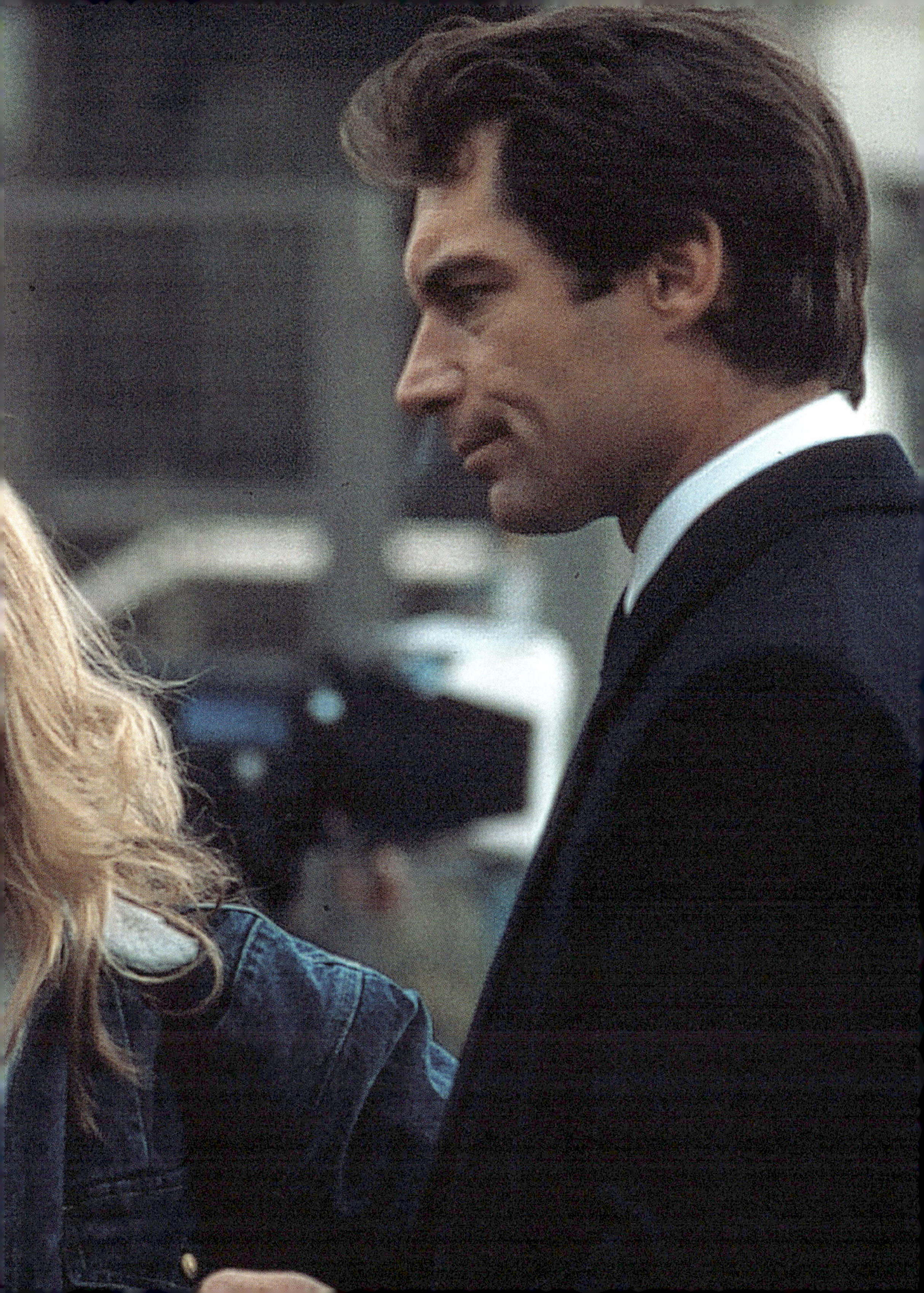

PIERCE BROSNAN – DER IRISCHE CHARMEUR

Pierce Brosnan wurde am 19. Mai 1953 im südirischen Navan, County Meath, geboren. Als er elf Jahre alt war, zog er mit seiner Familie nach London, wo er drei Jahre Schauspielunterricht am dortigen Drama-Centre nahm. Als Stage Manager war er am York Theatre Royal, einer traditionellen Ausbildungsstätte für aufstrebende britische Schauspieler, tätig. Zwei Jahre lang zog er mit einem Wandertheater umher und jobbte unter anderem als Feuerschlucker in Amsterdam. Tennessee Williams persönlich wählte ihn schließlich für die Rolle des McCabe in der England-Premiere seines Stückes »The Red Devil Battery Sign« aus. Es folgten weitere Theaterauftritte. Nach seiner Rolle in der Komödie »Mrs. Doubtfire – Das stachelige Kindermädchen« wurde er in den USA zum »schönsten Mann in Badehosen« gekürt. International bekannt wurde er durch die Fernsehserie »Remington Steele« als gleichnamiger Privatdetektiv. Schon 1986 war er als Nachfolger von Roger Moore für die Bond-Rolle vorgesehen, konnte aber nicht annehmen, da die Firma MTM, die »Remington Steele« produzierte, ihn nicht aus seinem Vertrag ließ. Am 8. Juni 1994 wurde er in London als fünfter 007-Darsteller vorgestellt und bekam einen Vertrag für drei Filme. »Am ersten Tag der Dreharbeiten war ich total nervös. In der Produktion gibt es Leute, die bei den letzten 17. Bond-Filmen dabei waren. Jeder guckt dich an und beurteilt dich. Das ist der reinste Terror für mich, denn schließlich will ich Erfolg haben.«

»WAHRSCHEINLICH BIN ICH SELBST MEIN HÄRTESTER KRITIKER. ABER BESPRECHUNGEN MEINER FILME LESE ICH NICHT MEHR. VOR JAHREN HABE ICH DAMIT AUFGEHÖRT. SEITDEM FÜHLE ICH MICH WOHLER.« —PIERCE BROSNAN

Brosnan drehte vier Bondfilme und hätte auch gerne weitergemacht, doch die Produzenten entließen ihn und teilten ihm dies lediglich in Form eines kurzen, für ihn sehr enttäuschenden Telefonats mit. Er gründete gemeinsam mit der Kollegin Beau St. Clair die Produktionsfirma »Irish Dreamtime«, zu deren Produktionen neben dem Erstling

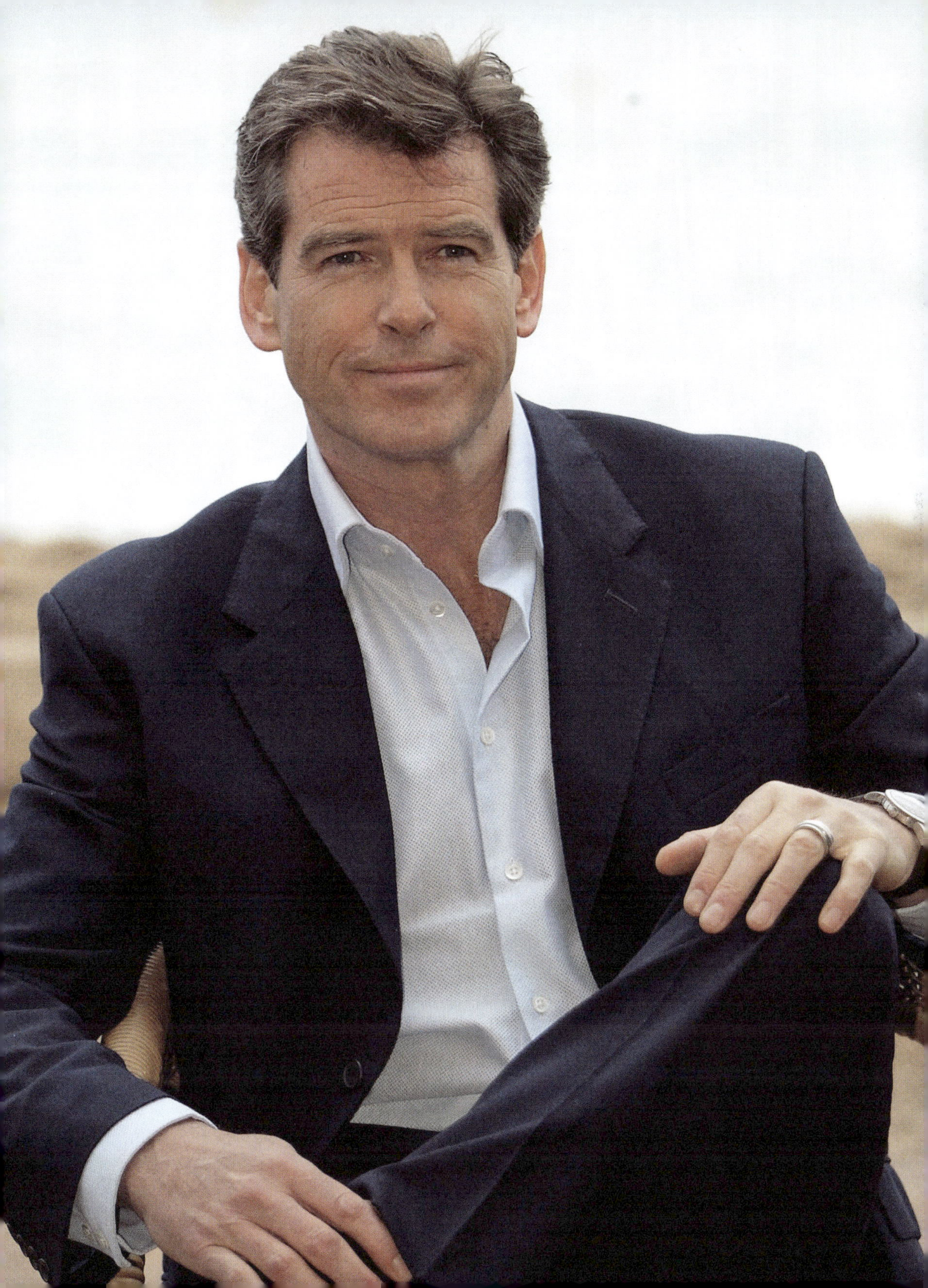

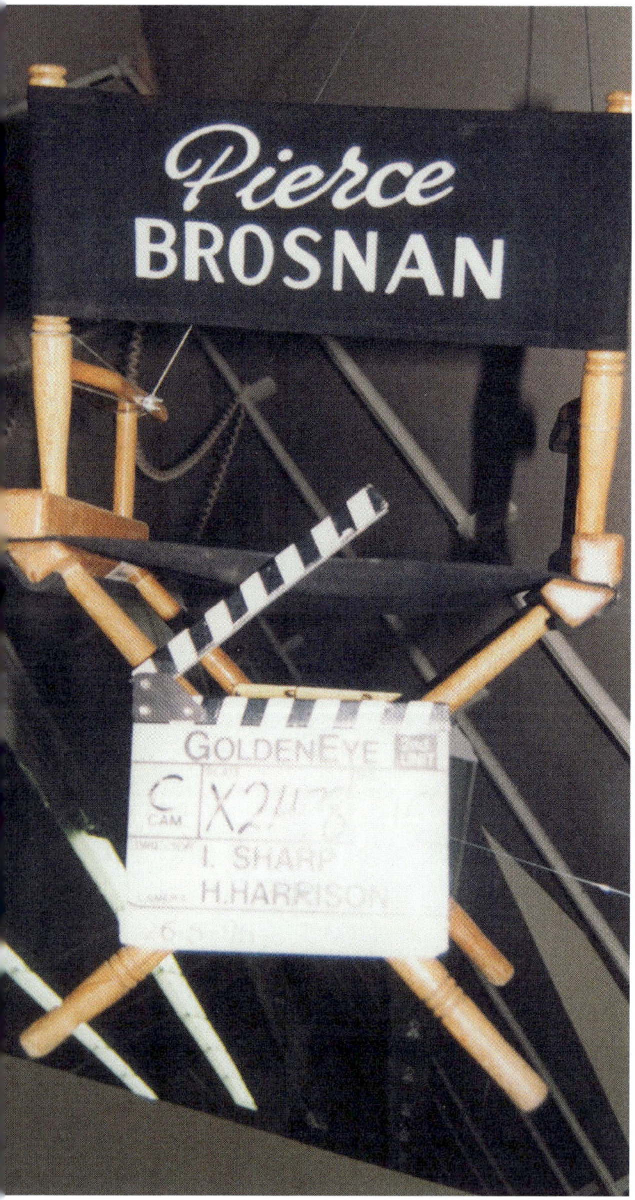

»Der amerikanische Neffe« auch das von Bruce Beresford inszenierte Drama »Evelyn« zählte. Im Frühjahr 2006 wurde Brosnan für seine Rolle als wankelmütiger Killer Julian Noble in dem Film »The Matador« für einen Golden Globe nominiert, gewann ihn aber nicht.

Pierce Brosnan ist Porsche-Fan, besaß ein schwarzes 993 Coupé, aber auch einen schwarzen 911 Turbo mit dem Kennzeichen »ICY COLD«. Zwischenzeitlich hatte er einen silbernen Aston Martin V12 Vanquish (Kennzeichen 4884), der aber bei einem Feuer im Jahr 2015 in seinem Haus in Malibu zerstört wurde. Nach einem Werbespot mit einem Kia Sorento, der am 11. Februar 2015 beim Super Bowl lief, stellte ihm der Hersteller eine dunkelblaue K900 Limousine. Anfang Juni 2015 übernahm er in Malibu auch einen dunklen BMW i8, nachdem er zuvor bereits einen silbernen BMW Hydrogen 7 und einen silbernen Range Rover Vogue gefahren hatte.

DANIEL CRAIG – DER KÜHLE HARDLINER

»Keine Sorge, ich werde meinen Mann schon stehen«. Sein Statement sagt viel über den am 2. März 1968 im nordenglischen Chester geborenen Schauspieler Daniel Wroughton Craig. Als der Sohn eines früheren Matrosen am 14. Oktober 2005 in London der Weltpresse als neuer James Bond vorgestellt wurde, ging erstmal ein großes Raunen durch den Blätterwald. Daniel wer? Insider und Filmjournalisten kannten Craig allerdings schon länger durch Filme wie »Layer Cake« und Nebenrollen in »Tomb Raider« und »Road To Perdition«. Nur für den Durchbruch und den ganz großen Wurf, Star-Status inklusive, hatte es eben noch nicht gereicht. Doch dann kam der Film »Casino Royale«.

»ICH HABE DIE CHANCE SOWOHL EIN PAAR KLASSISCHE AUTOS ZU FAHREN ALS AUCH EIN PAAR MODIFIZIERTE. DAS IST DER TRAUM EINES SCHULJUNGEN. ICH DARF SOGAR EIN PAAR KAPUTT MACHEN.«
—DANIEL CRAIG (2012 ÜBER »SKYFALL«)

Während der Dreharbeiten auf den Bahamas äußerte Craig sich in ersten Interviews zu seiner Rolle wie folgt: »Ich denke, wir machen hier einen tollen Film und einen tollen Bondfilm. Wenn er erstmal zu sehen sein wird, können die Leute über mich sagen, was sie wollen.« Die vielen Stimmen, die seine Wahl und Person unter Beschuss nahmen, beachtete er lieber nicht: »Man wird verrückt, wenn man jeder Kritik Beachtung schenkt«, so Craig. »Man kann das Gute nicht glauben und das Schlechte auch nicht. Ich nehme es nur wahr. Ich möchte, dass dieser Film sehr gut wird. Von Anfang an habe ich versucht 110 Prozent zu geben, und nach der Kritik waren es vielleicht 115 Prozent.«

Kurz nach seiner Verpflichtung als 007 suchte er sich in den USA übrigens eine neue Agentur. Im April 2006 sagte er dem »Daily Star«: »Ich möchte aufwändige Filme drehen. Bisher habe ich dazu tendiert, Filme zu drehen, die nicht viel Geld einspielen. Es wäre nett, viel Geld zu verdienen. Bond zu spielen bedeutet

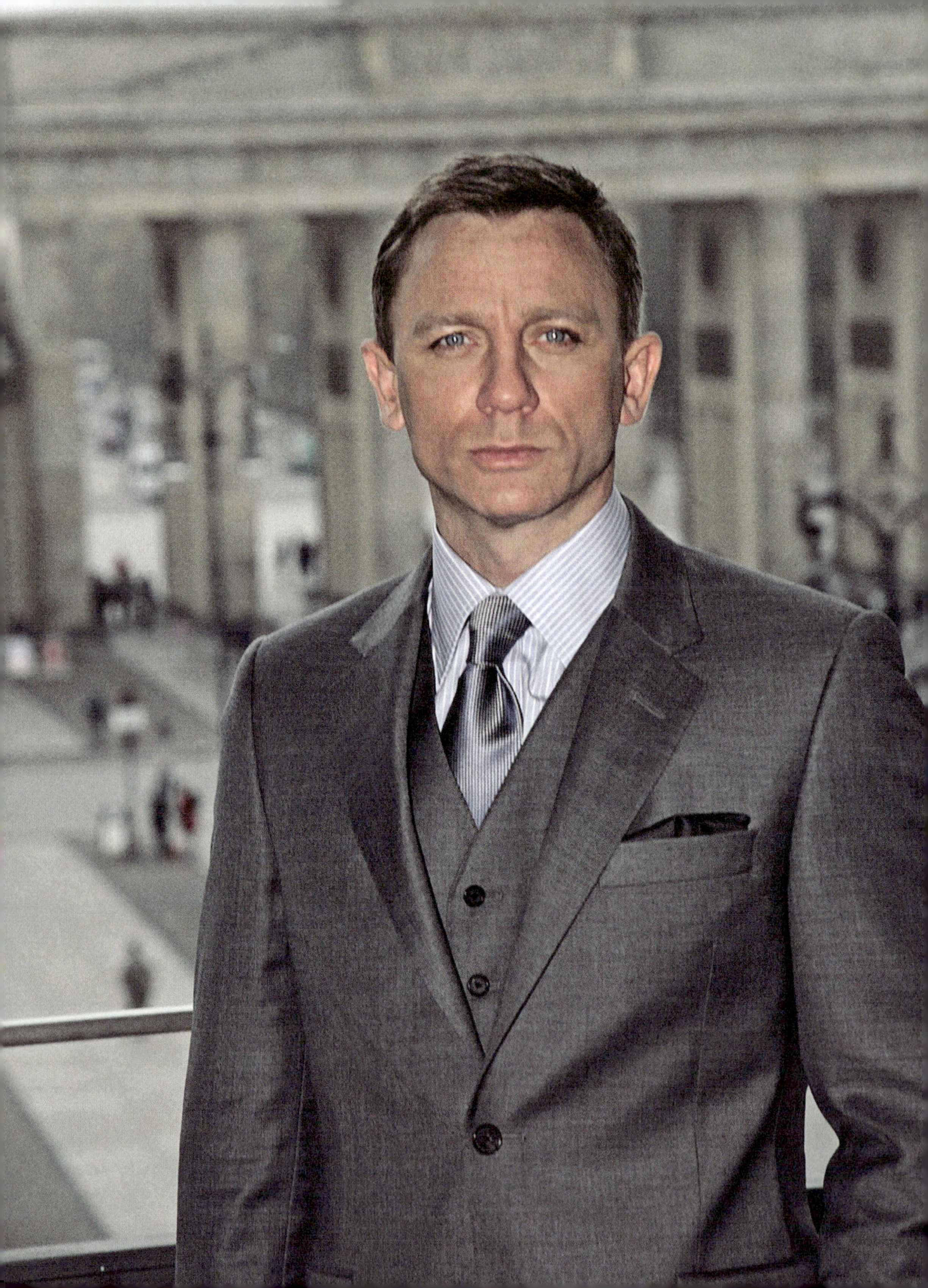

für mich auch, interessante Angebote zu erhalten, mit denen man richtig verdienen kann.«
Nachdem sein fünfter 007-Film »KeineZeit zu sterben« am 25. Oktober 2019 abgedreht war, verkündete er bereits am 23. November, dies sei sein letzter Bond-Einsatz gewesen. Da er der Serie aber bereits als ausführender Produzent verbunden ist, könnte es sein, dass sein Einfluss auf die Bond-Filme bestehen bleibt.
Und wie sieht Craigs persönliche Autohistorie aus? »Ich habe meine erste Fahrprüfung verpennt, weil ich am Abend vorher getrunken hatte«, erklärte Craig nüchtern. Sein erstes Auto war ein Nissan Cherry, den er für 300 Pfund erworben hatte. Als er seinen neuen Dienstwagen, den Aston Martin DBS, sah, wollte er ihn »nur ablecken«. Offensichtlich fasziniert von der Marke, kaufte er sich einen roten Aston Martin Vantage Volante und besaß einen Vanquish in der Sonderfarbe Midnight-Blue, den er am 20. April 2018 für einen guten Zweck von Christie's in New York versteigern ließ. Es war nur eines von 100 Exemplaren der so genannten Centenary Edition und erzielte 380.000 €. Der Wagen trug außerdem die Produktionsnummer 007. Ansonsten ist Craig japanischen und deutschen Fabrikaten zugetan, fuhr einen schwarzen Lexus RX, einen dunkelblauen Audi A6, ein schwarzes Audi S6 Coupé, aber auch mal einen weißen Audi R 8.

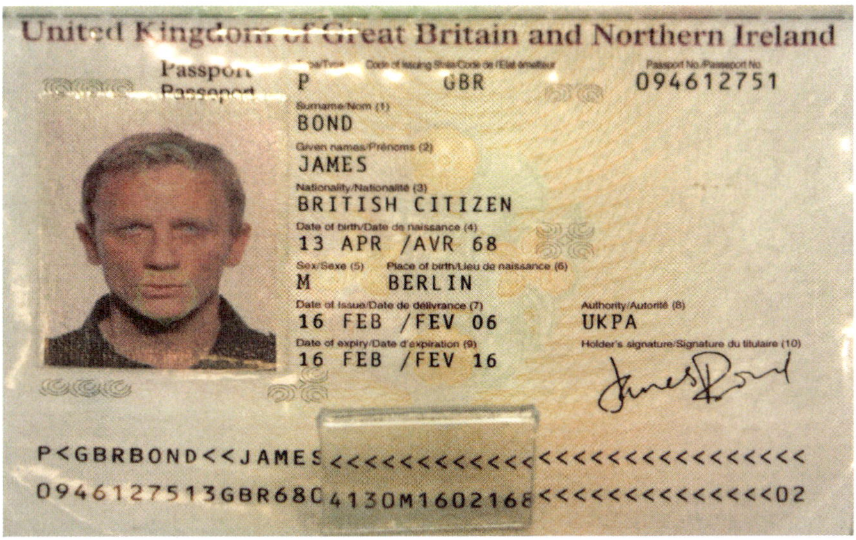

KAPITEL 3

Q UND BOND: WAFFEN, WAGEN, WORTGEFECHTE

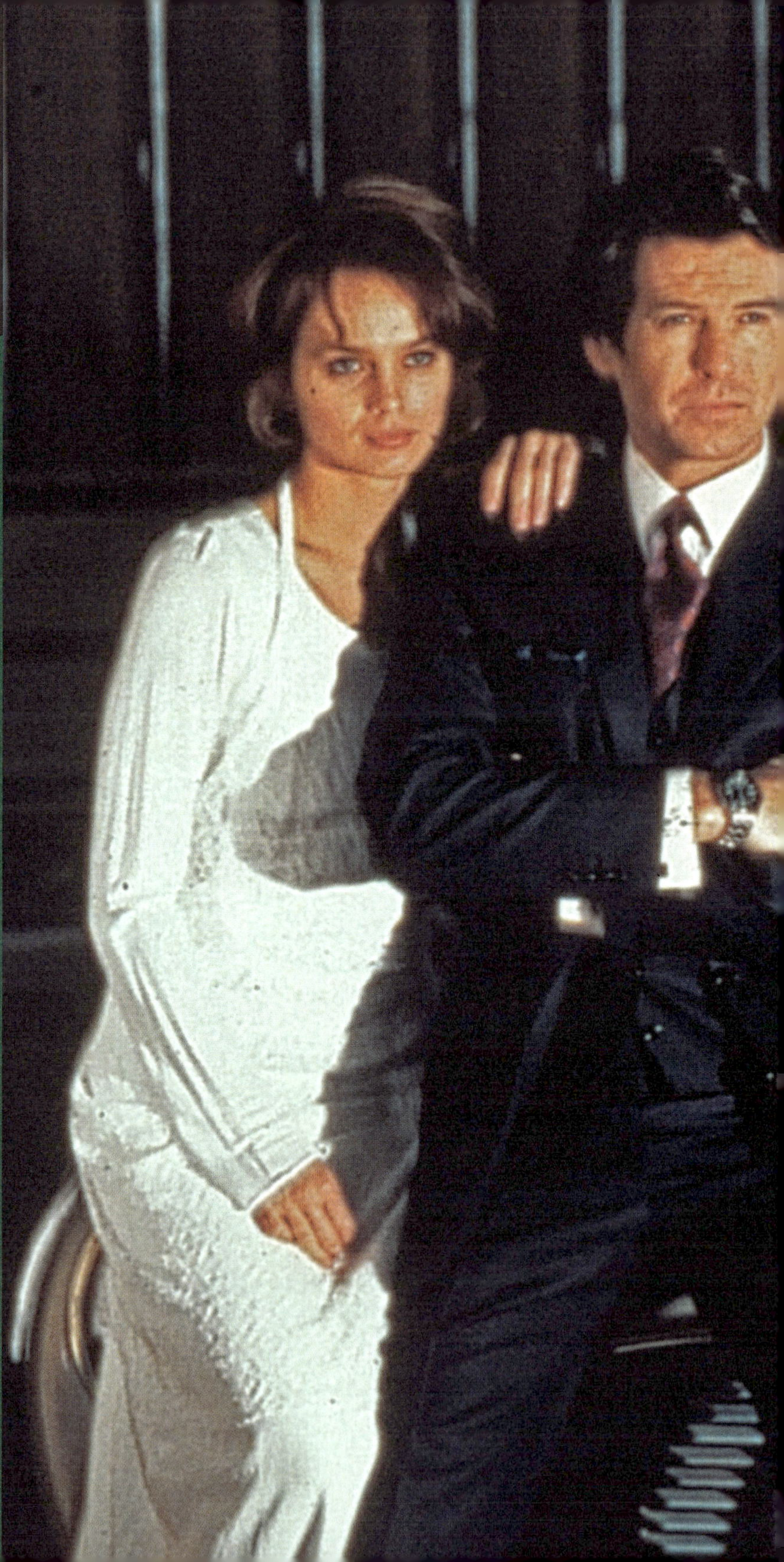

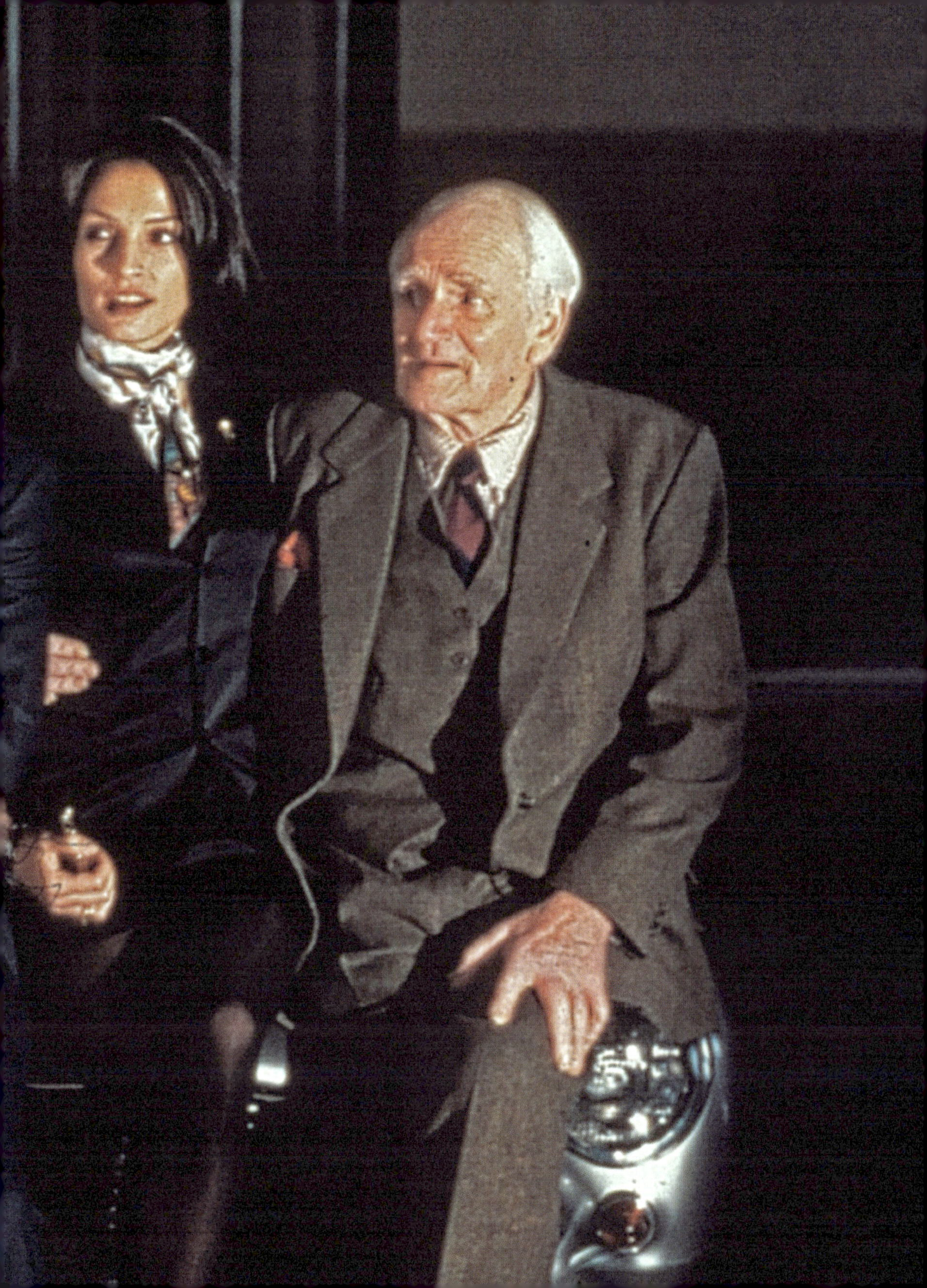

Q UND SEINE REALEN VORBILDER

Im Laufe der Jahre ist die so genannte »Q-Branch«, also die Abteilung innerhalb des britischen Geheimdienstes, die sich mit den technischen Spielereien beschäftigt, immer mehr auf den Buchstaben »Q« als Synonym für dessen Mitarbeiter Major Boothroyd reduziert worden. Tatsächlich wird der Mann erst in dem Film »Diamantenfieber« zum ersten Mal »Q« genannt. Major Boothroyd arbeitet für besagte Q-Branch, und Q steht für den »Quartermasters Store«, also die Nachschubeinheit. In dem Film »Goldfinger« ist der deutschen Synchronisation ein Fehler unterlaufen, denn dort spricht Bond den Mann mit »Guten Morgen K« an. Nach dem Tod des langjährigen Q-Darstellers, des Schauspielers Desmond Llewelyn, war zunächst John Cleese in zwei Filmen Bonds Ausrüster. Seit dem Film »Skyfall« ist Ben Whishaw als Q zu sehen.

Als Vorbild für die Figur des Major Boothroyd gilt ein Mann, der tatsächlich gelebt hat und der eher durch Zufall in Ian Flemings Romanen auftauchte. Der schickte seinen Helden James Bond bekanntlich mit einer Beretta oder einer Walther PPK 7,65 mm Pistole in den Einsatz, was schon Flemings Verleger gelegentlich infrage stellte. Als der englische Waffenexperte Major Geoffrey Boothroyd ihn am 23. Mai 1956 in einem Brief mit einer langen konstruktiven Kritik beeindruckte, führte der Autor eine Figur mit dem Namen Major Boothroyd ein. Sie tauchte ab seinem sechsten Buch »Dr. No« auf, das 1958 erschien, und beriet 007 in waffentechnischen Fragen.

Aus Boothroyd wurde Q. Zuvor war in den Büchern bereits von der »Q-Branch«

»WERDEN SIE ENDLICH ERWACHSEN, 007!« —DESMOND LLEWELYN ALS Q IN »GOLDENEYE«

die Rede, aber eine oder mehrere spezielle Personen waren damit nicht verbunden. Boothroyd und Fleming trafen sich erstmals im März 1961, als der Autor in Glasgow zu einem Interview von Scottish Television eingeladen und ihm danach auf einer Party vorgestellt wurde. Boothroyd veröffentlichte später einen Artikel im Waffenjournal »I.C.I. Magazine« über die Zusammenarbeit mit Fleming. Darin heißt es: »Als ich meine erste James-Bond-Geschichte las, war ich schockiert. Ich hatte das

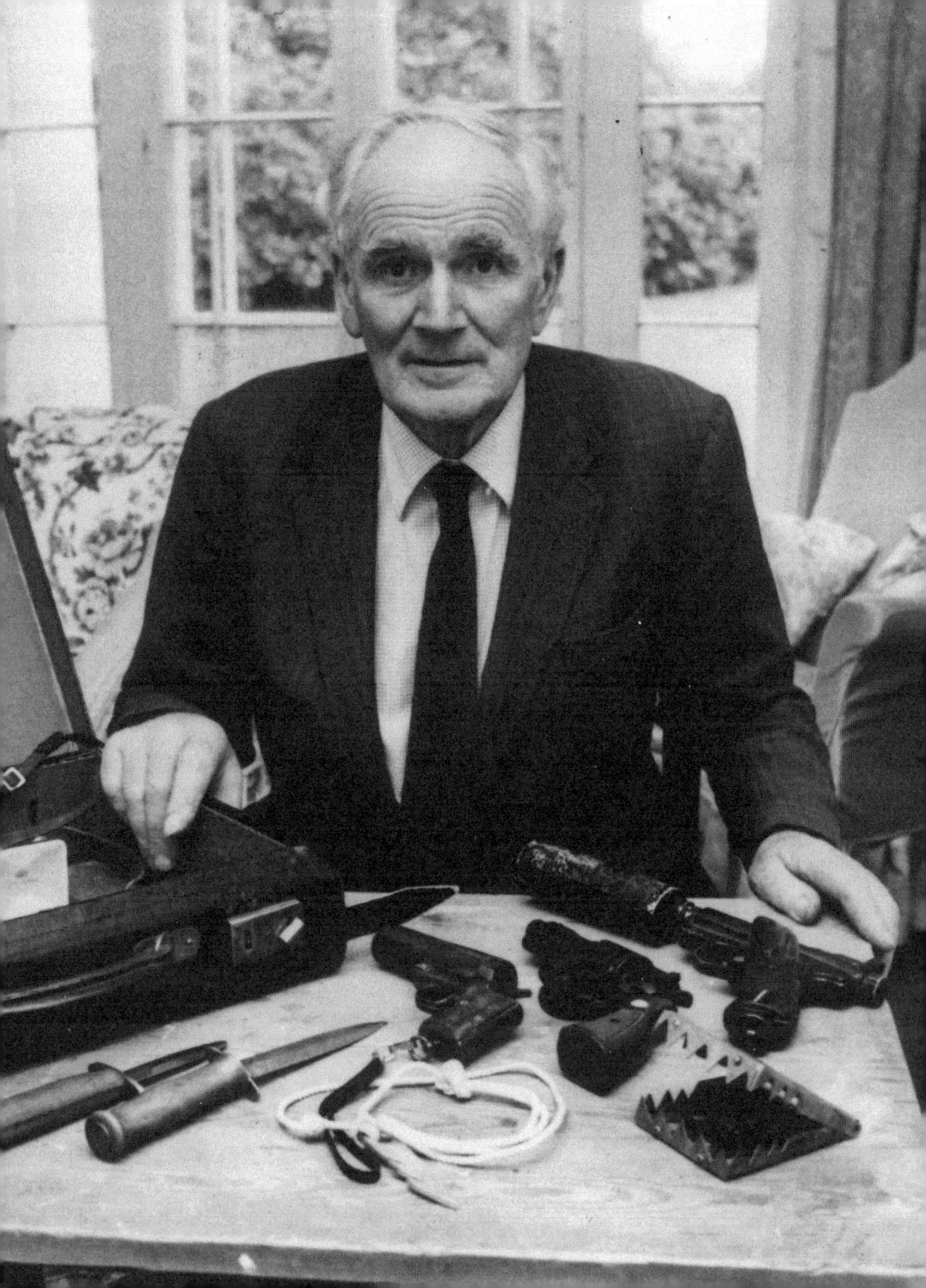

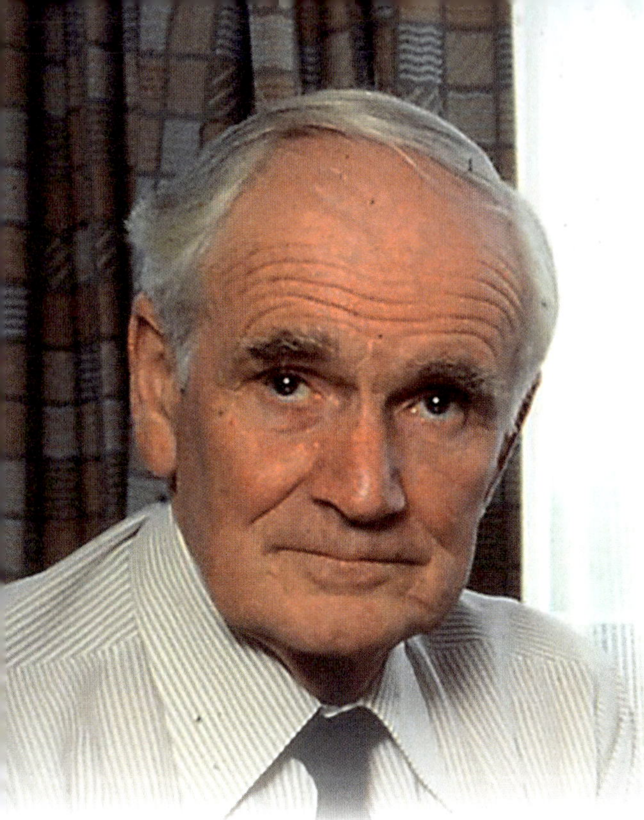

Gefühl, dass viele Waffen, die von dem Helden benutzt wurden, falsch waren und dass diese Irrtümer mir das Vergnügen an der Geschichte nahmen. Also schrieb ich an Fleming. Zu meiner Überraschung bekam ich eine sehr höfliche Antwort, die sich zu einer regulären Korrespondenz entwickelte. Bond wurde Waffe für Waffe anders ausgerüstet. Ich wurde »Armourer« (Waffenmeister) genannt und tauchte in späteren Romanen als solcher auf (auch wenn ich mich nach der Beschreibung kaum als dieser wiedererkannte). Als Fleming 1964 starb, endete mein Flirt mit dem glamourösen Leben, auch wenn ich viel Spaß mit dem hatte, was ich erlebte.«

Als Vorbild für den kreativen Kopf der »Q-Branch« in den Romanen gilt zudem der Engländer Charles Fraser-Smith (26.01.1904 – 9.11.1992).

Er arbeitete während des Zweiten Weltkriegs als Zivilangestellter für das Nachschubministerium (Ministry of Supply) und erfand alle möglichen Spezialgeräte und Miniaturwaffen, die weitgehend denen entsprechen, die der Autor in seinen Büchern 007 auf den Weg gab. Fraser-Smith und Fleming haben sich jedoch nur ein einziges Mal getroffen, als der Autor einige von Smiths Erfindungen bei dessen Kollegen ausprobierte. »In der kurzen Zeit des Zweiten Weltkriegs arbeitete ich mit über 300 Firmen zusammen, die geheime Erfindungen für Spione, Widerstandskämpfer, im Untergrund agierende Agenten und Kriegsgefangene entwickelten und tatsächlich umsetzten«, sagte Fraser-Smith später. Er schrieb vier Bücher über seine Erfahrungen. Eines davon lautete: »The Secret War«.

Q UND BOND IM SCHLAGABTAUSCH

In den Filmen war Q von Anfang an dabei, hieß aber nicht immer so. In »James Bond – 007 jagt Dr. No« aus dem Jahr 1962 wird er nur »der Waffenmeister« genannt und rüstet 007 mit einer Walther PPK Pistole aus. Seine bisherige Beretta wird ihm weggenommen. Zwei Jahre später übergibt Q Bond seinen neuen Wagen:

»Wo ist mein Bentley?«

»Seine Tage sind gezählt. Tut mir leid.«

»Er hat mich nie im Stich gelassen.«

»Befehl von M, 007. Sie fahren jetzt diesen Aston Martin DB 5. Wir haben ihn ein bisschen verbessert. Passen Sie mal auf. Die Windschutzscheibe ist kugelsicher, die Seiten und das Rückfenster auch. Natürlich drehbares Nummernschild, gültig für alle Länder.«

Danach führt Q dem Agenten noch den eingebauten Schleudersitz vor, was der als Witz abtut.

»Schleudersitz? Das ist doch wohl ein Scherz!«

»Ich scherze nie, wenn es sich um meine Arbeit handelt, 007.«
Nicht nur der Schleudersitz, sondern auch die Zeile macht den immer leicht verwirrt und unfreundlich wirkenden Tüftler der Filmreihe berühmt. Zu Recht regt er sich darüber auf, dass 007 ihn und seine Arbeit so respektlos behandelt.

»007 hat noch nie Respekt vor Staatseigentum gehabt.«

Das sagt Q zu M und Miss Moneypenny, 1969 »Im Geheimdienst Ihrer Majestät«. Kein Wunder, schließlich hat er sehr darunter zu leiden, wie Bond mit seinen einzigartigen Erfindungen umgeht. Als der etwa an einem Pier in Sardinien den Lotus Esprit entgegennimmt, sieht man sowohl den Stolz als auch die Angst in Qs Gesichtsausdruck:

»Was ich noch sagen wollte, 007, ich habe in dieses Wägelchen ein paar nette kleine Extras eingebaut. Gehen Sie vorsichtig damit um.«

»Sie kennen doch meine Fahrweise.«

»Ja, eben deswegen.«

So war es 1977 in »Der Spion, der mich liebte« zu vernehmen. Als Q die quietschenden Reifen hört, ist er entsetzt und schließt schnell die Augen. Ursprünglich wollte Schauspieler Desmond Llewellyn die Figur anders anlegen. Der Mann, der im Zweiten Weltkrieg in Frankreich gefangengenommen wurde und in Deutschland in fünfjährige Kriegsgefangenschaft geriet, wollte Q als Respektsperson zeigen. Doch Regisseur Guy Hamilton verbot ihm das. Er gab ihm die Anweisung, Bonds Geringschätzung mit Stolz und Entrüstung etwas entgegenzusetzen. Spätere Regisseure behielten das bei. In »Lizenz zum Töten« wirft Q 1989 ein:

»Gäbe es keine Q-Branch, dann wären Sie schon lange tot.«

Damit liegt Q vermutlich richtig, zumal er seherische Fähigkeiten zu haben scheint. Er rüstet 007 immer mit exakt den Dingen aus, die der Agent später auch gebrauchen kann. Allerdings gibt es zumindest in »Sag niemals nie« aus dem, Jahr 1983 eine gehörige Portion Selbstironie. Bei Sean Connerys Rückkehr wird er mit einem neuen Füllfederhalter ausgestattet, der erst nach einer kleinen Pause auch wirklich explodiert. *»So ganz ausgereift ist er noch nicht«*, heißt es da von dem am Boden liegenden Agenten. Immerhin funktioniert das Motorrad einwandfrei.

In Pierce Brosnans erstem Einsatz »GoldenEye« (1995) bekommt Bond einen BMW Z3. Da der aber erst spät ins Drehbuch hineingeschrieben wurde, wird zwar erklärt, was er kann, aber gezeigt wird es nicht.

»So, jetzt passen *Sie auf, 007. Zuerst mal Ihr neuer Wagen. BMW, schnell, Fünfganggetriebe, und Rundum-Radar, Selbstzerstörungssystem, und natürlich all die üblichen kleinen Raffinessen. Also, darauf bin ich ganz besonders stolz: Hinter den Frontscheinwerfern: Stinger-Raketen.«*

»Ausgezeichnet, genau das Richtige nach einem harten Tag im Büro.«

*»Ich muss Sie doch nicht daran erinnern, 007, dass Sie die Lizenz haben, zu töten, und nicht, um gegen die Verkehrsregeln zu versto*ßen.«

Der zahnlose Tiger blieb der einzige Aussetzer der Serie. Die Fans waren zu Recht sauer darüber. Eine noch unangenehmere Form von Product-Placement gab es zwei Jahre später (»Der Morgen stirbt nie«). Als Q am Hamburger Flughafen Bond über dessen nächsten BMW informiert, trägt der Ausrüster eine rote Jacke des Autovermieters Avis, und am Ende der Verfolgungsjagd stürzt die silberne Limousine rein zufällig in eine Filiale der Firma. Da können die schönen Dialoge schon mal ins Hintertreffen geraten.

»Ihr neuer BMW 750 mit all den üblichen Extras: Maschinengewehre, Raketenwerfer, das GPS-Navigationssystem. Ich dachte Sie würden vielleicht eher auf eine Frauenstimme hören.«

»Die kommt mir bekannt vor.«

»Ich interessiere mich nicht für Ihre unanständigen Eskapaden.«

Im Verlauf des Einsatzes geht stets einiges zu Bruch, und Q hat zu Recht Angst um seine Preziosen. *»Das wird Q nicht gefallen«*, sagt 007 leicht schockiert, als sein BMW Z8 in zwei Teile zersägt wird (»Die Welt ist nicht genug«, 1999). Im Film »Spectre« beweist Q Humor und macht sich über Bond lustig:

»Ich glaube, ich sagte, bringen Sie mir ihn in einem Stück zurück, nicht bringen Sie ein Stück zurück.«

Alles in allem ist es also keine einfache Beziehung zwischen dem Agenten Ihrer Majestät und dem Ausrüster, dafür aber eine, die Fans und Kritiker seit Jahren gerne verfolgen.

Wie hieß es doch so schön in »Goldfinger«:

»Und im Übrigen wären wir Ihnen dankbar, wenn Sie ihn mitsamt der anderen Ausrüstung wieder mitbringen würden, ausnahmsweise mal unbeschädigt, wenn Sie von der Front zurückkommen.«

»Sie wären überrascht, wenn sie wüssten, wie groß der Verschleiß an der Front ist«, erwidert Bond – und Q rollt mit den Augen.

KAPITEL 4

AUF DEN SPUREN HEISSER REIFEN

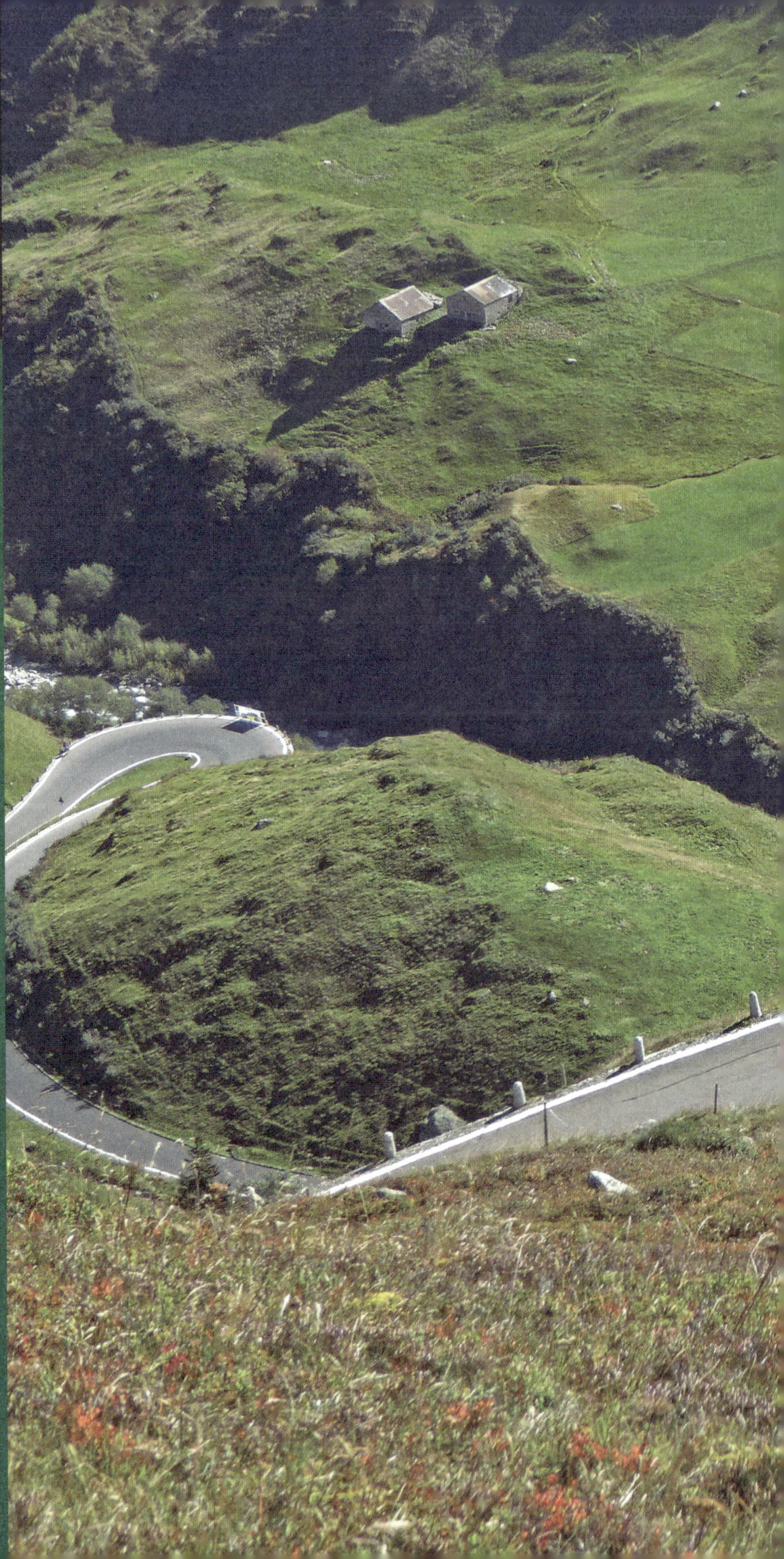

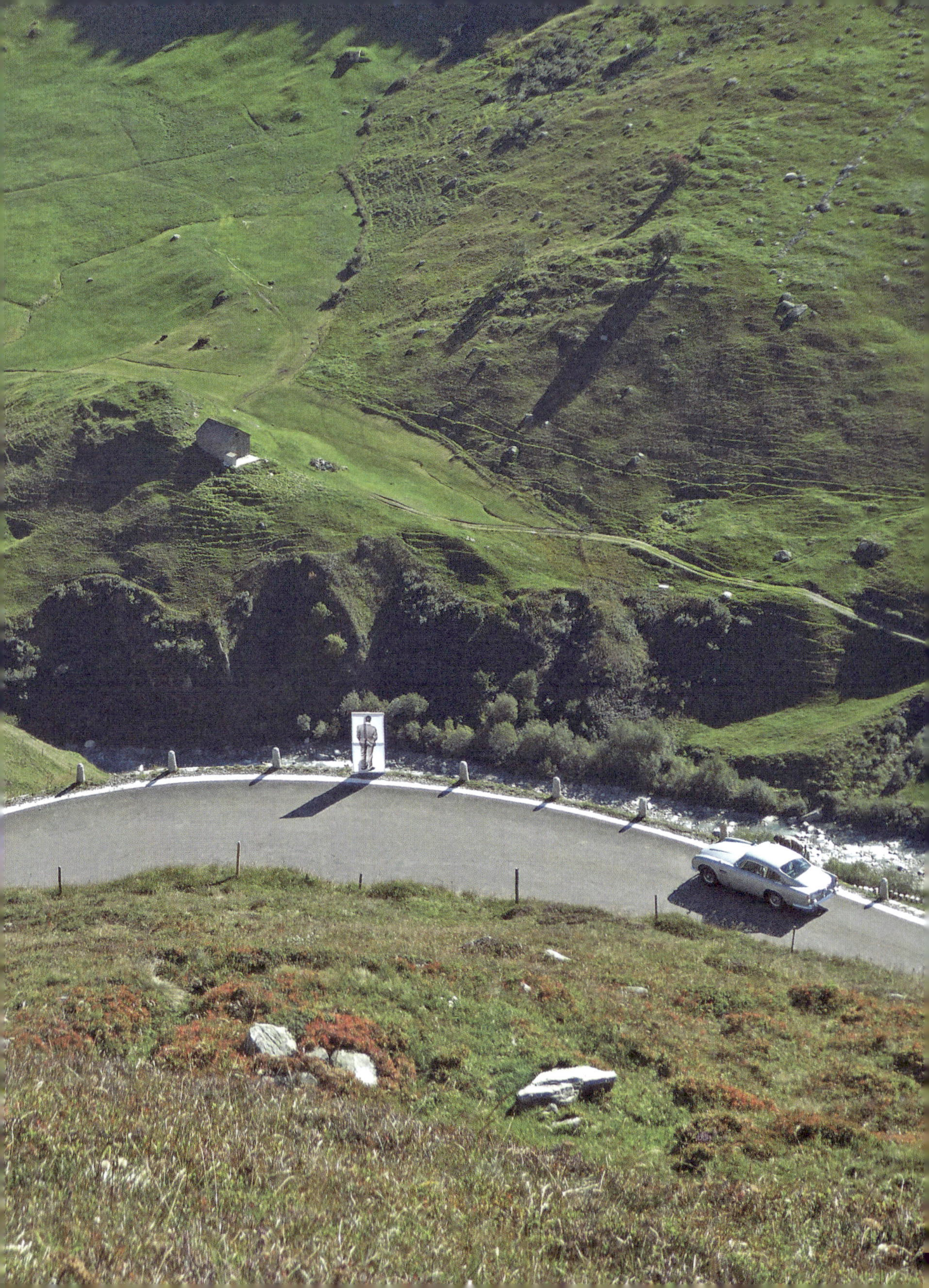

GOLDFINGER (1964) – IN DEN SCHWEIZER ALPEN

Was kann idyllischer sein als ein klassischer Rolls Royce Phantom III, der sich zu einschmeichelnden Klängen von John Barry am Hotel Belvedere entlang den Furkapass in den Schweizer Alpen hochschlängelt? Wenig, es sei denn ein silberner Aston Martin DB 5 folgt in nur kurzem Abstand. Dessen Fahrer ist vermutlich nicht zufällig dort. Und das gilt wohl auch noch für jemand anderen. Während der Rolls das Hotel Galenstock passiert, wird der Aston plötzlich verfolgt, und zwar ausgerechnet von einem schönen weißen Ford Mustang Cabriolet, damals übrigens das erste Exemplar, das in Europa zu sehen war. Was also tun, James, Pflichterfüllung oder Kontaktaufnahme? Zumal eine attraktive Fahrerin am Steuer sitzt, die auch noch energisch hupt? »Disziplin, 007. Disziplin«, sagt der Agent umgehend zu sich selbst und sieht wirklich frustriert aus.

Als der Rolls Royce stoppt, tut James es ihm gleich – weiter oben, in gebührendem Abstand. Während sich Auric Goldfinger und sein Diener an frischen Früchten laben, wird von noch weiter oben geschossen. Was für ein Glück, dass die forsche Fahrerin eine schlechte Schützin ist. Das kann nicht ungesühnt bleiben! Jetzt lauert James ihr auf, jagt sie um die Haarnadelkurven des Passes und überholt sie sogar. Vor dem rasenden Mustang einzufädeln ist übrigens nur bedingt ein gefährliches Manöver, denn 007 will die stürmische Fahrerin mit seinen Schlangenlinien erst ein bisschen provozieren und dann neben seinen Aston locken. Der Grund? Q-Tricks. Als sie links von ihm auftaucht, um zu überholen, fährt Bond hinten links einen rotierenden Reifenschlitzer aus und

»WER SIND SIE?« »BOND, JAMES BOND.« —DIALOG ZWISCHEN JILL MASTERSON (SHIRLEY EATON) UND JAMES BOND (SEAN CONNERY) IN »GOLDFINGER«

häckselt die rechte Seite des Mustang-Erstexemplars der Länge nach auf. Kein Wunder, dass die verwirrte Dame jetzt nicht nur eine Pause, sondern auch eine Autoreparatur braucht. Die bietet die Tankstelle Aurora in Andermatt. Und der Rolls Royce? Der

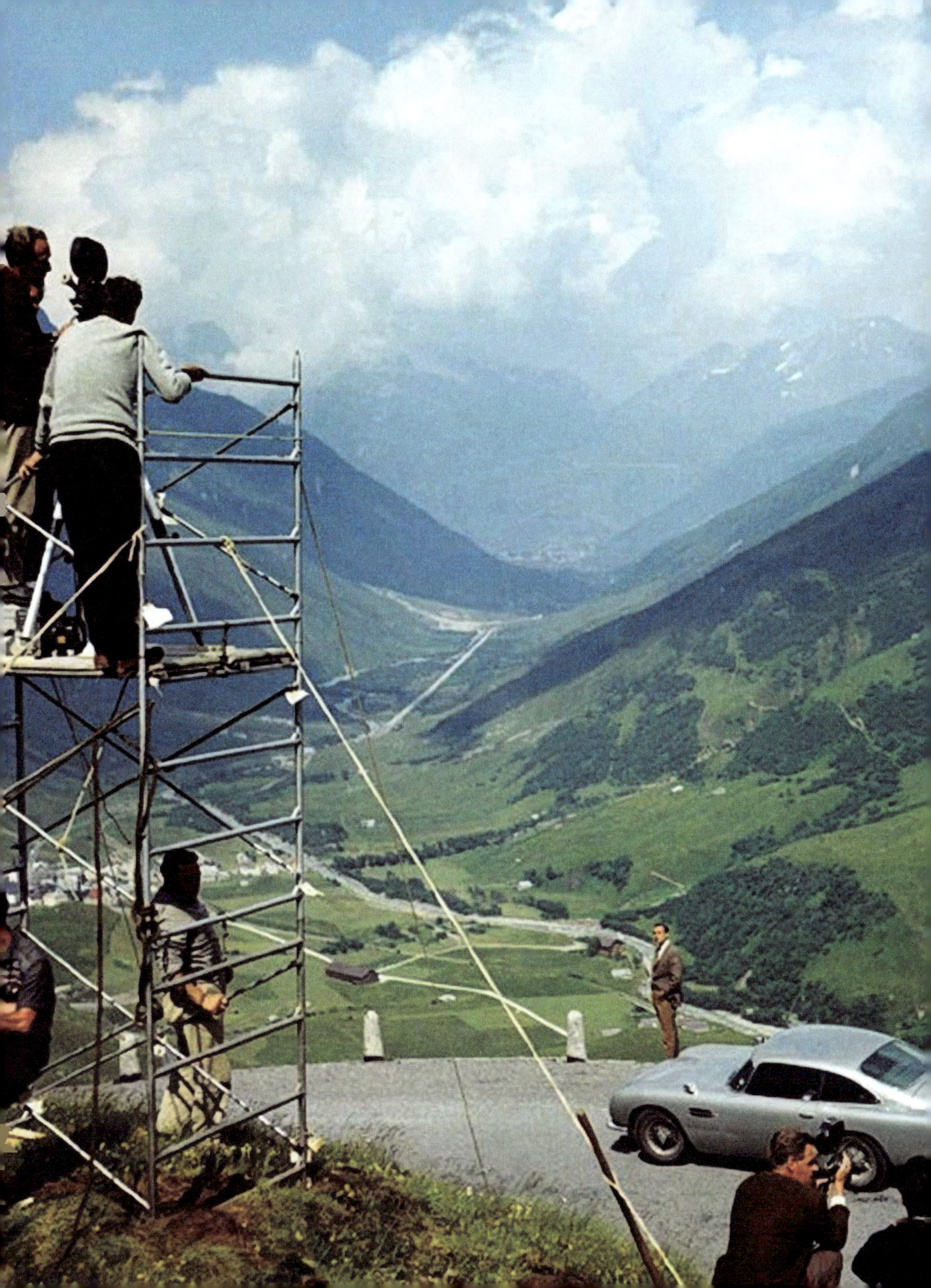

fährt gemütlich zum Firmensitz von »Auric Enterprises«. Idyllisch eben.
Den gelb/schwarzen Rolls Royce Phantom III, Kennzeichen AU I, Fahrgestell-Nummer 3BU168 mit einem Sedanca-de-Ville-Aufbau der britischen Karosseriefirma Barker & Company, gibt es übrigens immer noch – genauso wie den Aston Martin DB 5. Der Rolls wurde für Lord Fairhaven of Anglesey Abbey in Cambridgeshire gebaut, brachte es auf mehr als 100 Meilen pro Stunde und wog über 7.000 Pfund. Der amerikanische Geschäftsmann Steven Greenberg erstand ihn bei einer Auktion von Sotheby's in New York am 28.06.1986 für $ 121.000 / 262.570 DM (etwa 131.000 Euro). 2008 wurde das Nummernschild bei einer Auktion des Hauses Bonhams angeboten, erzielte aber nicht das Mindestgebot. Am 23. Oktober 2012 wurde Bond-Co-Produzent Michael G. Wilson mit dem Wagen zur Weltpremiere in London kutschiert. Seit dem 2. März 2014 ist er in der »Bond in Motion« Ausstellung in London zu sehen.
Für Selbstfahrer: James Bonds Aston Martin DB 5 ist zuerst am Ortsausgang des Dörfchens Realp zu sehen, rund 80 Kilometer südlich von Luzern. Der Furkapass liegt rund 12 km weiter westlich. Die Tankstelle in Andermatt, an der die Sequenz endet, liegt dann bereits hinter dem Fahrer. Wer mal an der Stelle Benzin auffüllen möchte, die damals auch Sean Connery angesteuert hat, kann das immer noch tun. Die Andermatter Tankstelle »Aurora« war zwar ab April 2014 eine Zeitlang geschlossen, weil sie im Zuge einer Hotelerweiterung abgerissen werden sollte, ist aber immer noch existent und hat den Betrieb wieder aufgenommen. Bond fährt im Anschluss auf der Gotthard-Straße weiter und inspiziert Auric Goldfingers Fabrik. Auch die existiert noch. Es sind die Pilatus Flugzeugwerke in Stans.
Wer mal dort schlafen möchte, wo Sean Connery und die Filmcrew übernachtet haben, dem sei das Hotel Bergidyll empfohlen. Auf der Webseite heißt es: »Das James-Bond-Zimmer präsentiert sich noch heute im klassischen Stil der 60er Jahre und steht allen Fans des Agenten 007 offen.« Darin hängen Plakate und Fotos aus dem Film. Die Adresse lautet: Gotthardstrasse 39, 6490 Andermatt.

DER SPION, DER MICH LIEBTE (1977) – AUF SARDINIEN

Es sollte eine gemütliche Spazier- und Erkundungsfahrt sein, die James Bond und Kollegin Anya entlang der schön geschwungenen Costa Smeralda in Sardinien unternehmen, doch die Tour wird ganz schön aufregend – zu Lande, zu Wasser und in der Luft. Kein Wunder, wenn der schöne weiße Lotus Esprit plötzlich von einer schwarzen Kawasaki mit Beiwagen, aus einem schwarzen Ford Taunus und einem ebenso dunklen Helikopter angegriffen wird und alle wild drauflosfeuern. Aber James sollte vorgewarnt sein: Es gab da dieses Schleudergefahr-Warnschild am Straßenrand, und wenn Hubschrauberpilotinnen zwinkern, ist ja generell Vorsicht geboten. Insofern ist auch James' Kommentar »endlich allein« nach erfolgreichem Hubschrauber-Abschuss nur eine vorübergehende Zustandsbeschreibung, denn selbst unter Wasser ist das nicht der Fall.

Falls mal ein tauchender Lotus Esprit vorbei kommt, sind Bösewichte schließlich vorbereitet und jagen dem weißen Zweisitzer auf Unterwasser-Gleitern nach. Und wie entkommt man dem wässrigen Schlamassel? Dank einer Frau natürlich. James blinkt rechts, fährt aber nach links und verwirrt so den Angreifer – was ja angesichts von Unterwasserraketen äußerst hilfreich ist. Anya drückt auf »Lights«, was üblicherweise auch in einem Lotus, wie bei allen anderen Fahrzeugen, dafür sorgt, dass die Lichter angehen. Hier aber nicht. Genau das Gegenteil ist der Fall, denn der Wagen stößt schwarze Wolken aus wie ein Tintenfisch und hüllt den gelben Verfolger ein.

Als Anya schließlich »Hazard« drückt, was übrigens in einem normalen Wagen den Warnblinker aktiviert, wird dem Widersacher der Garaus gemacht, denn

»WOHER HAST DU DAS GEWUSST?« »ICH HABE VOR ZWEI JAHREN DIE KONSTRUKTIONSZEICHNUNGEN GESTOHLEN.« —JAMES BOND (ROGER MOORE) UND ANYA AMASOVA (BARBARA BACH) ÜBER DEN LOTUS ESPRIT IN »DER SPION, DER MICH LIEBTE«

eine Mine verlässt den Boden der weißen Flunder und reißt dem Angreifer glatt die Kuppel vom gelben Tauchboot. Und James? Der schaut verwirrt auf die Knöpfe und muss akzeptieren, dass so ein Armaturenbrett einiges zu bieten hat. Was lernen wir daraus? Wenn schon baden gehen, dann auf jeden Fall mit einer Frau. Auf der Straße rumkurven kann schließlich jeder.

Für Selbstfahrer: Ausgangspunkt der Jagd, ist das luxuriöse Hotel Cala di Volpe an der Nordostküste Sardiniens. Die Schauplätze, an denen das Paar angegriffen wird, liegen an mehreren Orten der Insel. Der Vista Point an der SP 94 liegt nur etwa eineinhalb Kilometer südlich des Hotels. Etwa zehn Kilometer südwestlich wurde das Örtchen San Pantaleo und dessen Umgebung zum Schauplatz. Dazu zählen die Straßen Strada Statale 125 Orientale Sarda (SS 125) und die Strada Provinciale 94 (SP 94). San Pantaleo liegt rund 20 Kilometer nördlich von Olbia, falls man mit dem Flugzeug ankommt. Wer auch mal mit einem Tauchfahrzeug aus dem Wasser fahren möchte, nutzt am besten den Strand in Capricciolì, etwa zwei Kilometer südöstlich vom Hotel Cala di Volpe.

Wer im Hotel Cala di Volpe übernachten möchte (etwa zehn Kilometer nordöstlich San Pantaleo), sollte eine gut gefüllte Brieftasche mitbringen. Die Preise liegen im Durchschnitt bei über 500 Euro, können in der Hauptsaison aber auch vierstellig sein. Bonds Zimmer ist nicht zu mieten. Es war die umgestaltete Hotelbar.

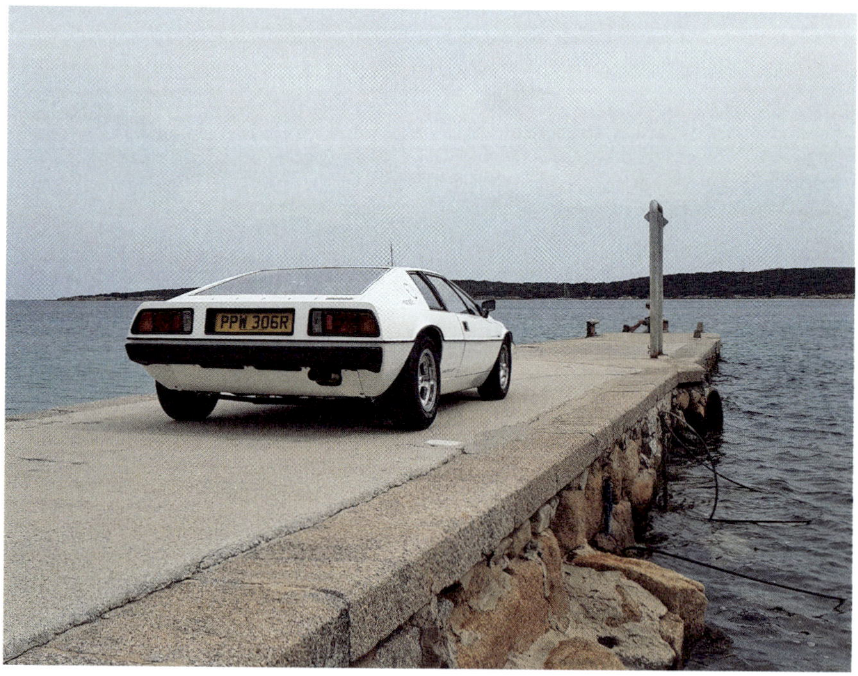

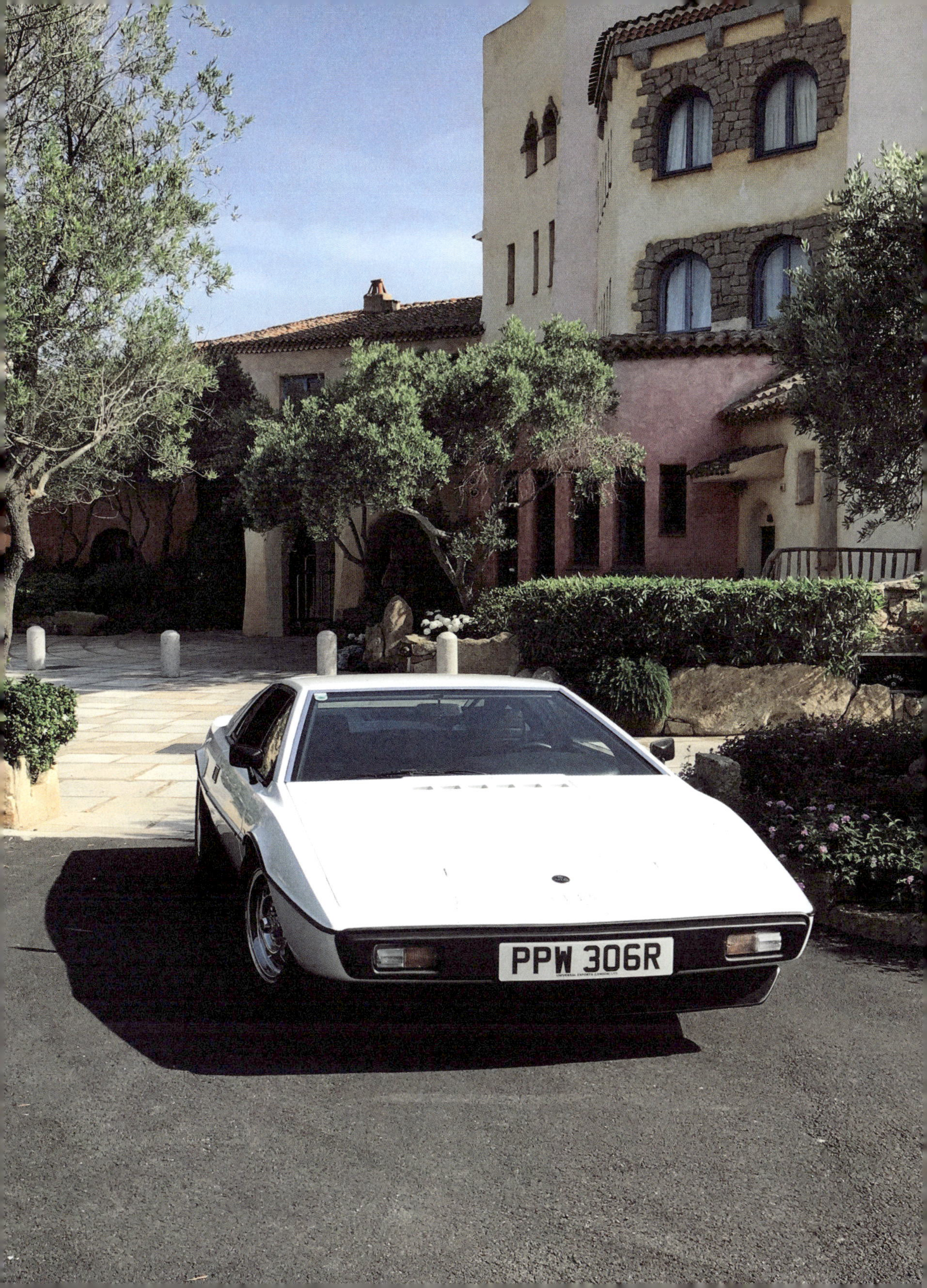
PPW 306R

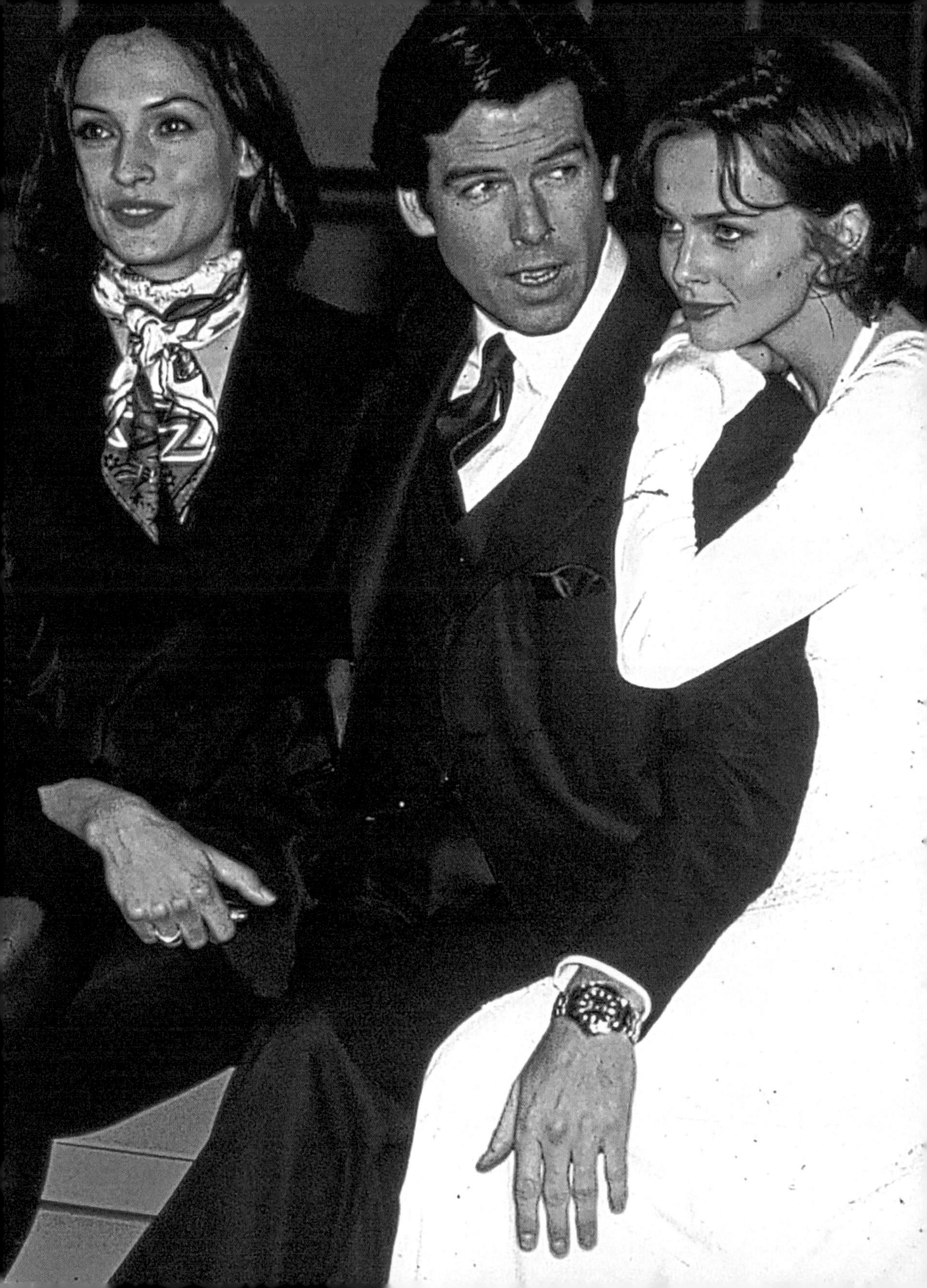

GOLDENEYE (1995) – NÖRDLICH VON NIZZA

Und wieder einmal ist es nicht einfach für den armen James. Psychologin Caroline sitzt an seiner Seite und soll beurteilen, ob der geschwächte Geheimagent dienst- und kampfeinsatztauglich ist. Und was passiert? Ausgerechnet in dem Moment als das unfreiwillige Paar eine gemütliche Spazierfahrt entlang der französischen Alpen, den »Alpes Maritime«, unternimmt, taucht eine flotte Schwarzhaarige namens Xenia im offenen, knallroten Ferrari auf und leuchtet dem gebeutelten Helden in den Rückspiegel. Was tun? Ist es etwa verwunderlich, dass dem Macho da der rechte Fuß locker sitzt und er den alten Aston Martin DB 5 ein bisschen tritt? Zugegeben, der Kampf ist nicht fair. James hat einen 1964er Klassiker mit 286 PS unter der Haube. Der Ferrari 355 GTS hat immerhin 381 PS und ist auch noch leichter. 1350 gegen 1468 Kilogramm sind bei schnellen Verfolgungsjagden ein Quantensprung. Und neben dem besseren Kampfgewicht wiegt die Dame ja nun auch noch was – also die neben James. Da kann man doch nur verlieren, oder? Lange Zeit sieht es nicht danach aus. James hält wacker mit, die Psychologin sich krampfhaft fest, und einmal schickt der Oldtimer den Neuwagen sogar ins Kiesbett.

»JAMES, IST ES DENN WIRKLICH NÖTIG, SO SCHNELL ZU FAHREN?« »SOGAR ÖFTER, ALS DU DENKST!«
—DIALOG ZWISCHEN CAROLINE (SERENA GORDON) UND JAMES BOND (PIERCE BROSNAN) IN »GOLDENEYE«

Am Ende siegt – wie fast immer – die Vernunft. Die Lady in Red rast davon, 007 greift beherzt zur Handbremse, hält gegenüber einer malerischen Ruine und öffnet den Champagnerkühler. Die Belohnung? Nicht nur ein fantastischer Ausblick auf den Hafen von Monaco, sondern auch noch ein Küsschen von der nicht ganz mehr so kühlen Brünetten auf dem Beifahrersitz. Der Aufwand hat sich doch wohl gelohnt.

Für Selbstfahrer: Es empfiehlt sich ein Ausflug ab dem Parfümörtchen Grasse nördlich von Nizza auf der D 2085 und D 2210 in Richtung Gourdon und Gréolières. Die »Route de Grasse« und

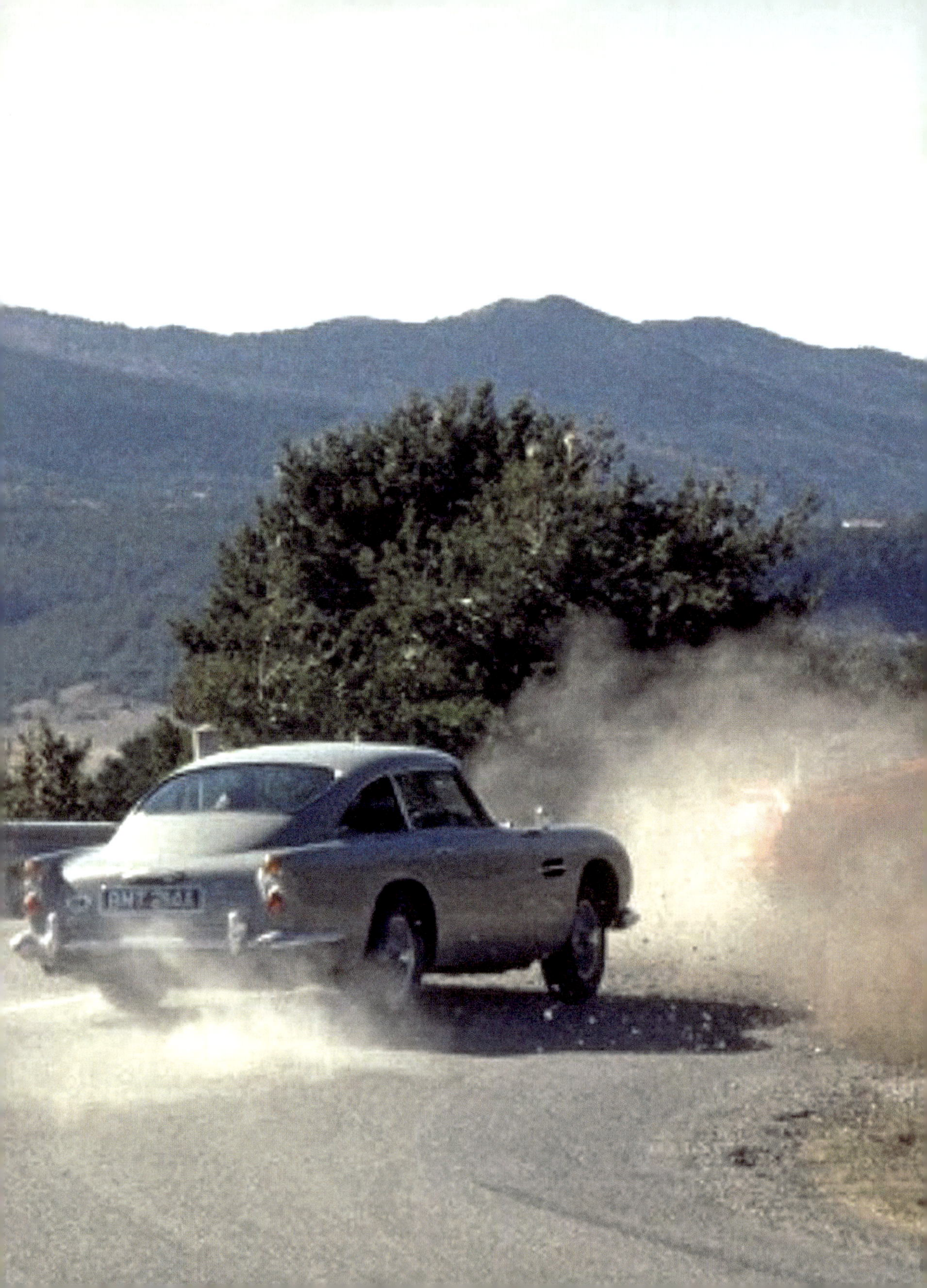

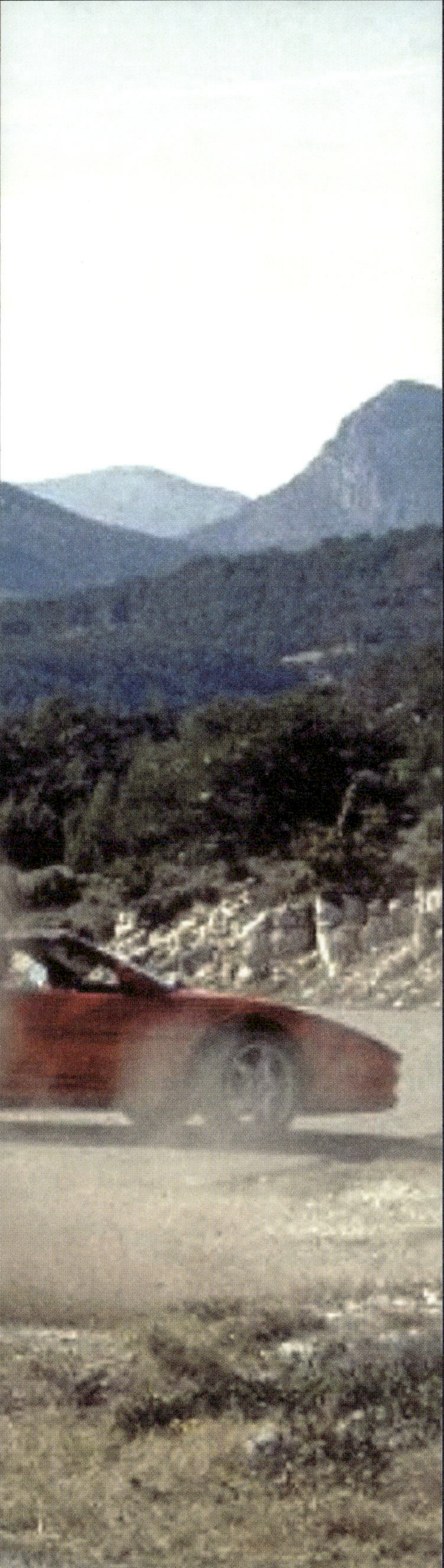

die Szenerie am Pont du Loup wird mit schönen Ausblicken belohnt. Weiter geht es auf der D 3 und D 2. Wer dann der Ausschilderung Gréolières-les-neiges folgt, kann auf derselben Strecke wie das oben erwähnte turtelnde Pärchen fahren. Rasen wird nicht empfohlen, denn sowohl der Aston Martin als auch der Ferrari bekamen bei der Jagd etwas ab und mussten repariert werden. Bis zu einer Höhe von 1.450 Metern geht es nach oben zu einem Ski-Resort. Aber aufgepasst, denn zahlreiche sehr scharfe Kurven und Tunnel können nicht nur zu Blechschäden führen. Eine Fahrt bis nach Monaco bietet sich übrigens nicht an. Es sind fast 70 Kilometer. Das Ganze könnte eineinhalb Stunden dauern. Allerdings, wenn man einen Champagnerkühler im Auto hat ...

KAPITEL 5

STUNTMEN, DIE WAHREN HELDEN

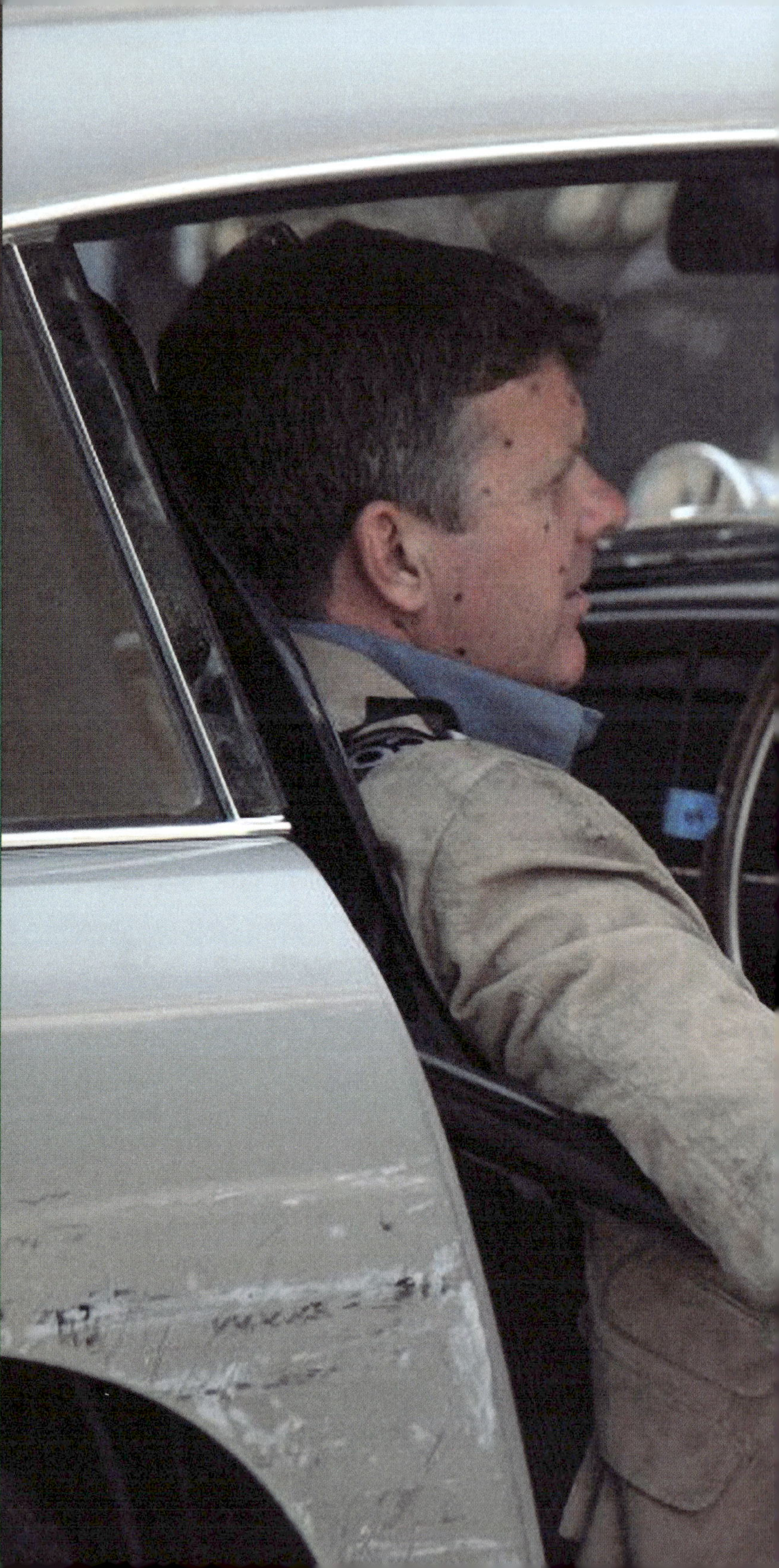

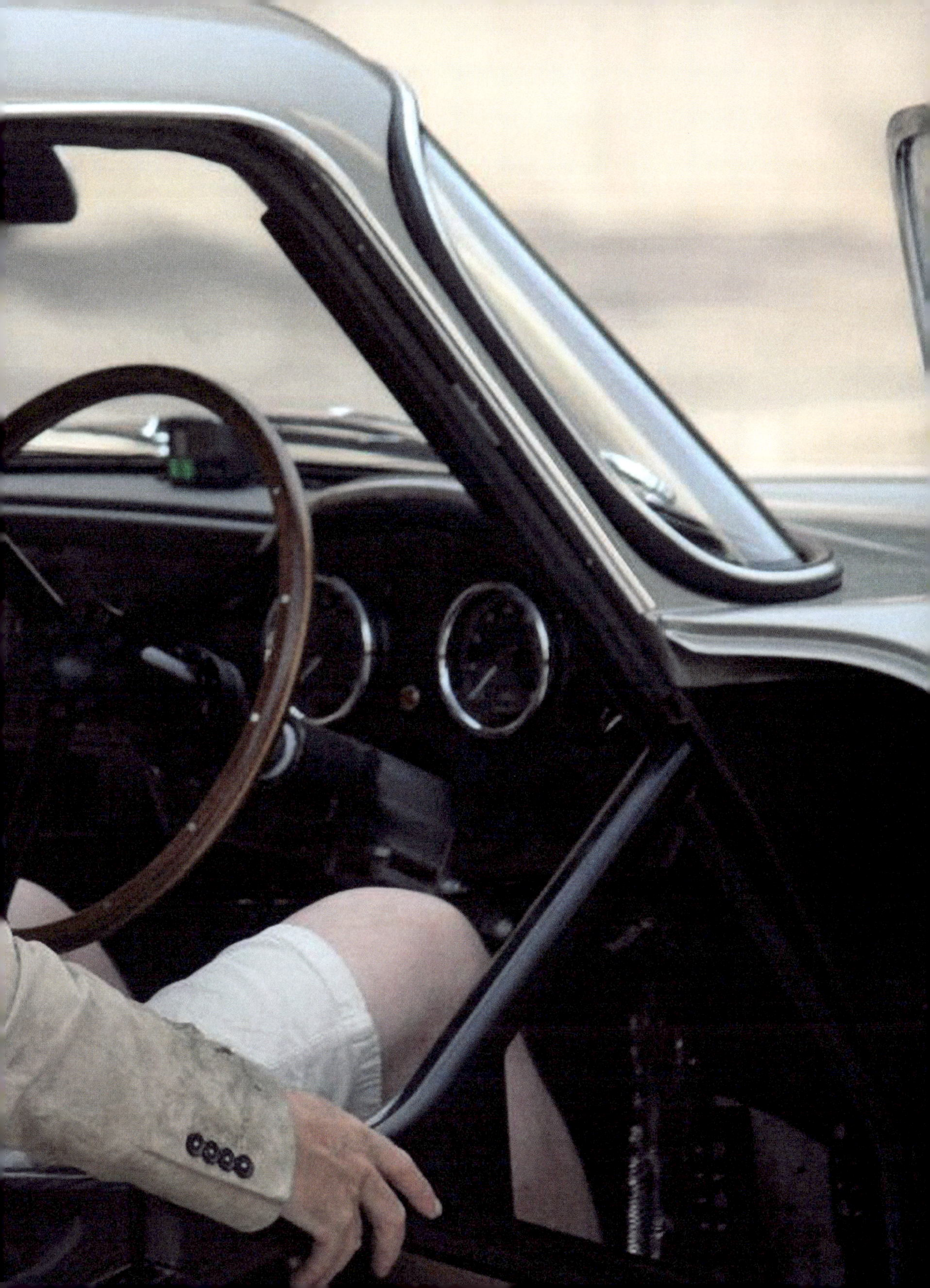

BOB SIMMONS – CONNERYS DOUBLE

Was wären die James Bond Filme ohne die Actionszenen und natürlich die Stuntmen, die sie ausführen? Vier von ihnen wurden in den exklusiven Kreis der »Stuntmen Hall of Fame« aufgenommen. Fünf Auszeichnungen der »Taurus World Stunt Awards« haben sie auch schon eingesammelt – neben elf Nominierungen.

Der Engländer Bob Simmons war der erste Bond-Stuntman. Er trainierte Sean Connery und fuhr für ihn zum Beispiel den Sunbeam Alpine S2 in »James Bond – 007 jagt Dr. No«. »Bevor die Serie begann, trainierte ich sechs Wochen lang Sean Connery, damit er in Form kommt. Dann wurde ich sein permanentes Stunt-Double«, so Simmons. Der langjährige Freund von Roger Moore, mit dem er eine Zeitlang zusammen im Londoner Coliseum auftrat, war auch ein guter Boxer. »Ich muss auf Leute wie Sean oder Roger aufpassen. Sie wollen beide mehr machen, als ich ihnen erlauben darf. Sean sagte immer zu mir: ›Was muss ich tun, und was tust du für mich?‹« Nach seiner Arbeit für »In tödlicher Mission« (1981) wurde er als erster Stuntman überhaupt mit dem »Hollywood Hall of Fame Award« ausgezeichnet. Er drehte zwölf Bond Filme und setzte sich unter anderem auch in »Feuerball« für den von Guy Doleman gespielten Bösewicht Graf Lippe in einen Ford Skyliner, der während der Fahrt explodiert. Für einen Augenblick war nicht klar, ob es dem Stuntman im brennenden Auto auch gut ging – bange Sekunden, in denen Regisseur Terence Young Nerven zeigte (siehe Zitat-Kasten).

»DU BASTARD, ICH HABE GEDACHT DU BIST TOT!« —REGISSEUR TERENCE YOUNG ZU STUNTMAN BOB SIMMONS BEI DREHARBEITEN ZU »FEUERBALL«

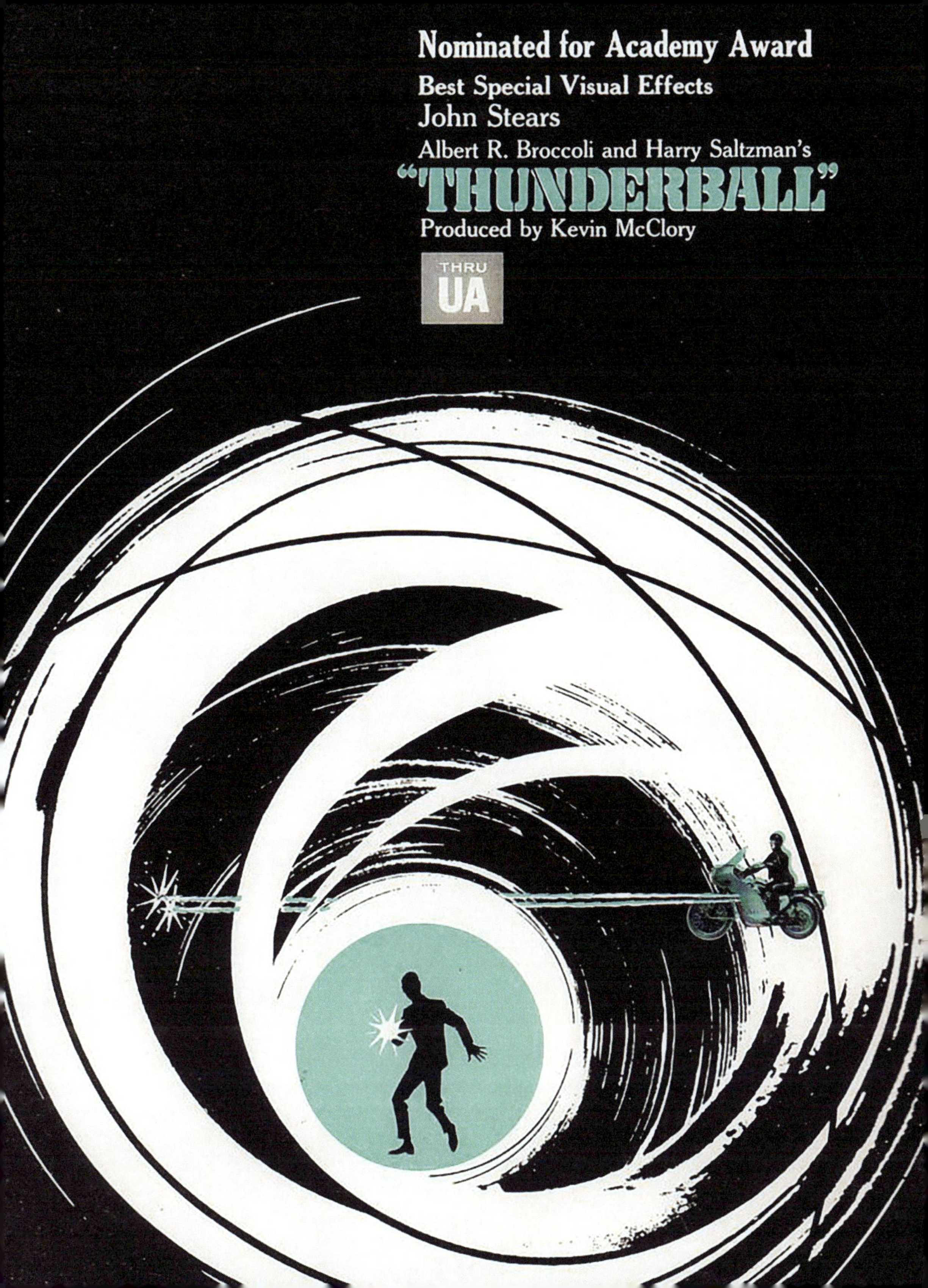
Nominated for Academy Award
Best Special Visual Effects
John Stears
Albert R. Broccoli and Harry Saltzman's
"THUNDERBALL"
Produced by Kevin McClory
THRU
UA

RÉMY JULIENNE – CHOREOGRAF DER VERFOLGUNG

Ab Anfang der 80er Jahre übernahm John Glen die Regie der 007 Abenteuer. »Ich wurde im Mai 1980 verpflichtet«, so der Engländer. »Zu der Zeit gab es eine vierseitige Inhaltsangabe der Geschichte, die die Ausgangsbasis für das Drehbuch von Richard Maibaum und Michael G. Wilson wurde. Dann fügten wir die Actionsequenzen hinzu und sahen uns alle früheren Ideen für Verfolgungsjagden an, die abgelehnt wurden, weil sie zu aufwendig, oder zu teuer waren und schauten, ob man nicht doch etwas verwenden könne.« So kam der Franzose Rémy Julienne ins Spiel. Bekannt wurde der frühere französische Moto-Cross-Meister durch seine spektakulären Werbespots für Fiat, in denen er von Hochhaus zu Hochhaus sprang oder einen Wasserfall herunterrauschte. 1964 gab er in der Komödie »Fantomas« mit Louis de Funès und Jean Marais sein Filmdebüt und arbeitete seit 1966 als professioneller Stuntman. Berühmt wurde die von ihm geschaffene Verfolgungsjagd für den Film »The Italian Job« (»Charlie staubt Millionen ab«), die er mit drei Mini Cooper in Turin realisierte. Er arbeitete viel für Louis de Funés und Jean-Paul Belmondo Abenteuer und drehte über 215 Filme. »Das Wichtigste bei diesen Aufnahmen ist die genaue Planung«, so der Franzose. »Man muss Autos und Beteiligte zur rechten Zeit am rechten Ort haben und choreographieren wie ein Ballett, dann kann gar nichts schief gehen. Es ist vollkommen egal, ob man nun mitten in der Stadt oder auf einem Feld dreht.« Rémy Julienne konzipierte alle Verfolgungsjagden von »In tödlicher Mission« bis »GoldenEye«.

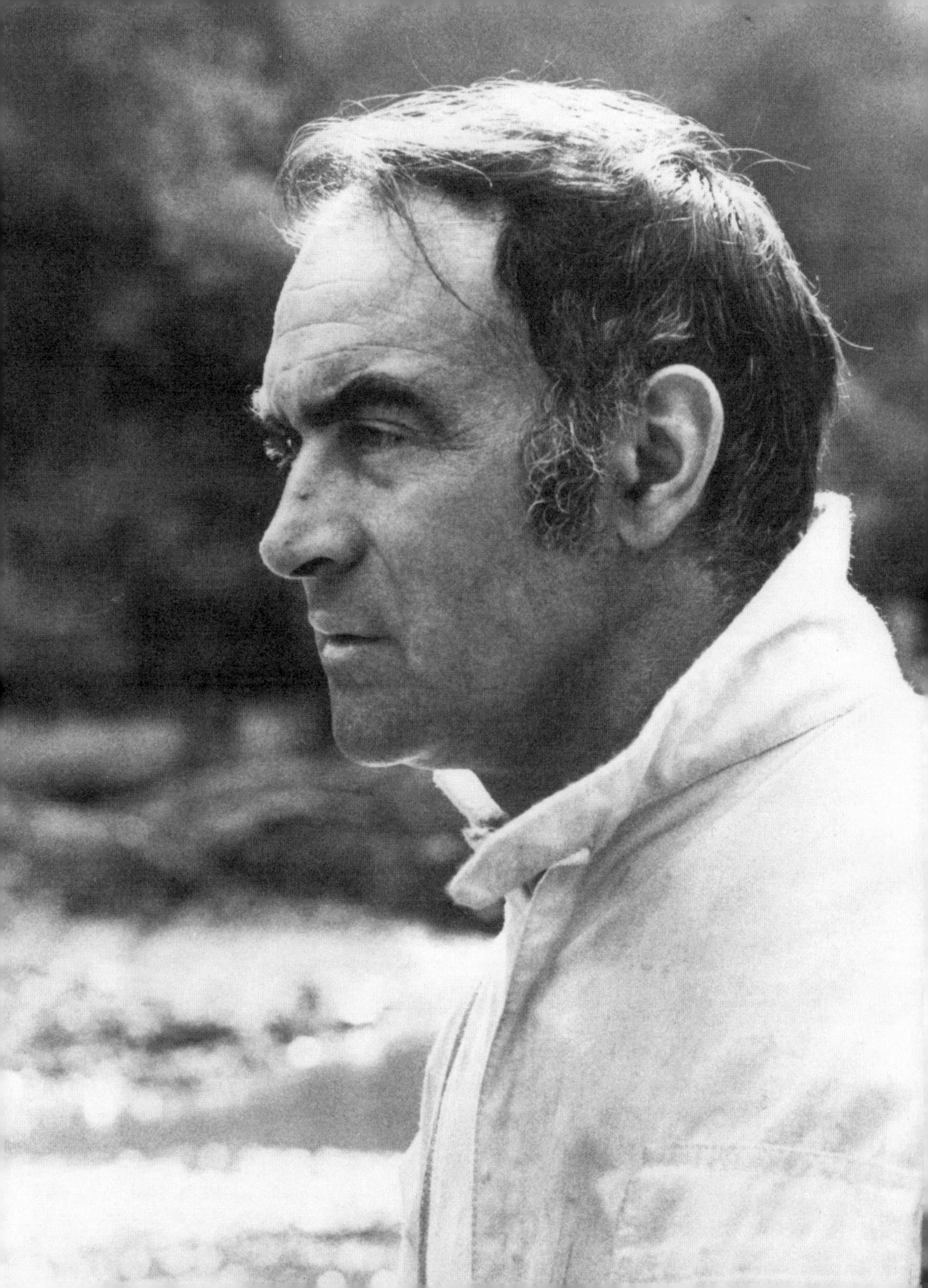

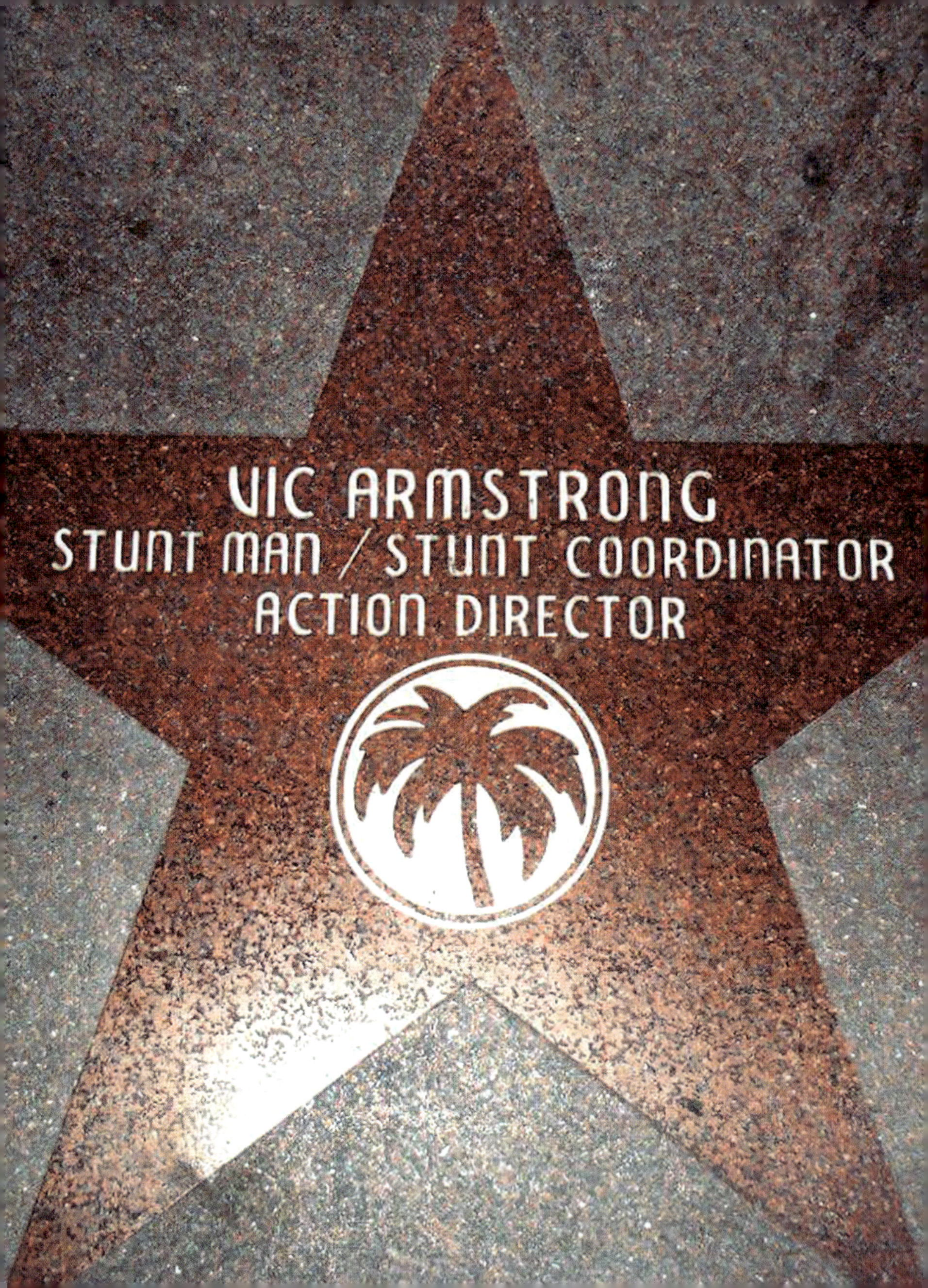
VIC ARMSTRONG
STUNT MAN / STUNT COORDINATOR
ACTION DIRECTOR

VIC-ARMSTRONG – DER OSCAR-PREISTRÄGER

Eine langjährige Karriere in der Stunt Branche hat auch der Engländer Vic Armstrong, der als Stuntman begann und schon in den 60er Jahren an Filmen wie »Man lebt nur zweimal« und »Im Geheimdienst Ihrer Majestät« beteiligt war. Später doubelte er Harrison Ford in allen »Indiana Jones«-Filmen und arbeitete viele Jahre für Sean Connery. Die Motorrad-Verfolgungsjagd von »Sag niemals nie« stammt von ihm. Gemeinsam mit seiner Frau Wendy Leech, die ebenfalls auf Stunts spezialisiert ist, vollführte er einen Pferdesprung von der Kaimauer in Palmyra. Beginnend mit »Der Morgen stirbt nie«, inszenierte er die Verfolgungsjagden der 007-Filme. Es war wiederum Wendy Leech, die für Michelle Yeoh als Beifahrerin auf dem Motorrad saß. Für Armstrong sind die Bond-Filme die Highlights in der Branche, »weil man sich ständig etwas einfallen lassen muss, ob man das, was im Drehbuch steht, auch umsetzen kann. Wir versuchen es erst mit der Realität und erweitern das, was geht, dann um etwa 10 bis 15 Prozent. Das Publikum wird dann sagen: »Ich habe das gesehen, das kann man vielleicht schaffen, aber da es Bond ist, schafft er es.« Vic Armstrong hat an knapp 250 Filmen mitgewirkt und erhielt 2001 einen Oscar für von ihm entwickelte Sicherheitsvorkehrungen für Personen, die Stunts aus großer Höhe durchführen. Auch er wurde in die »Stuntmen Hall of Fame« aufgenommen und erhielt einen BAFTA für sein Lebenswerk.

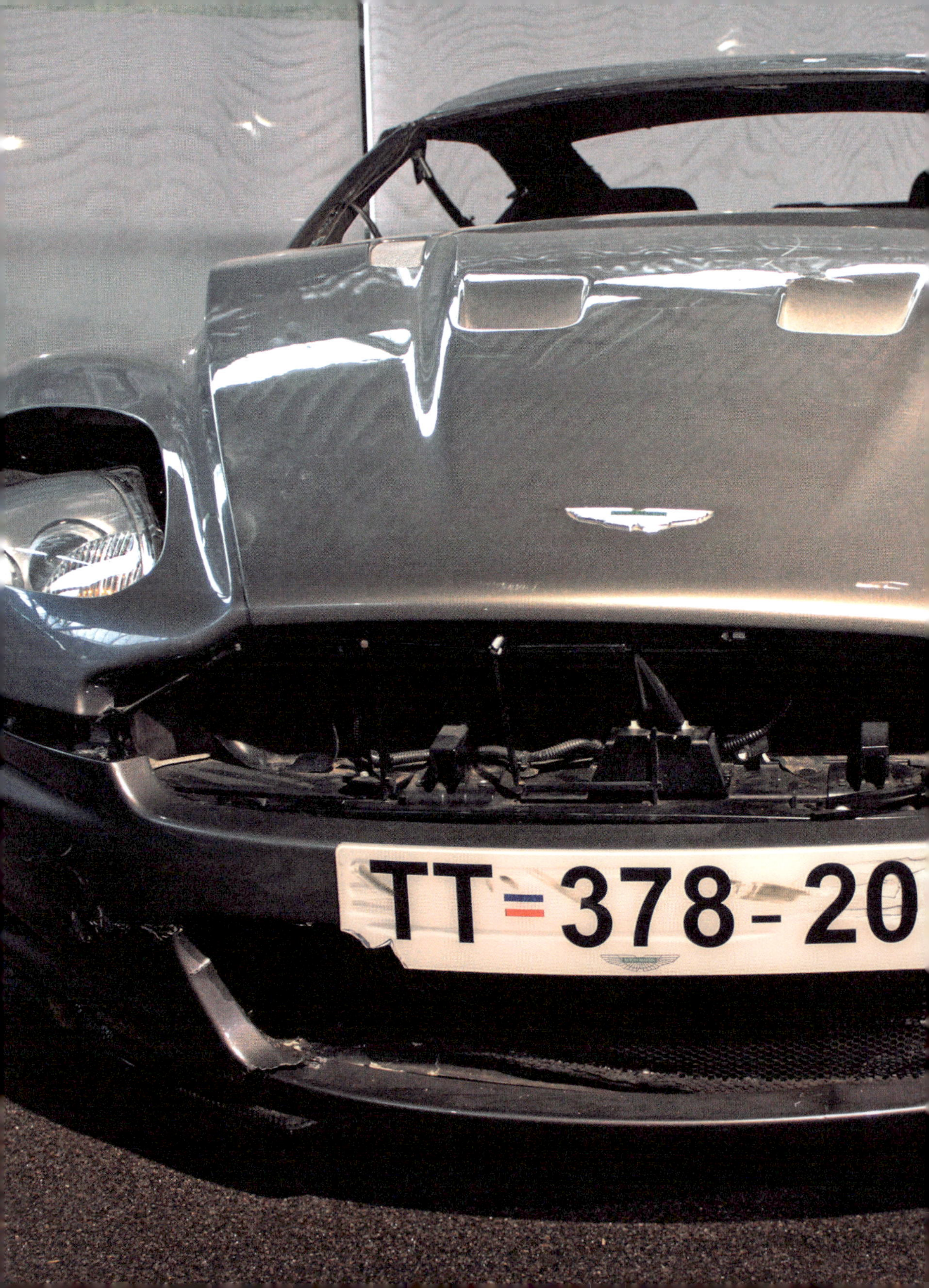
TT 378-20

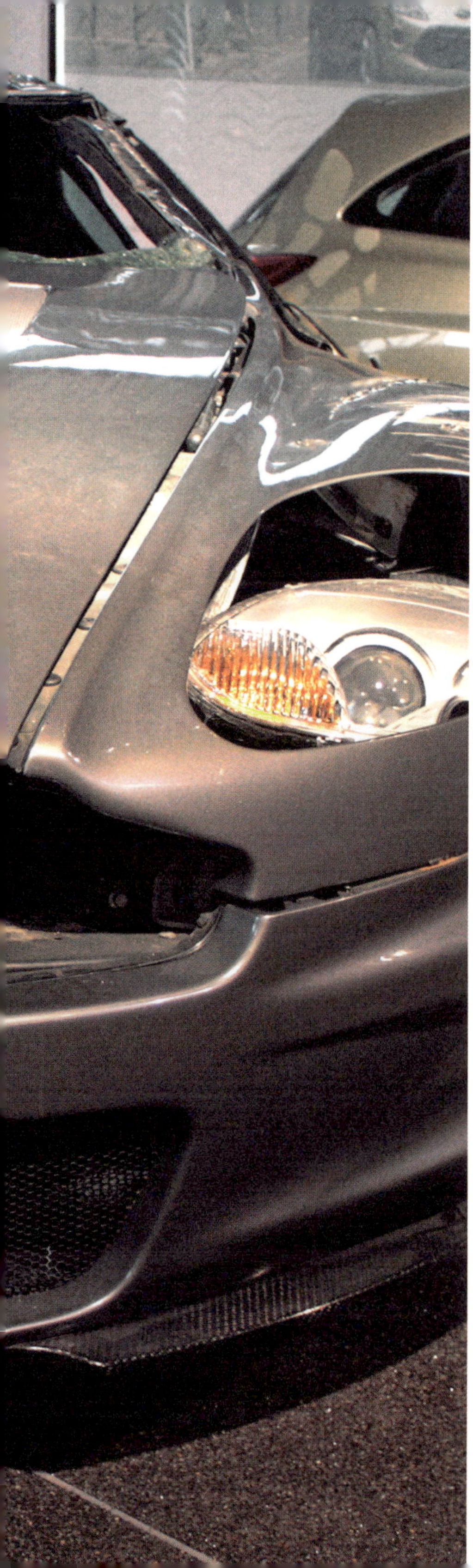

GARY POWELL – DANIEL CRAIGS DRIFTLEHRER

Gary Powell stammt aus einer Familie von Stuntmen. Sein Großvater arbeitete schon für Sean Connery. Er selbst ist seit den 90er Jahren bei der Bond-Serie dabei, fuhr für Pierce Brosnan den Panzer in »GoldenEye« und war bei allen Daniel-Craig-Filmen bis auf »Keine Zeit zu sterben« aktiv. Craig selbst wurde entweder von Ben Collins oder Rallye-Champion Mark Higgins gedoubelt. Collins, der als »The Stig« in der TV-Sendung »Top Gear« bekannt wurde, brachte Craig das richtige Handling des Aston Martin DBS bei. »Es ging darum, zu driften und mit der Handbremse zu drehen«, so Collins. Das Training lief auf dem Flughafengelände in Dunsfold ab, das für den Film »Casino Royale« zum Airport von Miami umgestaltet wurde. »Nicht zu viel drehen«, sagte ich Craig, »sonst landest du im Gras, was aber auch geschah.«

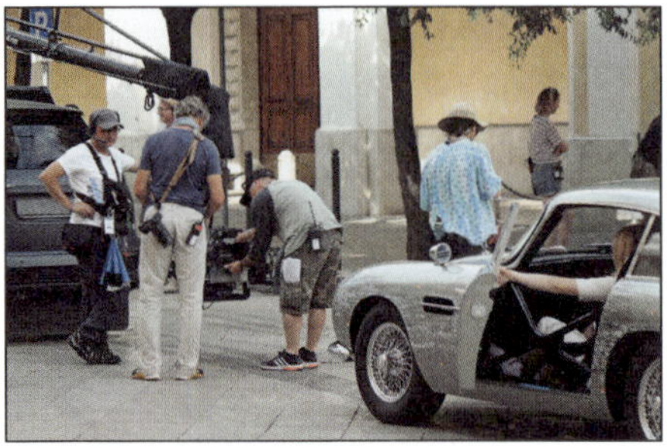

SEITE 4-5

Im Bild zu sehen ist der Kamerawagen sowie ein präparierter Aston Martin DB 5 - eine von zehn eigens gebauten Replikas - bei Dreharbeiten für »Keine Zeit zu sterben« im süditalienischen Matera. Der Autor war Ende August 2019 vor Ort; weitere Bilder sehen Sie vorne und hinten im Buch sowie auf den Seiten 39 und 226-227.

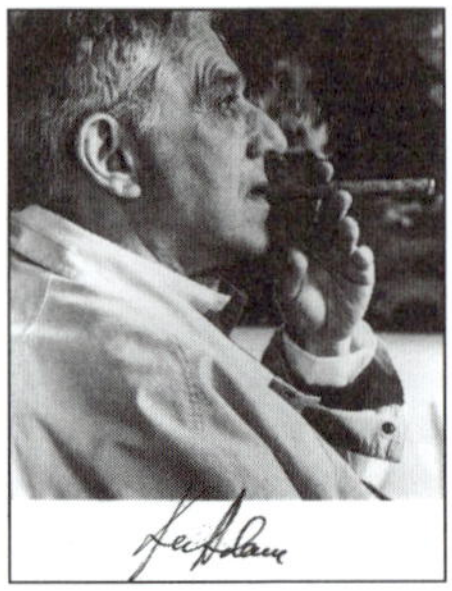

SEITE 58

Ken Adam (Sir Kenneth Adam; gebürtig Klaus Hugo Adam) war Produktionsdesigner bei sieben James-Bond-Filmen und unter anderem für die Verwandlung des weißen Lotus Esprit zum Tauchboot verantwortlich.

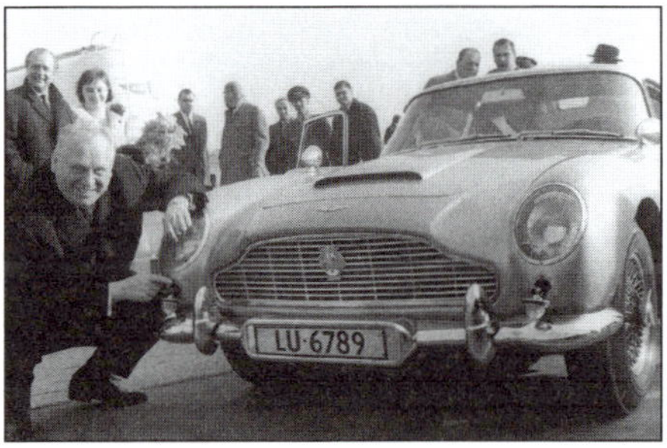

SEITE 18

Gert Fröbe, Bösewicht in »Goldfinger«, auf Promo-Tour mit einem DB 5 in Köln am 14. Januar 1965. Darunter auf Seite 18: zwei DB 5 vor dem Château d'Anet nahe Paris bei Dreharbeiten zu »Feuerball« im Februar 1965.

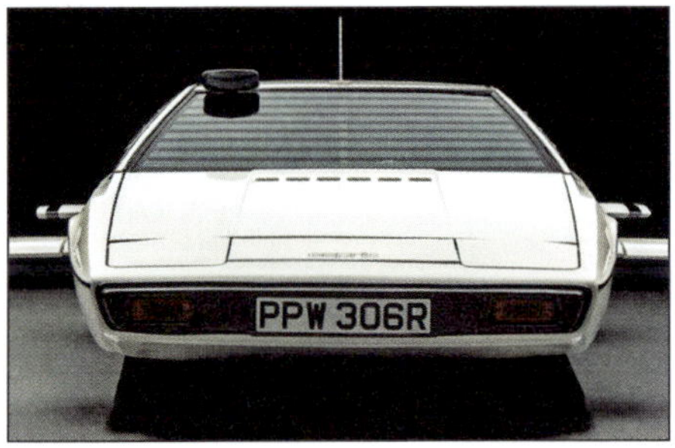

SEITE 61

In einem New Yorker Lagerhaus vergessen, 1989 von einem nichtsahnenden Ehepaar blind ersteigert und 2013 für 616.000 Pfund bei einer Auktion verkauft - an Tesla-Chef Elon Musk. Die Geschichte des tauchfähigen Lotus Esprit lesen Sie ab Seite 42.

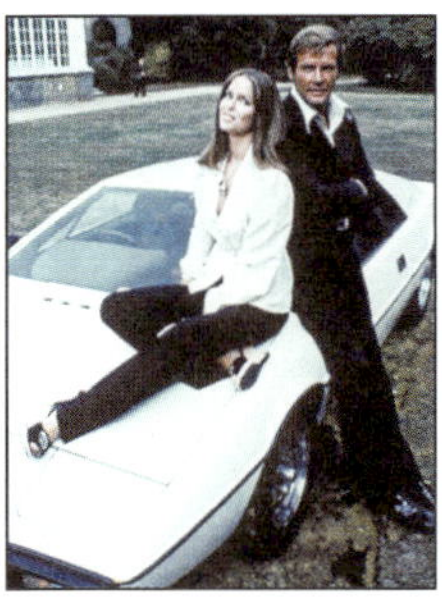

SEITE 45

Barbara Bach und Roger Moore mit dem weißen Lotus Esprit aus »Der Spion, der mich liebte« (1977). Der Wagen wurde im Garten der Pinewood Studios Ende August 1976 vorgestellt.

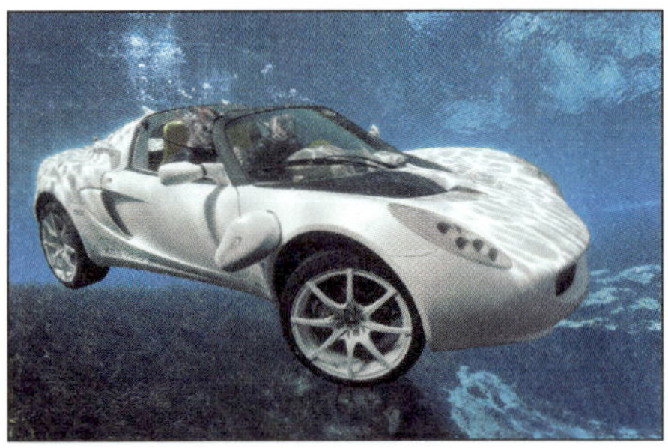

SEITE 67

Frank M. Rinderknecht von der Konzeptauto-Schmiede Rinspeed baute, inspiriert von James Bonds tauchendem Lotus, auf Basis einer Lotus Elise den »sQuba« - präsentiert beim Genfer Salon 2008.

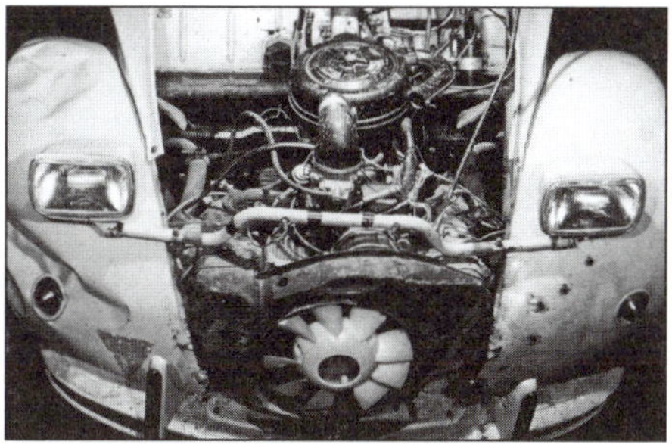

SEITE 73 UNTEN

Der Citroën 2 CV aus »In tödlicher Mission« (1981) hatte einen Vierzylinder-Boxermotor aus dem GS mit 1015 cm³ und 54 PS. Dafür wurde das Chassis nach vorn verlängert. Der Wagen schaffte 164 km/h.

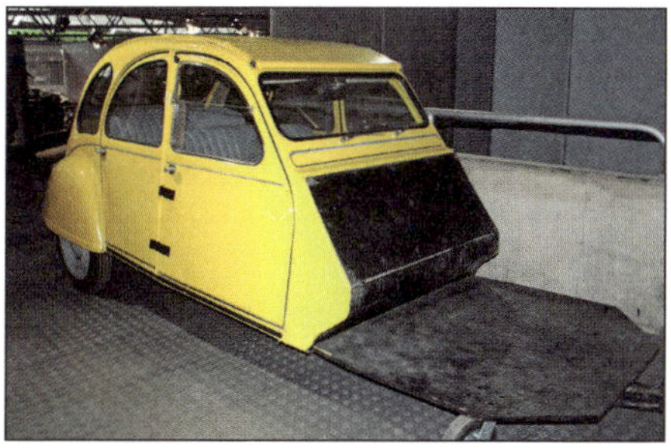

SEITE 79 OBEN

Eine halbe Ente – das Vehikel kam für Fahraufnahmen mit den Hauptdarstellern bei den Studio-Dreharbeiten zu »In tödlicher Mission« zum Einsatz.

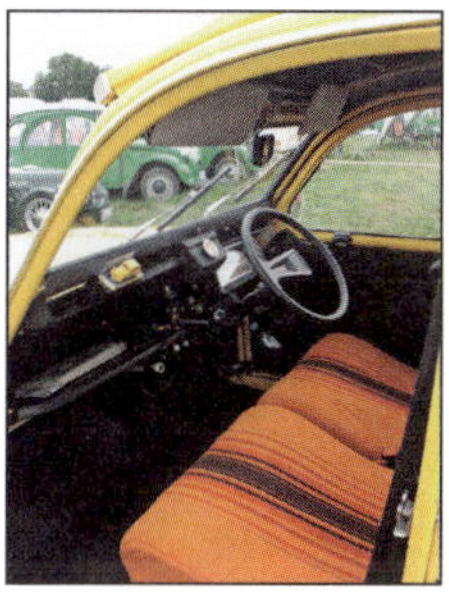

SEITE 84

Rote Sitze und ein gelbes Dach kennzeichnen die GB-Ausführung des 007-Sondermodells, das Citroën vom 2 CV baute (auch auf S. 83). Der auf Seite 82 abgebildete Tacho stammt aus der französischen Ausführung.

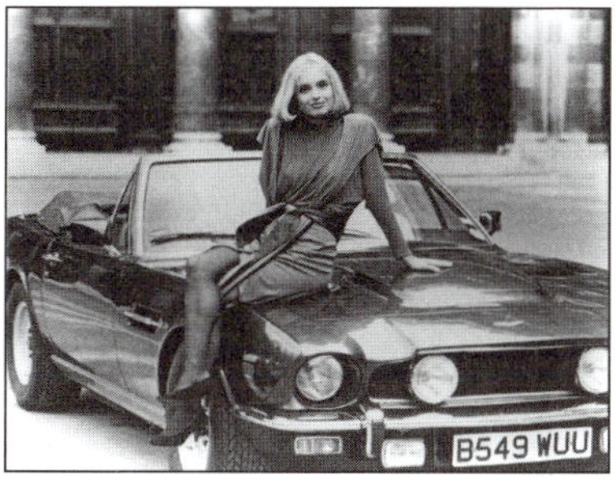

SEITE 88–89

In »Der Hauch des Todes« (1987) war Maryam d'Abo in ihrer Rolle als Kara Milovy die Beifahrerin von Timothy Dalton im Aston Martin V8 Vantage – hier ein Bild vom Pressetermin in Wien, 5. Oktober 1986.

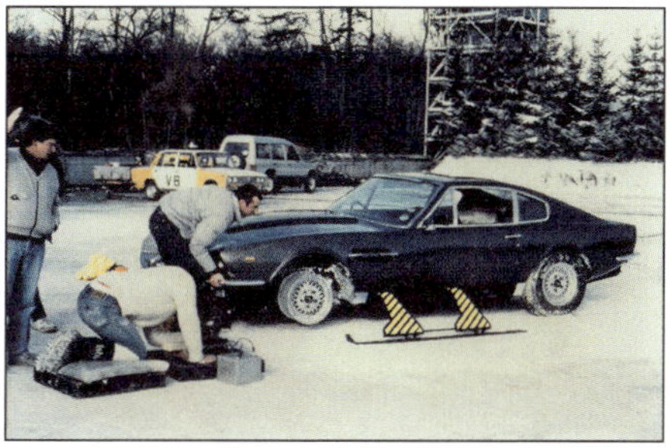

SEITE 95 OBEN

Die Filmaufnahmen, bei denen der V8 Vantage mit der Felge die Eisdecke schneidet, wurden in den Pinewood-Studios in London gedreht.

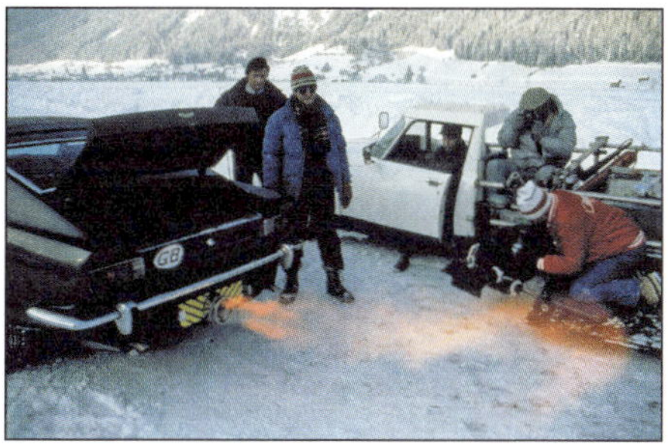

SEITE 99

Stichflamme beim »Raketen-Test« mit dem V8 Vantage. Das Foto entstand bei den Dreharbeiten auf dem zugefrorenen Weißensee in Österreich, Anfang 1987.

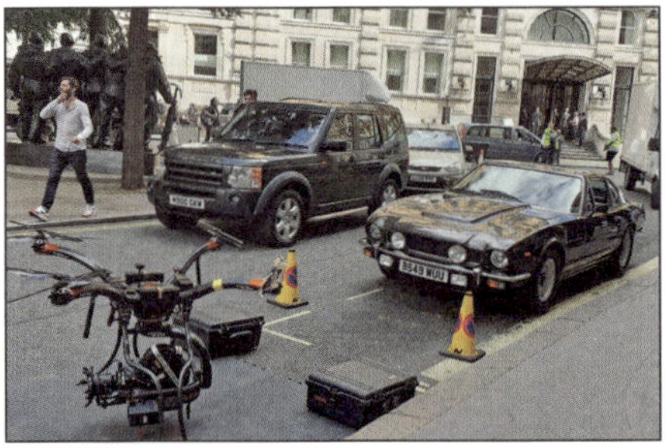

SEITE 102-103

Der V8 Vantage und eine Kamera-Drohne bei den Dreharbeiten zu »Keine Zeit zu sterben« im Londoner Regierungsviertel, Ende Juni 2019.

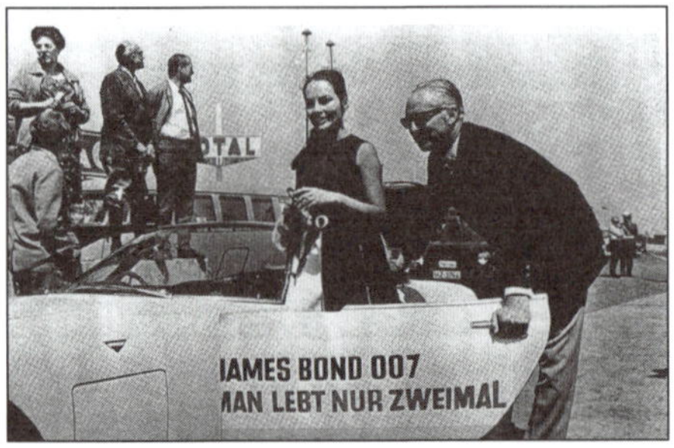

SEITE 131 UNTEN

6. August 1967: Karin Dor, im Film Bonds Widersacherin Helga Brandt, und AvD-Präsident Alfons Fürst von Metternich auf Promo-Tour am Nürburgring mit dem Toyota 2000 GT.

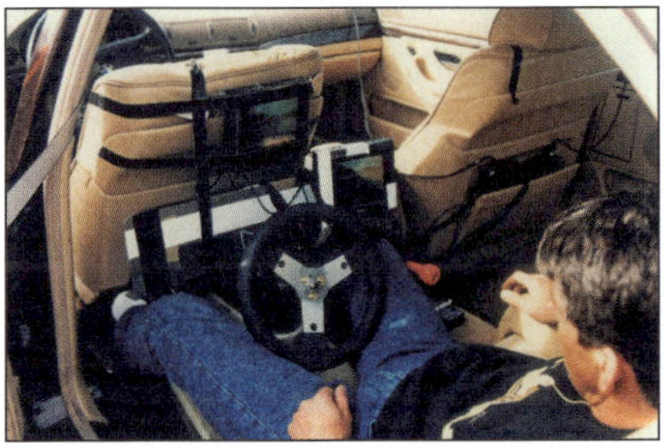

SEITE 117

Von wegen ferngesteuert: Stunt-Koordinator Dickey Beer sitzt bei Dreharbeiten zu »Der Morgen stirbt nie« (1997) am Steuer des BMW 750iL, verborgen hinter dem eigentlichen Fahrersitz.

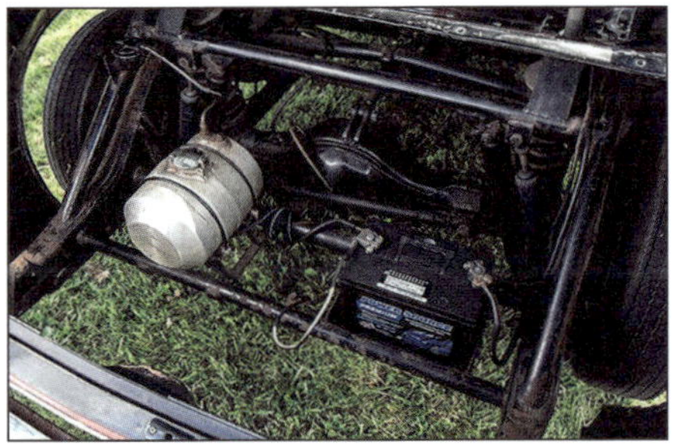

SEITE 156 UNTEN

Der AMC Hornet X Hatchback in »Der Mann mit dem goldenen Colt« (1974) war für seinen legendären Spiralsprung-Stunt als Leichtgewicht ausgelegt – u.a. mit einem winzigen Tank. (Auf Seite 155 ist der mittig verbaute Einzelsitz zu sehen.)

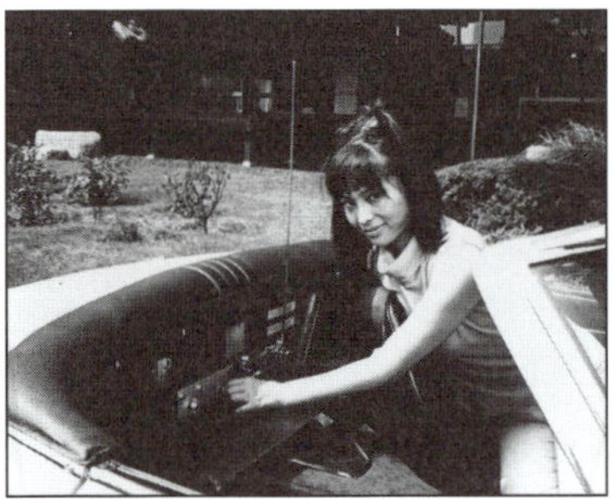

SEITE 128-129

In »Man lebt nur zweimal« (1967) spielte Akiko Wakabayashi an der Seite von Sean Connery. Der eigens für den Film gebaute offene Toyota 2000 GT war gespickt mit Spionage- und Unterhaltungselektronik.

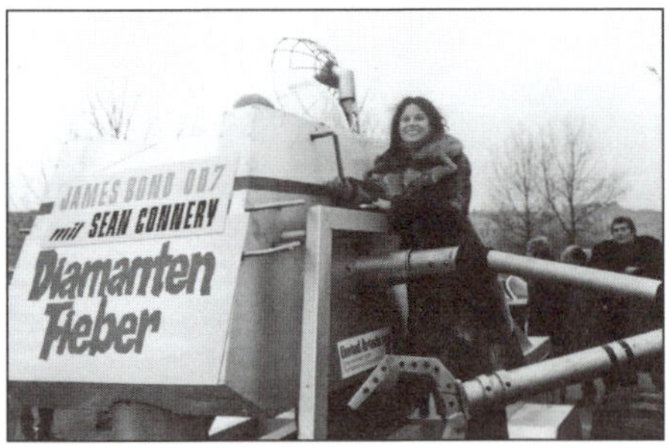

SEITE 166 OBEN

Der Moon Buggy aus »Diamantenfieber« (1971) auf Werbetour in München mit der Darstellerin Lana Wood.

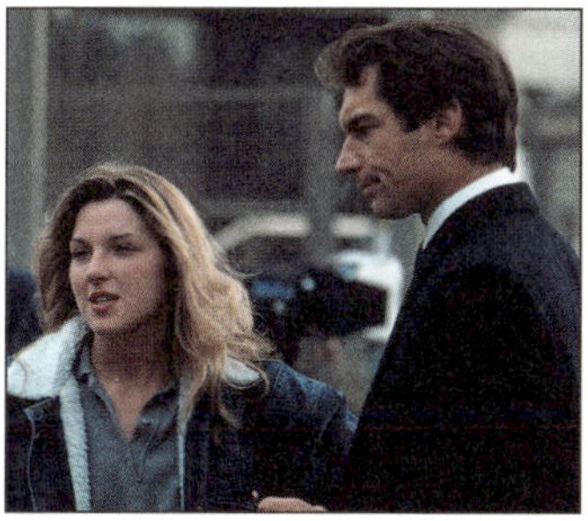

SEITE 198-199

Barbara Broccoli und Timothy Dalton bei Dreharbeiten zu »Der Hauch des Todes« 1987 in Wien. Seinerzeit Produktionsassistentin, führt sie inzwischen als Co-Produzentin der Bond-Abenteuer das Werk ihres Vaters Albert R. Broccoli fort.

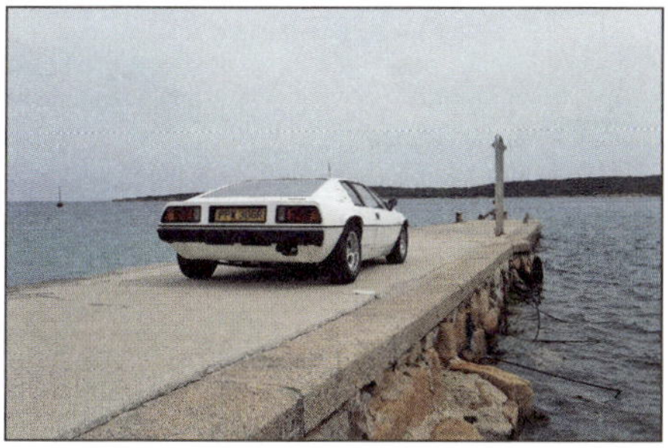

SEITE 220

Gernot Wolf aus Österreich hat einen Lotus Esprit restauriert, der baugleich ist mit Bonds Wagen in »Der Spion, der mich liebte«. Im Buch sehen wir ihn an Originalschauplätzen auf Sardinien: hier am Pier von Liscia di Vacca, am Hotel Cala di Volpe (S.221) und am Strand von Capriccioli (S. 47).

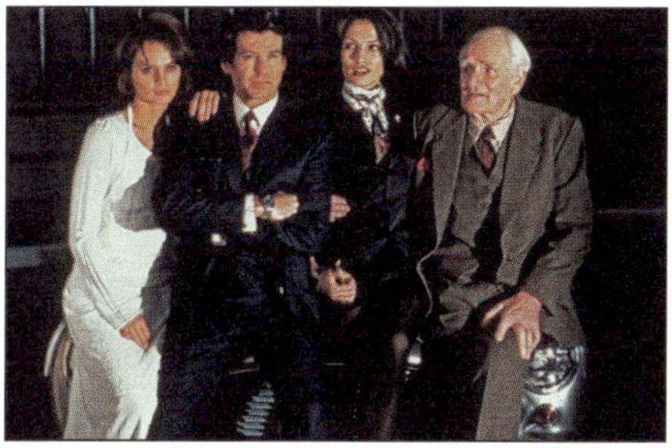

SEITE 206-207

Gruppenfoto zum Drehstart von »GoldenEye«: Izabella Scorupco, Pierce Brosnan, Famke Janssen und Desmond Llewelyn auf der Haube des Aston Martin DB 5.

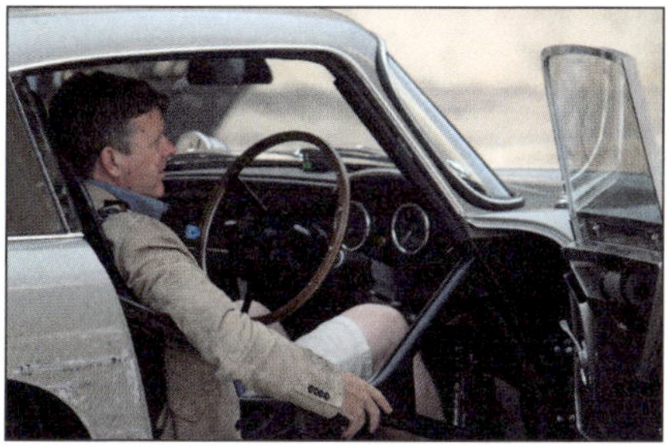

SEITE 226-227

Mark Higgins ist Rallye- und Stunt-Fahrer. Hier doubelt er Daniel Craig bei den Dreharbeiten zu »Keine Zeit zu sterben« im August 2019 in Matera. Mehr über Higgins und seine Fahrkünste lesen Sie ab Seite 141.

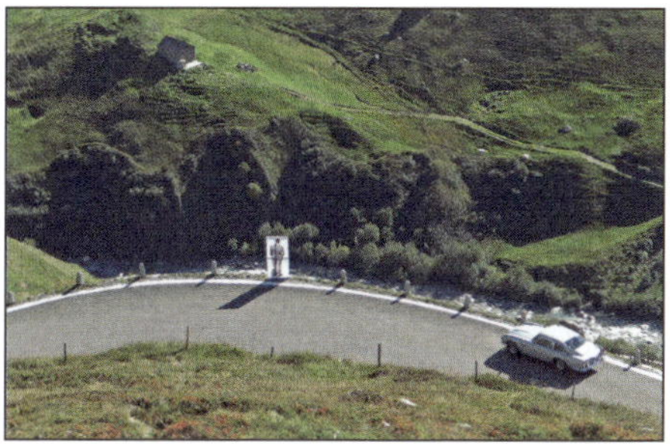

SEITE 214-215

Jahrzehnte nach »Goldfinger« hat sich der Ort in den Schweizer Alpen kaum verändert: Bond-Fans stellten mit einem Aston Martin DB 5 und einer Pappfigur von Sean Connery die Szenerie nach (Foto: Gernot Wolf). Inzwischen ist ein ganzes Buch nur über die Sequenz der Verfolgungsjagd entstanden.

BILDNACHWEISE

Titel und Rückseite: Aston Martin, Gernot Wolf;

weitere Bildquellen: Siegfried Tesche (Autor), Ken Adam, Ajay Chowdhury, Bernd Fischer, Thomas Gottschalk, Eberhard Kittler, Wolfgang Kohrn, privat, Wolfgang Thuerauf, Alexander Tuma, Friedhelm von Estorff, Gernot Wolf, David Zaritsky, Patrick Zeilhofer.

Alamy Stockphoto, Aston Martin, AvD, BMW, Bond In Motion, Brioni, CBS, Citroën, Corgi Toys, Danjaq LLC., Domenica del Corriere, dpa picture-alliance, dpa/dpaweb, Everett Collection, Fiat, Filmecho, Ian Fleming Publications, Glidrose Productions, Goldmann Verlag, Jaguar, Kentucky Fried Chicken, Lotus, MGM, National Motor Museum Beaulieu, Perry Oceanographic Ltd., phoenix shocker / Scherz Verlag, Rinspeed, RM Auctions, RM Sotheby's, Sammlung Richter, Sears, Sony Pictures, Talia Films, Toyota, Universal Pictures, United Artists.

Der Autor dankt allen Beteiligten für ihren außergewöhnlichen Einsatz. Ganz besonders danke ich Barbara Schmidt für die Korrekturen.

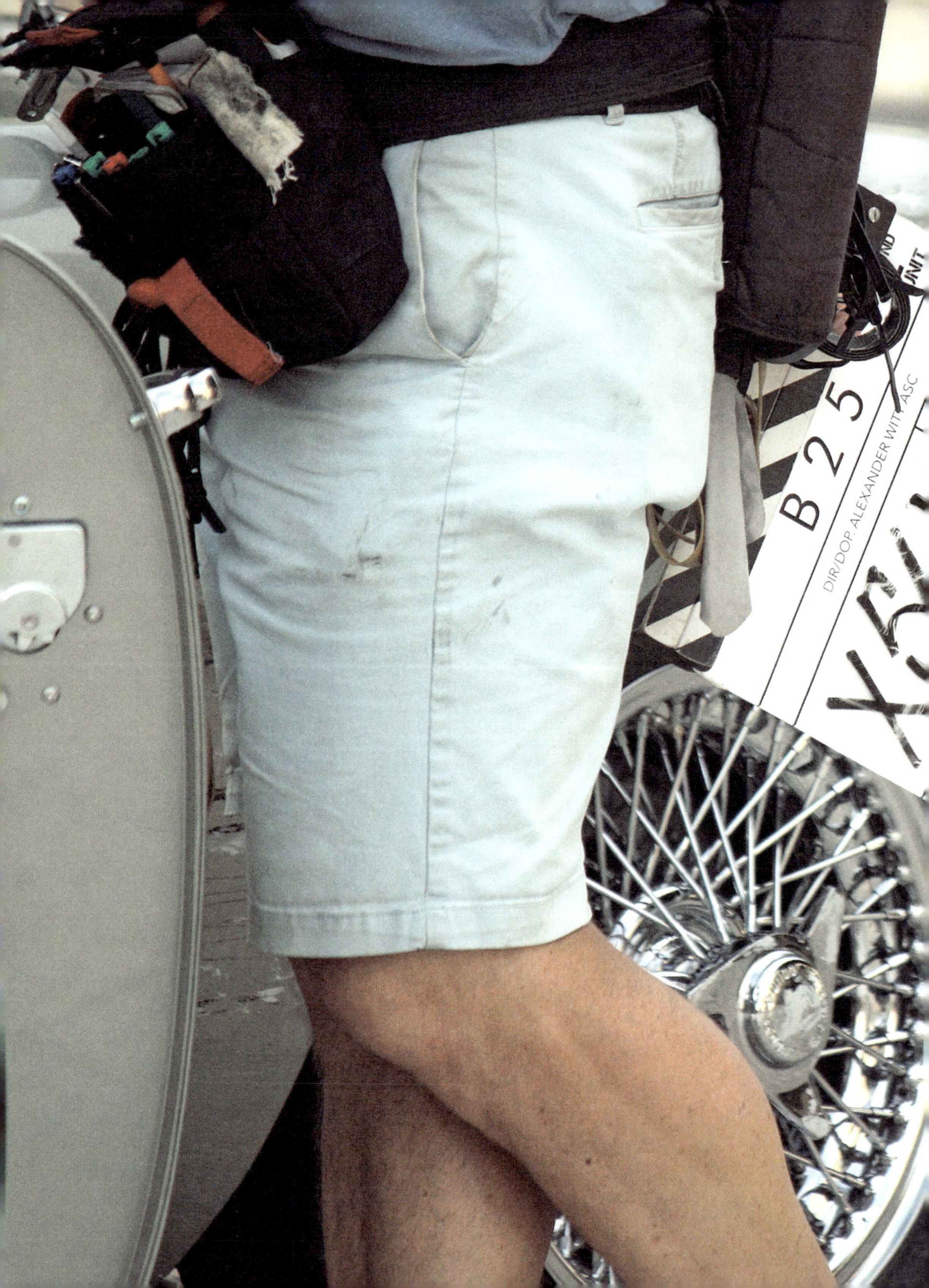

B 2 5
DIR/DOP. ALEXANDER WIT ASC